U1007600

世界之光名人传记

世界之光名人传记

带猎犬的女子

布兰奇·克瑙夫，文学品味的不凡定调者

［美］劳拉·克拉利奇——著

黑爪——译

漓江出版社

THE LADY WITH THE BORZOI: BLANCHE KNOPF, LITERARY TASTEMAKER EXTRAORDINAIRE BY LAURA CLARIDGE

This edition arranged with CAROL MANN AGENCY
Through BIG APPLE AGENCY, INC., LABUAN, MALAYSIA.

桂图登字：20-2017-129

图书在版编目（CIP）数据

带猎犬的女子：布兰奇·克瑙夫，文学品味的不凡定调者 / (美) 劳拉·克拉利奇著；黑爪译. -- 桂林：漓江出版社, 2019.12
ISBN 978-7-5407-8442-3

Ⅰ. ①带… Ⅱ. ①劳… ②黑… Ⅲ. ①布兰奇·克瑙夫 - 传记 Ⅳ. ①K837.125.42

中国版本图书馆CIP数据核字(2018)第087966号

DAI LIEQUAN DE NÜZI
带猎犬的女子
——布兰奇·克瑙夫，文学品味的不凡定调者
［美］劳拉·克拉利奇　著
黑爪　译

出版人：刘迪才
责任编辑：张谦
助理编辑：刘红果
书籍设计：石绍康
责任监印：张璐

漓江出版社有限公司出版发行
广西桂林市南环路22号　邮编：541002
发行电话：010-85893190　0773-2583322
传真：010-85890870-814　0773-2582200
邮购热线：0773-2583322
电子信箱：ljcbs@163.com　微信公众号：lijiangpress
印制：三河市中晟雅豪印务有限公司
开本：690 mm × 960 mm　1/16
印张：25.25　字数：340千字
2019年12月第1版　2019年12月第1次印刷
书号：ISBN 978-7-5407-8442-3
定价：68.00元

译 序

传奇出版人的“符号资本”

这本传记的副标题称布兰奇·克瑙夫为“文学品味的不凡定调者”。这句话，与其说是对传主做出的赞赏性评价，不如说它提出了一个问题。一定有不少人是因为2016年那部热门电影《天才捕手》才开始关注出版人——文学天才们背后的推手这一群体的，布兰奇，在那个年代的纽约出版圈子里，无论从哪个方面看，她都处于鄙视链底端。她如何能够为文学品味定调?

作为女性读者，很自然地，我对传主的女性身份有着本能的关注。在当时那个白种男人掌握了全部话语权的天下，她如何施展？事实上，一直到1965年，她依然未能加入仅限男士的“出版人午餐俱乐部”。1950年，当她为推广巴西文学做出重要贡献而被巴西政府授予南十字勋章时，《国际先驱论坛报》上的相关报道标题为《巴西政府为克瑙夫太太授勋：出版人的妻子成为南十字勋章骑士》，她依然只是“出版人的妻子”。此后的那些年里，出版领域出现了越来越多的女秘书、女文案作者、女审校、女编辑，甚至一些大出版商的童书分部也有了女性负责人，然而布兰奇·克瑙夫一直只有一个。无论是在她签下兰斯顿·休斯和薇拉·凯瑟的20年代，还是50年代当她为加缪奔走呼吁直至庆祝其获得诺奖，同时主持翻译出版波伏娃的《第二性》之时，都再没有哪一位女性能够在这个领域获得如此成就。她所遇到的障碍可想而知。

性别之外，还有种族。出版行业一向被视作绅士的业余爱好，这一条不成文的准入门槛，是摆在克瑙夫出版社眼前的两重障碍。一是绅士，当然还是以盎格鲁白人基督徒，所谓 WASP 为主，而克瑙夫夫妻二人都来自东欧犹太人家庭，在20世纪初的纽约以及新英格兰一带，瞧不上他们的，除了非犹太的名门望族，德国犹太裔也比他们要高级一层。其次，布兰奇的丈夫阿尔弗雷德的父亲塞缪尔·克瑙夫（书中简称山姆）是推销员出身，这恰恰是与绅士头衔相去最远的一种身份，尽管他几度在出版社遭遇危机时引入资金，甚至必要的社会关系，然而，他作为克瑙夫出版社创办出资人的事实，却从一开始就为公司的血统定下了基调：他们只是出版界混进的一个不入流的攀附者。

所以，克瑙夫在通往文学声望以及风尚定立者地位的路上全无捷径可走。

声望，往往是我们在谈论文学时不可避免的东西，讨论文学声望由什么决定，一直是文学批评家和学者的重要活动之一。要解释布兰奇或者说克瑙夫出版社是如何积累并获取了他们在文学界的声望，法国社会学大师、哲学家皮耶尔·布迪厄的“符号资本”概念最合适不过。按这个学说，“符号资本”进行的单独某一项投资，通常是不期望获得直接回报的，回报往往是通过操作者所进行的一系列行为来取得所希望达成的效果。该理论尤其适用于与文化相关的领域。

记住了这一点，或许你就会明白本书作者克拉利奇在尽力渲染布兰奇那些华丽的派对、身上的巴黎高定时装、显赫的朋友圈，甚至她几乎睡遍了顶级音乐大师时的用心，因为这些通通可以看作“符号资本”，是它们合力成就了布兰奇。克拉利奇不遗余力地在为布兰奇争一个当代出版业巨子的名分。

克拉利奇笔下，布兰奇的故事非同凡响。她身上所蕴蓄的能量，关于文学的和关于性的，都像旋风一般，所到之处，无人能够抵御。出版的图书获25个诺贝尔文学奖、60个普利策奖，以及30多个国家图书奖这样的成就，使得她和克瑙夫出版社最终稳稳当当地端坐文学鄙视链顶端，成为文学品味的标志，这一切似乎都在觥筹交错、衣香鬓影间，来得不费吹灰之力。

阿尔弗雷德向来认为布兰奇选书的直觉强过他，他在很多场合提到这一点，看似褒奖，实则透露出一种男性的优越感，暗示使得他妻子得以慧眼识别哈莱姆文艺复兴诗人、硬汉侦探小说、法国先锋剧作家以及时政记者作家的，并非她身上真材实料的学问，只是女人与生俱来的小天赋罢了。当然，他乐于为这一天赋投资，他希望克瑙夫这个名字成为品质的象征。后来成为公司标记的俄罗斯猎犬，正是为了纪念奠定他们文学声望的最初那几本俄国文学。通过这本传记，我们可以看见同为女性的作家克拉利奇，怎样在为布兰奇竭力争辩，克瑙夫的一切成就当更多地归功于布兰奇，而非阿尔弗雷德，尽管布兰奇的名字到底也没有出现在公司的招牌上。

如果说这本书有什么遗憾，最重要的一点，可能有很大一部分读者，满怀希望地想要知道布兰奇那些独到的判断和选择究竟是怎样做出来的，而书中很奇怪地鲜有提及。按理克拉利奇十分喜欢引用史料文献中出现的对话、评论、书信节选，却偏偏从未有过任何布兰奇对新作者、新作品从文学角度给予的评论，或者她为什么倾向于 A 而非 B 的论述。书中唯一一次出现过专业上的细节，却还不是布兰奇的，而是克瑙夫一位高级编辑与詹姆斯·鲍德温之间的几轮书信往来，就鲍德温颇有争议的作品《高山上的呼喊》中涉嫌“淫秽”字眼的修改和删节的一些争论。

当然编辑细节的不足，有华丽而宏大的文化圈大图景描绘进行了弥补。在这个大叙述中，我们可以读到当今读者熟悉的所谓“圈子”在布兰奇事业中所起到的作用，许许多多的优秀作者都是通过一些非正式“星探”的引荐而加入克瑙夫麾下。在这件事上，克拉利奇尤其对大记者亨利·门肯以及社交明星兼小说家、摄影师，更重要的哈勒姆白人使者卡尔·范·韦克藤二位着墨最多，在他们二位“探星”的过程中，爵士年代的纽约文坛、文化圈画卷得以在我们眼前展现，仿佛一场盛宴，对名人逸事、社交网络、毒舌金句有兴趣的读者定会大呼过瘾。

美国的书评界往往将这部传记归入畅销史书类，那么比之早一两年，还出现过一本研究类型的专著，名为《声望的艺术》(*The Art of Prestige*)。抱着上述疑问，我在翻译这本传记的同时拜读了此书，遗憾的是，技术性的答案同样没有找到。除了布迪厄的“符号资本”，我依然想不出其他更好的原因来解释他们的成就。他们举办了最适当的派对，跟最适当的人交往，穿了最正确的衣服，雇了最正确的设计师来装饰他们的书……他们在很多作者的眼里，就是最恰当地把自己的书托付出去的人。说到底，出版就是这么一门综合艺术，而布兰奇是一位传奇艺术家。

黑爪

2018年4月24日

带猎犬的女子

——布兰奇·克瑙夫，文学品味的不凡定调者

献给最初的四位，和经他们带上旅途的两位，以及
那唯一能够在这精彩却性格迥异的集体中游刃自如的一位。
没有你们，什么也没有。

书籍永远流传，

生命注定消亡。

——伊丽莎白·巴雷特·勃朗宁[①]

我恨，我爱。

——卡图卢斯[②]

① 伊丽莎白·巴雷特·勃朗宁，英国维多利亚时代最重要的诗人之一，在她有生之年已经受到英国和美国文学界及读者的欢迎。

② 卡图卢斯，古罗马诗人，生于意大利北部的维罗纳。在奥古斯都时期享有盛名，后来逐渐被湮没。现在所有卡图卢斯的诗歌版本均源自14世纪在维罗纳发现的抄本，对后世诗人如彼特拉克、莎士比亚等产生了深远的影响。

目 录 Contents

第三部

第四部

前 言

她的名字在自己公司所出图书的信息页上找不到，却被托马斯·曼称为“这间出版社的灵魂”，布兰奇·克瑙夫——她一直喜欢被人称作阿尔弗雷德·A.克瑙夫太太——1915年通过联合创办这间最近刚刚庆祝了百岁生日的公司，开始了她作为出版人的职业生涯。她很快就着手为她刚刚出壳的雏鸟出版社发掘并翻译高品质的法国小说，例如福楼拜[①]的《包法利夫人》和普列沃斯[②]的《曼侬·莱斯科》。不久她又协助卡尔·范·韦克滕[③]发起了哈莱姆文艺复兴[④]的文学板块，出版兰斯顿·休斯[⑤]和内勒·拉森[⑥]的作品。此外还培育鼓励了许多重要作家，且大多数时候为他们充任

① 福楼拜，法国小说家，对后世产生深远影响，被认为是现实主义文学的领路大师，尤以小说《包法利夫人》著称。

② 普列沃斯，法国作家。《骑士德格鲁与曼侬·莱斯科》是其代表作，常简称《曼侬·莱斯科》。

③ 卡尔·范·韦克滕，美国作家、艺术摄影家，哈莱姆文艺复兴（又称黑人文艺复兴）的赞助人之一，格特鲁德·斯泰因的文学遗嘱执行人。

④ 哈莱姆文艺复兴，是一场始于1918年纽约哈莱姆地区的知识、社会、艺术层面的创造力大爆炸。在当时被称为“新黑人运动”，以阿兰·洛克1925年出版的作品集《新黑人》的名字命名。尽管它以哈莱姆为中心，然而生活在巴黎的黑人作家都受到这场运动的影响。通常认为它从1918年起，延续至20世纪30年代中期。很多思想在运动结束后仍持续了很久。

⑤ 兰斯顿·休斯，美国诗人、小说家、剧作家、专栏作家及社会活动家。

⑥ 内勒·拉森，哈莱姆文艺复兴时期美国小说家。在做护士和图书馆员期间，她发表了两部小说《流沙》和《冒充白人》以及几个短篇。尽管她文学著述数量有限，却赢得了她同时代人以及后世的认可。

编辑，例如薇拉·凯瑟[①]、缪里尔·斯帕克[②]，以及伊丽莎白·鲍恩[③]。通过达希尔·哈米特[④]、詹姆斯·M.凯恩[⑤]、雷蒙德·钱德勒[⑥]，以及罗斯·麦唐诺[⑦]，她为整个硬汉侦探小说类型正了名，使其在文学界获得应有的地位。H.L.门肯[⑧]是她的作家之一，也是最亲密的朋友。她还获得了大量记述重大新闻的作品，例如威廉·夏伊勒[⑨]的《柏林日记》、约翰·赫西[⑩]的《广岛》，以及调查记者詹姆斯·“斯卡迪”·雷斯顿[⑪]和爱德华·R.默罗[⑫]等人的文章。她更向美国读者介绍了大量的国际作家，将他们的作品翻译成

---

① 薇拉·凯瑟，美国作家，以大平原荒地生活题材的小说为自己赢得名声，主要作品有《啊，拓荒者！》《百灵鸟之歌》，以及《我的安东妮亚》。1923年以《我们自己人》获普利策奖。

② 缪里尔·斯帕克，苏格兰小说家、诗人、散文家。2008年，《泰晤士报》将斯帕克列为“1945年以来50位最伟大的英国作家”中的第8位。

③ 伊丽莎白·鲍恩，爱尔兰裔小说家、短篇作家。

④ 达希尔·哈米特，美国作家、电影剧本作家，以及政治活动家。主要作品为一系列硬汉侦探小说及短篇侦探故事。如今被公认为“有史以来最优秀的推理故事作家”。《纽约时报》上的讣文称他为“硬汉侦探小说泰斗”。《时代》杂志把他的1929年发表的小说《血色收获》列入其1923年到2005年间最优百大英文小说。他的小说对侦探类型的电影也产生了深远的影响。

⑤ 詹姆斯·M.凯恩，美国作家和记者。他通常被与美国犯罪小说的硬汉形象联结在一起，也是硬汉形象的创造者之一。他的犯罪小说是许多成功电影的蓝本。

⑥ 雷蒙德·钱德勒，推理小说作家，代表作《漫长的告别》。他对现代推理小说有深远的影响，尤其是其写作风格和看法，在过去60年间为相当多的同行所采用。钱德勒小说的主角——菲力普·马罗，成了传统冷硬派私家侦探的同义词，与达希尔·哈米特的山姆·斯佩德并驾齐驱。

⑦ 罗斯·麦唐诺，美国－加拿大犯罪小说作家肯尼斯·米拉的主要笔名。

⑧ H.L.门肯，即亨利·门肯，美国记者、讽刺作家、文化评论家，以及美式英语学者，对美式英语研究有重要贡献。

⑨ 威廉·夏伊勒，美国作家、战地记者和历史学家，曾担任《芝加哥论坛报》《环球新闻社》记者。其代表作为《第三帝国兴亡史》，该书出版后五十年仍为纳粹德国史的最常用研究所引用，另有《柏林日记》（1941）、《第二共和国的崩溃》（1969）等。

⑩ 约翰·赫西，美国作家、记者。最早践行所谓“新新闻”运动的记者之一，这一新闻报道方式允许使用虚构作品常用的讲述方法。赫西关于广岛原子弹的后续报道《广岛》，被纽约大学新闻系36位成员组成的评委会选为美国20世纪最优秀新闻。

⑪ 詹姆斯·“斯卡迪”·雷斯顿，绰号“斯卡迪”，美国记者，职业生涯从20世纪30年代中期持续到90年代早期，其中一大部分时间是与《纽约时报》合作，报道过许多重大历史事件。

⑫ 爱德华·R.默罗，美国广播记者，通常被称作埃德·默罗。他最初成名是由于二战期间为哥伦比亚广播公司新闻部提供的一系列报道，在美国吸引了成百万的听众。战时他组成了一个外国记者团，以“默罗男孩儿”闻名。他以新闻报道中所体现的诚实和正直被同行们认为是新闻史上最伟大的人物之一。

英语，其中有托马斯·曼[①]、西格蒙德·弗洛伊德[②]、阿尔贝·加缪[③]，以及西蒙娜·德·波伏娃[④]。

充满智慧，充满渴望，充满诱惑，并且勤奋努力，这位穿着设计师服装，佩戴着夸张明艳大首饰的小巧女人绝不能容忍被人小视，或者轻易被归类。一只“杂种狗”，她开玩笑说，就像频繁出现在她身边的一位伙伴乔治·格什温[⑤]，将“严肃音乐与舞厅音乐的表达混在一起”一样，她在朋友眼里既风趣，又忠诚，同时直率。

她的职业生涯从一战起一直延伸到20世纪60年代。1915年，当她与22岁的未婚夫阿尔弗雷德·克瑙夫[⑥]一起创建这个公司时，比他年轻两岁的布兰奇相信，自己作为出版人的未来，通过她与阿尔弗雷德的一个婚前口头协议得到了保障，那就是，她将与阿尔弗雷德成为平等合伙人。（如文学史家约翰·特贝尔[⑦]所言：“1915年，阿尔弗雷德·A.克瑙夫与布兰奇·沃尔夫，也就是日后他的妻子，成立了这间以他的名字命名的公司。”）可到了婚后，这一“共同认识”便不再被理会。最终阿尔弗雷德并无太强说服力地解释过，因为他父亲决定要加入公司，没有位置安放她的名字了：

---

① 托马斯·曼，德国小说家、散文作家、社会评论家、慈善家，1929年诺贝尔文学奖获得者。

② 西格蒙德·弗洛伊德，奥地利精神病医师、心理学家，精神分析学奠基人。出生于奥匈帝国一个犹太家庭，1881年在维也纳大学取得医学博士学位，其后在维也纳生活、工作、任教、行医。1938年为躲避纳粹逃离奥地利，1939年流亡中在英国去世。

③ 阿尔贝·加缪，出生于阿尔及利亚，法国哲学家、作家、记者。他的观点为荒诞主义哲学流派的出现产生了极大影响。1957年43岁时获诺贝尔文学奖。他反对常规认知中将他归为存在主义追随者的说法，在1945年的一次采访中，他驳斥了任何意识形态上与存在主义的联系：“不，我不是一名存在主义者，萨特和我都对于我们的名字常常联系在一起感到很惊讶。”

④ 西蒙娜·德·波伏娃，法国作家、存在主义哲学家、政治活动家、女权主义者、社会理论家，20世纪70年代女权运动的重要理论家和创始人。虽然她并不认为自己是哲学家，但她在女权主义和存在主义领域都有很大影响。著作有小说、议论文、传记等，著名小说有《女客》《名士风流》《他人的血》等，哲学散文《第二性》是现代女权主义的奠基之作。她和存在主义哲学家萨特是非传统的伴侣关系。

⑤ 乔治·格什温，美国作曲家、钢琴家。格什温横跨古典和流行两个风格门类。

⑥ 即阿尔弗雷德·A.克瑙夫，20世纪美国重要出版人，阿尔弗雷德·A.克瑙夫公司创始人。除大量引进高质量欧洲和南美文学作品外，克瑙夫公司在印刷、装帧设计方面的讲究，也是其主要特色。

⑦ 约翰·特贝尔，美国记者、出版及媒体历史研究者。

门上挂三个名字太长。除此之外，她只占公司25%股份，阿尔弗雷德占全部剩余部分。

布兰奇意识到她所得到的平等承诺是假的：她得靠自己。在1915年，她知道还有其他女性从事这个行业的可能性不大，但确实有为数不多的几位，例如卡洛·M.克拉克①，她在20世纪初打破了图书不能做广告的偏见；伊丽莎白·皮博迪②，她出版了一些有超验体会的作者的作品，包括纳撒尼尔·霍桑③和亨利·大卫·梭罗④的。在布兰奇开启职业生涯时，克拉克和皮博迪都已不再活跃于该领域，她们都在布兰奇出生那一年死去。但第一次世界大战的打响，把出版领域已经在路上的改变更加向前推进，使这个行业从绅士的爱好转变成了商业企业。也许没有别的显而易见，但起码同样至关重要的是，"在一个白种男人掌握话语权的年代"，布兰奇处于斯泰茜·希夫⑤在其《埃及艳后》一书中所说的"历史上最危险的交汇口之一：女人和权力"。与布兰奇所处年代接近的，有黎贝卡·韦斯特⑥和多萝西·汤

---

① 卡洛·M.克拉克，第一位有记载的女性出版社所有者，以出版查尔斯·菲尔顿·皮钦的《昆西·亚当·索亚》创办了C.M.克拉克出版公司，依靠大量的广告，卖出了近25万册。

② 伊丽莎白·皮博迪，美国教育家，在美国开办了第一个英语幼儿园，远远超前于其他教育家认识到玩耍对于儿童发展的重要性。工作之余她编辑、出版了一些与教育相关的书籍。

③ 纳撒尼尔·霍桑，19世纪美国小说家，其代表作品《红字》为世界文学的经典之一。

④ 亨利·大卫·梭罗，美国作家、诗人、哲学家、废奴主义者、超验主义者，也曾任职土地勘测员。他最著名的作品有散文集《瓦尔登湖》和《公民不服从》。《瓦尔登湖》记载了他在瓦尔登湖的隐逸生活，而《公民不服从》则讨论面对政府和强权的不义，为公民主动拒绝遵守若干法律提出辩护。

⑤ 斯泰茜·希夫，出生于1961年10月26日，美国非虚构类作家。曾是《纽约时报》特邀专栏作家，后替《华尔街时报》撰文。2000年获普利策奖。

⑥ 黎贝卡·韦斯特，英国作家、记者、文学评论家、旅行作家。她擅长于用多种文体和风格写作，长期为《纽约时报》《纽约先驱论坛报》《星期日电讯报》《新共和》杂志撰稿。其重要作品包括关于南斯拉夫历史和文化的《黑羊灰鹰》（1941），最初发表于《纽约客》的关于纽伦堡审判的报道《导火索》（1955），关于英国法西斯分子威廉·乔伊斯等人审判的研究《叛逆的意义》，以及其后的《叛逆的新意义》，一战题材的现代主义小说《战士的回归》，等等。

普森[①]，按她们的传记作家苏珊·赫托格[②]所言，这两位都是典型的“向权力说真话的”危险分子。

* * *

战争初期，由于高品质纸张的稀缺，老牌出版社如麦克米伦[③]、霍顿·米夫林[④]、道布尔戴[⑤]，以及利特尔和布朗[⑥]，还有亨利·霍尔特[⑦]和斯克里布纳[⑧]这两家最老的，都从出版商业书转而推销教材，以此获得更大利润。布兰奇和阿尔弗雷德开始从英国收购过去已经出版过的书（通常译自俄语和德语）来重印（仰仗于世纪初松散的版权法），把钱花在难求的好纸，而不是作者身上。紧随俄国退出一战而爆发的布尔什维克革命，使得俄文书变得极为便宜，这允许克瑙夫可以出版一定数量的俄文翻译书，积累出一点小小的声望。在公司的最初五年里，俄国作者占据了绝对的支

① 多萝西·汤普森，美国记者、电台主持人。1939年被《时代》杂志评为仅次于埃莉诺·罗斯福的全美最具影响力的妇女第二位。1934年第一位被纳粹驱逐出境的美国记者，也是20世纪30年代仅有的几位电台女性新闻评论员。

② 苏珊·赫托格，著名商人、金融家、慈善家罗杰·赫托格之妻，哥伦比亚大学艺术硕士，传记作家。

③ 麦克米伦，有时又称作麦克米伦集团，现为一家国际性出版公司。1843年由来自苏格兰阿伦岛的丹尼尔·麦克米伦和亚历山大·麦克米伦兄弟俩创建。丹尼尔具有商业头脑，而亚历山大是公司的文学基石，出版了众多知名作者的作品，例如查尔斯·金斯莱、托马斯·休斯、弗朗西斯·特纳·帕尔格雷夫、克里斯蒂娜·罗塞蒂、马修·阿诺德，以及路易斯·卡罗尔。

④ 霍顿·米夫林，美国最有影响力的教育出版商。总部位于波士顿后湾，主要出版教材、工具书等。

⑤ 道布尔戴，美国出版公司，创立于1897年，当时叫“道布尔戴和麦克鲁尔”，到1947年成为美国最大的出版社。2009年，道布尔戴被克瑙夫出版集团收购，组成克瑙夫－道布尔戴出版集团，隶属于企鹅兰登书屋。

⑥ 利特尔和布朗，美国出版社，由查尔斯·科分·利特尔与詹姆斯·布朗合伙创建于1837年。在近两个世纪的时间里出版了众多优秀美国虚构类和非虚构类的作家的作品。

⑦ 亨利·霍尔特，纽约的图书出版商，美国最老的出版社之一，由亨利·霍尔特与弗雷德里克·雷伊波尔德创建于1866年。如今在麦克米伦出版公司旗下运行，出版小说、传记、历史、政治、科学、心理学、健康类，以及儿童文学类图书。

⑧ 斯克里布纳，斯克里布纳之子公司的简称，1846年创立于纽约公园街的一家著名出版机构。尤其以出版海明威、菲茨杰拉德、托马斯·沃尔夫等著名作家的作品而闻名，近年来更因其一位编辑麦克斯·伯金斯的传记及改编电影《天才捕手》重新红极一时。

配地位，事实证明这对于两位出版人是极其重要的一步，他们帮助克瑙夫建立了“很少的几家对欧洲图书感兴趣的美国出版商之一”的声誉。然而，如历史学家霍夫施塔特[①]曾经说过：“并非再版俄国书使得克瑙夫出类拔萃，而是将作家例如曼……萨特[②]、加缪等人引进美国使他们变得如此必不可少。”——这三位都是布兰奇的作者。兰斯顿·休斯评论道：“一位生活在她高傲的丈夫阿尔弗雷德阴影下的出色女子，她签下了绝大部分的作者，尤其是那些外国作家，使得克瑙夫变成如此重要并且盈利的一个出版商。”

即便如此，到阿尔弗雷德1984年去世时，布兰奇仍然不知为何在克瑙夫历史中处于失踪的地位。布兰奇去世七年后，当被问及布兰奇在公司的角色时，阿尔弗雷德才悲痛地说，她从来没有得到过应得的认可：“我越来越意识到，她是做成这个大饼的一根大手指。”接着，他承认“她对公司的书目产生了非常大的影响（甚至为克瑙夫签下了音乐家所著的书）……我现在比她还活着的时候更多地认识到了这一点”。他并不是唯一一个在布兰奇去世后才意识到这件事的人：极受人尊敬的，在斯科茨伯勒男孩强奸案[③]中担任辩护律师的奥斯蒙德·福莱恩克尔[④]，他的妻子还是个孩子时就认识了布兰奇，他承认自己过去不是特别喜欢布兰奇，也不拿她当回

① 即理查德·霍夫施塔特，美国20世纪50年代的公共知识分子、历史学家。代表作为《美国思想中的社会达尔文主义》（1944）、《美国政治传统》（1948）、《改革的时代》（1955）、《美国生活中的反智主义》（1962），以及《美国政治中的偏执》（1964）。曾两次获得普利策奖：《改革的时代》因对19世纪90年代民粹运动和20世纪初期进步运动的理性分析而于1956年获奖，之后又因《美国生活中的反智主义》中对文化史的研究而于1964年再次获奖。

② 即让-保罗·萨特，法国哲学家、剧作家、小说家、政治活动家、传记作家、文艺评论家。存在主义哲学及现象学的重要人物，20世纪法国哲学及马克思主义研究的领军人物。其作品对社会学、后殖民理论、文学研究具有持续深远的影响。

③ 斯科茨伯勒男孩强奸案，1931年3月，9名年龄在13—21岁之间的黑人男孩乘坐穿过亚拉巴马州乡村的敞篷货车时因斗殴被捕入狱。随后被控强奸了两名搭乘同列货车的白人女孩——鲁比·贝茨和维多利亚·普赖斯——而受审。事发地点是斯科茨伯勒，当时是一个不为人知的小城镇，但即将因美国历史上最著名的民权案件之一而名声蜚扬。这是一个有关种族主义、成见和性禁忌的故事，发生在当时种族隔离状况严重的美国南方的腹地。9名男孩中有8人被草率地定罪，判处死刑。当年只有13岁的罗伊·赖特幸免于最终的死刑判决。

④ 奥斯蒙德·福莱恩克尔，美国律师。

事。然而在他晚年的回忆中，这位曾经为出版业做过一次辩护的民事辩护律师意识到“她是他们事业里不可缺少的”。散文家约瑟夫·艾本斯坦[①]写道：“我一直非常肯定，布兰奇才是更有意思的那一位。”

是的。她为自己一直被置于一侧做出了补偿——部分由于她丈夫对性生活的缺乏兴趣而解放了自己。她穿过了咆哮的20年代，与诸如菲茨杰拉德[②]以及辛克莱·路易斯[③]这样的朋友一起狂欢派对，这二位在她眼里，尽管才华横溢，对于出版事业却太不可靠（他们去了比克瑙夫更稳固更有实力，也更负担得起损失的出版社）；与那个年代最著名的指挥家、音乐家睡觉。她在二战中游刃有余地飞往而不是离开战区。作家，同时也是克瑙夫公司市场推广的哈丁·“彼迪”·乐梅[④]，在布兰奇的最后十年与她相识，他所记得的她，“是一位超凡出众的人，一位战胜了她那个时代和她所处位置所有不利因素的女子。她那么早，那么年轻的时候，就塑造了自己”。

---

① 约瑟夫·艾本斯坦，出生于1937年1月9日，散文家、短篇小说作家、编辑。1974年至1988年间，是《美国学者》杂志的编辑。

② 即弗朗西斯·斯科特·菲茨杰拉德，美国作家，其作品描画了爵士年代。尽管在有生之年他所看到的成就有限，然而如今他被认为是20世纪最伟大的美国作家之一。

③ 辛克莱·路易斯，美国作家。1914年，他的第一部长篇小说《我们的雷恩先生》问世。主要作品有《大街》《巴比特》《阿罗史密斯》等。1930年作品《巴比特》获诺贝尔文学奖。他是美国第一位诺贝尔文学奖获得者。

④ 哈丁·“彼迪”·乐梅，原名哈丁·勒梅，1922年3月16日出生于纽约州北班戈莫霍克印第安人保留区。剧作家。

第一部

1. 渴望冒险

据她后来回忆，当时的镇定，以及登上C-47[①]时的亲切笑容都是假装出来的。微微摇晃的步履，来自登机前她悄悄吞下的一口波旁[②]，却无意中替她营造出了一份自信的气息。年轻英俊的中尉向她行礼后，便要将她抬起来，以帮她越过飞机机身和金属台阶之间的空隙。她起初吃了一惊，随即想起来，自己此刻穿着军服。这是1943年，为了这趟飞行，军队授予了布兰奇中校军衔。在酒精和一套耳塞的帮助下，她得以在轰鸣的引擎声中睡去，不知不觉间，已经到了纽芬兰[③]。一到伦敦，她便换上了自己的平民服装。定时轰炸已经成为伦敦大轰炸[④]开始后夜夜必行的常规，就在她抵达前几个小时，一阵空袭警报刚划过天空。她在距离自己下榻的丽兹[⑤]仅几个街区的克拉里奇[⑥]小饮了一杯。“这两个地方都奇迹般地毫发无损。”布兰奇写道，她“穿过马路，上楼来到房间。身着一件羊毛裙，穿戴齐整地坐着，手包和稿纸就在一旁，忍受着头痛欲裂，工作着。有很多噪声传来……大约差一刻到12点时，警报响了，于是我来到楼下，那里

① C-47，全称为道格拉斯C-47空中火车，又名达科塔，是由DC-3民用客机衍生而成的军用运输机，为二战盟军广泛采用的机种之一，并一直采用至20世纪50年代，时至今日仍然服役于少数国家。

② 波旁，指波旁威士忌，一种以玉米为主要原料的美国产烈性酒。

③ 纽芬兰，加拿大最东边，大西洋沿岸省份。

④ 伦敦大轰炸，意为闪电战。被英国媒体特别用来指代发生在二战期间的1940年和1941年，纳粹德国在伦敦上空执行的猛烈空袭。

⑤ 丽兹，老牌奢侈酒店，在世界很多著名城市开有分店。

⑥ 克拉里奇，位于伦敦梅菲尔区布鲁克大街与戴维斯大街交会处的五星级酒店。与皇室充满历史渊源，有时被戏称为“白金汉宫附楼”，尤其以下午茶闻名于世。

聚集了很多记者，我问：‘现在会有空袭吗？’”所有人都笑了起来，布兰奇所犯的这个错误，是几个星期来记者们所听说过的最滑稽的一件事了。“这个警报是表示，它已经过去了……那件事以后，我就不再留意任何空袭信号。只是把毯子拉上来捂着耳朵，继续睡。”

尽管据说它已经客满，当时住在丽兹的一大半客人是战地记者，他们还是给布兰奇腾出了房间。她到的那天正赶上停电，慌乱地穿过大堂，陪同她的是一位英国的文学代理，手里还捧着一束匿名崇拜者留在酒店前台要送给这位出版人的花。布兰奇留在伦敦的那一个星期，她与记者、作家，以及包括CBS广播记者爱德华·R.默罗在内的朋友一起，饮酒、吃晚饭（晚餐通常较早，“因为9点以后公共汽车就停开了”）。她后来出版了一系列默罗的广播稿，包括战时的报道，但这时她很开心的是，他头一年答应了要给布兰奇的一位青年作者詹姆斯·B.“斯卡迪”·雷斯顿的第一本书《胜利序幕》[①] 写一篇简介。应雷斯顿的请求，她没有将此书交给出版社其他编辑手里，哪怕最优秀的编辑，而是亲自编辑了此书，由克瑙夫1942年出版。

* * *

1894年7月30日，布兰奇出生在上西区一幢舒适但并不起眼的褐石住宅中。从那时起直到结婚前，她的大部分时间都在她出生以后全家迁去

① 《胜利序幕》，是《纽约时报》驻伦敦和华盛顿记者詹姆斯·雷斯顿的一部非虚构作品，帮助美国人理解为获得胜利和自由必须付出的代价。克瑙夫出版社1942年出版。

的上东区83街东段40号，或者第五大道上48街到49街之间的加德纳[①]学校度过。这所学校始建于1860年，由一位浸礼会牧师开设，加德纳主要面对富裕的犹太女孩儿，以及家庭的社会影响力不足以使她们进入更高级女校例如沙潘或者布里尔利的非犹太女孩儿。1913年嫁给《屠场》[②]作者厄普顿·辛克莱的作家玛丽·克雷格·吉姆布伦[③]，在布兰奇之前几年也在加德纳就读。对于一个来自密西西比的南方女孩儿，能有这样的一个结合，大体上说明了加德纳的自由派倾向。

与别的青年女子自小为了未来的婚姻而接受教养一样，布兰奇也遵循了她父母出于好意的各样安排：她那时有一位德国家庭女教师，跟着她早起修习钢琴和骑术，下午放学后学习法语。加德纳使布兰奇得以逃脱一个乏味的家庭，以及她那怡人却略有些疏远感的母亲，和对书籍与文化生活缺乏兴趣的父亲。她哥哥也没能过多与她做伴。比她年长八岁，欧文很少出现在她身边，更多地见到他，是在他长大以后，不时来劝说父亲为他最近的生意施以援手。

然而在加德纳，布兰奇仿佛进入了一个魔法世界。那是一幢六层高的法式文艺复兴建筑，配备了各式现代化的方便设施，从电梯到供大楼使用的过滤水系统。顺着蜿蜒的白色大理石楼梯上去，是仿佛无边无际的一排

---

① 即加德纳女校，纽约19世纪和20世纪时的一间私立女校。建立于美国内战前，查尔斯·H. 加德纳夫人担任校长多年。学校曾经位于第五大道607号，介于48街和49街之间，1916年至1933年间，学校迁至东51街11号，介于麦迪逊大道和第五大道之间。布兰奇与作家卡尔蔓·巴恩斯、演员帕翠西亚·伊利斯三人在校史中并列为杰出校友。

② 《屠场》，是美国记者、作家厄普顿·辛克莱于1906年出版的小说。书中描述了美国移民的生活。许多读者则对书中揭露的以芝加哥为背景的肉类加工业中的问题更为感兴趣。小说描绘了贫困、社会服务缺失的恶劣的生存与工作环境，以及工人阶级的绝望、官僚阶级的腐败等问题。作家杰克·伦敦评论它是“工资奴隶制下的《汤姆叔叔的小屋》”。辛克莱被认为是一名文学扒粪人，揭露政府和商业腐败的记者。他的第一部小说以连载的形式出现在1905年的社会主义新闻报刊《诉诸理性》。1904年，辛克莱以匿名的方式在芝加哥的肉类加工厂工作了7周，并将结果诉诸报社。这些故事后以小说的形式于1906年2月26日由道布尔戴出版社出版。

③ 玛丽·克雷格·吉姆布伦，作家，厄普顿·辛克莱之妻。

又一排的大书架。加德纳的这一切令布兰奇欣喜若狂。那些书架上摆满了能满足各类梦想的书籍，尤其是19世纪的小说：简·奥斯汀[①]、乔治·艾略特[②]、维克多·雨果[③]、古斯塔夫·福楼拜，以及其他文学巨匠的作品。在同学们记忆中，她招人喜欢，却总是独来独往——有人认为她腼腆，有人认为她孤傲。当嘻嘻哈哈的同学们在学校楼梯上跑上跑下时，布兰奇总是坐在楼梯的最下面读书。通过她嫂子厄玛的关系，布兰奇结识了厄玛极有修养的姐姐葆拉·赫齐格[④]，这使她尤其领会到了法国文学的价值。认识不久，葆拉就同布兰奇开始用法语对话，并且带她去音乐会，听克劳德·德彪西[⑤]、莫里斯·拉威尔[⑥]，甚至弗雷德里克·戴留斯[⑦]的印象派音乐。

布兰奇的童年伙伴瑞塔·古德曼·博登海默在一次采访中说，从加德纳毕业后布兰奇就变了，她的“心思现在完全沉浸在书的世界里”。但事实上，博登海默所说的这种全神贯注，与布兰奇在校期间的兴趣相比，压根连一丁点的偏离都没有。博登海默回忆说，在遇到阿尔弗雷德·克瑙夫之前，她一直满足于“独来独往，或者与很少的几个朋友交往”，可后来“她认为她的老朋友们都很浮华”，于是她退出了漂亮的女朋友圈子，独自遛她的波士顿梗犬，常常一边走一边读书。

这类故事在50年以后被讲出来，通常出自一些嫉妒的校友。除了阅读超过一切的重要性外，她们还道出了其他的一些可以用来定义布兰奇那

---

① 简·奥斯汀，英国18世纪末、19世纪初小说家，以六部描写她所生活的时代的英国绅士生活小说而闻名于世。

② 乔治·艾略特，原名玛丽·安·埃文斯，以笔名乔治·艾略特闻名，英国19世纪小说家、诗人、记者、翻译家，维多利亚时期文学的重要人物。

③ 维克多·雨果，19世纪法国浪漫主义运动时期诗人、小说家、戏剧家，文学史上最伟大且最著名的法国作家之一。

④ 葆拉·赫齐格，厄玛的姐姐，早年对布兰奇产生深远影响的人。

⑤ 克劳德·德彪西，法国作曲家，与莫里斯·拉威尔齐名，同为重要的印象派音乐大师。1903年获授骑士勋章，是19世纪晚期、20世纪早期最具影响力的音乐家之一。

⑥ 莫里斯·拉威尔，法国作曲家、钢琴家、指挥家，常与德彪西并列提及。

⑦ 弗雷德里克·戴留斯，英国作曲家，出身于英国北部富裕的商人家庭，但拒绝继承家传商业，投身音乐。

些年里生活的特征，从她对独居生活的偏好，到她对狗的热爱。她本人也喜欢对自己生活的一部分进行罗织，那些事在日后她家人的描述中，只有很少一些被证实为事实——她的富于幻想和渲染，在克瑙夫出版社历史以及其他参考文献中，今天依然可见一斑。这位出版人最常重复的一个故事是关于她父亲朱利叶斯·沃尔夫的，他是一名“维也纳[①]的黄金首饰商”，而就他的移民纸上显示，他是巴伐利亚[②]的一位农民或者短工。布兰奇的父亲在19世纪70年代的移民潮中放弃了农业，仅仅早于另一项针对犹太人政策的颁布短短几年。在一位已经在“新世界”安顿下来的亲戚建议下，1877年，朱利叶斯藏在一个统舱里，从汉堡[③]来到了纽约。通过一位在曼哈顿某小作坊里工作的远房表亲的关系，这位聪明的新来者学会了织造和销售布匹，不久便成为主要的带檐帽和婴儿帽制造商。到1882年时，他已经成为“茹恩和沃尔夫”[④]的合伙人之一，这是一家设计和制造荷叶边和绲边的制帽公司。朱利叶斯在这家公司破产前几个月离开，无论是因为运气，还是直觉，这，再一次决定了他的命运。

布兰奇的母亲贝莎·塞缪尔斯，那之前刚巧继承了一笔遗产，按照当时的习俗，她给朱利叶斯带来一份丰厚的嫁妆。贝莎的父亲是曼哈顿的雷曼·塞缪尔斯，他与兄弟一起，一直到1877年时，都是全国最大的牛肉以及活牛出口商。那一年，朱利叶斯·沃尔夫正在越洋来美国的路上，而塞缪尔斯兄弟却成为这个国家“大萧条[⑤]”的受害者，美国十个州里破产的

---

① 维也纳，奥地利重要城市。

② 巴伐利亚，德国东南部州，与列支敦士登、奥地利以及捷克共和国接壤，首府慕尼黑。

③ 汉堡，德国北部主要城市。

④ 德国移民朱利叶斯·茹恩创办，经营蕾丝、花边等服装辅料。1882年，朱利叶斯·沃尔夫加入成为合伙人后改名“茹恩和沃尔夫”，直至他离开。其后更名为“朱利叶斯·茹恩及兄弟”，与他弟弟赫尔曼·茹恩共同拥有。

⑤ 大萧条，世界性的物价和经济衰退，始于1873年，终止时间（按不同统计方式）一说1879年，一说1896年。

18000个公司和银行之一。《纽约时报》的报道中这样说，这是声誉极高的塞缪尔斯的终结，令其客户非常震撼。然而，依靠不懈的努力，到1885年前，雷曼·塞缪尔斯已经把失去的财富又悉数挣回。

1894年，当布兰奇出生时，家庭的财务状况已经回归稳定。沃尔夫一家很快搬到了优雅的上东区。在那里，朱利叶斯这个还带着明显口音的第一代美国人，习惯性地一切听从贝莎，由她快乐地掌管着这个家。“朱利叶斯看上去也总是很开心的样子。”布兰奇的表姐回忆说，“个子矮，圆滚滚的、红润的两颊以及滴溜溜转的棕色眼睛。”当然他也“很严肃——典型的德国人”，表姐又补充了一句。从很少的几张保留下来的照片上不难看出，他就是一个快乐而圆胖的人，确实是布兰奇轻快而有可能缺乏真实性的故事中，那个乐意带着布兰奇和表姐去巴黎旅行，以庆祝她们高中毕业的家长。

贝莎·塞缪尔斯·沃尔夫是一位身材壮实，性情沉稳，很有女族长风范的母亲。她曾经骄傲地告诉布兰奇，没人会猜到她的亲生父亲曾经营过屠宰场。在一些布兰奇和她母亲的相片上，她们母女开怀大笑，看上去并非布兰奇去世后一些访谈中所说的那个沉闷的家庭。布兰奇早期的一位朋友海琳·弗兰克尔说起贝莎·沃尔夫时口气十分不屑，根本“不漂亮，又矮又胖，几乎呈方形”。按弗兰克尔的说法，沃尔夫家族对艺术的兴趣的缺乏，导致了布兰奇想要寻求一位“有智识趣味的人来嫁”。

尽管跟她丈夫一样，贝莎有时会显得冷漠疏离，但她做到了一件事，那就是教会了布兰奇怎样展示自己。贝莎很会穿，喜欢一种后来被称作“犹太人制服”的着装风格：时髦而精心剪裁的黑色套装（在20世纪20年代，那得向当时正在崛起的定制服装师沙利·米尔格拉姆[①]定购），并总是搭配一串珍珠。有位亲戚觉得贝莎年轻时很像莉莲·拉塞尔[②]，而朱利叶斯则像"一个典型的牛奶鸡蛋男"。无论他们外表如何，是这位鸡蛋男的决心，加上他妻子继承的财产，使得他们的女儿，在多年以后才有了那些只有通过财富才能获得的气质。然而不管朱利叶斯还是贝莎却都不倾向于支持他们的孩子完成大学教育，尤其是女儿。尽管巴纳德学院[③]（以及其他几所学院）自19世纪80年代后期开始，已经在招收女生入学，但布兰奇看起来并未考虑高中后的继续深造。她的情况是，完成加德纳学业后，即将到来的婚姻将带给她事业上的机会，而这一切从一开始就是由男性所主宰。正如一位学者所言，指导她上路的是一位男子，而那位男子的教授们，又都是一些在男性作家的经典文学中接受训练的男性，"布兰奇一定会做出受人尊敬的文学出版来"。

到她从加德纳毕业时，布兰奇已经满心期待着要嫁给肌肉强壮、橄榄色皮肤的阿尔弗雷德·克瑙夫。布兰奇之所以认为他迷人，正是因为他像自己一样，对书比对人更有兴趣。他那时在哥伦比亚大学如饥似渴地学习，哪怕假期在长岛南佛克[④]的海滩上也在读书。布兰奇偶尔与这位看起来像运动型的男孩说过几句话，他当时正住在他父亲位于长岛西部劳伦斯镇[⑤]上的房子里度假。

布兰奇，作为一名世俗犹太人，当她得知阿尔弗雷德一点也不比她有

---

① 沙利·米尔格拉姆，19世纪末出生于纽约，16岁结婚后加入丈夫与其父亲和兄弟联合经营的定制西装店，开始设计生涯。到20世纪20年代打入百老汇、72街、57街以及第五大道，成为上流社会、政客夫人以及娱乐明星热衷的高定服装。

② 莉莲·拉塞尔，美国演员、歌手。19世纪末20世纪初期最有名的演员和歌星之一，以美貌和风格著称，同时其声音和舞台表演也非常令人难忘。

③ 巴纳德学院，位于纽约市的一所私立女子文理学院，针对哥伦比亚大学拒绝招收女生的状况而创办于1889年，为最早的女子学院之一，1900年起并入哥大。

④ 南佛克位于长岛南岸东南部的一个半岛，与其相对的位于北部、海岸线较短的则为北佛克。

⑤ 劳伦斯镇，位于长岛西部的一个最早被用来修建度假别墅的村庄。

更强的宗教倾向时，感到一阵放松。而他，作为一名不可知论者，对自己的犹太身份的兴趣，远比他父亲山姆更少。山姆至少出于形象上的考虑，会去参加在以马内利会堂[①]举行的曼哈顿犹太人中最时髦的聚会。阿尔弗雷德对这些事的漠不关心与布兰奇的成长后的信念交织在一起，加上她对宗教繁文缛节的不耐烦，于是在她眼里，宗教对这个世界的害处远远大过好处这一想法与日俱增，两人在这个问题上十分协调。她和阿尔弗雷德都十分鄙视所谓的犹太社区。她会在犹太新年期间购物，因为她认为这时曼哈顿的商店里没那么拥挤，她对不赞同此举的朋友说，她读了太多不同文化的书，以至于很难再信仰单一的某种精神权威。

无论如何，这位有些拘谨的少女凭借自己的魅力，征服了靠近长岛南岸劳伦斯的伍德米尔[②]的大部分犹太社区。婚前就认识阿尔弗雷德，也与布兰奇略有接触的埃尔希·沃斯伯格[③]，在20世纪70年代回忆说，那位平素“独来独往的女孩儿”偶尔会“邀请每个人”去他们租住的暑期度假屋，提供食品，跟大家一起唱歌跳舞，一位朋友的父亲会用他的豪华七座皮尔斯－阿洛送客人回家。1911年，毕业后的那个夏天，这位17岁的姑娘首次出现在劳伦斯运动俱乐部[④]，正是在这里的一次派对上，她被正式介绍给了阿尔弗雷德·克瑙夫。她没有计较朋友们关于他外表缺乏魅力以及学究气的纷纷议论，布兰奇十分享受地与他交谈。一个满脑子装着奇异想象的女孩儿，她被他的学术气质以及沉着自我所深深吸引。据那位年轻人的记忆，“又过了一年左右”，他们才变得“真正对彼此感兴趣”。

---

① 以马内利，意为“神与我们同在”。以马内利会堂，是美国纽约的第一座犹太教改革派会堂，由于其规模和声望，自1845年创立起，就成为该派的旗舰会堂。这座罗曼复兴式建筑位于曼哈顿的第五大道，被普遍认为是世界上最美丽的犹太会堂之一。它略大于布达佩斯的烟草街会堂，那是欧亚大陆最大的犹太会堂。

② 伍德米尔，纽约州纳苏县的一个小镇。

③ 埃尔希·沃斯伯格，阿尔弗雷德早年的一位朋友。

④ 劳伦斯运动俱乐部，当时位于长岛劳伦斯的一个运动会所。

路易·戴维森[①]曾经对朋友说，要不是他当时已经有了女朋友的话，他会毫不犹豫去追求那“美人”的。中等长度的红铜色头发，迷蒙的灰绿色眼镜，加上一副婀娜的身段，布兰奇看上去像一位前拉斐尔画派美人。另一位朋友还回忆起她无懈可击的风度，说她“很少说话……绝对的沉默”——可一旦开口，她有着“温和的嗓音”。到了必需的时候，她便会变成一位很有艺术的演讲家，同时又是更为专注的聆听者。她流畅而优雅、音调偏低的嗓音，以及她的专注，最终成为促成她一生事业成功的重要财富。

几年后，布兰奇回忆她和阿尔弗雷德在1911年那个夏天的飞速交往，他们很快地成为朋友。阿尔弗雷德为能够有这样一个务实的女孩儿陪伴而感到十分愉快，与别人的喋喋不休正好相反，她喜欢谈论书籍——或者更准确地说，她愿意听他谈论书籍。不过有一阵她不得不依依不舍地暂别了他的教导：1912年初，哥伦比亚大学毕业后，阿尔弗雷德离开纽约去德国游历了半年，他早已安排好要去英国与著名作家约翰·高尔斯华绥[②]见面。高尔斯华绥后来于1921年成为PEN[③]的首任主席，这一作家组织最终扩散到了全世界。高尔斯华绥是阿尔弗雷德最后一年论文的研究对象——他们这一决定性的会面，最终激励了这位追随者出版了很多他的伟大作品。

6月份，他一回来这一对儿立即变成了同体。阿尔弗雷德开始在道布尔戴出版社工作，做一些日常的办公室事务。“当我开始去道布尔戴工作时，布兰奇完全知道我为什么去那儿（为了搞清楚出版这个行业）。她本人作为一个热切的读者，对任何与书籍以及写书的人相关的事，都充满了极大的热情和强烈的兴趣……就这样（我们的）小公司（很快）便成立了。”

---

① 路易·戴维森，布兰奇早年的朋友。

② 约翰·高尔斯华绥，英国小说家、剧作家。代表作品有《福尔赛世家》三部曲，获1932年诺贝尔文学奖。

③ PEN，世界性作家组织，1921年成立于伦敦，三个字母分别代表诗人（Poets）、散文家（Essayists）、小说家（Novelists）。

阿尔弗雷德十分简要地如此回顾了一下夫妻事业的开端。从一开始，它就与创始人的个性交织在一起。布兰奇很赞赏阿尔弗雷德放弃了最初准备继续上法学院的计划。其实毕业前做此打算时，他就并没有多大兴趣。出版业，布兰奇十分肯定地感到，会有她的一席之地，而法律业则要求大学学历以及后续的专业训练。

后来她回忆起，从一开始，她与阿尔弗雷德的关系就一直是关于书。阿尔弗雷德"意识到我永远都在读书，过去从来没有见过任何一个像这样的女孩儿。他那时每星期挣8美元（相当于2015年的170美元左右）……我与他约会，而我们见面全都在谈书。没人喜欢他——我的家人尤其如此。可我喜欢，因为能有人陪我谈论书，我们还谈论做书……于是我们决定结婚、做书、出版"。有些女孩儿梦想的是造婴儿，可布兰奇和阿尔弗雷德的梦想，是造书。

"我们从未谈论过书和音乐之外的其他事，只有书和音乐。"在后来的采访中，她充满怀念地回忆道：

> 我偶尔会和他一起骑马，这可能是我这辈子除了弹钢琴和学习之外所做过的唯一一件事了……我很严肃地向父母提及（嫁给阿尔弗雷德的事），他们完全不肯听。周围有一堆男人我可以嫁，就是不能嫁给这一个。并不仅仅因为他是俄国犹太人（阿尔弗雷德其实出生在美国），还因为，按照我家人的说法，他们家声誉很差，根本不适合我……（我可下定了决心）要嫁给他，一起出版书籍。

如果布兰奇原本的生活索然乏味，阿尔弗雷德则提供了可以令一个人展开想象的一切戏剧性。他悲惨的童年经历对布兰奇未来一生的影响，等同于对他自己人生的影响。山姆·克瑙夫，1862年出生在华沙市郊。他是有理由骄傲的，这也是令阿尔弗雷德，以及布兰奇，一直视他为令人敬仰的父亲的原因。她遇见他时，山姆早已是纽约一家小型商业银行的总监了。

可阿尔弗雷德有第一手信息，他知道，作为七个孩子中最小的一个，山姆的生活中经历过什么样的艰难。尽管有着长期的反犹政策，波兰却也在哈斯卡拉①期间享受过一段自由之风。这一犹太版本的启蒙运动，使山姆的父母得以过上了好日子：亚伯拉罕·克瑙夫②在华沙大学教授英文，他的妻子——汉娜③，拥有化学学位。然而到了19世纪60年代，反犹迫害却促使克瑙夫一家逃离祖国，来到美国。从轮船抵达的那一刻起，关于克瑙夫家族也许是真也许是假的各种故事就开始流传。阿尔弗雷德和布兰奇都有意无意支持的传奇渐渐成形：在他那五六本未完成的自传里，阿尔弗雷德持续地记录了亚伯拉罕和汉娜的经历，从西方国家俄罗斯的东部边境出发，经伪满洲国，抵达旧金山④，在那里他们稍作停留，去拜访一户友人，也就是日后的小提琴家亚莎·海菲兹⑤的祖父母。海菲兹日后成为布兰奇的情人，这是后话。这才起航，绕了一个大圈子，经合恩角⑥，于1873年抵达纽约城。

当亚伯拉罕·克瑙夫到达美国一年后去世时，他妻子尚未能找到一份教书的差事，因此女儿们，哪怕家里最小的一个也得想办法挣钱帮着养家。

---

① 哈斯卡拉，希伯来语“启蒙”或“教育”的意思，史称犹太启蒙运动。这是18世纪至19世纪间欧洲犹太人旨在吸收启蒙运动的价值，推动社群更好地整合进入欧洲社会而发起的活动；并借此增加世俗内容、希伯来语和犹太历史教育，标志着欧洲犹太人与世俗世界开始更广泛地接触，最终产生了第一次犹太人政治运动和为犹太解放运动所做的争取。

② 亚伯拉罕·克瑙夫，山姆·克瑙夫的父亲，阿尔弗雷德的祖父。

③ 汉娜，山姆·克瑙夫的母亲，阿尔弗雷德的祖母。

④ 旧金山，美国北加州的一座山城，由太平洋、旧金山湾所环绕的一个半岛顶端，以终年不散的雾和标志性的金门桥以及绚烂的维多利亚式房屋著称，20世纪下半叶起，又成为世界高科技之都。

⑤ 亚莎·海菲兹，出生于俄国的美国小提琴家。青少年时期迁居美国，16岁在卡内基音乐厅的首演引起轰动。

⑥ 合恩角，南美洲最南端，因形状像“角”而得名。

到山姆12岁时，他辍学来到休斯敦，由嫁到此地的姐姐抚养。正是在这里，他成为美国19世纪末期典型的创业者。正规教育没有指望了。阿尔弗雷德喜欢说他父亲自己学会了“一切”，包括犹太教的历史。儿子完全接受了父亲对于读书人的敬仰，这是经由山姆的父母传递下来，与犹太人身份联系在一起的认同。“在没有接受多少学校教育的情况下，他成为一名具有文学和文化修养的成年人，”阿尔弗雷德说，“总是买成套的四分之三摩洛哥红羊皮包装的法国和俄国经典著作，带有大量的整幅彩色插图。”后来儿子复制了这一审美趣味。

山姆·克瑙夫1893年取得了公民文书。这之前不久，山姆和埃达·雅菲[①]的第一个孩子，阿尔弗雷德·亚伯拉罕·克瑙夫于1892年9月2日在位于中央公园西路234号的克瑙夫家中出生。阿尔弗雷德的母亲，出身于一个拉脱维亚犹太家庭，他们在埃达出生前后定居曼哈顿，这使得她成为家里的第一代美国人。埃达从前的学生于1949年写给阿尔弗雷德的信中说，她尽管看上去很“平常”，却有着“极好的”个性，并且“拥有精湛的技能，将知识传授给那些尚未成熟的头脑。我爱她”。

他的朋友们都认为山姆理应得到一个好妻子，而这位精明谨慎的男人知道，与埃达的婚姻可以保证他的美国公民身份。他总是穿戴入时，领带上别着领带夹，西装“裁剪得有些好得过了分”，这是一位上流朋友吐露的心里话，还说这个人“很敏锐”。身高五英尺十英寸半，这正好也是儿子阿尔弗雷德后来长大以后的身高。山姆对自己的身材非常自豪。成年后阿尔弗雷德暗示过，他父亲很受女人欢迎。在他推销商品时很容易就与她们熟识并成为朋友。山姆成为一名推销员，乘坐驿站马车穿梭于东北部，随身带着八到十个制造商提供给他的样品服装以及微缩家具模型。凭借这样无

---

① 埃达·雅菲，阿尔弗雷德的母亲。

休止的工作，通过这些社会关系和他操练出来的必不可少的所有社交技能，山姆渐渐富裕起来。他的成功，让他受雇成为曼哈顿一家大型服装店“比尔曼和海登堡公司”的经理。到阿尔弗雷德快要出生时，山姆又获得在辛辛那提[①]开分店的机会。终其一生将父亲偶像化的阿尔弗雷德，称他为“一位出人意料的非凡的人”。他从来也没有想明白，山姆是如何得到了绅士阶层的接纳，从财务咨询师到重要商人；也不知道他如何成为那些从不接收东欧犹太人的会所的成员。东欧犹太人在那个圈子里只被简单地以非我族类指称，这个称呼由作家史蒂芬·伯明罕[②]发明来描绘犹太社区内部的偏见，包括百万富豪例如古根海姆家族[③]、洛布家族[④]，以及贝尔蒙特家族[⑤]。可这样的神秘经历，只更加激起了阿尔弗雷德对父亲的崇拜。

1894年，克瑙夫一家迁往中西部，根据当地报纸的报道，山姆很快成为“受欢迎的热门社交人物”。他们住在城里的时髦地段核桃山一幢位于林肯大街的维多利亚式住宅里，在精心规划的庭院里，他们常常举行些华丽的派对。阿尔弗雷德最早的记忆是沿着俄亥俄河，“与一个黑人男仆一起”，在一段峭壁上散步。1895年3月17日，埃达又生下一个女儿——索菲亚·塞莱斯特，人们通常叫她苏菲。在辛辛那提，山姆的事业极其兴旺，这为他开一间属于自己的服装批发公司提供了可能性，于是有了位于第五大道和莱斯街的山姆·克瑙夫公司。他有了越来越多的理由出门旅行，丢下年轻的埃达独自留在那幢大宅子里与宝宝们相守。山姆从不理会她那些

① 辛辛那提，位于俄亥俄州的城市。

② 史蒂芬·伯明罕，以撰写美国富豪家族史著称的美国作家，其关注焦点常集中在种族话题。

③ 古根海姆家族，美国富豪家族，先以采矿闻名，继而做慈善事业。最先于1847年来到美国的是梅耶·古根海姆，一位阿什肯纳兹犹太人后裔瑞士人，接下来的几十年里，在采矿和熔炼行业大获成功，最终成为全球攫取财富最多的几大家族之一。此后在当代艺术、航空航天等领域成为主要的慈善捐助人，包括数个古根海姆博物馆、古根海姆航空实验室等。

④ 洛布家族，美国富豪家族，以纺织业起家，后进入金融及慈善业。

⑤ 贝尔蒙特家族，美国曾经的政治大家族。

关于无聊和孤独的抱怨，有一次甚至扔下她长达几个月。

1896年7月，山姆将埃达、阿尔弗雷德，以及苏菲，连同一名用人，一起送到了弗吉尼亚的谢南多厄山谷[①]。作为一个犹太人家庭，哪怕是很富裕的家庭，也不会去住在西弗吉尼亚温泉城[②]的霍姆斯特度假村[③]，或者格林布莱尔郡的白硫磺泉镇[④]的。但也有些地方，既是克瑙夫一家可以选择，又同样十分诱人的。山姆将埃达和年幼的孩子们安置在石桥明矾泉大酒店。

尽管后来证明，在弗吉尼亚几乎跟在家里一样热，埃达却欢快地在信中对山姆说，至少“这儿的空气总是清新而纯净的”。在一封写给辛辛那提的朋友的信中，这位年轻的女子吐露了心声：“这地方尽是南方人……在一群精巧讲究的人中间，闲散地度过一天的时光，再没有别的。”尽管埃达展现给丈夫的是一张欢快的面容，但她在度假的人群中却是抑郁的。山姆向来背负着有女人缘的名声，因此埃达早在婚前就担心过他的不忠，可她又实在喜欢他。现在，在她同时写信给山姆和一位朋友，倾诉她可怕的孤独之后的九天，她终于得到了想要的关注。

* * *

1896年7月25日，据《辛辛那提问询报》[⑤]报道，在那里过暑假的朋友发消息给山姆：“快来。”那天早上，一位用人说：“度假屋里出现了一位男子，他待在克瑙夫太太的房间里。”坚信这是个贼，女用人尖叫着从埃

---

① 谢南多厄山谷，位于弗吉尼亚州西部地区。
② 温泉城，号称美国第一温泉的度假小城，位于西弗吉尼亚。
③ 霍姆斯特度假村，温泉城的著名度假酒店。
④ 白硫磺泉镇，西弗吉尼亚格林布莱尔郡的一个镇。
⑤ 《辛辛那提问询报》，美国俄亥俄州辛辛那提甘奈特报业集团出品的一份晨报，于1841年首次发行。

达的度假屋跑开了去。

据另一份报纸《商业论坛报》[1]，几乎就在山姆·克瑙夫将他家人送来温泉镇后，他离开的那一天起，度假村里的客人就都知道，一位皮奥里亚[2]的商人与克瑙夫太太在一起度过了一段很不得体的时间。面对各种劝诫，她"充耳不闻，持续进行着那桩傻事"。直到山姆到来，《论坛报》说，丈夫的质询很快有了结果，"签了一份忏悔书，承认了自己的过错……他同时还取得了当事男子的陈述"，证实了埃达的不忠，这导致"（克瑙夫先生）将妻儿送往纽约，他们从此在那里生活。那次事件之后，克瑙夫先生与妻子再没有生活在一起"。报道如是说。

埃达带着阿尔弗雷德和苏菲，住进了她父母的家，一幢布鲁克林班森贺社区的普通住宅里。山姆继续留在辛辛那提。他转手出让了生意，同时放弃了林肯大街上的豪宅，住到了会所里。《问询报》是这样报道的：

> 他将那幢装饰华丽的住宅里的一应家具物件以拍卖方式尽数出售，每件售价都不足其真实价值的五十分之一。在出售前，他将拍卖广告页发给自己半离婚状态的妻子……几乎在开始决定分居的同时，克瑙夫太太就尽一切努力试图恢复关系，几乎没有一天她不写信去请求原谅，其中包括一些非常令人同情的祈求。这位颜面尽失的妻子表态说，只要能回来，做粗活，擦地板都行。"只要你还愿意将我收留在你的屋檐下，我做狗也情愿。"她这样写道。但他十分固执，拒绝给予任何回复。

1897年2月12日，上午11点20分，埃达·克瑙夫来到巴斯大街的A.F.安

---

① 俄亥俄州辛辛那提本地的主要日报，创建于1896年，1930年停止发行。

② 皮奥里亚，美国伊利诺伊州的一个城市。

德伍德药房，买了两盎司的苯酚。她给药剂师解释说，将用这闻起来甜甜的液体来消毒。第二天凌晨2点，E.H.梅恩医生被电话召去了那所房子。医生所能做的，也只是安慰那位因痛苦而嘶喊的女子，告诉她很快就会过去。

直到老年，那一夜的记忆还一直深深地困扰着阿尔弗雷德。他那时连5岁都不到，上一个夏天目睹从弗吉尼亚的紧张撤退，孩子就知道父母之间那时已经出现了问题。这个冰冷2月的晚上，他在高声的叫喊声以及屋外走廊上仆人的奔跑声中醒来。当他意识到有可怕的事情发生时，把自己藏在了被子下面。《布鲁克林每日鹰报》① 报道说："梅恩医生发现克瑙夫太太正经受着体内的剧痛，他用尽了所有可能的办法，然而昨天晚上11点30分，这位女子还是去世了。"埃达当时33岁，她的痛苦在情人节前夜，终于以她的离世告终。

一匿名消息源告诉警方："在那之前埃达已经长期经受着绝症的折磨，她相信自己再也不会好起来，因此自己做了了断。"这个故事流传了三天。当山姆在辛辛那提接受问讯时，他装得十分震惊：就在她买苯酚的那个周五，他还去班森贺的家里看望过妻子，她一如既往十分地快乐，享受着"她所希望得到的一切"。

克瑙夫先生忘记向记者提及，上个周一，在辛辛那提民事上诉庭，他以埃达通奸为由提起了离婚诉讼。直到周五上午，他匆匆去她的布鲁克林住宅探访之前，都没有告知埃达此事。随后她才走去药店买了毒药。辛辛那提的报纸，都强调了克瑙夫家族在犹太社区里的显赫地位，在埃达自杀事件后，将整个事件进行了完整的报道：离婚文书中被指为通奸者的山姆的妻子，将被取消孩子的监护权以及丈夫的姓氏。埃达·雅菲于1897年2月17日，在巴斯海滩联合菲尔兹公墓下葬。无论是阿尔弗雷德还是妹妹苏

---

① 《布鲁克林每日鹰报》，布鲁克林地区的一份日报，从1841年至1955年存在了114年。19世纪诗人沃尔特·惠特曼曾担任其编辑两年。

菲，都不能清楚地记起母亲的样子，而山姆也再不会谈及埃达。对布兰奇，阿尔弗雷德直接谈起的也只有一次，那还是在他们婚姻的初期，她永远也忘不了他讲起这段故事时脸上的表情。

山姆搬回了纽约，一年之后再婚。事实证明，莉莲·哈里斯①是一位慈爱的继母。一家人住在曼哈顿上游华盛顿高地②一幢木梁结构的大宅子里，那里在19世纪的最后几年还被当作乡村。它的与世隔离，以及它所带来的从布鲁克林事件——在阿尔弗雷德身上留下了永久烙印的事件中的解脱，导致了阿尔弗雷德一辈子都渴望住在纽约城的外面。然而莉莲却并没有得到丈夫和继子女们的认可，他们后来抱怨说，她“不是很聪明”（山姆总会加上一句，但是很性感）。这一家变成了混杂的一窝——贝莎，来自莉莲上一段婚姻的女儿，她改姓了克瑙夫，加上阿尔弗雷德和苏菲，以及另一个孩子——埃德温③，山姆和莉莲婚姻的产物。

孩子们在夏天和其他假期里，通常被分成不同的组合送往各地亲戚朋友处，好让山姆和莉莲能够有机会自己度假。山姆常常一边游玩一边工作，这个习惯后来阿尔弗雷德自己为人父后也继承了下来。当孩子们跟父母一起驾车郊游时，莉莲总是会温和地责备小阿尔弗雷德只顾了埋头看书，而忽略了看风景。可这孩子有他自己的主意，埋头读《德伯家的苔丝》④或者他喜欢的通俗读物——《夏洛克·福尔摩斯》⑤。书籍是他所能够想象的最安全、最舒缓的世界。

---

① 莉莲·哈里斯，阿尔弗雷德的继母，埃德温·克瑙夫的母亲。
② 华盛顿高地，纽约曼哈顿北部的一个社区。
③ 即埃德温·克瑙夫，阿尔弗雷德同父异母的弟弟。美国电影制片人，导演，剧本作家。
④ 《德伯家的苔丝》，托马斯·哈代的小说。
⑤ 《夏洛克·福尔摩斯》，英国作家亚瑟·柯南道尔的侦探小说集。

2. 爱书人

在她与阿尔弗雷德婚后的几十年里，布兰奇总是对她妯娌米尔德丽德·克瑙夫[①]说，她的婚姻建立在一个订婚前她争取到的承诺之上：阿尔弗雷德确保她能成为出版公司的平等合伙人，那是他们自打相识起就梦想着要创建的公司。这是极不寻常的，这种安排对于一个刚刚想清楚自己想要从生活中得到什么的年轻女孩来说，本来就很激进了——更何况还得先学会怎样去实现。但所有这一切她作为一个未婚女孩的算计中，真正令布兰奇疯狂的只有那个22岁年纪，只知读书的阿尔弗雷德·克瑙夫。

整个恋爱过程中，阿尔弗雷德一直充当了布兰奇非正式的导师角色。在布兰奇眼里，这正是他向她表达爱的方式。他嘲笑当代艺术，其实私下里那正是她很感兴趣的东西——尤其是野兽派、未来派、立体画派这几样在69团军械库[②]的初冬展览中所被推崇的流派。1913年的那一次展览，其官方名称为"国际当代艺术展"，由美国画家及雕塑家协会组办，最后，以"军械展"为世人所知。它真正在纽约的展出时间只有几个月，然而所产生的巨大冲击却使得保守的艺评家们惊恐号叫，他们抨击以马塞尔·杜

---

① 米尔德丽德·克瑙夫，美食书作家，埃德温·克瑙夫之妻。

② 69团军械库，位于纽约曼哈顿玫瑰山东25街和26街之间，莱辛顿大道68号。这栋历史性建筑始建于1904年，于1906年竣工。至今仍然是纽约陆军国家卫队第一营总部，及第69步兵团所在地，同时承办特别展览活动，例如1913年颇具争议的"军械展"，在此期间，当代艺术首次在美国向公众展示。1965年被授予国家历史地标称号，1983年成为纽约城市地标。

尚[①]《下楼梯的裸女第二号》[②]为代表的革命性作品，荒唐地丢失了迄今为止支撑着所有艺术形式的传统形象。画展上分发的宣传册还登载了一首格特鲁德·斯泰因[③]的早期抽象诗，名为《库罗尼亚别墅里的玛贝尔·道奇肖像》[④]，诗中那位艳丽炫目的道奇，与斯泰因在巴黎相识相交，并因为在她第五大道23号的新公寓里举办的每周沙龙而广受仰慕。仰慕者中就有不久之后成为布兰奇亲密朋友之一的卡尔·范·韦克滕。经由范·韦克滕的介绍，布兰奇结识了斯泰因和马克斯·伊斯曼[⑤]。伊斯曼是格林威治村的一位激进分子，正是他资助了记者及活动家约翰·瑞德[⑥]的俄国之旅。（道奇因此而失掉情人瑞德，她吞食扎了玻璃碴的无花果、鸦片酊，但这位健壮的女子居然从这些事件中很快恢复了过来。）

在阿尔弗雷德眼里，这是一群自认无所不知的人。在他们身边，阿尔弗雷德感觉浑身不自在。他对布兰奇说，这就是一帮装腔作势的人——他

① 马塞尔·杜尚，美籍法裔画家、雕塑家、国际象棋玩家与作家，20世纪实验艺术的先驱，被誉为“现代艺术的守护神”。其作品对于第二次世界大战前的西方艺术有着重要的影响，达达主义及超现实主义的代表人物之一。他于15岁开始绘画，受立体主义、观念艺术、达达主义影响。作品多显示反战、反传统、反美学内容。

② 《下楼梯的裸女第二号》，1912年杜尚创作的一幅油画，现代绘画的代表作之一。1913年纽约军械库当代艺术展览中的焦点。现藏于费城艺术博物馆。

③ 格特鲁德·斯泰因，美国小说家、诗人、剧作家、收藏家。出生于美国宾夕法尼亚州匹兹堡，成长于加州奥克兰。斯泰因于1903年迁居巴黎，在法国度过余生。她在巴黎的沙龙，是20世纪初最著名的文化场所和文化现象，沙龙的常客囊括了文学艺术领域现代派几乎所有的重要人物：毕加索、海明威、菲茨杰拉德、辛克莱·路易斯、埃兹拉·庞德，以及马蒂斯。这个沙龙在后世的文学爱好者心目中拥有神话般的地位，影视、小说中被无数次引用、提及，最为人知的是2011年伍迪·艾伦的电影《午夜巴黎》中一位美国剧作家穿越到那个沙龙的情景。

④ 《库罗尼亚别墅里的玛贝尔·道奇肖像》，斯泰因为道奇所做的一首诗歌。道奇本人非常喜欢对她的文字描述，特自费出版，以羊皮纸印刷，弗洛伦廷壁布包装。玛贝尔·道奇，富有的艺术赞助人，在纽约举办艺术沙龙，并在新墨西哥的陶斯创建一个艺术家社区。她于1905年至1912年间生活在佛罗伦萨郊外一所叫作库罗尼亚的别墅里，此后搬回纽约，最终迁居陶斯，在那里资助艺术家和作家，包括马斯登·哈特利、安塞尔·亚当斯、D. H. 劳伦斯、乔治亚·欧姬芙等。

⑤ 马克斯·伊斯曼，美国作家，其写作涵盖文学、哲学以及社会学，也是一位诗人和著名的激进政治活动家。

⑥ 约翰·瑞德，美国新闻记者、诗人、社会活动家，最为世人铭记的是他对布尔什维克革命的第一手观察和报道《撼动世界的十天》。他的妻子为作家、女权主义者路易丝·布莱恩特。他的俄国行，以及与布莱恩特的情感纠葛在电影《赤色分子》中有详细展现。

们的艺术，除了伊斯曼的之外，其他的都轻飘飘毫无分量。当时的很多评论家也持这种观点，例如其中一人在《哈珀斯周刊》[1]上写道："艺术领域如同物理学一样，它仍然是有规则的……如果你的胃以不适来对这些垃圾表达反抗，那确实就是因为，它们就不是适合人类的食粮。"凡·高、罗丹以及马蒂斯[2]根本上就是要么缺乏技巧，要么脑子有病，这是诋毁者中最常见的说辞。布兰奇对于军械展所面临的责难感到很不舒服，感觉这与她所熟知的文字世界里对图书进行审查非常类似。但她保持了沉默，相信自己还缺乏足够的教育和经验来做出判断。然而她的直觉是准确的：那次展览后，美国的艺术永远改变了。

这对夫妻一度与先锋圈子走得最近的时候，是因为他们当时读到的一本很受器重的推理小说——亨利·希德诺·哈里森[3]的《薇薇的双眼》[4]，这是一本早期主张维护妇女以及工人权利的作品。很快，阿尔弗雷德就开始管布兰奇叫"薇薇"，因为书中那位胸襟开阔的男医生，长着一双著名的具有穿透力的灰蓝眼睛，是他对妇女的同情赋予了他外表上的优势。此后一生中，阿尔弗雷德一直断断续续地用"薇薇"作为小名来称呼布兰奇。这是对于他妻子的独立与那个被她抛在身后的传统维多利亚主妇世界之间的鸿沟的认可。

而她这一边——取代他学生时期的小名"克瑙皮"——布兰奇总是称

---

① 《哈珀斯周刊》，1825年弗莱切尔·哈珀及其三位兄弟创办了哈珀兄弟出版社，四人模仿《伦敦图片新闻》于1850年开始出版《哈珀斯杂志》月刊，作者有查尔斯·狄更斯以及威廉·萨克雷等知名作家，很快发行量就能够支撑其发行周刊。1857年开始在纽约发行周刊，直至1916年，是历史上最有声望的政治、文化、卡通周刊之一。

② 马蒂斯，法国艺术家，以色彩使用以及流利的制图术而闻名。他也是一名绘图师、版画家、雕塑家，但却以画家身份最广为人知。

③ 亨利·希德诺·哈里森，美国小说家，出生于田纳西州。1900年哥伦比亚大学毕业后，1913年又从该校获得荣誉硕士学位。1914年当选为美国艺术暨文学学会会员。他以"亨利第二"为笔名写作发表，长期为《大西洋月刊》及其他杂志供稿，并出版多本小说，以犯罪小说闻名。

④ 《薇薇的双眼》，哈里森发表于1913年的小说，当年销量第二的畅销书，与1911年出版的*Queed*一起，被认为是他最优秀的作品，近年来的批评家认为他的作品都具有早期的女权主题。

呼阿尔弗雷德为“鲁本”，取自当时的流行歌曲《鲁本与瑞秋》[①]。这首歌最早出现于1871年，一战期间又再度流行。歌曲用童谣的形式，讲述了一场温和的两性之战。新歌词的开头是这样的：“鲁本，鲁本，我一直在想。”这成了布兰奇用来卖俏的现成句子。她这带有暗示的曲调，到那个月底，就非常得体地加快了他们的亲密关系。假意拒绝阿尔弗雷德建议她同去劳伦斯度周末的邀请，她找到了发出“这是我想要的男人”这一信号的不同方式。1913年底，她给他送了一封明显是在挑逗的信，“很可笑，今天早上，当我还睡意蒙眬时，我伸手去够一封信”，可是很失望地发现自己那是在做梦。

对脑子里装满了文学的布兰奇来说，阿尔弗雷德是一个华丽的追求者——同时，尽管她还有很多要学的东西，他对她也很感兴趣。

当她注意到他也正在试图要打动她时，她感到十分满意。第二个暑假，他带她去哈德逊河上参加校际赛艇，以炫耀哥伦比亚大学的实力和地位。他还总是喜欢吹嘘学校的田径跑道：“那是我持续了很长时间的兴趣，结婚前布兰奇和我常常去参加位于特拉维斯岛[②]的纽约体育会所的比赛，以及费城的宾夕法尼亚接力赛。”这一对还喜欢去花园城看马球赛，他俩紧挨着坐在草坪上，布兰奇负责布置野餐，阿尔弗雷德则给她解释“这比赛如何进行”。

到了老年，阿尔弗雷德回忆起恋爱时期的一系列甜蜜时刻，甚至将他们最初那几年时间称为“罗曼蒂克”：“晚上我会走到她的窗下，用口哨吹《舍赫拉查德》[③]，这是个信号，告诉她，她不用出来，仅仅是让她知道我

---

① 《鲁本与瑞秋》，哈里·波奇作词，威廉·戈启作曲的一首流行歌，1871年于波士顿发布。其歌词第一句“鲁本，鲁本，我一直在想”，在一战临近时被用到另一首歌中。

② 特拉维斯岛，位于纽约州威斯特彻斯特郡新罗谢尔市的一座岛屿，纽约体育会所的夏季所在地。

③ 《舍赫拉查德》，又名《天方夜谭组曲》，根据《天方夜谭》中的画面和场景以音乐的形式描画出来的音乐作品。

在那儿。”1914年中，她给他写信：“用词汇来表达几乎不可能，但我希望你能明白，我知道你一直以来给我的帮助有多大，以及你是多么霸道的一个朋友。也许有一天我能够说得更好些……我对你有多感激。”与此同时，她父母开始对这一段发展方向十分明显的关系变得紧张起来。恋爱还在进展中，到了年末，布兰奇给她的心上人写信：“你是个坏孩子，跟你聊完，我本来在读书，忽然想起你说的，你们一伙人去了伍德米尔，要待一天——于是我向前台要了你的号码，她告诉了我——于是我打电话想让你来这里晚餐——结果，你要六点钟才回来——他们告诉我。嗯，周日晚餐这个时间太晚了，我很失望。”

尽管不知道详情，到1915年底，沃尔夫一家已经听说了足够多的关于山姆·克瑙夫的阴暗婚史，以及他不稳定的财务状况。他们希望女儿能把眼光放到别处，去另寻恋情。他们于是请儿子那位受过良好教育的岳母带布兰奇去那年3月在旧金山举行的巴拿马－太平洋万国博览会，希望那儿的奇观能让她忘掉家里执着的男友。这趟旅行对阿尔弗雷德·克瑙夫毫发无损。但展览本身，却比布兰奇从报上读到的令她入迷的宣传还要妙——尤其是那璀璨的琉璃珠玉树。那是一个435英尺高，装点了上百个“玉石”的装置。那些介于不到一寸到两寸之间大小的各色玻璃片，悬挂在树上，在微风中轻摇，日夜闪烁，反射的有时是太阳光，有时是探照灯打上去的光。这个珠玉宫，博览会的巨大白灰色系建筑，在布兰奇心中播下了两颗审美的种子，随着年岁一起成长：当她希望博得关注时，她热爱夸张耀眼的颜色——往往是她最初的挚爱，大胆的极地白——这个颜色与她名字[①]呼应，也使她得以脱颖而出。她渐渐地爱上了将极端的东西混在

---

① 布兰奇，法语中“白色”的意思。

一起，用沃尔沃斯[①]的棉质长袖洋装与艾尔萨·夏帕瑞丽[②]的华丽设计短裙搭配，将精致的金首饰与希曼·谢普斯[③]大胆的半宝石混在一起。

布兰奇尽管信守了离开期间不与阿尔弗雷德联系的承诺，但她还是迫不及待地想要写信给心上人，告诉他这个博览会的辉煌。1915年中，她刚一回来，两人就订了婚，并秘密制订了婚礼计划，一直到1916年初才公开：布兰奇认为，先斩后奏会减少很多来自亲戚家人的聒噪。多年以后，在一次短暂的试图写本回忆录的尝试当中，她回忆起自己如何努力地去消除父母对于准女婿的成见："我在一辆车里跟母亲待了一整天，去纽约上州吃午餐，买通了她。"毫无疑问，贝莎被克瑙夫家的住宅打动了，车库里停着由司机驾驶的车，而布兰奇告诉她，那位英俊的家长准许阿尔弗雷德使用这一切。"被买通了的母亲，再出面去收买父亲，对她来说，这是件很容易的事。我们订婚时，克瑙夫先生的爹答应给我价值5万美元的股份（那之后从未听说过或者见到过）。"

* * *

尽管1915年时出现纸张短缺，但战争赋予了开创生意的良机，那就是创办一个致力于出版高品质虚构和非虚构作品的出版社，因为老牌公司都在缩减生产。当知名出版社们将其出版计划纷纷搁置时，布兰奇和未婚夫不知疲倦地在工作。通常她在家，而阿尔弗雷德在他父亲那间位于西42

---

① 沃尔沃斯，大众百货商店。

② 艾尔萨·夏帕瑞丽，意大利时尚设计师。与最大的竞争对手可可·香奈儿一起被视作两次世界大战间最重要的时尚人物。

③ 希曼·谢普斯，创建于1904年的纽约珠宝首饰品牌，创始人为希曼·谢普斯，以夸张、大胆甚至浓艳的风格开启了美国珠宝设计师的先河。客户包括凯瑟琳·赫本、安迪·沃霍、温莎公爵夫人，以及杜邦、洛克菲勒家族成员等，极大影响了同时期的珠宝设计。

街220号的坎德勒大厦[①] 十九层的办公室一角，那是一座不久前落成的新文艺复兴风格的大楼。

那年春天，这一对未婚夫妻开始编纂他们最初的书目清单，计划秋天推出。他们锁定了法国作家埃米尔·奥日埃[②] 的四部戏剧作为第一本书（并为此预订了1500册的印刷）。这些戏剧已经不在版权保护期的优点，抵消了它们的乏味以及糟糕的结构。一两个月之后，阿尔弗雷德带布兰奇去见他的一位报业友人——有“巴尔的摩智者”之称的亨利·门肯。他愿意帮他们一起启动克瑙夫。布兰奇和门肯，第一眼就喜欢上了彼此。在克瑙夫两口子准备回纽约前，门克[③] 坚持要他们答应他，让自己认识的一位备受推崇的学者巴内特·克拉克来翻译这四出戏剧。亨利知道，要让这本书有机会成功，原著的法语必须被处理成一流的英语才行。（克瑙夫收到的第一批大订单中，有一份来自芝加哥的百货公司马歇尔·费德公司[④]，他们冲着门肯的推荐，就订了一批奥日埃。）在这一趟旅行的鼓舞下，布兰奇和阿尔弗雷德委托拥有很高名望的普林顿出版社[⑤]，将书用鲜艳的橙色和蓝色装订；为进一步给这本创社出版物锦上添花，他们采用了美式希尔顿纳姆字体。这套字体的设计灵感取自英国的工艺美术运动，在20世纪早期取得很大成功，很大程度上是因为它所提供的宽度和风格上的变化，成为报纸印刷中最受欢迎的字体风格。在1906年12月前后被《纽约时报》用来作为其标题字体。

由于少有美国人对费解的法国戏剧感兴趣，这种夺眼球的设计被证实

---

① 坎德勒大厦，位于曼哈顿的一栋历史建筑，由可口可乐大亨艾萨·格雷格斯·坎德勒于1912年至1914年间兴建。

② 埃米尔·奥日埃，法国戏剧家，他于1857年3月31日成为第13位坐上法兰西学术院头把交椅的成员。

③ 门克，门肯的昵称。

④ 马歇尔·费德公司，芝加哥老牌百货公司。

⑤ 普林顿出版社，1882年由赫伯特·普林顿在马萨诸塞州波士顿创立的出版社。

为十分明智的市场推广行为。很快这一对又引进了尼古拉·果戈理[①]的《塔拉斯·布尔巴及其他故事》[②]，这个被称作俄罗斯的"罗密欧与茱丽叶"的故事，很多年前已经被译为英文。克瑙夫夫妇雇请了一位很受推崇的建筑师兼图书设计师克劳德·布莱格顿，来进行书的封面设计。布莱格顿在公司成立后的第一年里一直与他们合作，帮他们寻找合适的俄文翻译。当时的美国人急切地想要读到俄国当时的动荡，而这家新的出版社又恰恰知道如何把握住这个时机。布莱格顿帮他们赢得了审美方面的声誉，这样很快就吸引了其他的知名设计师。最初英国提供了几乎所有的本土版本，但是布兰奇特别希望克瑙夫拥有自己的一帮语言大师，不用依赖于母国的翻译来发展自己的公司。

虽然在1915年里，最初入选书目名单的大多是关于俄国的早期历史和政治的书（当时少有人读，随后很快被人忘记），至少有三部书（也都很偏僻生冷）被受过较好教育的美国读者认真对待了：《塔拉斯·布尔巴》、斯塔尼斯洛·普雷比斯维奇[③]的小说《智人》、居伊·德·莫泊桑[④]的短篇小说《伊维特》，以及另外十个短篇。它们都由克瑙夫夫妇的朋友约翰·高尔斯华绥夫人[⑤]翻译。如果说克瑙夫只有很少几个广为人知的作者的话，那么正是他们在文学上的精挑细选引起了人们的关注。随着公司的发展，他们打定主意要质量优先于数量。很快他们的年平均出版量就达到了一百种左右。

---

① 尼古拉·果戈理，出生于乌克兰的俄国戏剧家。

② 《塔拉斯·布尔巴及其他故事》，一部浪漫历史小说。

③ 斯塔尼斯洛·普雷比斯维奇，波兰小说家、戏剧家、颓废自然流派诗人，以波兰语和德语写作。《智人》是他的一部小说。

④ 居伊·德·莫泊桑，法国作家，以短篇大师名留文学史，同时也被认为是自然主义流派作家的代表。《伊维特》是他的一部著名短篇。

⑤ 约翰·高尔斯华绥夫人，诺贝尔文学奖得主约翰·高尔斯华绥的妻子艾达·高尔斯华绥。在他们相遇前，她曾是高尔斯华绥堂兄弟亚瑟·高尔斯华绥的妻子，他们相遇后即开始了漫长的婚外恋情，直到十年后她离婚，两人结婚。

到了10月，通过山姆的关系，他们在他那一层办公室租下了自己的空间，30英尺长、10英尺宽的一个地方。到年底之前，雇了一个出纳、一个打杂的男孩儿，和一个速记。就像布兰奇回忆的，“我每天都在这出版生意上非常努力地工作，我们俩都是”。可是，“我们还能再挤一点儿吗”？每次当他们跟那几个一星期花7美元（大约是阿尔弗雷德在道布尔戴出版社做同样工作所挣工资的四分之一）雇来的员工仿佛随时都会撞上时，她就会这么抱怨一句。几个月后，他们又增加了两名雇员，还是在原有的办公场所，那里的租金是一个月45美元。不久，他们又把一小排后面带发货间的办公室也用上了。

布兰奇很高兴终于有了自己的办公室，大约五年前，宾夕法尼亚车站开通，几年以后，大中央总站也开了，有了新增的地铁线。她天生是个善于规划的人，把这个新生意打理得井井有条，跟她发现并看好的作家一个接一个地签约，找译者，确定装帧（偶尔甚至会用到页边着色，“将页面的边缘染上与书皮或者印章搭配的颜色”），以及挑选最适合每一本书的印刷厂。她很快就掌握了这个将陪伴她整个人生的事业的全套工作流程，她研究活版印刷，研究纸张和墨水，以及印刷机的工作原理，出版过程中的每一个环节都让她入迷。然而远远超过这一切的，还是她对阅读的热爱，如今得到了极大的满足，每天可以花好几个小时如饥似渴地阅读来自她越来越大的作者圈子的手稿。

事实证明，布兰奇是一位出色的小说和诗歌编辑：当她在考虑谁可能更适合克瑙夫时，她从书页中聆听语言的韵律，对语句、词语，甚至标点符号都能做出敏锐的反应。在确定一份手稿后，她通常会将它们移交给训练有素的编辑，由他们来完成根据她的直觉需要处理的事宜。尽管向编辑表达她的希望时从不含糊，但她似乎总认为自己缺乏足够的学术修养以使她能从容地与学者交谈，例如早期通过克瑙夫出版著作的善本书籍收藏家、毕业于耶鲁大学的威尔马斯·路易斯[①]（他后来为耶鲁大学出版社编辑了四十八卷《贺拉斯·沃波尔[②]书信集》）。其实与她熟悉的人都非常认可她的聪慧，以及精准的文学敏感性。路易斯本人于1921年在克瑙夫接受了十个星期的训练，学习分辨商业出版与学术出版之间的区别。1922年，他通过克瑙夫发表了自己的小说《老师的小路》。在他看来，布兰奇"勤奋得可怕，满脑子都是工作，一刻不闲着"。

阿尔弗雷德似乎继承了父亲对于销售的热情。尽管他一直保持了爱书的虚名，但比起做书——甚至读书来，他发现自己其实更享受卖书。每次销售旅途中（最初只局限于东北部），他不时会给布兰奇寄一些与工作相关的明信片或电报，说说他的火车旅途，或者与书店老板交上了朋友。

从与布兰奇和阿尔弗雷德最初的接触开始，甚至到这对夫妻的生意开张之前，约瑟夫·赫格希姆[③]和亨利·门肯两人都希望在这间新开张的出版公司里扮演一个角色。1914年之前赫格希姆（短暂地）已经成为一名畅销小说作家。阿尔弗雷德第一次与赫格希姆接触，是一年前在出版商米切尔·肯内利[④]的办公室里，他曾在那家公司短暂地工作过，因此设法把这个作者给撬了过来。赫格希姆跟克瑙夫签约时，尚欠着肯内利两本书。1913年末，这个野心勃勃的新手在《巴尔的摩太阳报》[⑤]遇见了门肯，两人在对于赫格希姆和约瑟夫·康拉德[⑥]的热情上十分合拍。这两位作家，

---

① 威尔马斯·路易斯，1895年出生于美国加州阿拉米达，从耶鲁毕业后不久即开始收藏书籍。

② 贺拉斯·沃波尔，第四世奥福德伯爵，英国艺术史家、作家、古籍古董专家、辉格党政治家。他的文学成就主要在于被称为"第一部哥特式小说"的《奥特兰托城堡》以及大量书信，这些书信成为社会学者和政治学者们的珍贵研究资料。

③ 约瑟夫·赫格希姆，20世纪初美国著名作家、编剧，以描写富裕阶层的颓废生活的自然主义小说闻名。

④ 米切尔·肯内利，美国出版商、编辑、画廊主。

⑤ 《巴尔的摩太阳报》，美国马里兰州发行量最大的一份日报，以报道本地新闻、事件、问题、人物、产业为主。创建于1837年。

⑥ 约瑟夫·康拉德，波兰—英国作家，被认为是英语文学中最伟大的小说家之一。1878年加入英国商船队，1886年取得英国国籍。

一个擅长记录高傲的上流社会，而另一个则是黑暗深沉故事的创造者。门肯这位勤勉而眼光锐利，且已颇有声誉的记者，肯定会成为克瑙夫的不二选择。有他的支持，将会给予他们一些承受编辑风险的能力，这其中就包括把他熟知的卡尔·范·韦克滕引入他们的名册，卡尔日后成为布兰奇的知己，她可以与他推心置腹地讨论事业，也讨论阿尔弗雷德。

* * *

出于某种原因，这一对儿——或者更可能是山姆·克瑙夫——找到了一个合适的时间，1916年1月初的一天，在《纽约时报》上宣布了他们订婚的消息，以及四个月以后完婚的计划。从一开始这事就令人忧心忡忡，其主要原因便是山姆·克瑙夫的独断专横。布兰奇常常感到自己被山姆所困扰，他不断地去强迫自己未来的儿媳，违背她自己的意愿，举办一场盛大的婚礼。而她自己，当然更希望将之缩减为一场小型家庭聚会，甚至简化为悄悄溜到市政厅登记即可。她恳求未婚夫支持她，然而阿尔弗雷德说他不便介入，他不能冒险去触怒父亲。

布兰奇回忆道："我不想要任何繁文缛节，仪式……记得我求自己的家人不要举办……他们说'你想怎样都行'，又去求我所崇拜的，那一本正经到令人奇怪的（年轻阿尔弗雷德），请他制止这件事，只跟我结婚就好。他很害怕，不愿意。我从来就不是十分地传统，而他一直都是。"

最终布兰奇默许了。她怎么可能坚持呢？尤其是不久前阿尔弗雷德才向她倾吐了他母亲的惨剧。埃达的自杀事件，加深了她对山姆的抵触，因为他对于阿尔弗雷德显然挚爱的一个人如此残忍。事后，为缓解情绪，阿尔弗雷德又给布兰奇讲了另外一个他认为不相关的故事，这个故事他后来一辈子里重复讲了无数次。他一边大笑，一边回忆他如何在进入侯瑞斯·曼恩学校[①]后变成一个“盗窃癖”，在那所学校，那些富有的年轻人会因为偷盗——当然了偷的是书——而被开除。他后来对远古历史以及西部山地故事的热情，确保了他有其他故事供他想象，而不会整天被自己的过去所折磨。他这种对过去的回避打动了深受弗洛伊德和法国哲学影响的布兰奇。她非常了解这种回避，无论从理论还是从现实生活当中，她随时能够察觉到这种家庭创伤，尽管阿尔弗雷德有时会宣称他不记得了，尽管有些极其痛苦的细节是他特意向布兰奇编造出来的。

* * *

1916年4月4日下午1点的纽约圣·瑞吉酒店[②]，在俯瞰第五大道的二楼套房内（后来被称为凡尔赛房），布兰奇·沃尔夫嫁给了阿尔弗雷德·克瑙夫。尽管整个事件的费用都由布兰奇娘家支付，然而过程中的所有细节却全凭山姆·克瑙夫筹划。如果说布兰奇表现出了典型的新娘子的紧张不安，与她唯一的来宾偶尔会爆发出一两声嬉笑的话，阿尔弗雷德看上去则完全是一位得体的新郎官，表现出一丝不苟，近乎军事化的礼节。从以后的行为来看，似乎这一对新人从一开始就对彼此缺乏非常深厚的热情。对那场简短婚礼最恰当的评价，大概是门肯后来几年里多次说的，每个人都看得出来，书籍将永远占据克瑙夫夫妇婚姻的中心，直到他们中一个人去世。

在山姆的坚持下，布兰奇穿着苏菲·克瑙夫头一年穿过的婚纱。上身有光滑的白缎绲边和刺绣蕾丝装饰，“就像窗户上结的霜”，薄纱面纱被一

---

① 侯瑞斯·曼恩学校，简称HM，是一所1887年成立于布朗克斯的私立学校，常春藤预备校联盟成员。2017年在Niche排名中，位列纽约最好私校第一名。

② 圣·瑞吉酒店，喜达屋豪华连锁酒店成员，由万豪国际所拥有。该酒店连锁可回溯到1904年，约翰·雅戈布·阿斯托在纽约开办了第一家圣·瑞吉酒店。

从柑橘花簇拢固定，新娘很担心它丰盈的香味会在房间里过于浓郁，使她身边的人难以呼吸。虽然他们俩都并无宗教信仰，但他们听从了山姆的安排，由上帝派来的人为他们主婚。布兰奇和阿尔弗雷德两人日后还会深情地想起那位主持婚礼的公证人，一位因自己的怀疑而还俗的前任拉比。

新婚夫妇的蜜月，由山姆安排并且出资，就像他曾经为他女儿所做的一样。他拒绝了布兰奇所想要的私密，在《纽约时报》上刊登了婚礼告示，并再次将蜜月地点放在了苏菲的蜜月用地——西弗吉尼亚的硫磺泉。阿尔弗雷德对自己的婚礼记忆有些模糊，有时会把婚期搞错一两个星期。他回忆说，他和布兰奇真正感兴趣的，只有书和音乐。

夫妇俩很快从婚宴上离席，赶上了开往华盛顿特区的火车，他们将在那里停留几天。接下来，并没有按照山姆的行程安排，乘火车去到弗吉尼亚州的温泉城。因为一场4月的暴风雪把他们困在了那里。最终，他们去了北卡罗来纳州南派恩斯城[①]的一座度假村。在她的回忆里，布兰奇是这么描述她的新婚之夜的："我们俩都是第一次，很糟糕地完成了各自人生的第一次交配。那之前我母亲从来没有告诉过我任何与生活和性有关的东西，所以我自己悄悄地去找到我们家那位老家庭医生，问他那是怎么回事。是那医生告诉我的。我嫂子给了我一个环（通常叫作阴道栓，用于避孕的一种膜），临行时她放进我的行李中，但并没有告诉我应该怎么用，我完全不懂拿那该死的环来做什么。就这样好几个星期，我们非常不成功，也非常不快乐。"

一开始，布兰奇心想，这种新手的问题一定会慢慢得到解决，需要的只是一点时间和耐心。而真正让她不开心的其实是，她"发现自己仍然受

---

① 南派恩斯城，北卡罗来纳州摩尔郡的一座城市。

控于人”。她母亲希望女儿身上有爱德华时代[①]的风范，而她丈夫则一心向往英国乡绅的生活：“绅士（阿尔弗雷德）非常希望住在乡村，而我只想要俄罗斯猎犬和书，并不关心这些东西处在什么地方，所以我们差不多打算在白原市[②]租个房子，一个月70美元(大约相当于2015年的1600美元)。我很不明智地在签约前带我母亲去看了一次，她对于女儿将要住在这么一个窝里几乎歇斯底里。”不由分说地，布兰奇的父母给这对新婚夫妇在小巧迷人的哈茨代尔镇上租下了一幢房子，小镇紧邻斯卡斯代尔，离曼哈顿不足30英里，房里用“绸缎、天鹅绒以及这一类的东西装饰着”。

但等新娘和新郎从蜜月旅行回来时，这房子还没弄好，所以这对新人只好住在曼哈顿的酒店里，并且开始了工作——有时在酒店，有时在坎德勒大厦。到了5月，家弄好了，他们搬进这所富丽堂皇得十分不协调的房子里，在那儿一住两年半。那里满是她母亲的品味，与布兰奇对直线条潮流的向往完全相反。那所房子有一个女性气息浓厚的豪华卧室，一间客房、书房、起居室和餐厅、“卧室、浴室，（以及）女佣房”。一名“小个子芬兰女佣”负责管理一切。

哈茨代尔那所房子，被很古怪地命名为“无忧”（无须照看）。用它来开派对嫌小，但布兰奇常常在“那上面”举办一些讲究的周六聚会，每月一次。“那上面”是她对郊区生活的称呼。大概因为后来的岁月里她吃得太少的缘故，布兰奇管当时女佣准备的那些餐叫盛宴。可是在客人们的记忆中，它们却都平淡无奇。当山姆和莉莲·克瑙夫来用晚餐时，布兰奇不出所料地会被指出“哪儿出错了，从来没有一件事合他们的意。他们会自己去储藏间，去厨房，说这个鸡不是这么做的，这样不对，你为什么不先

---

① 爱德华时代，英国历史上的爱德华时代覆盖爱德华七世的短暂统治时期，从1901年到1910年，有时被双向延伸，指代19世纪90年代至第一次世界大战之间。

② 白原市，纽约威斯特彻斯特郡的一个城市。

放黄油，或者后放，或者其他什么”。与养大她而相对放任她的父母相比，老克瑙夫夫妇的“造访十分古怪”。时不时地，山姆好像一点礼节也不懂，哪怕当着客人的面，吐烟叶时也会发出很大的响声。就这样，她也总会邀请公婆留下过夜。

布兰奇和阿尔弗雷德还常常在周末招待克瑙夫那越来越长的名单上的作者。婚后一个月，通过门肯的关系，夫妇俩已经去了好几个格林威治村的国际艺术家圈子。受他们新近签了诗人、哈佛毕业生威特·宾纳①这一事件的影响，很快他们名单上又添了弗洛伊德·戴尔②，其1916年讽刺剧《亚瑟王的袜子》是搬迁后的普罗温斯顿剧团③在位于格林威治村新址所上演的第一出戏。

对克瑙夫的未来更为重要的，是宾纳帮他们签下了格林威治村的黎巴嫩裔美国诗人哈利勒·纪伯伦④。这是一个花费很小，但从商业上而言纯粹的赌注。事实上，他们大多数的生意都是在冒险，布兰奇知道，如果迟迟没有突破的话，他们不可能坚持太久。一向主张实际的阿尔弗雷德·哈考特⑤说得对：出版商若想生存，必须在第一年推出一本一炮打响的书。于是他们高调宣称，只要书好，无论哪种类型的书都肯出，这一对儿新手显然志向不凡。这时，行业里开始议论纷纷，如果有很多人希望这些年轻

---

① 威特·宾纳，以笔名埃马纽·摩根为人所知。美国诗人、作家、学者，长期与同时期的其他文学人物一起，聚居在新墨西哥州圣塔菲。

② 弗洛伊德·戴尔，美国报刊编辑、文学评论家、小说家、剧作家、诗人。戴尔被称为“20世纪前三分之一时间里，最华丽耀眼、最多才多艺、最具影响力的美国文艺界人物之一”。作为编辑，他的影响力关系到很多20世纪上半叶的美国主要作家，作为诗人、畅销书作家，其戏剧作品在百老汇十分叫座，《小事故》被好莱坞改编成电影。

③ 普罗温斯顿剧团，由一群极有影响力的艺术家、作家、知识分子组成的实验剧团，由夫妻档乔治·库克和苏珊·格拉斯佩尔牵头，于1915年和1916年，在麻省的普罗温斯顿上演过两季，继而在1916年至1923年间，在纽约上演了六季。其组建被称作“美国戏剧史上最重要的变革时刻”，尤金·奥尼尔在此发轫，将美国戏剧带进了摩登时代。

④ 哈利勒·纪伯伦，黎巴嫩裔作家、诗人、视觉艺术家。

⑤ 阿尔弗雷德·哈考特，美国出版商，于1919年与唐纳德·布雷斯在美国纽约创办了Harcourt, Brace & Howe出版公司。

人成功的话，那么更有不少人也因为他们所表现出的淡淡优越感而感到不安。但是，年轻的克瑙夫夫妇准备好了，要在这行业里大干一番。

* * *

1916年初，在他们结婚前，布兰奇和阿尔弗雷德就已经重新包装了威廉·亨利·赫德逊[①]的《绿厦》[②]——一部关于热带森林的浪漫小说，最初于1904年在英国发表。早在1912年，阿尔弗雷德毕业旅行去欧洲旅途中拜访约翰·高尔斯华绥时，这位大作家就给过他一份《绿厦》的老版本，后来被布兰奇读到。惊喜地得知此书已在公共版权期，这二位于是出了新版，加上高尔斯华绥新写的序言。后来证明，出版时机对于《绿厦》的成功是至关重要的：这本讲述了一个不幸浪漫故事的小说，在一战期间的美国这一定位非常成功。故事中的欧洲主人公，在委内瑞拉原始丛林中寻求战争的避难所，跌跌撞撞走进了最后的土著人中。那里有一个长着爪子的鸟女，其优雅缥缈深深迷住了他。两人相爱了，但他们之间根本上的巨大差异注定了这是一场悲剧。布兰奇一直到死，都深深地记得这个故事，甚至在她自己的后半辈子里，（因为疾病和营养不良）她的指甲也像书中女主角的鸟爪一样。而且，她也严格地只吃生菜叶子。克瑙夫出版社出人意料的成功，激起了人们对哈德逊其他小说的追捧热潮，这使得出版商与这位年老的作家得以共享这笔意外之财。作家既惊诧于克瑙夫的慷慨，也对书的销量感到震撼。到1919年，《绿厦》一共被印制了九版。这是他们的第一册销量超过两万的书籍，这一销售确保了公司的生存，起码一段时间内

---

① 威廉·亨利·哈德逊，作家、自然学家、鸟类学家。

② 《绿厦》，一部发生在热带森林里的艳情浪漫小说，西方旅行家在热带丛林中与丛林姑娘之间发生的故事。改编的同名电影被译为《翠谷香魂》，由奥黛丽·赫本主演。

的生存。

但并非那一年所有的决策都是有远见的。他们本来有机会出版由赫格希姆推荐来的乔治·莫尔[①]的《凯里斯溪》[②]。那时，克瑙夫们认为莫尔的这部作品——基于耶稣并没有死，而是仰仗某种自然药物活了下来这一假定，然后旅行去了印度寻求启蒙——不应该由犹太人来出版。但他们的作者群不希望见到这一新兴的出版商受到当时狂热的审查制度的骚扰。克瑙夫二人后来为这一过于谨慎的决定后悔了，当约翰·萨姆纳[③]继承安东尼·康姆斯托克[④]成为纽约镇恶协会[⑤]会长之后，他通过了这本书的审批。

英国作家伊丽莎白·鲍恩这样描写她的美国出版商："在他们早期的名单中，透露着一种无视礼教。"这个名单的多样化，很快就非常出名。例如1916年的清单上，紧挨着一本叫作《吃好，活好》推广书目的是厚厚的俄罗斯文学，有马克思主义作家马克西姆·高尔基[⑥]，还有19世纪诗人米哈伊尔·莱蒙托夫[⑦]。《音乐与没有教养》[⑧]的作者卡尔·范·韦克滕最终成为克瑙夫公司的核心。今天，作为小说家的范·韦克滕在人们眼里也许不太起眼，非常小众，他更多地被当成一位很有天赋的人像摄影师。但他对于他人的写作有着敏锐的直觉，这帮了克瑙夫夫妇很大的忙。他鼓励布

---

① 乔治·莫尔，英格兰—爱尔兰小说家、诗人、艺术评论家、回忆录作家以及戏剧家。莫尔出身于爱尔兰梅奥郡的罗马天主教地主阶层家庭，他最初想做一名画家，于19世纪70年代在巴黎学习艺术，其间结交了很多法国当时著名的艺术家和作家。

② 《凯里斯溪》，莫尔完成于1913年至1916年之间的小说。

③ 约翰·萨姆纳，继创始人之后，作为第二任，担任过三年纽约镇恶协会会长。萨姆纳1950年退休，其后不久该协会被解散。

④ 安东尼·康姆斯托克，美国邮政审查官，致力于倡导维多利亚道德标准的政客。"康姆斯托克主义"被用于表述他的审查立场。

⑤ 纽约镇恶协会，由康姆斯托克及其支持者基督教青年会创立于1873年的一个组织，致力于监管公众的道德标准。通过与州法律、法庭以及区域律师之间开展广泛合作，来达成其使命。最为人所知的是对文学作品的打压，以及对新闻标准的监控。

⑥ 马克西姆·高尔基，俄罗斯及苏联作家，社会主义现实主义文学创始人。曾获五次诺贝尔文学奖提名。

⑦ 米哈伊尔·莱蒙托夫，俄罗斯浪漫主义作家、诗人、画家，普希金之后最著名的俄国诗人，也是俄罗斯浪漫主义运动的重要人物。

⑧ 《音乐与没有教养》，作者卡尔·范·韦克滕，1916年克瑙夫出版。

兰奇把詹姆斯·韦尔登·约翰逊[①]的小说《一个曾被叫作有色人的自传》纳入出版计划，放进优先级第二的缓存小说名单中，那个名单是布兰奇夫妇为他俩一个只存在了很短时间的“蓝玉图书馆”计划所准备的书目。后来，范·韦克滕又指点引荐了更多的出色非裔美国作家给布兰奇，包括兰斯顿·休斯和詹姆斯·鲍德温[②]。

1916年，在范·韦克滕的支持下，布兰奇执着地争取多萝西·理查森[③]，这位被许多人热烈推崇为英国第一位的意识流小说家。在他的努力下，克瑙夫出版了理查森自传体小说最早的一卷《朝圣》，全套最后一共有13卷。在当时，《朝圣》无疑非常令人瞩目，足以引起弗吉尼亚·伍尔芙[④]与凯瑟琳·曼斯菲尔德[⑤]的讨论——然而理查森很快从公众视野中消失。

在诸如此类早期成功的光环照耀下，布兰奇认为自己和阿尔弗雷德一起，正在建造一个绝无仅有的图书公司。她快乐地陷入工作当中，意识到老牌图书公司无意签订寂寂无名的作家那些充满原创性的作品，也没有兴趣将欧洲作品翻译成英文引进——这二者日后均成为布兰奇的标志性特色。当那时新近走红的诗人韦切尔·林赛[⑥]在头一年写道“我希望你们的出版事业一帆风顺”，尤其是见到他的补注——希望与他们共进晚餐时，

---

① 詹姆斯·韦尔登·约翰逊，美国作家、教育家、律师、外交官、歌词作者、民权活动家。约翰逊作为作家的声誉起于哈莱姆文艺复兴活动期间。

② 詹姆斯·鲍德温，美国作家、小说家、诗人、剧作家和社会活动家。作为黑人和同性恋者，鲍德温的主要作品大多关注20世纪中叶美国的种族问题和性解放运动。代表作有小说《向苍天呼吁》《乔瓦尼的房间》《另一个国家》等。

③ 多萝西·理查森，英国作家、记者，其代表作为13卷半自传性的小说《朝圣》，最早采用意识流手法来叙事的摩登主义小说家之一。

④ 弗吉尼亚·伍尔芙，英国作家，被誉为20世纪现代主义与女性主义的先锋。两次世界大战期间，她是伦敦文学界的核心人物，同时也是布卢姆茨伯里派的成员之一。最知名的小说包括《戴洛维夫人》《到灯塔去》《雅各的房间》《奥兰多》，散文《属于自己的房间》等。

⑤ 凯瑟琳·曼斯菲尔德，出生于新西兰，短篇小说作家，被称为新西兰文学奠基人。第一本著作为1911年出版的《在德国公寓》。著名作品有《花园酒会》《幸福》和《在海湾》等。

⑥ 韦切尔·林赛，美国诗人，被认作现代可吟唱诗歌的奠基人。

夫妇俩已经将他的关注当作他们会成功的一个预兆。

尽管他们的生意一直在发展，但出版业的大门事实上并未向犹太人敞开。霍顿·米夫林、斯克里布纳之子，以及道布尔戴，这些无一不具备坚实 WASP[①] 背景的出版商，享有难以逾越的优势。然而到了两次世界大战之间，维京[②]、西蒙与舒斯特[③]、兰登书屋[④]、文学会[⑤]，以及每月一书俱乐部[⑥]，加上克瑙夫，将重塑文学版图。

布兰奇和阿尔弗雷德发现自己的竞争对手常常是一位人很好但十分阴沉的本·许布希[⑦]，或者与之恰恰相反的另一位——贺瑞斯·利夫莱特[⑧]，其公司“邦尼和利夫莱特”于1917年开张（邦尼一年半以后退出）。克瑙夫二人都憎恶别人将他们与利夫莱特相提并论，在他们眼里那就是一个花花公子。但阿尔弗雷德和布兰奇却都在留心这位出版商的销售方式。利夫莱特每周会向300家主要书店发送传单，宣传他旗下的作者，并且向报纸编辑免费赠书，附带对新书和作者的介绍文章，当然还有名人的推荐。

阿尔弗雷德对利夫莱特的鄙视，其实有一部分源自嫉妒：利夫莱特与

---

① WASP，美国社会中，英国新教白人后裔组成的精英权势阶层的简称，全称为白人盎格鲁—撒克逊新教徒。

② 维京，即维京出版社，由乔治·奥本海默和哈罗德·古恩兹伯格于1925年联合在纽约创立，1933年发展童书出版部，1975年成为企鹅集团属下公司。随着2012年兰登书屋及企鹅出版集团合组新公司，维京出版社成为了企鹅兰登书屋的子公司。维京出版社每年出版超过100本书，曾经为多个重量级作家出书，包括多名诺贝尔文学奖得主。

③ 西蒙与舒斯特，美国的六大出版商之一，于1924年由理查德·西蒙和麦斯·林肯·舒斯特在纽约创立。

④ 兰登书屋，世界最大出版商。

⑤ 文学会，以邮购形式向会员出售低价版本的新出版物的图书会，创立于1927年。

⑥ 每月一书俱乐部，美国一家订阅形式的图书组织，创立于1926年，每月向会员推荐由一个专家小组选择的五本新书，由会员在其中挑选自己想要订阅的一本。

⑦ 本·许布希，20世纪早期美国纽约出版商。他是一名匈牙利移民的儿子，最初在作曲家及钢琴家山姆·弗兰克门下练习钢琴和小提琴，后来在他哥哥的印刷店工作一段时间后，逐渐开启了自己的出版事业。出版过很多重要作家作品，例如D.H.劳伦斯、詹姆斯·乔伊斯等。

⑧ 贺瑞斯·利夫莱特，美国出版商。与阿尔伯特·邦尼一起创建了现代文库以及“邦尼和利夫莱特”，出版了很多有影响的英美作家的作品。

阿尔伯特·邦尼一道于1917年创立的现代文库[①]，成为印刷平价经典作品的行业标准。虽然利夫莱特本人对布兰奇没有表示出兴趣，但他的哥们儿卡尔·范·韦克滕却一直有。卡尔是个与众不同的人，一头过早出现的惊人的银发，一双洞悉一切的蓝眼睛，总是双唇紧闭（为了藏起他的龅牙），一只纤细的手腕上戴着一串细细的手镯。作为美丽而受人尊敬的舞台演员梵妮娅·玛丽诺夫[②]的丈夫，传说中他喜欢男人，起码像对女人一样喜欢。

早在一战前，范·韦克滕就是纽约著名的怪咖之一。芝加哥大学的人文博士学位，保证了他能够在足够广泛的领域进行写作。甚至博学的门肯，也会为他与乔治·琴·纳森[③]创办的杂志《时髦人士》[④]，就作者问题去征求韦克滕的看法。正如他几乎一瞬间就与格特鲁德·斯泰因（斯泰因死后他将其未完成的作品进行了编辑，并成为她的文学出版执行人）建立起友谊这事所暗示的一样，范·韦克滕几乎可以就任何话题，与任何人进行有深度的交谈。布兰奇正是从范·韦克滕那里听说了《春之祭》[⑤]在巴黎的非凡首演，激起了法国观众的嘘声；以及杜尚的《下楼梯的裸女第二号》遭到拒绝的独立艺术家协会[⑥]展览；还有一年以后的纽约军械库艺术

① 现代文库，由阿尔伯特·邦尼与贺瑞斯·利夫莱特于1917年为其出版公司"邦尼和利夫莱特"创立的丛书品牌，兰登书屋前身。

② 梵妮娅·玛丽诺夫，出生于俄国的美国女演员。儿童时期随哥哥来到美国，14岁时加入一个流动演艺团。1914年与范·韦克滕结婚，尽管一直有关于范·韦克滕同性恋性取向的传言，他们的婚姻却一直维持了超过50年。

③ 乔治·琴·纳森，美国戏剧评论家、杂志编辑。他与门肯紧密合作，使得文学杂志《时髦人士》变得名声赫赫，同时也是《美国信使》以及《美国旁观者》的编辑和联合创始人。

④ 《时髦人士》，1900年至1930年间的美国文学杂志，总部位于纽约。在门肯和乔治·琴·纳森主持期间，推出许多新秀作者，给他们提供了广大的读者平台。

⑤ 《春之祭》，俄罗斯作曲家伊戈尔·斯特拉文斯基的代表作与成名作。本来是一部芭蕾舞剧，但后来脚本遗失，只剩下管弦乐总谱。

⑥ 独立艺术家协会，1884年7月29日在法国巴黎成立的一个艺术家团体，负责举办独立者沙龙，旨在使艺术家可以自由展出自己的作品。创始人包括阿尔伯特·杜波依斯·皮勒、奥迪隆·雷东、乔治·秀拉和保罗·希涅克。成立之后的30年间，该协会与秋季沙龙一起渐渐成为20世纪艺术的领军者。一战时期关闭，但那些独立艺术家仍然活跃于艺术界。1920年复办，总部位于巴黎大皇宫的地下室里，与法国艺术家协会、国家美术协会和秋季沙龙总部相邻。

展，这一次这幅画被大胆地陈列在观众面前。从他数量众多的情人，到他装饰着“彩虹所拥有的一切颜色”的公寓，直到他所保存的朋友们荒诞行为的淫荡日记，这位充满魅力，时而专横的范·韦克滕看上去在哪里都吃得开——他的指引，很大程度上弥补了布兰奇所欠缺的正规教育。

从他们的友谊一开始，卡尔的横溢才华就在滋养着布兰奇的创造力。他那本关于猫的古怪离奇的书，激发了布兰奇为克瑙夫寻求一个独特标志的念头。她决定，得是一个暗示着动感的动物，甚至比伦敦的威廉·海涅曼[①]所使用的风车更具动感。布兰奇建议在书脊和书名页面上使用他们的一只猎犬，或者说俄罗斯狼犬的形象后，那只看上去似乎永远处于动态的优雅的狗，成为克瑙夫的标志，这对于一个代表了俄罗斯文学的出版社来说，再合适不过了。最终，夫妻俩在克瑙夫的接待厅墙上也悬挂了一个3英尺长的木制猎犬。

正如布兰奇所希望的，关系衍生关系。小说和诗歌作为她所偏爱的部分（阿尔弗雷德倾向于历史和音乐），当范·韦克滕将华莱士·史蒂文斯[②]以及埃莉诺·怀利[③]介绍来克瑙夫时，她开心极了。史蒂文斯永远也不会放弃他在康涅狄格州哈特福市的保险公司那份工作，哪怕在他成为这个国家最负盛名的摩登诗人之一以后。而超凡缥缈的埃莉诺·怀利，则将自己看作珀西·比希·雪莱[④]的化身，很快就开始在十分有声望的《诗歌》[⑤]杂志上发表作品，克瑙夫则在几年以后推出她的第一卷诗集。如今，1916

① 威廉·海涅曼，1890年创立于英国伦敦的一家出版社。

② 华莱士·史蒂文斯，美国摩登主义诗人。出生于宾夕法尼亚州，在哈佛以及纽约法学院求学，他一生主要的时间都在康涅狄格州的一家保险公司担任经理。1955年赢得普利策诗歌奖。

③ 埃莉诺·怀利，美国诗人、小说家，在20世纪20年代及30年代盛极一时。源自其美貌的盛名几乎等同于诗歌的成就。

④ 珀西·比希·雪莱，英国最重要的浪漫主义诗人之一，被很多人倾向于认为是最优秀的英语抒情诗人之一，也是最具影响力的诗人之一。在诗歌中所体现的激进，同样体现在他的政治和社会主张上。在有生之年，雪莱没有看到自己成名，然而对他的认可在其去世后迅速提升。

⑤ 《诗歌》，自1912年起在芝加哥出版，是英语世界具有领导地位的诗歌月刊。

年，雇员稀少的阿尔弗雷德·克瑙夫的头一个完整出版年份，共推出29本书，其中12本译自俄文。这些书，帮助美国人走进了一个具有十足异国情调的国度，同时那些大部分由布兰奇和阿尔弗雷德亲自设计的颜色富丽的封面也极大地刺激了读者。1916年的清单上，除俄罗斯文学外，有9本美国作品，6本英国作品，以及两本德国作品。卡尔·范·韦克滕，加上亨利·门肯，偶尔还有约瑟夫·赫格希姆，他们作为三个非正式的星探都知道，出版商的书目也会让他们自己脸上有光：克瑙夫只出版每个门类下最好的。即使这样，仍然只有门肯，是布兰奇会当作第一读者的人选，每次她对一个手稿做出评估后，都会请他给出意见，他往往只会在这部作品通过了出版商那一关才会给出看法。“别在我身上来试！”他有次这样告诉她。

克瑙夫的1917年书目将有37本书，有包括话题饱受关注的《露营手册》[①]以及《无麦无肉的菜单》[②](对战争的致礼)，同时还有新手诗人T.S.艾略特[③]的第一本匿名随笔集《埃兹拉·庞德：节奏与诗歌》[④]，英国版权都卖给了伦敦出版商约翰·莱恩[⑤]。克瑙夫同时还出版了范·韦克滕的《演绎者与演绎》[⑥]。从事业的最初发轫，这一对年轻的出版人就致力于挑选他们认为具有内在价值的图书，而不是考虑销售潜力，他们这样做，是基于从长远看，质量终将取胜的信心。事实证明，这个原则并非总是正确的：尽管它为出版社赢得了令人钦佩的声誉，但克瑙夫却已经习惯于接受他们最好的作者最终投向了钱包更大的出版社这样一个事实。(阿尔弗雷德一

---

① 《露营手册》，克瑙夫出版社1917年出版。

② 《无麦无肉的菜单》，克瑙夫出版社1917年出版。

③ T.S.艾略特，英国散文家、出版商、剧作家、文学及社会评论家，20世纪最重要的诗人之一。1914年26岁时，离开母国美国前往英国，后在那里定居、工作、成婚，1927年39岁时放弃美国国籍，成为英国人。

④ 《埃兹拉·庞德：节奏与诗歌》，克瑙夫出版社1918年出版。

⑤ 约翰·莱恩，英国出版商，与查尔斯·埃尔金·马修斯一起，于1887年创立出版社The Bodley Head。

⑥ 《演绎者与演绎》，克瑙夫出版社1917年出版。

直为痛失《荒原》[①]而悲痛不已，而他也总是认为，艾略特太爱钱了。）

克瑙夫迅速扩张，使得布兰奇坚信，这就是她的使命。要是那粗鲁的山姆·克瑙夫能从眼前消失便一切完美。然而她的公公却似乎非常享受在她背后使坏，好像是为了证实她应该做一个家庭主妇，而非职业妇女。为了让她自己和正在波士顿卖书的阿尔弗雷德安心，布兰奇用一份电报开启了她的1917年："亲爱的猴子，我在这一刻向你道声再见，我会做一只好汪汪，你也乖乖做好那个老鲁本，祝你快乐。你的伙伴在办公室，一切都好。"正如阿尔弗雷德的母亲听说了很多关于山姆·克瑙夫与女人们调情的故事一样，她也开始猜疑，她年轻的丈夫对他父亲的崇拜引起了她的重视——有其父必有其子，她母亲曾经警告过她。

* * *

1917年1月6日，布兰奇的父亲，62岁的朱利叶斯·沃尔夫，已经拥有全国第二大的童帽公司，却忽然心脏病发作去世。他的女儿，尽管从未与父亲十分亲近，却出乎意料地，为失去他而感到了巨大的悲痛。布兰奇因此好几天没有去上班，只待在家里照顾母亲。相反，倒是贝莎说服了儿子欧文和他的妻子前来与她同住，力劝女儿回到日常轨道上去。布兰奇也确实没有多少选择余地：年轻的出版社要应付政府的审查官，他们随时都有可能因为作者的任何微小违规而惩罚他们。

国家正处于战时的爱国气氛中。门肯那本八十页的《序言集》[②]包含了一篇名为《作为文学力量的清教》的文章，克瑙夫旗下的这位作家在文

① 《荒原》，艾略特长诗。被公认为20世纪最重要的诗作之一，以及摩登主义的核心作品，最初发表于1922年英国《标准》杂志十月号、美国《日晷》杂志十一月号。著名的诗句包括"四月是最残忍的季节"等。

② 《序言集》，亨利·门肯1917年的杂文集，批判美国文化、作家以及运动。门肯自己将之誉为他"职业生涯中最重要的作品"。

中批评了19世纪标志性的美国作家，包括亨利·詹姆斯[①]和马克·吐温[②]。他相信他们都陷入了"激励他们将自己裹在正直的衣装下面"的清教徒精神圈套而成为囚徒。克瑙夫夫妻俩让门肯放心，如果政府审查官前来找麻烦，他们有准备。此事立案了，但门肯并不担心：没有什么比与愚蠢作战更让他喜欢的了。幸运的是，这案子没有开庭即撤销了。

回头再说约瑟夫·赫格希姆。克瑙夫现在要开始出版他们的首部美国小说了，这时距他们生意开门已经过去了两年。赫格希姆关于一个铁器制造者的时代纪事小说《三枚黑便士》[③]获得了算不上轰动的成功，他们本来也不指望这本书能带来多大的收益。她和阿尔弗雷德再不用自己一本一本地将印刷厂送回来的书页装订起来，这已经让布兰奇大大松了口气。那之前，连山姆·克瑙夫有时也不得不来帮忙做这件琐事。

阿尔弗雷德的堂兄弟及家人们纷纷在公司办公室做助手。那是个老板要求多，工资又低的环境；再说为一家新出版社打工，本身又没什么好炫耀的，更不用说还拿着行业里最低标准的薪酬，这基本上就保证了人员的迅速变迁。每当哪个年轻雇员一抱怨，立即被开除，就算是阿尔弗雷德的亲戚也不例外。这位出版人为工作在如此高尚领域的人如此看重钱而感到恶心。

到1917年末，随着她丈夫搭乘卧铺列车，起码每季度去一次芝加哥，有时也搭"东北走廊"列车走访那一线，除了山姆有时过来指导她该怎样行事之外，布兰奇开始独当一面地在坎德勒大厦的办公室里负责。12月12日至12月17日期间，她每天给阿尔弗雷德发电报："我最亲爱的，真抱

---

① 亨利·詹姆斯，美国作家，被认为是从现实主义文学到现代文学过渡期的关键人物，也是公认的英语文学中最伟大的小说家之一。

② 马克·吐温，本名塞缪尔·朗赫恩·克列门斯，以笔名"Mark Twain"著称。美国作家、幽默大师、企业家、出版商。他的小说《汤姆·索亚历险记》及续集《哈克贝利·费恩历险记》经常被称作"最伟大的美国小说"。

③ 《三枚黑便士》，赫格希姆的第二部作品，是一部关于宾夕法尼亚三代铁器手艺人的时代纪事小说。

歉今天不能给你写信了，就让这个代替吧。家里一切都好极了，而你在桑索西[①]也一定要小心照顾自己啊，并且事情都顺利吧？请一定照顾好鲁本，因为我爱他，快点回来。薇。”一旦她发的这些消息开始听起来太甜腻，那基本上是想要掩饰办公室的紧张气氛，尤其是当阿尔弗雷德不经意地反驳了布兰奇对某个作者的忧虑以后，但很少直接抱怨他父亲。

据阿尔弗雷德儿童时期的朋友埃尔希·沃斯伯格说，布兰奇看上去总是有些不安。“刚结婚时，在威斯特彻斯特那所房子里，帕特[②]（克瑙夫夫妇的儿子）还没有出生，我就感觉到这个婚姻不是那么好。她性子也有些暴躁，两人之间没有恩爱小夫妻那种美好的气氛。”哪怕他们在家宴客娱乐时，布兰奇看上去也似乎很不安。

也许沃斯伯格忘了他们最后一次一起用餐时发生的那件让布兰奇不快的事吧：她丈夫与埃尔希调情，年轻的妻子以为阿尔弗雷德被这女子深深地吸引。很快布兰奇在反击埃尔希的事上得到了些许安慰：马乔里·亨利是他们在威斯特彻斯特这个小区里新来的一个女孩儿，她取代了埃尔希的位置。这让新婚的妻子十分困惑，丈夫看上去对其他女人都很有兴趣，却总是提不起兴趣跟自己做爱。

在那个弗洛伊德心理学盛行的年代，布兰奇作为一个女人，尽管她还坚持向阿尔弗雷德表现出激情，但事实上她多多少少是放弃了。因为她似乎已经意识到，自己婚姻生活中性层面上的不完整性，完全是命中注定的。她喜欢在上班前，与他一起去中央公园骑马。

恋爱期间，当他意识到骑马对她有多重要时，阿尔弗雷德就报名参加了位于百老汇和西66街交界处军火库的国民警卫队第一野战炮兵，因此获得了免费骑术课，以备战争跨过大海来临时所需。这让他得以在既收获兵

---

① 桑索西，美国南卡格林维尔市的一个居民点。

② 帕特，克瑙夫夫妇的儿子，小阿尔弗雷德·“帕特”·克瑙夫，也是一名出版人，创办了图书馆出版社。

役记录的同时，又以高超的新技能取悦自己的妻子。他甚至还给布兰奇讲他被马摔下来，令训练官十分生气的事，来讨她欢心。

如果阿尔弗雷德骑马一部分是为了让布兰奇开心的话，更多的时候，他发现自己处于她古典音乐老师的位置，那是她懂得很少的一样东西。她小时候弹钢琴时，是个平庸的学生；可现在恰恰相反，当她和阿尔弗雷德每周几次去听音乐会时，却饶有兴致。他们通常去卡内基音乐厅，或者纽约爱乐交响乐协会，甚至去费城或波士顿。一位年轻的演奏家，每个人包括布兰奇，都对他赞叹不已。这个年轻人是小提琴神童亚莎·海菲兹，他是阿尔弗雷德祖辈朋友的后人，16岁时在卡内基音乐厅首次亮相。

在母亲的坚持下，布兰奇的怀孕变得明显以后，出于端庄稳重的考虑，他们去音乐厅的次数被削减了。1918年5月19日，她给在外巡回工作的丈夫写信，告诉他办公室里没有他是个什么样子：“宝贝，我正数着还有多少个夜晚——四个——这里没有你——然后我就能与你，我的鲁本小聚一阵了。”布兰奇继续写道，几乎有些狂热地：“晚安我珍爱的鲁本，或者早安。我全身心都跟随着你。这个世界上你完完全全拥有的，薇薇。”从那一年留下的各种注脚来看，阿尔弗雷德可能染上了西班牙流感，直到最后一趟出差时才勉强恢复过来。只顾念着关注他的健康，布兰奇似乎忘了考虑自己被感染的可能性，当然可能对婴儿也有些紧张。

在即将来临的事情面前，她有些犹豫不决（她自己的外婆死于分娩）。但几乎可以肯定的是，她知道自己的丈夫在这些问题上的矛盾和摇摆。那个年代本身也好像对此拿不定主意。玛格丽特·桑格[①]最近勇敢地将避孕与妇女权益联系在了一起，争辩说，妇女不再一定要做母亲：这是个可选项。

---

① 玛格丽特·桑格，美国计划生育专家、性教育家、护士。是桑格使“生育控制”一词流行起来，并且在美国开立生育控制诊所，创办了美国计划生育联合会。

鉴于布兰奇对自己外表的十分在意，加上孕期似乎激增的体重，她决定接受母亲要给她做一件束身胸衣的提议。“那是个非常精密的东西，我穿一天就放弃了。”不久她便不再去公司，但她不介意与不认识的人见面。她就是有用不完的精力，致使外表欠佳也无法让她放弃所有的活动：“我去白原市上速写课，我没车，只好乘电车上去……回到家我会带俄罗斯狼犬出去散步，然后处理城里交过来的所有事。读手稿，它们现在都被直接寄到了哈茨代尔，而不是西42街220号。晚上（阿尔弗雷德和我）弄广告，或者讨论我白天读到的手稿。生活还是相当忙碌的呢。”

从她不愿意穿孕期束胸衣，到后来邻居询问她预产期所带来的羞辱——那是在婴儿已经生下来之后——这一经历让布兰奇踏上了一辈子的节食之旅。关于那次分娩，她以后也会在每个阶段，讲述一段适合当时处境的不尽相同的故事。但在她所有的那些传奇版本里，她或者她的医生都没有意识到她怀孕了。一天，阿尔弗雷德上班去了，据说布兰奇被一阵腹痛所惊动，于是去了医院，令所有的人大吃一惊，她生下了帕特。而另一个版本，是她在一次争论中，告诉已经彻底成年的帕特，她高呼着让护士抱起她新生的儿子，“把他抱走，别再带回来，于是他们把‘这东西’带走了”。

但真相却乏味多了。阿尔弗雷德1918年6月17日在日记中这样写道：“薇薇6点钟开始痛，我也跟着醒了。到了7点，痛得很厉害了，这时她给莱恩（他们的司机）打了个电话，请他过来。搭上8点01分的火车进城，非常担心，而且那流感还是让我感到浑身烦躁。”很显然，布兰奇相信自己这时尚处于假临产状态，但也承认她并不肯定，还是坚持让阿尔弗雷德去上班：她自己同时去白原市医院，但当天就会回来。相反，经过五个小时的分娩，他们的孩子，小阿尔弗雷德·A.克瑙夫（小名“帕特”）出生了。多年以后，帕特已经成人时，阿尔弗雷德将布兰奇九页长的笔记中那个“把‘这个东西’带走”不易察觉地改成了“把‘东西’带走”。——也许是为了掩饰他对妻子身上看上去欠缺母性的不安，而不允许一个指代明确的代词出现。

按照当时的习惯，布兰奇生下帕特后在医院又待了将近两个星期。她与同时代的其他摩登女性一样，把哺乳看作一项“恶心的纯物理行为”，即便这样，她还是尝试了，直到阿尔弗雷德责怪说，帕特的哭闹是因为她的紧张时她才放弃。像那时典型的男人一样，阿尔弗雷德极少参与到照看婴儿的活动中来，事后只记得母子回家后第一个晚上的很少几件逸事。按照他日记的记载，父亲在11点10分上床准备睡觉，其时帕特正在布兰奇当时睡觉的客房里号啕。在他下一篇日记中，他记载说：“帕特，据说一直哭到凌晨1点。”直到7月4日，儿子出生后的第三个星期，在将要带着那只新来的拳师犬和仅有的一只训练过的狼犬出发去一趟9英里的徒步前，阿尔弗雷德第一次观摩了布兰奇给帕特洗澡的过程。

帕特出生以后五十多年，公司的一名办公室职员，有时也是布兰奇的私人助理的安杰利斯·“托尼”·帕斯奎尔告诉作家苏珊·希恩[①]，有一次，当阿尔弗雷德出远门不在家，把“小日记”忘在了书桌上，被员工偷窥读到了。在他描述给“宝宝喂了凌晨2点那一顿”以后，他写道：“布兰奇说我不爱她，但我是爱她的。”也许阿尔弗雷德有意将这本日记落下，以便布兰奇能够看到，这是他用一种酸楚而扭曲的方式在说：“我爱你。”

---

① 苏珊·希恩，美国作家，1937年8月24日出生于奥地利维也纳。1983年凭图书《这个地球上没有我的一席之地吗？》获普利策非虚构奖。自1961年起她一直为《纽约客》撰稿，作品同时也频繁出现在《纽约时报》《建筑师文摘》。她是著名的记者尼尔·希恩的妻子，尼尔也曾获普利策奖，并且更因部分发布《五角大楼文件》而闻名。

3. 第三个克瑙夫

帕特出生后几个星期，布兰奇就开始回去工作，她担心如果离开得太久，山姆可能会在此期间试图把她挤出公司。她雇了一名保姆——汉诺威小姐，而她作为婴儿保姆的就业资格，似乎仅仅是当过女演员凯瑟琳·康奈尔[①]的服装助理。

大多数时候，阿尔弗雷德似乎完全不为这个婴儿的出现所动。他在周刊文章中提及他新生儿子的降临时说："布兰奇整夜都在照顾宝宝。"因为他们增添了雇员，所以他据此假设，布兰奇能够对付她的工作量。可仍然，这位新晋母亲发现自己每天去上班都会动怒，倦怠，或者抑郁。她似乎只有当阿尔弗雷德不在她身边，他在火车上，而她在自己的书桌前，必须写信给他时，才能表达出这些情绪来。更让布兰奇恼火的是，山姆成了公司的常客，经常不请自来。正如克瑙夫历史学者艾米·如特·克利门兹[②]所说："阿尔弗雷德创建出版社之举，变成了他与父亲能够待在一起的一种方式，以此享受他们共同的那些品质……以及对于销售的共同爱好，还有希望与富裕阶层联系起来的欲望，以及对奢侈旅行、住宅、餐饮和定制服装的共通品位。"

布兰奇发给阿尔弗雷德的电报中，亲昵和紧张的情绪交替出现：她想

---

① 凯瑟琳·康奈尔，美国舞台剧女演员、作家、剧院业主、出品人。她出身于柏林的一个美国人家庭，在纽约州水牛城长大。

② 艾米·如特·克利门兹，美国学者，圣·爱德华大学教授。

要提醒他，公司需要她，而她的直觉在说，无论山姆看起来有多吓人，需要控制住他。山姆的手下都记得，他是如何在前一分钟对他们咆哮，而下一分钟又絮絮叨叨地说教："永远别对那些依靠你的人提高嗓门儿"，以及"己所不欲，勿施于人"。后来成为电台问答节目主持人以及每月一书俱乐部评委的克利夫顿·费迪曼[①]，当时还在克瑙夫出版社管理库存，他在文学领域的职业生涯也正是在这里开启。费迪曼记得，那粗鲁的"山姆·克瑙夫简直要把我吓死"。另一个雇员说，他"攻击性强，对他人的感受既不敏感也毫不关心"。如布兰奇所述："根本不可能在没有争吵，甚至可能被扔出去的情况下，表示出不同意见。"

尤其困扰这位年轻母亲和出版人的，是来自她公公对她的彻底无视，不仅仅针对她的专业眼光，还包括总体上的所有意见。就连她发布的出生声明，也遭到山姆的不满。在该使用婴儿蓝的地方，她用了跳跃的海蓝色，在宣告这名婴儿到来的同时，也宣告了他母亲独特的审美，以及她对传统的藐视。

帕特出生那一年，布兰奇和阿尔弗雷德决定放弃那所布兰奇的父母为他们租下的宽敞郊区大宅。牵挂她独自住在城里、孀居的母亲，又考虑她和阿尔弗雷德需要住在离公司近一些的地方，布兰奇说服丈夫搬到了曼哈顿。这样既可以方便贝莎来看她的外孙，而夫妻俩的通勤费用也会降低。他们在西95街44号一幢改建过的褐石住房里，以很好的价格租下了楼上两层，房东是阿尔弗雷德儿时的牙医，这时他依旧在一楼行医。

牙医给了他们非常慷慨的条件，在他们住在那里的六到七年里，房租一直保持在七十五美元一个月。经过重新装修，顶楼变成一个起居加用餐双重功能的空间，非常适合待客，外加一个女佣房和后面的厨房。主卧室

---

① 克利夫顿·费迪曼，美国作家、编辑、主持人。

和浴室在二层楼的前部，后部有一间带浴室的婴儿房，以及保姆房。朋友们回忆说：“布兰奇选房子时，每一点上都十分仔细。”按他们一位长期的朋友碧翠丝·利瓦尔的说法，“她从没有遇到过任何一个人像布兰奇一样追求完美主义，关注每一个细节”——甚至“钱夹里的钞票都朝着同一个方向卷”。

这些日子里，当阿尔弗雷德不在家时，布兰奇一般会去上西区她母亲或者哥哥家里吃晚餐。欧文现在已经和妻子厄玛在那里有了自己的住处；或者甚至与阿尔弗雷德家人一起，包括他妹妹苏菲及其他一系列夫家亲戚。她对这一类的聚会有着十分强烈的厌憎，童年时期曾经有过的感觉又一次出现，好像自己又变成了那个因为书呆子气而显得古怪的女孩。很多时候，布兰奇发现自己面对亲戚的时候，总是牙关紧锁，她相信这些人除了对自己的想法之外，对他人丝毫没有兴趣。“没什么，”她履行了家庭义务之后给阿尔弗雷德写信，“都很好。”此时的他正在旅途当中。可公司里的事更糟，阿尔弗雷德在那里也把更多的时间给了山姆，而不是他妻子。

鉴于布兰奇自己的父亲在她结婚后一年内已经去世，而阿尔弗雷德又常常因为图书销售不在家，这个年轻女子常常感到除了母亲以外，自己身边没有一个可依托的人。与此同时，她还不得不鼓起勇气来面对山姆。“我不是您的秘书！”每次当他来办公室，并让布兰奇为他备咖啡时，她就会利索地这么告诉他。“那你觉得你是谁？”山姆当然会吼回这么一句来。经过一场粗暴的咆哮比赛后，布兰奇会跑到大堂里，躲进电话间里哭，又担心等她再回去时，盛怒之下的山姆会不会已经中风死去，接下来阿尔弗雷德一定会怪罪于她。

帕特出生几个月后，在一辆租来的专车内，司机正载着他们在乡间穿行，阿尔弗雷德顾左右而言他地说了几件其他事之后，告诉布兰奇，他父亲希望“加入我们的公司”。直到这时还只是克瑙夫公司非正式一员的山姆·克瑙夫，想要扩展公司业务，并且打算“投很多钱进来”。夫妻俩围着曼哈顿行驶了将近两个小时，布兰奇输了。

布兰奇提醒阿尔弗雷德，他父亲从来不是一名出版商，而如果他们拿了他的钱，就得对他负责。可据她后来回忆，阿尔弗雷德完全“服从于”他父亲的愿望。“哪怕我当时说‘如果你这么做我就离开你’，他还是会执意去做的。那是我应该离开他的时刻，但我当时既没有经验，又没有足够的直觉来判断我应该怎么做。从那时起，对我而言，除了麻烦和不快就不再有别的。我在两股十分强烈的意志下工作，接下来的一生都不得不屈从。那一次是我最后的喘息。”

不仅没有去质疑和指责山姆在自己妻子的不幸生活中所扮演的角色，相反，阿尔弗雷德一直坚持到最后一刻都在捍卫父亲在他心目中的形象。当他还是个孩子的时候，阿尔弗雷德就喜欢把他所见到的和听说的关于山姆的一切，都曲解为山姆身上勇气的证据。在那个盛行心理分析的年代，“反向形成”这一概念，精准地概括了阿尔弗雷德在面对他父亲对埃达的残忍时所采取的防御态度。他丝毫不承认自己的愤怒，反而从相反的角度进行夸大：他有意忽视山姆在其妻子死亡一事上所应承担的责任，彰显山姆对自己儿子的拯救。毕竟，跟埃达不一样，山姆始终在他身边。

随着布兰奇逐渐看清了丈夫内心的魔鬼，她意识到在自己原本计划再要几个孩子这件事上需要慎重考虑。其实她知道自己的妇科疾患所留下的伤，包括严重的子宫内膜异位所导致的扩张和刮除，这使得再孕几乎没有可能。但她宁愿认为，只要一个孩子是出于她主观的决定。在这件事上，她的别无选择，是她不愿意承认的一个痛，于是自己罗织出这一番理由。等到帕特已经长大成人的几十年以后，她有一次告诉一位朋友，当她重新开始工作时：“克瑙夫先生的继母（也就是莉莲）来看我，并对宝宝说：‘你什么时候会有个妹妹呢？’我说：‘这个小伙子不会有妹妹或者弟弟了。要打仗了（事实上，当时战争已接近尾声），一个已经够了，不会再有多的了，就他了。’就是这样。”成年以后的儿子暗示过，布兰奇根本不喜欢做母亲。也许这个念头来自他曾经听说过的，布兰奇是怎样地被婴儿时的他所烦扰。

* * *

帕特出生三个月后，也就是1918年9月，克瑙夫出版社希望签下南方的知名小说家詹姆斯·布朗奇·卡贝尔①，于是前去作家位于弗吉尼亚州里士满附近的敦巴顿农场拜访。卡贝尔当时正致力于他的第八本书——《朱根：正义喜剧》②，此书将在1919年出版。布兰奇希望将这本颇具挑衅性质的小说纳入克瑙夫旗下。当夫妻俩得知此书的出版权已经给了德高望重的出版商罗伯特·麦克布莱德③时十分失望。不过，事后《朱根》被指责为淫秽读物时，阿尔弗雷德则相信他们侥幸躲过了一场灾难。因其不道德的主人公朱根而受到纽约镇恶协会的谴责，这本书是关于此人去天堂和地狱的邪恶旅行，并在那里引诱魔鬼的妻子。很快这部小说的所有拷贝都被缉捕队没收扣留，直到两年后被判归还。这一收一发，触发了《朱根》一书原本根本达不到的几何级数热销。这一公关事件还激发他的朋友们成立了一个搞怪的“詹姆斯·布朗奇·卡贝尔派”，其中有门肯、范·韦克滕，以及埃莉诺·怀利。

在最初几次去里士满的拜访中，一向自信的布兰奇有时会感到不自在。她有一次开玩笑说，玉兰树的浓香让她联想起了自己婚礼上的花。

---

① 詹姆斯·布朗奇·卡贝尔，美国奇幻小说以及纯文学作家，深受包括H. L. 门肯、辛克莱·路易斯在内的同时代作家认可，其作品被当作逃避主义，与20世纪20年代的文化十分切合。

② 《朱根：正义喜剧》，卡贝尔的一部奇幻小说，此书在1919年面世后很快为他赢得了声誉（或恶名）。

③ 罗伯特·麦克布莱德，以出版卡贝尔和弗兰克·巴克作品为主的美国出版商。

* * *

1918年10月18日，战争结束前一个月，门肯完成了《美国语言》[①]一书的手稿，这是一本讨论作为美国的国家语言与英国的国家语言之间区别的书。次年，此书卖掉了总印数1500册里的1370册，剩下的也将很快在1920年开年就卖掉。对于参考书来说，这是一个惊人的纪录。它成为这家年轻的公司最傲人的成绩之一。《美国语言》在门肯的有生之年修订了三次，被视作语言学上的《独立宣言》。“美国将不再忍受文字殖民的压迫。新的一天的曙光照亮了美国文学。美国作家终于能够讲着自己的方言，第一次飞离那株老树。”埃德蒙·威尔逊[②]这样评述。这本书在公众中的反响令布兰奇非常满意。她相信，只有门肯具有如此的权威来告诉美国人，是他们的语言，使得美国比母国更加先进。

尽管这样的成功令她振奋，可是当阿尔弗雷德又独自上路时，布兰奇却感到厌恶。偶尔地，她能觉察出他和他那些旧女友之间的“电流”，令她困惑的部分原因在于，他很少想要和她做爱。她每天关于公司的日常汇报，以及传递爱意的短信，无不透露出她对于他的距离感而生出的担忧，既有身体上的，也有精神上的。她在1918年11月2日写道：“宝贝，一切都不对劲，我今天想去苏菲那儿，可是在地铁里待了45分钟后，我发现我又回到了出发的地方——于是我没有去……请向那些男孩儿女孩儿们转达我的爱意。你每一分钟都在做什么？都看见了什么？亲爱的，我今天就收到了四行铅笔字（阿尔弗雷德很少给她写信）——我很孤独，我想你。”

进入婚姻才三年，布兰奇已经发现保持伴侣关系有多么困难，而且她

---

① 《美国语言》，亨利·门肯关于美国人所使用的英语语言的著作，最初出版于1919年。

② 埃德蒙·威尔逊，美国作家、评论家。

是多么孤独。时常地，哪怕是对丈夫充满激情时，她也会说：“我去了第六大道上的一个商店，仅仅用1200元就卖掉了一些我的垃圾。而现在我又在及时把这些钱花掉。所以，这些才是我的麻烦——你知道我为什么这么孤独吗——亲爱的——我太爱你了——宝贝。你的信——哎，你几乎不说什么——人们都和你说些什么，对你做些什么？——好吧，看在上天的分上，让我留在你身边。我的爱人——别爱我。”她肯定是想说“别忘记（我）”——或者，（不要）“扔下我”。

布兰奇要是没有忙于公司或者婴儿，她也在忙别的：“好像我所做的一切，就是花钱。帕特真是个奇妙的东西——他今天去了卡尔（范·韦克滕）那里，也去看了母亲。（很多的）爱给你，亲爱的——真希望你现在就在这里抱着我。你要好好的，也要多留神。”她最后这样结尾：“呜夫呜夫[①]。”

整个1918年这一年，布兰奇都在加班工作，不是在家，就是在办公室，晚上和周末也不例外，总在读手稿。到年末时，克瑙夫已经出版了共计37种图书。尽管主要因为这是战争的最后一年，工厂生产成本上升，那些图书中没有一本给他们带来高额利润，但克瑙夫的作者们开始大踏步地向前。约瑟夫·赫格希姆迅速猎获了擅于描写放荡富家子的小说家名声，他的生活则持续不断地在效仿其作品：“衣着华丽，夸夸其谈，不过更重要的，他才华横溢。”跟赫格希姆有着同样自负（以及对色彩艳丽的宽领带的同样爱好）的阿尔弗雷德曾经幽默地说过，这位作家穿着“夸张的方格呢”，待在宾夕法尼亚州西切斯特他的乡村庄园里，正“致力于做一名有社会意识的艺术家”。那些当地名流，比如地主乡绅们，煞有介事地读着“《时尚》《好品位》[②]，以及《路易十四宫廷回忆录》”。布兰奇面对这位不时向她提出的一些自以为聪明却令人尴尬的建议时，只能脸上挤出微笑。她私下里

---

① 英语里模拟狗叫的声音“woof woof”，与汉语里的“汪汪”声不大一样。

② 《时尚》《好品位》分别是法文时尚杂志 Vogue、Gazette du Bon Genre。

认为赫格希姆就是一个令人难以忍受的花花公子，尤其是听说他还曾经对詹姆斯·布朗奇·卡贝尔说过，他们俩是“美国仅有的真正的艺术家”。

* * *

布兰奇十分尽职地在开拓他们的出版名录。尽管一开始她只拿得出廉价葡萄酒和黄瓜三明治，但她开始邀请至少十几个客人周末的下午到家里来了，“各种人”。克瑙夫账目显示，到12月底，这位新妈妈已经把工作日的晚餐派对也列入了常规的娱乐计划中，而且规格比周末那些聚会还要高出许多。布兰奇的晚宴，在整个20年代一直在加速，那时她发现了在禁酒令期间可以搞得到的最好的酒，用来配鱼子酱。没过多久，在山姆的帮助下，公司凑到了10万美元。布兰奇被任命为副总裁，阿尔弗雷德任总裁，山姆做财务主管。然而，尽管克瑙夫是在布兰奇和阿尔弗雷德共同的梦想中被创立起来的，她却从来没能够说服丈夫，她也属于他的世界。同西蒙与舒斯特的主编杰克·古德曼交谈时，阿尔弗雷德说：“现在回想当时的情形，开董事会时，一想到有个女人居然是其中一部分，我就不能释怀。”

令克瑙夫夫妇大舒一口气，1919年约瑟夫·赫格希姆的《爪哇角》[①] 初一面世，与两年前的《三枚黑便士》不一样，反响甚好。它的主题包括了种族间的通婚以及鸦片瘾。故事从另类的视角来讲述，在评论界和商业两方面都获得了成功。这一成功，在布兰奇眼里，当然是令赫格希姆变得更加地令人难以忍受。尽管这样，她还是以他的名义为这本书举办了必要的各种派对。赫格希姆很快被定位为专写富人奢靡故事的作家，他成为克瑙

① 《爪哇角》，赫格希姆的一本通俗小说，书名来源于荷属爪哇岛地名，此书后被两次改编搬上银幕。

夫30年代早期的重要作者，主要作品是如今看来过于夸张浮华的散文。可在当时，他那样的写法却被公认为优雅。唯美派中的一部分在整个20年代推他为受欢迎之首。辛克莱·路易斯的《巴比特》[①]（该书中有乔治·巴比特朗读《三枚黑便士》的情节）也从前辈作家中有所借鉴。另外，赫格希姆关注的上流社会腐朽堕落的题材，也引发了其他一些小说的灵感来源，例如菲茨杰拉德的《了不起的盖茨比》[②]。1922年，在《文学摘要》[③]杂志的一次评论家投票中，赫格希姆被评选为“当今美国最重要的作家”。

《爪哇角》的首发成功及其随之而来的财务上的提升，使得克瑙夫们有些飘飘然。但凡阿尔弗雷德在家，他们就会在晚上举办高雅的鸡尾酒会。或者，当阿尔弗雷德不在家时，她就去安抚那些紧张不安的作者，讨论他们的合同。布兰奇展示了她丈夫所缺乏的力量。到这时，克瑙夫已经积累了相当可观的一个作者群，既有英文的，也有译文的。休·沃波尔[④]，一位两次世界大战之间广受欢迎的英国小说家，称赞克瑙夫是“一个非常智慧的出版商——无疑是美国最好的”。阿尔弗雷德似乎有了更大的动力出差以获取更多订单。令布兰奇高兴的是，他似乎很乐意布兰奇在有可能的情况下陪他一起去，或者在他回来时去车站接他。

1919年9月，波士顿的一场警察罢工，让这对当时正下榻在他们最爱的市中心老帕克豪斯酒店[⑤]内的夫妇受到惊吓。这家酒店1855年开张，以

---

① 《巴比特》，辛克莱·路易斯1922年的长篇小说，反映美国商业文化繁盛时期城市商人生活。

② 《了不起的盖茨比》，美国小说家弗朗西斯·斯科特·菲茨杰拉德1925年的小说。故事跟随居住在虚构的长岛西卵和东卵两地的一群人在1922年夏天的事，主要对象是一名年轻而神秘的富豪杰·盖茨比，以及他异想天开的热情和对一位名媛的痴迷。被公认为菲茨杰拉德的杰作，它关注了腐败、理想、对变化的抵触、社会动荡等话题，描画了爵士年代的一幅群像，是对美国梦的最初警钟。

③ 《文学摘要》，美国芬克 & 瓦格诺出版社 (Funk & Wagnalls) 发行的一本周刊，创建于19世纪末，后与其他两本类似周刊合并。

④ 休·沃波尔，英国小说家，一位英国圣公会牧师的儿子，原本打算从事教会工作，但最后沉迷于写作，拥有大批英国及北美读者，是20世纪20年代和30年代最畅销的作家。但他过世之后，其作品绝大部分被忽视。

⑤ 帕克豪斯酒店，波士顿一家历史悠久的酒店，于1855年10月8日开张。

其在波士顿所有酒店中第一家提供自来水和电梯为傲，有一长串光彩照人的客户名单。查尔斯·狄更斯[①]第一次在美国土地上向公众朗读他的《圣诞颂歌》[②]就是在这里；半个世纪之后，约翰·肯尼迪[③]在这里向杰奎琳·布维尔求婚；胡志明[④]在这里的厨房里做过糕点师，而马尔科姆·艾克斯[⑤]则是餐厅里的小工。然而这次旅行中，当克瑙夫夫妇前去拜访《大西洋月刊》[⑥]的编辑埃勒里·赛芝威克时，他正坐在书桌后面，手里拿着一支左轮手枪，看上去惊恐万状。头一天晚上，一群无法无天的暴民打劫了这个街区，他的四周满是破碎的窗户玻璃。布兰奇觉得这一场景十分精彩刺激，想要留下来。然而赛芝威克力劝她和阿尔弗雷德赶紧离开，等时局平稳时再相见，于是夫妻俩星夜兼程赶回了纽约。

---

① 查尔斯·狄更斯，英国作家、社会评论家。他创造了一批在世界范围内最为人所熟悉的虚构形象，被公认为维多利亚时代最伟大的小说家。他的作品所受到的热烈欢迎是前所未有的，进入 20 世纪，评论家和学者冠之以文学天才之名。

② 《圣诞颂歌》，查尔斯·狄更斯的圣诞系列小作品，1843 年 12 月 19 日初版，由约翰·李奇负责插画。史上最受喜爱的圣诞故事之一，在世界各地不断地以各种语言再版，并多次被改编为电视剧、电影及舞台剧和 3D 动画芭比之圣诞欢歌等，在圣诞季节播放演出，流行程度历久不衰。

③ 约翰·肯尼迪，通称为 JFK，美国第 35 任总统，1963 年 11 月被暗杀。他任职期间，是冷战的高峰，他大部分的工作用于处理与苏联之间的关系。

④ 胡志明，越南共产主义革命家，本名阮必成，号爱国、秋翁，幼名生恭。胡志明是他在二次大战时用以抗日的化名。越南共产党、越南民主共和国和越南人民军的主要创立者和领导人。曾担任越南劳动党主席和第一书记（后改称总书记），越南民主共和国主席和政府总理。

⑤ 马尔科姆·艾克斯，非裔美国穆斯林牧师，人权活动家。

⑥ 《大西洋月刊》，美国杂志及多平台出版商，1857 年创立于波士顿，最具影响力的知识刊物之一。

4. 她的门外有一个新世界

正如山姆在他的婚姻里对埃达所做过的一样，阿尔弗雷德也将一名年幼的孩子独自留给妻子，一走几个星期。不过布兰奇可不像埃达，她希望自己成为家族事业中不可或缺的一部分。当意识到她可以将公司事务交到可靠的人手里后，接下来的三年里，她便越来越多地陪着阿尔弗雷德一起出差。他们在各个百货公司，与最有购买力的图书买家建立起了关系，比起小书店来，这些买家有能力进行大宗采购。布兰奇总是仔细地倾听他们的考虑。在她的精心安排下，夫妻俩拜访了亚特兰大的里奇百货①、匹兹堡的考夫曼百货②、费城的沃纳梅克百货③，当然还有芝加哥的马歇斐尔德百货④，所有的这些公司，最终都扩展了他们的图书业务。

布兰奇的八面玲珑，通常弥补了敏感的阿尔弗雷德的坏脾气所带来的影响。一次，沃纳梅克的图书采购员兼总经理沃特·考克斯言谈中流露出了对他同乡——费城作家约瑟夫·赫格希姆的轻视，这位出版人立即盛怒之下从百货公司摔门而去，留下布兰奇在那儿缓和事态。这种事，通常是她主动揽给自己的工作。克瑙夫夫妻俩都意识到忠诚度对他们的事业意味

① 里奇百货，1867 年由莫里斯·里奇在亚特兰大创建的百货公司。

② 考夫曼百货，20 世纪初建于宾夕法尼亚州匹兹堡的百货公司，最初由埃德加·考夫曼持有，战后发展为连锁店。

③ 沃纳梅克百货，费城的第一家百货公司，也是美国最早的百货公司之一。在 20 世纪初的顶峰时期，有两个主要的沃纳梅克百货公司，一个在费城市政厅旁的集市街与杜松街路口，另一个在纽约市的百老汇大街与第十街路口。1995 年并入赫克特，21 世纪初又并入梅西百货公司。

④ 马歇斐尔德百货，位于芝加哥的一间百货公司，于 2005 年并入梅西百货。

着什么，这时时需要一些微妙的手段来维持。早几年前，一位采购员订了250册《三枚黑便士》，夫妻俩在现金短缺的情况下，仍然请他去了第五大道上那间豪华优雅的雪莉餐厅用午餐。这间餐厅在次年降临的禁酒令[①]下结束了其社交聚会热门地点的命运。

两位出版商这一精心策划的努力一旦生效，接踵而来的成功催生了一批竞争对手。乔治·奥本海默[②]最初在克瑙夫工作过几年，于1925年(与哈罗德·古恩兹伯格[③]一起)创立了维京出版社。用他从布兰奇和阿尔弗雷德那儿学来的一些行业经验，这个奥本海默如今让他们烦不胜烦，一旦碰上了他就喋喋不休说个不停。相反，他们倒是很高兴听说本·许布希加入维京的消息，兴许这位可靠的人能帮公司创始人收拾住一些傻气。那些日子里，形形色色的出版商在市场上涌现，出现的速度超过了老一代正在从战争创伤中恢复的速度。不过无论出版世界看上去有多摩登，布兰奇在很多人眼里都不是其中真正的一部分：她只是，正如她一辈子很讽刺地重复自称的，阿尔弗雷德的太太。

对此，她的反击相当精明。她恰恰利用性别给自己带来便利。整个1919年，她不加删节地推出了当时已被允许在美国出版的，她最喜爱的那些法国小说。在那以后的五年里，她请受人尊重的批评家伯顿·拉斯科[④]为克瑙夫的好些书目写了介绍，包括《包法利夫人》。1920年，出版社又推出普列沃斯的《曼侬·莱斯科》(有关上流阶级因"不当"爱情而付

---

① 禁酒令，即全国禁酒法，非正式名称为沃尔斯特德法，是建立美国禁酒令的第十八修正案的细节，定义何种"致醉"酒类饮料是被禁止的，以及何种是被排除于禁酒令外的，如药用或宗教仪式用酒类。于1920年1月17日起生效。由反酒馆联盟的韦恩·惠勒构思并起草了议案，该议案以管理立法的众议院司法委员会主席安德鲁·沃尔斯特德来命名。

② 乔治·奥本海默，美国剧作家、记者。1925年联合创立了维京出版社，其后发现自己对写作更有兴趣，自1933年起为好莱坞撰写剧本，整个30年代一直为米高梅工作。

③ 哈罗德·古恩兹伯格，出版人，维京出版社联合创始人，去世后由儿子托马斯·古恩兹伯格继任维京出版社总裁，成为一代著名出版人、编辑。

④ 伯顿·拉斯科，美国记者、编辑，以及纽约《先驱论坛报》的文学评论员。

出的代价)。1922年，推出爱弥尔·左拉[①]的《娜娜》(出身贫困的高级妓女，被自己的贪欲所毁的故事）。一位克瑙夫公司的发货员一直记得，他怎样想方设法地制止“那些装订部的女工私自从法国19世纪小说中剪下最刺激的页面，把带有当时十分罕见的爱情细节描写的部分带给自己的朋友们”。1925年，当布兰奇十分肯定美国读者已经准备好了的时候，她着手请人翻译了泰奥菲尔·戈蒂耶[②]的《莫班小姐》，这部半历史性的三角恋故事，带有暧昧的性倾向。

布兰奇在将这些虚构的情人故事翻译过来的同时，也听到一些现实生活中令她更为震惊的不轨性行为。范·韦克滕说起他在T.R.史密斯[③]的公寓里撞见了乔治·格什温（他们之前在1919年见过）。史密斯是门肯的一位朋友，也是利夫莱特的一个编辑，拥有大量的色情图片。之前，这四人已经频繁出入哈莱姆[④]，去那里欣赏音乐和舞蹈，这在当时的白人当中，已是非常之离经叛道，格什温却被那里深深所打动。他目睹了由布鲁斯诞生出爵士乐的过程，创造出他过去从来没有听到过的声音。爵士乐让布兰奇十分兴奋，这是完全不可名状的，它的即兴发挥，新奇的切分，还有从非洲、欧洲和本土借鉴再融合的那些点滴。她现在知道了，不只是法国人才懂得怎样不循规蹈矩，哈莱姆以它所创造的这一景观轻而易举将格林威治村比了下去。一踏入96街以北，就是一个所有人都可以公然藐视传统的地方。她感觉到自己将要成为一个全新的人。

---

① 爱弥尔·左拉，法国小说家、剧作家、记者，自然主义文学流派代表人物。《娜娜》是其创作的长篇小说之一。

② 泰奥菲尔·戈蒂耶，法国19世纪重要的诗人、小说家、戏剧家和文艺批评家。《莫班小姐》是戈蒂耶的重要作品。

③ T.R.史密斯，邦尼和利夫莱特公司编辑部的核心成员。他于1919年加入该公司，取代阿尔伯特·邦尼的叔叔，成为主编。由于交际广泛，且才华出众，他成为公司仅次于利夫莱特本人的最重要编辑力量。

④ 哈莱姆，又译作哈林，纽约市曼哈顿的一个社区，原名来自一个荷兰的村庄。曾经长期是20世纪美国黑人文化与商业中心，也是犯罪与贫困的主要中心。

确实，到1920年，变化已经成为这个年代的常态。在男孩儿们从战争中回来的这一两年内，空气中弥漫的钱味儿只暗示了一点，那就是，禁酒令压根不可能让美国人碰不到酒。那些促使官方禁酒的醉醺醺的城市让布兰奇兴奋，她像很多人一样，期盼着反抗（而不是服从）这部对纽约连同全国一起颁布的新禁令，通常被称为沃尔斯特德法案（由禁酒联盟[①]韦恩·惠勒[②]订立法案，由众议院司法委员会主席安德鲁·沃尔斯特德[③]负责立法生效）。宪法第十八修正案于1919年1月16日受到了足够数量的州认可，于1920年1月17日起生效。就像用自己的方式，来宣布"去旧迎新"一样，而不是通过禁酒令，在那个似乎永生的德尔莫尼克[④]的原址上升起了一座摩天大楼。布兰奇的家人曾带她去过两次那家餐厅，那是将近一个世纪以来被公认的曼哈顿最好的地方，它的舞会大厅见证了无数社交名媛的首度亮相。

部分归功于卡尔·范·韦克滕带她去了哈莱姆，那个从前对政治毫不关心的布兰奇，现在因为在白人中开展的一项调查，逐渐对"有色人种"的排斥问题有了认识。令人讨厌的是三K党现在与当地争取选举权的妇女团体联合起来，共同反对饮酒。与这一类的疯狂相反的，卡洛（范·韦克滕常常使用的名字，还有一个是卡洛斯）和亨利·门肯成为那整个十年间布兰奇的忠实伙伴及护花使者。挽着他们的胳膊，她走进了曼哈顿那些没有标志的地下酒吧的大门（那里通常聚集了最优秀的大厨）；也是在他们的

---

① 禁酒联盟，又称反沙龙（反酒馆）联盟，是当时支持禁酒的三个主要组织之一，另两个是基督教妇女禁酒联合会和禁酒党。

② 韦恩·惠勒，美国律师，禁酒倡导者。

③ 安德鲁·沃尔斯特德，1903—1923年间任美国众议院议员，共和党成员。他的名字与1919年全国禁酒令紧密联系在一起，该禁令以他的名字命名。

④ 德尔莫尼克，著名的纽约餐厅，以纽约最好的牛排著称。

陪伴下，她还扩展到了新泽西霍博肯[①]的会所。“霍博肯见”这句话自此有了新的含义，它频频出现在将布兰奇介绍去当时最有活力的社交圈的朋友中间。

她与辛克莱·路易斯也走得很近。路易斯本来想在克瑙夫出书，不过布兰奇犹豫着拒绝了他：他是个大胆的作家，以对出版商提出各种苛刻要求而闻名——总是要拿更多的钱，更多的宣传，以及得到他们更多的爱（钱是阿尔弗雷德的分歧点）。当布兰奇终于说服丈夫，为克瑙夫买下路易斯的一部当时几乎已经完成的手稿时，她迟了一步。《大街》[②]，这部抨击小镇生活伪善一面的小说，已经签给了“哈考特，布雷斯和豪”[③]，于1920年10月23日出版，随即坐上《出版人周刊》[④]1921年度畅销榜首位（根据书店统计），出版后半年销出18万册，没过几年销量达到了200万。尽管没有任何记载显示布兰奇的沮丧，但很难相信克瑙夫夫妻间会对此只字不提。

与克瑙夫夫妇保持了终身友谊的路易斯，当时只是从格林威治村升起的文学新曙光中的一位（此后他离开了这个圈子）。相反的是薇拉·凯瑟，她不是离开，而是走进了村里：出生于弗吉尼亚，在内布拉斯加[⑤]长大，其间还被短暂带去过宾夕法尼亚[⑥]，凯瑟毫无疑问在自己的小说中对大平

---

① 霍博肯，位于美国新泽西州东北部哈德逊河畔的一座城市，与曼哈顿隔河相望，属于纽约都会区的一部分。

② 《大街》，辛克莱·路易斯的代表作，问世后一年内再版28次，被称为“20世纪美国出版史上最轰动的事件”。

③ 哈考特，布雷斯和豪，美国历史上有名的出版社，现归于霍顿·米夫林旗下。

④ 《出版人周刊》，出版业新闻周刊杂志，在美国出版发行，一年共出版50期，主要服务对象为出版业工作者、图书馆员、书籍销售商以及文稿代理商。现主要发表书评。

⑤ 内布拉斯加，美国中西部大平原区的一州，它的名称来自美国原住民中的奇维雷语，意为平顺之水。该州有普拉特河贯穿，过去曾是美国大荒野的一部分，不过今日已是农业领先的州份之一。该州的大部分历史都是由农耕者和垦荒者创造的。

⑥ 宾夕法尼亚，美国的州份之一，正式名称为“宾夕法尼亚联邦”，俗称“里程碑”州。中文简称宾州。这个州的名称起源于英国移民威廉·宾，英国国王查理二世为偿还其父亲的债务而授予大片林地，拉丁文中的意思是“宾的林地”。

原带有最强烈的认同。自从克瑙夫四年前出版哈德逊的《绿厦》起，她就对他们产生了兴趣。一天，她离开班克街5号的寓所，搭乘地铁来到了坎德勒大厦。按公司历史的记载，她当天是一位不速之客，但事实上她与布兰奇事先通了电话，是一次约好的见面。（在以后的岁月里，凯瑟宣称，她之所以从合作多年的出版商霍顿·米夫林转向克瑙夫，主要是克瑙夫的书与别家的书看上去“非常不同”。）她被这家年轻的公司给予作者的显而易见的支持所打动，从他们精心设计的不凡广告中可以看出，作者和出版社抱着共同的目标。与此相反，霍顿·米夫林却几乎很少为她的小说营造影响，包括她最近的一部——两年前1918年出版的《我的安东妮亚》①。她向霍顿·米夫林抱怨其广告的薄弱时，凯瑟举出克瑙夫对赫格希姆的《爪哇角》的推广为例：小说正式发行前，克瑙夫已经提早印好了一些正面的评论来建立读者群。此时，凯瑟吃惊地发现，克瑙夫的办公环境竟如此简陋——布兰奇午餐时间还在充任电话接线员——尽管如此，当出版商同意给她一个机会试试时，凯瑟非常满意，虽然她仍然还在与霍顿·米夫林的合约之下，克瑙夫将很快出版一本她的短篇小说集。就这样，1920年9月，克瑙夫出版了《青春和美艳的美杜莎》②，并全力开展广告推广。

当然，凯瑟知道，只有一本书卖得好了，出版社才肯在第二本书上花钱推广。1915年，霍顿·米夫林分配给亨利·希德诺·哈里森③的《V.V. 的眼睛》④超过6000美元的宣传费用，正是因为他的第一部小说《奎德》⑤销量很旺。《V.V. 的眼睛》也是克瑙夫夫妻俩恋爱期间读过的一本书。而相

---

① 《我的安东妮亚》，薇拉·凯瑟1918年发表的小说，亦被认作她最好的作品之一，“大草原三部曲”的最后一部。

② 《青春和美艳的美杜莎》，薇拉·凯瑟短篇小说集，出版于1920年。

③ 亨利·希德诺·哈里森，美国小说家，并经常为《大西洋月刊》及其他杂志供稿。

④ 《V.V. 的眼睛》，亨利·希德诺·哈里森1913年发表的小说。

⑤ 《奎德》，亨利·希德诺·哈里森1911年发表的小说。

比之下，分配给凯瑟书籍推广的费用便显得微不足道（尽管在那个时代这个差别并不明显），1915年，《百灵鸟之歌》① 分得1000美元预算，1918年，给了《我的安东妮亚》300美元。后者成为一个显然对她不抱信心的羞辱象征。第一版销售，只为凯瑟带来了1300美元的收入，次年更只有仅仅400美元。虽然对很多作家来说，这可能无关紧要，但这些数字都低于凯瑟的预期。

看着那些数字，凯瑟相信，她写不出那种能满足霍顿·米夫林商业胃口的书来。而克瑙夫不一样，他们让她觉得自己很受欢迎。从1920年9月29日起，为《青春和美艳的美杜莎》而展开的推广，从《新共和》杂志②（阿尔弗雷德对行内人的鼓吹）到布兰奇满足作者的日常需求——给她送喜欢的食物，以及保证她日夜都能联系上自己——凯瑟现在知道了，自己的归宿在克瑙夫。她后来以与他们合作出版了16本书对此做出了证明。

"生活从此不再是一场战役，"凯瑟的伴侣以及传记作者伊迪丝·路易斯③ 说，"她再也不用要么感到抱歉，要么处于戒备。"例如，凯瑟希望她的书能够在8月出版，以赶上暑假销售旺季，克瑙夫都乐于听从。这一切均与财务无关，凯瑟对于销售的关注，更多的是从人们对她作为一个作家的评论这个角度出发。她还另有收入，这使得克瑙夫对她更为敬重。于是特意关照公司的会计乔·莱瑟为她按照年度报税。1923年，他们投入在她身上的信任终于得到了回报：《我们自己人》④，关于一个一战中的中西部人去前线的小说，为克瑙夫赢得了第一份普利策小说奖。与此同时，《青

① 《百灵鸟之歌》，薇拉·凯瑟的第三部小说，写于1915年，为其"大草原三部曲"的第二部。

② 《新共和》杂志，常简称TNR，美国左派/自由派杂志，自1914年开始发行至今，以政治与艺术为主题。最初以周刊形式发行，现为双周刊，发行量约为50000份。

③ 伊迪丝·路易斯，《麦克卢尔》杂志编辑、《每周》杂志编辑经理，以及华特·汤普森公司广告文案作者。薇拉·凯瑟私人伴侣，凯瑟去世后，路易斯于1953年出版了一部名为《薇拉·凯瑟的一生》的回忆录。

④ 《我们自己人》，薇拉·凯瑟小说，赢得1923年普利策虚构奖。讲述了一位内布拉斯加原住人在20世纪到来时的故事。

春和美艳的美杜莎》持续热销，仅此一年，她两本书的版税即达到19000美元。

刊登在《新共和》的页首，阿尔弗雷德响亮的广告词是这么说的：

在世作家中，只有寥寥无几，其作品当得起我们的如此关注。凯瑟女士的每一卷新作都被期待。几乎毋庸置疑地，她是我们当世最重要的女性小说家。在最新的这一卷小说里，她利用多彩的美杜莎来审视青年人的探索。每一个故事，都充满了凯瑟女士标志性的美妙激情和无尽活力；她通过简洁、大胆地对人类经历和感情的切入，使得每一个故事都是关于个性和生命的新发现。

在赢得普利策奖四年以后，凯瑟推出《死神来迎接大主教》[①]，描述两位牧师向新近加入新墨西哥州一部分的霍皮及纳瓦霍印第安人宣传基督教，这部小说后被收入《时代》[②]百部20世纪最佳英文小说中的当代图书馆馆藏清单。

与凯瑟之间的关系，将布兰奇的信心提振到了一个新的高度。阿尔弗雷德也被她在应该出版谁这个问题上的分辨才能所折服，她这时以为，自己终于赢得了丈夫的尊重。这种确定性令她面对阿尔弗雷德时放松了一些，甚至顽皮起来。这时，当两人一起在家时，为了应对酷热的天气，他会赤裸着全身工作——他竟然允许妻子在他一丝不挂时给他拍照。

---

① 《死神来迎接大主教》，薇拉·凯瑟发表于1927年的小说，被普遍认为是其代表作。1931年由当代文库重印。被《生活》杂志列入1924—1944百大最优图书，也被列入《时代》周刊1923—2005百大最优英文小说，以及当代文库的20世纪百部最优英文小说，并被“美国西部作家”选为20世纪最优“西部小说”第七位。

② 《时代》，在纽约发行的周刊。1923年创刊。

也大约是在这期间，布兰奇举办派对的次数和规模都在增长。总的来说，来宾仍然主要是克瑙夫的作者群体，不时地，受邀者也有范·韦克滕。他鼓励布兰奇把哈莱姆圈中新涌现出的有意思的人物，例如保罗·罗布森①和艾勒里雅·沃克②等人也邀请过来。沃克当时刚刚继承了她母亲的遗产，成为全美国最富裕的黑人妇女。往往会被坚强的妇女打动的布兰奇，自然被艾勒里雅的故事深深吸引：她母亲 C.J. 沃克夫人③，从一名洗衣女成长为优秀的女商人，用秘密配方创建了护发品帝国。将其销售给黑人妇女，以使她们的头发变直。不久前去世时，沃克将她的"美容帝国，一座俯瞰哈莱姆河的意式别墅，以及好几处优雅的镇屋"一起，留给了她唯一的孩子。

到1920年10月时，布兰奇终于可以休息一下了。由于最近雇用了可靠的乔·莱瑟做出纳兼会计，她得以放松并享受她一向艳羡的欢快家庭生活。有好几个周末，她都和阿尔弗雷德带着帕特一起去亚特兰大城。从阿尔弗雷德拍的照片上看，布兰奇总是在咧嘴大笑，兴奋地看着帕特滚铁环或者在海边挖沙。秋风中，她将自己裹在沙滩椅上，满足地阅读手稿，旁边是丈夫和儿子在扔皮球。

* * *

克瑙夫成立区区五年，阿尔弗雷德和布兰奇已经出版了一系列日后将

① 保罗·罗布森，美国男中音歌手、演员，并曾参与平权运动。在罗格斯大学期间，是该校橄榄球队成员，该校至今以他为荣，多处大楼、广场以他的名字命名。后来以在舞台和银幕上表演和演唱作为职业，并赢得国际声誉。因就西班牙内战、法西斯以及社会不公等问题发声而开始参与政治，因其主要政治立场为反对帝国主义，同情共产主义，批评美国政府而在麦卡锡时代被列入黑名单。

② 艾勒里雅·沃克，美国女商人、艺术赞助人。

③ C. J. 沃克夫人，非裔美国企业家、政治及社会活动家。被认为是美国历史上第一位靠自我奋斗成功的女性百万富豪。

变得大名鼎鼎的作家的早期作品（虽然他们中一部分作品后来由其他稿酬更丰厚的出版社出版）：T.S. 艾略特、罗伯特·格雷夫斯[①]、温德姆·路易斯[②]、H.L. 门肯、乔治·琴·纳森、埃兹拉·庞德[③]，以及卡尔·范·韦克滕。门肯和范·韦克滕持续地帮她发掘其他作家，这些新作者又推荐他们的熟人。当弗洛伊德·戴尔谈及他的朋友苏珊·格莱斯佩尔[④]的独幕剧《琐事》时，他的热情使得布兰奇后悔没有在她几年前读到时抓住机会。一个被丈夫殴打，最终杀死丈夫的女子的故事，在马萨诸塞州的普罗温斯顿首演后立即轰动。

这些日子，当薇拉·凯瑟邀请克瑙夫夫妇去参加她位于班克街的舒适寓所的星期五“在我家”活动时，夫妻俩路上还会去看看戴尔。他从1918年1月以来，与埃德娜·圣文森特·米莱[⑤]陷入了炽烈的恋情。文森特与弗洛伊德分手后，很短暂地与克瑙夫的作者之一——著名的同性恋诗人威特·宾纳交往。但是眼下，布兰奇对戴尔或者其他人的这些绯闻没有太大兴趣，她一门心思只想推出戴尔的自传体小说《白痴》[⑥]，像辛克莱·路易斯的《大街》一样，《白痴》的故事发生在中西部。两本书在1920年的9月里前后几天相继面世，以及很多重要的中西部作家战后小说都在这年发表（包括菲茨杰拉德的《人间天堂》[⑦]），然而路易斯和戴尔的小说却表达了关于小镇生活最为复杂的态度。

尽管从未来几年的角度看，戴尔的主人公菲利克斯·费通往成年的旅

---

① 罗伯特·格雷夫斯，英国诗人、小说家、评论家及古典学家。

② 温德姆·路易斯，英国作家、画家及评论家，原名珀西·温德姆·路易斯，因不喜“珀西”一名而将其去掉。

③ 埃兹拉·庞德，旅居海外的美国诗人、评论家，也是早期摩登主义运动的主要人物。

④ 苏珊·格莱斯佩尔，美国剧作家、小说家、记者、演员。与丈夫乔治·库克一起，创办了第一家美国现代剧团——普罗温斯顿剧团。

⑤ 埃德娜·圣文森特·米莱，抒情诗诗人、剧作家，第三位获得普利策诗歌奖的女性。同时以放荡不羁、波西米亚式的生活方式而闻名。

⑥ 《白痴》，弗洛伊德·戴尔的重要作品，发表于1920年。

⑦ 《人间天堂》，菲茨杰拉德的小说处女作，发表于1920年。

途显得不出意料并且平淡无奇；而戴尔自己作为一个小人物，在20世纪最初的那几个十年里，其名字却几乎天天在报纸和书评里出现。待他最终以这部成长小说《白痴》而震惊文坛时，他已经在那些从中西部来到格林威治村的作家中小有名气差不多十年了。到1920年10月20日，这部小说卖了38500百册，重印11次。12月，《出版人周刊》称，戴尔的小说是为“思考着的读者”所写。

克瑙夫采用了“三明治”人体广告牌这一广告形式，为这本书开启了销售。这种形式始于世纪交替时期，既可卖书又可卖其他产品。到了九月，一队密集的克瑙夫“三明治人”涌入金融和影剧院地区，广告牌上宣传的正是《白痴》(也有即将出版的其他书籍)。据《出版人周刊》当时的报道，那些人“穿着色彩鲜艳的艺术家大褂，系着温莎领结，戴着苏格兰帽。广告牌下附了一份完整的宣传书目，供过往行人浏览。每个广告牌的底部，还列好了离得最近的书店地址。所有的一切都与附近街区事先已经说好的零售商安排好，他们在橱窗里布置了正在推广的书籍”。标语牌在不同地区轮换，这样，每个书店都能得到“完完全全的好处”。零售商们纷纷报告，销售得到了极大促进。

1920年，克瑙夫夫妇筹备庆祝其出版事业五周年纪念。阿尔弗雷德全然不顾早先做出的平等合伙人承诺，当他安排印刷一份致敬“猎犬的五周年出版”贺词时，布兰奇被彻底隐去了。她去世后，阿尔弗雷德在一次接受采访时说，从一开始起，不管布兰奇是怎么以为的，他一直就只打算用他一个人的名字来代表公司。

1920年这份纪念册，140页的镶边纸，以明快的红色与金色缎面装订。在序言中，阿尔弗雷德写道，他正在走近“我的第一个五年出版生涯的总结”，提及“我的作者们”是忠诚的，正如他“忠诚的职员”一样。这个册子的核心部分，由克瑙夫的作者对阿尔弗雷德一人作为克瑙夫企业领袖的颂扬组成。他甚至特意请卡尔·范·韦克滕作了一篇献词。在统计年代，数字足够说明一切“细节”，正如册子里的一份赞誉所说，它展现了“五年的出版意味着什么”。这些作者，诸如多萝西·理查森、戴尔、门肯，以及赫格希姆，纷纷向阿尔弗雷德·克瑙夫表达了自己的感激，将自己在“文学界所获得的承认”归功于他。致辞的最后，阿尔弗雷德在谈到目前正考虑的一本书——《爪哇公主的信件》[1]中，布兰奇被唯一一次提起，这本由“可能是东方的唯一一位女权作家”所著的书，他说，由“克瑙夫太太发现”。

妻子去世后，任何她曾经作为事业起步时期的关键人物的暗示都会令阿尔弗雷德嫉妒，他总会想方设法将她安放在次要地位。布兰奇去世八年后，他对苏珊·希恩说：“如果她愿意按照人们常说的，她因协助了我在1915年筹建起这个公司而被记录下来的话，我不会有任何意见。”希恩坚持道：“她所说的是，自从1915年10月15日正式开张以来，她就‘投身于出版业’。”这时阿尔弗雷德变得不耐烦起来：“呵呵，这不免是夸张的说法。但她自己也知道，每一件事都是我亲力亲为的。”周年纪念册中所反映出的对她平等参与创建克瑙夫的否认，激怒了布兰奇，也深深地伤害了她。她发现自己对于夫妻俩早已计划好的次年夏天的海外旅行一点也不向往，相反心生恐惧。这一趟，除了宣传克瑙夫已出版书目外，还要签一些世界其他国家的作家。突然间，她感到自己不仅仅是山姆的，根本也是这个公司的仆佣，仿佛要重归母亲角色。她花了很多时间确保帕特在亲戚以及雇来的帮手手上得到了悉心照料。

1921年5月，当布兰奇和阿尔弗雷德开启了他们的第一趟欧洲大陆商

---

① 《爪哇公主的信件》，印尼女权运动家拉登·安正·卡尔蒂尼的书信，后人集结成册，名为《黑暗过后是光明》，于1911年出版，被翻译成五种语言。内容包含卡尔蒂尼对当时印尼妇女现状的观察，以及女性自主学习的理念。1964年，总统苏加诺将卡尔蒂尼的诞辰日4月21日，宣布为纪念日。

务旅程时，当时还鲜有美国出版商在他们之前做过这件事。他们顶多是在欧洲度假的前后，在伦敦稍事停留，巴黎就更少了。布兰奇在旅途中，除了子宫内膜异位引起的腹痛外，尚被其他各种小病缠身。同时，在遵循完全由阿尔弗雷德一个人制订的行程这个问题上，她的心情也是矛盾的。他们将与高尔斯华绥一起住在伦敦郊外，还会同约瑟夫·康拉德会面，阿尔弗雷德认识他，若未曾蒙面，起码通过信件。何况她还有一层担心，那就是独自留在家里交给保姆的幼儿。

她替他注册了秋季入学的幼儿园，那个当时还全新的伯奇维森学校①（1991年变成伯奇维森雷诺克斯学校），位于西93街，阿姆斯特丹大道与哥伦布大道之间，距离西95街的克瑙夫家不远。布兰奇去世十年后，帕特有一次对采访者说，也就是在那个时期，他三岁左右，布兰奇第一次与阿尔弗雷德去海外谈生意，她总是安排了有爱心的人在其左右，以尽力确保不会影响到他的生活。但这矛盾心态并非仅仅来自离开年幼的儿子所带来的烦恼，而是她开始怀疑自己对克瑙夫的重要性。

这次出行，阿尔弗雷德选择了卡纳德邮轮②公司中远洋班轮的皇家邮轮卡尔玛尼号。卡尔玛尼号战争期间被征为军用，近期才回归载客。两年后，当克瑙夫夫妻再次起航时，它经过大修，游客准载量被砍掉一半，横跨大西洋的旅途耗时五到七天，已经不再是最奢华的轮船。可辛克莱·路易斯和他妻子格雷斯——《时尚》杂志的一名编辑，以及年幼的儿子都在船上，“红”③家夜夜出现在晚餐桌上，使得这趟旅行注定令人兴奋，时而也让人心烦。自从路易斯在一次付薪的争议中站在了船员一方以后，当作

---

① 伯奇维森学校，由路易斯·伯奇与伊迪丝·维森联合创立于1921年，1991年兼并后，成为如今的伯奇维森雷诺克斯学校，为纽约市区一家K-12学校，位于曼哈顿上东。

② 卡纳德邮轮，又译作库纳德邮轮，成立于1840年，是一家拥有百年历史的英国邮轮航运公司。

③ 这里带引号的“红”，是指路易斯的绰号“Red”，路易斯除了红头发，以及青春痘遗留的疤痕使他面色发红等与“红”相关的特征外，还终生是一位社会主义者，因此赢得了这个绰号。

家再穿着落了煤灰的晚宴衬衫出现在晚餐时间时，船长就总是愤愤的。他还醉醺醺地大谈自己如何下到引擎室去给司炉工帮忙，并怂恿他们造反。

在利物浦[①]下船以后，克瑙夫夫妇在伦敦又见到过路易斯一家。两对夫妻还约好去一百英里外的巴斯[②]碰面，去参加当地最重要的社交活动——巴斯会所的德比日晚宴。不幸的是，由于地区足球队在最近的比赛中表现得比以往更糟糕，这场活动因此也兴味索然。布兰奇带着一丝调侃的意味，给朋友们写信说，路易斯到得很晚，而“老西尼·珀林”（克瑙夫家的朋友，英国出版商威廉·海涅曼[③]的伴侣）很不情愿等。当一向健谈的路易斯终于出现时，珀林用整个晚餐期间一个字也不许说来惩罚这个话痨。

经过又一轮在伦敦与出版商、代理人的马不停蹄的会面之后，克瑙夫夫妻俩在出版商纽曼·弗劳尔爵士[④]的乡村庄园里住了下来，他们在这里结识了爵士那位以傲慢而闻名遐迩的妻子——伊芙琳夫人。这期间，布兰奇曾企图自杀，至今原因不明，直到今天还裹着一层神秘色彩，要不是弗劳尔夫妇的儿子德斯蒙德的回忆录，我们可能压根不知道有这件事发生过。

据德斯蒙德回忆，在布兰奇的“努力”下，伊芙琳·弗劳尔夫人在走廊上跺脚，气得冒烟，“她自不自杀跟我一点关系没有，可我不能让她在我家做这件事”。很显然，布兰奇服食了过量的药片。请了医生来给她洗胃，这是这次恐怖经历唯一留下的记录。对阿尔弗雷德而言，这尤其激起了他对自己母亲去世的回忆。至少这显示了布兰奇对于在五周年庆典中被忽略的绝望。这一忽略在业界引起的反响，又在这一趟旅行中她所遇到的

---

① 利物浦，英格兰西北部城市，重要港口。

② 巴斯，英格兰西南部城市，以天然温泉和 18 世纪佐治亚建筑闻名，著名的历史文化旅游目的地。

③ 威廉·海涅曼，伦敦海涅曼出版社创始人。

④ 纽曼·弗劳尔爵士，英国出版商、作家。

人中再次体现出来。不难想象，阿尔弗雷德对于纽曼·弗劳尔默认“克瑙夫”就代表阿尔弗雷德一个人的欣然接受，而布兰奇，却无力去纠正此行英国主人的这一认识。从订婚承诺中，她相信了他将确保她在创建和运作克瑙夫过程中的平等地位，她也相信，他最终会把“布兰奇·克瑙夫”添加到公司的名字上。可恰恰相反，他背叛了她。现在，她才开始怀疑他自始至终就没有打算将她的名字纳入。于是她彻底地沮丧了。

* * *

大约一周以后，她同阿尔弗雷德一起，出发去德国会见门肯的朋友托马斯·曼。不出门肯所料，布兰奇一到了那里就决定，克瑙夫得出版《布登勃洛克一家》[①]。在一位翻译的帮助下，她立刻就被曼的清晰笔调所吸引。然而，她低估了曼在作品中时不时刻意用到的日耳曼语法的翻译难度。1995年，曼的传记作者都还在说：“永无可能再出现这样的一部鸿篇巨制，吸引了这样广泛的读者。与现代文学中其他任何人都不一样……（曼）从不晦涩，从不对读者要求过高，这使得他的书如此畅销。”

《布登勃洛克一家》是一部关于德国北部富商家庭衰落的小说，也是曼第一部在美国印行的英文版作品。布兰奇雇请了受人敬仰的学者海伦·T.洛－珀特[②]来翻译。（洛－珀特后来翻译了除后期小说《黑天鹅》[③]，

---

① 《布登勃洛克一家》，托马斯·曼作品，德文原作于1901年发表，几乎算是作者自传，描写了400多个人物，一经发表便风行欧洲，是德国人最爱读的十本书之一，在中国得到了类似于“德国版的《红楼梦》”的极高评价。1929年托马斯·曼以此书获得诺贝尔文学奖，诺贝尔奖评委会曾赞誉此书为“德国首部格调高雅的现实主义长篇小说”。

② 海伦·T.洛-珀特，美国翻译家，以翻译托马斯·曼作品闻名。

③ 《黑天鹅》，托马斯·曼的小说，发表于1954年。

以及未完成的《骗子菲利克斯·克鲁尔的自白》[①] 之外的曼的全部作品。）当两卷的英文版《布登勃洛克一家》于1924年出乎预料地热销时，尽管合同中并无此项约定，但克瑙夫给曼寄去了一笔年终奖金。其后十年间，一直由布兰奇与曼打交道，安排翻译等——30年代后期，她还帮他和妻子凯蒂娅及其几位子女迁居到美国。虽然从一开始，她就与曼一家建立了非常亲密的友谊，但观察到这位老作者的老派正统作风后，她总是以“阿尔弗雷德·克瑙夫太太”署名。

回到家，布兰奇彻底克服了自己的抑郁，重新投入工作，参与到公司的每一个环节中：招徕作家（包括诗人约翰·克娄·兰塞姆[②] 和伊迪丝·西特韦尔[③] ），给在欧洲一行中会见了，但未能如愿签约的作家写信跟进，落实翻译，读手稿，确定书版设计，以及撰写广告文案，等等。她重新刊印了以小说为主的一些世界经典，并用“法式郊区”字体以模仿手稿的效果，印制在特制的棕红色纸张上。这一趟欧洲之行，尽管与阿尔弗雷德有诸多摩擦，却让她感受到了世界之大。她将一直探索下去。

在第一次出国之前，布兰奇已经从她自己的门缝里领略到了一丝外界正在经历的变化，那时的美国人，在和平与繁荣的鼓励下，开始相信“不公、压迫与剥削……已经消除”[④] 。1921年5月，音乐剧《一起摇摆》[⑤] 开始在帝利的63街戏院[⑥] 上演，当之无愧地成为勇敢新一代的最佳搭配。（该

---

① 《骗子菲利克斯·克鲁尔的自白》，托马斯·曼写于1954年的一部未完成小说，歌德自传《诗与真》的戏仿改写。

② 约翰·克娄·兰塞姆，美国教育家、学者、诗人、散文家、编辑。被认为是文学批评中新批评派的奠基人。

③ 伊迪丝·西特韦尔，英国诗人、批评家，与两个弟弟奥斯伯特和萨谢弗雷尔一起，被世人合称为“西特韦尔文学三杰”。

④ 引自《共和之梦：格林威治村，美国的波西米亚，1910—1960》，作者罗斯·维茨迪昂。

⑤ 《一起摇摆》，由黑人音乐家诺波·西索和尤比·布莱克作词作曲的音乐剧，以轻讽刺风格串起市长竞选情节。经弗罗恩罗伊·米勒和奥布瑞·莱勒斯编剧，自1921年在百老汇首演起，共演出504场，这在当时十分罕见。许多戏剧明星据此开启职业生涯，包括约瑟芬·贝克。

⑥ 帝利的63街戏院，是一座百老汇剧场，活跃于1921年至1941年间。始建于1914年，1957年拆除。

剧的重头戏，“我就是对哈利入迷”，后来被用于1948年的哈里·杜鲁门[①]总统竞选。）布兰奇被这出戏传递的信息所振奋：黑人站稳了——如今他们同样可以坐在前排，而不仅仅是楼座。最终这出音乐剧一共演出了超过500场，不出一年，该剧的好几位歌唱演员已经成为布兰奇派对上的常客，尤其是保罗·罗布森。在该戏的理发店四重唱部分，他的妻子艾希一直陪伴左右。艾希担心（事实证明，她的担心是有道理的），如果自己不一直待在他身边，他会与白女人出轨。然而《一起摇摆》这出首例启用非裔美国作家和演员，并获得商业成功的百老汇戏目，不仅打破了种族通婚的禁忌，而且它在舞台上展现了非裔美国人之间的浪漫关系，这则是更加严重的禁忌。

在欧洲游历期间，布兰奇意识到不仅新一代的美国作家——旅居海外的那一群，例如欧内斯特·海明威[②]以及F.斯科特·菲茨杰拉德——他们占据了巴黎咖啡馆的话题，而且任何关于非裔美国人的戏票都是最抢手的。布兰奇意识到，自己生活在全世界“最热门”的城市。曼哈顿正在经历一场戏剧性的城市变迁（从十年前的6000非裔人口，到1930年仅哈莱姆就将成为一个拥有超过20万人口的社区）。当她结束第一次海外旅行回来时，布兰奇发现，哈莱姆已经变成“黑人世界智识和艺术的首都”——继而，也变成纽约的。

卡尔·范·韦克滕接下来将指点着布兰奇穿行在这一新景观当中——

---

① 哈里·杜鲁门，美国政治家，于富兰克林·罗斯福去世后任美国第33任总统（1945—1953）。一战老兵，在二战尾声及冷战发轫期间任美国总统，以帮助西欧重振经济的马歇尔计划闻名，主要政治遗产还有建立北约以应对苏联和中国的共产主义运动，以及介入朝鲜战争。

② 欧内斯特·海明威，美国小说家、记者。他的简洁含蓄写作风格对20世纪小说产生了强烈的影响，与此同时他个人生活方式及公众形象也影响了整整一代人。1954年获诺贝尔文学奖。大部分作品被视为美国文学经典。

他早前于1913年12月在为《纽约新闻》[①] 撰写的关于当前哈莱姆黑人创作一文《我的肯塔基朋友》中对此已有详述。更近一些的1922年，他发表过一篇短文，介绍19世纪末期20世纪初期（在几个不同的群体中）最著名的黑人演艺家伯特·威廉姆斯[②]。文章发表在一个近期在里士满成立的文学季刊《评论家》上。卡尔从青年时期在爱荷华的锡达拉皮兹[③] 开始，就深深地迷上了黑人文化。尽管那里并没有多少黑人，他的父亲——一位保险推销员，却出资帮助艾奥瓦州的一位黑人教育家劳伦斯·琼斯，为密西西比的黑人孩子创建了松林学校。卡尔在这样的背景下长大，自然而然地认为，非裔美国人不光与自己一样，他们甚至理当因为本身的很多不利条件而获得更多。于是全家人都被要求，称呼家里的园丁“奥利芬特先生”，厨师“瑟希女士”。

范·韦克滕最终成为布兰奇进入这个对她而言全新，却早已被朋友踩熟了的世界的私人向导。正如詹姆斯·韦尔登·约翰逊声称：“在黑人文学艺术运动的早期，这个国家没有人比范·韦克滕所做的贡献更大。”卡尔通过游说20世纪纽约的“地下知识分子”群体，获取他们的关注，从而在呼吁非裔人士的公正待遇，并推广他们的文化一事上游刃有余。

他爱好广博的天性，使他成为克瑙夫的最佳星探。范·韦克滕渴望与里士满的南方白人文学圈结交，布兰奇曾经向他描述过这个圈子，并答应将他介绍给她的朋友。那个小小的弗吉尼亚圈子，与中西部那个艺术家群落十分类似，并且这个群落后来扩展到整个西部，有作家、画家，以及20

---

① 《纽约新闻》，始创于1887年的纽约报纸，持续发行至1916年7月2日，其所有者弗兰克·蒙西将其与他新并购的《纽约太阳报》合刊。

② 伯特·威廉姆斯，巴哈马裔美国艺人，歌舞剧年代最出色的艺人之一，也是当时最受欢迎的滑稽剧演员。在1920年前，他的唱片占据畅销榜的绝对位置。被《纽约戏剧镜报》于1918年称为“世界最优秀喜剧演员之一”。

③ 锡达拉皮兹，位于美国爱荷华州东部，全州第二大城市，美国重要的出口城市之一。

世纪初期的雕塑家。可是那个11月，卡尔和布兰奇双双忙于其他事，所以当布兰奇打算与克瑙夫夫妇的南方朋友詹姆士·布朗切·卡布尔①签约时，她委托了自己的两位老友——赫格希姆与门肯前往。这二人将在布兰奇的幕后指挥下与卡布尔在他那里士满的恢宏大宅里相见。谈正事的前一天，他们去编辑艾米莉·克拉克②家赴晚宴。克拉克发行的那35期《评论家》，作为里士满地区的实验性文学杂志，最终持续了四年时间。而范·韦克滕因为那篇关于伯特·威廉姆斯的文章被她列为最初的供稿人之一。

布兰奇毫不掩饰自己的担心，她担心这两位将以强势难缠的洋基佬面目出现，这使得门肯哈哈大笑。然而不可否认的是，当克拉克拿出门肯最新的一篇文章（其中宣称南方是文学创造的沙漠）时，局面确实十分尴尬。她的杂志，旨在通过带出有争议的社会话题，同时解剖新旧两个南方，既鼓励新人，也拥有一大批成名作家，例如艾伦·泰特③、罗伯特·佩恩·沃伦④、约翰·克娄·兰塞姆等。布兰奇再三劝说门肯，请他重新思考他与生俱来的偏见。因为她自己发现南方新呈现出的复杂文化，比早期，甚至三年前的都更容易亲近。

然而无论门肯表现得多好，或者他和赫格希姆合力营造了多么好的印象和感觉，这两位拜访者并未能把布兰奇希望拿下的交易摆平。虽然十足的绅士风度使得卡布尔羞于谈钱，但他话中明确暗示了，自己已在别处拿到了好得多的条件。这也是克瑙夫公司作为一个独立出版社在整个生存期

---

① 詹姆士·布朗切·卡布尔，美国玄幻小说家、纯文学作家。他获得同时期作家的极高评价，包括门肯、埃德蒙·威尔森，以及辛克莱·路易斯等。

② 艾米莉·克拉克，作家、里士满地区文学季刊《评论家》创始人及编辑。这本刊物点燃了南方文学复兴的火花，使得南方文学从以深情叙述来歌颂古老的南方，转向描写诸如种族、性别、身份认同，以及南方的历史包袱等题材。

③ 艾伦·泰特，美国诗人、散文家，1943年至1944年的桂冠诗人。

④ 罗伯特·佩恩·沃伦，美国诗人、小说家、文学评论家，《新批评》杂志创始人之一。南方作家团体创始会员，并与人于1935年合作创办文学期刊《南方评论》，1947年凭小说《国王的人马》获普利策小说奖，1958年以及1979年又两获普利策诗歌奖。是唯一获得普利策诗歌奖及小说奖的作家。

所一直萦绕不去的一个话题，布兰奇一直不赞同阿尔弗雷德的吝啬作风，这阻碍了她给作者提供高额预付。在与卡布尔谈判期间，她在远方恼怒：她怎么可能在缺乏竞争力的情况下签下最好的作者？于是她给丈夫下榻的芝加哥酒店发了一份电报，让他知道自己正被家人想念，随后道出这份电报的真实用意，告知他，自己正在努力进展中的卡布尔一事：最最亲爱的，没有什么消息，但是我想你简直想疯了。

靠着一天抽两包契斯特菲尔德，布兰奇把集中在卡布尔这件事上的注意力逐渐转移开来。与此同时，她急切而紧张地期待着读者对范·韦克滕那部虽然古怪却充满哲思的小说《彼得·维福：他的生活和事业》[①] 的反应，那是一首唱给战前巴黎的赞美诗。《彼得》在布兰奇的催生下诞生，是她，一直敦促着范·韦克滕把它写完。尽管克瑙夫出版社已经出版过好几本范·韦克滕的书，但始终反响平平，一直没有实现真正意义上的成功。布兰奇感到，这次应该是他突破的时候了。她是对的：《彼得》获得了交口称赞，由最初的平缓销售渐渐地开始获取动量，一路走高。克瑙夫书目中引用了文学评论家卡尔·范·多伦[②] 的样书评语——"一本虚构人物的传记，"他说，"这立刻赋予了它小说一般的自由，以及从传记的沉闷结构中挣脱出来的可能。彼得·维福精彩地跨越了两种文学形式。"《彼得·维福》将作者本人置身其中，把虚幻与现实混在一起，实现了创新与传统的结合。不仅范·韦克滕在书中以第一人称叙述者出现，其他很多角色也都是现实中的人物。也许打动布兰奇的是，她和彼得·维福共有的重新塑造自己的经历，在某种程度上都扮演了与他们本身并不相符的其他角色。不管怎么说，布兰奇的确一直在假装，假装自己的父亲是旧世界来的一个金匠。

---

① 《彼得·维福：他的生活和事业》，简称《彼德》或《彼德·维福》，克瑙夫出版的7部范·韦克滕小说中的第一部，首版于1922年问世，借一个希望成为作家的彼得·维福的故事，展现了20世纪20年代的纽约和巴黎文学圈图景，收获评论界和读者的好评。

② 卡尔·范·多伦，美国评论家、传记作家。凭《本杰明·富兰克林传》获得过1939年普利策传记作品奖。

小说发表后不久，格特鲁德·斯泰因、赫格希姆、卡布尔，以及艺术赞助商玛贝尔·道奇①（在《彼得·维福》一书中以埃迪斯·戴尔这个角色出现）纷纷来信称赞。截至8月，小说已售出超过5700册。这一数据，对于虚构作品而言是令人起敬的。设计师原本制作了97种不同的蜡染印花纸来作为书的空白装饰插页，但是当《彼得·维福》在这一年内重印8次之后，它已经不需要靠华丽的装帧来吸引读者了，改用素面装订。

然而布兰奇仍然希望其他的几本小说能保证有一位一流的设计师。按照阿尔弗雷德回忆录里的说法，克瑙夫公司已经在头一年里“结识了极其优秀的艺术家乔治·贝洛斯②。我始终在这样一个错觉的指引下努力着：我们可以找到并负担得起一位真正的一流人士来为我们的小说做设计”。一开始，他先后联系了广为人称道的插画师C.B.富耳斯③和贝洛斯，相约午餐。阿尔弗雷德回忆说，“乔治，他太太艾玛，布兰奇和我”成为亲密的朋友，“我们互相请客吃饭，要么我们去东18街他家，要么贝洛斯一家来西95街我家。我很快就成为他的石版画的崇拜者，它们中很大一部分都具有十足的美国风格。但我们只有少而宝贵的钱”。因而这位艺术家从未为克瑙夫设计过一本书的封面。但阿尔弗雷德却不知怎么让贝洛斯为他父亲做了一幅肖像。布兰奇对花钱请人画这幅画抗议过，当然什么用也没有。她至少从中收获了一份持续多年的友谊，贝洛斯夫妇对此也十分珍惜。

* * *

1922年即将过去，新年前夜，一枚鞭炮在阿尔弗雷德的同父异母弟弟

---

① 玛贝尔·道奇，美国富豪、艺术赞助商。

② 乔治·贝洛斯，美国现实主义画家，以大胆表现纽约都市生活而闻名。

③ C.B.富耳斯，美国艺术家，以插画，以及一战期间的宣传海报而闻名。

埃德温·克瑙夫伸手去就时爆响了。在医院诊断治疗几天之后，埃德温不得不截去右手。虽然山姆·克瑙夫只好告诉内德[①]（他一直这么叫他），他得想办法学会只用一只手来生活，但山姆悲痛万分，不住地“抽泣，以至于他写字台上的吸墨纸都被浸湿了”。后来的那些年里，这个故事一直在发展，直到埃德温是为了从一枚正要爆炸的手榴弹下救出一名儿童为止。幸运的是，埃德温原本就是个左撇子。布兰奇在给门肯的信中简短提及了此事，但她不得不飞快换挡，她要在几天内帮阿尔弗雷德准备去芝加哥的行程。他此行是去一直以来最忠诚的马歇斐尔德百货催签一笔大订单，还要去他不止一次向布兰奇提起过的卡森·皮里·斯科特百货公司[②]，这家公司的大楼是由路易斯·沙利文[③]设计的（后来丹尼尔·伯恩罕[④]有所增补）。布兰奇感觉需要在这之前与门肯沟通，请他帮忙决定应该让阿尔弗雷德主推哪些书。

在1922年和1923年两年里，似乎是靠他们的事业、孩子，以及夫妻俩共有的朋友门肯和范·韦克滕，才将他们维系在一起。两人之间看上去几乎已经没有什么个人情感的依附了。在这期间，他们年幼的儿子老是尿床，家里帮佣的工人常常在他父母离家去上班后发现他被浸湿的床单。每次阿尔弗雷德下班回来被告知这一小事故时，他就会用皮带或剃须刀的磨刀带来抽打帕特。一次，这绝望的孩子将尿湿的床单放在地板上，想用熨斗把它熨干，结果却把床单、地毯和地板都烫出了洞。

要是帕特没把自己盘子里的东西吃完，阿尔弗雷德也会打他。“我总是很怕爸爸。”成年后的儿子回忆时似乎还带着一丝怀念，他把恐惧转化

---

① 埃德温的昵称。

② 卡森·皮里·斯科特百货公司，美国高级百货公司连锁店，主要店址分布在中西部，有大约50家分店。

③ 路易斯·沙利文，美国建筑师，有“摩天大楼之父”“现代主义之父”等名头。

④ 丹尼尔·伯恩罕，美国建筑师、城市规划师。他主导设计规划的城市包括芝加哥、马尼拉、华盛顿特区中心区等。著名的设计作品包括纽约的三角形“熨斗大厦”、华盛顿特区联合车站等。

成了崇敬。一直到帕特在二战时当上了飞行员，他才开始不再害怕阿尔弗雷德，并且因为自己成就了父亲从未成就的战斗英雄而饱受他的赞扬。

父亲去世后，当帕特被作家彼得·普利斯科特[①]问及布兰奇也被打的传闻时，帕特回答说："阿尔弗雷德自始至终都打她。"他还告诉后来成为克瑙夫公司董事长的威廉·考希兰德[②]，阿尔弗雷德痛打他母亲，他声称可以"回忆起母亲挨打时的哀号"。不过由于帕特复杂微妙的个性，很难判断该相信什么。据弗朗西斯·林德利[③]的说法，帕特是个大嗓门而且性情残暴的人。林德利是布兰奇的朋友，自己成为出版人之前，一度在克瑙夫公司担任编辑。"他并非自己标榜的那般漠然，相反，他性子激烈，他对自己的认识，和他父亲一样有限。他总是对自己的母亲表现出过度的敌意。"每当父母发生冲突，这孩子总会从房间里跑出去。"（我父亲）是一个天生暴力的人。"他补充说。后来，帕特让普利斯科特把他的评论从记录中去掉。

按社会学家斯蒂芬妮·孔茨[④]的说法，20世纪早期的上流社会男子对家人实施暴力尽管不是闻所未闻，但肯定是件会被认为有失体面的事，是需要在公众面前隐藏的。布兰奇毫无疑问为自己是一个被殴打的妻子而感到耻辱，好像是自己做错了什么事。在她努力想要克服这一情绪的同时，愤怒也在滋长。

她试着在工作之外发展与丈夫共同的兴趣，哪怕仅仅为了在帕特面前表现出父母的一致也好。但无论如何，只要她想这样，他一定会那样：她

---

① 彼得·普利斯科特，美国作家、评论家。曾担任《新闻周刊》高级评论员20年。

② 威廉·考希兰德，1928年毕业于哈佛，1934年进入克瑙夫出版社，很快与克瑙夫夫妇建立起亲近的关系，后担任克瑙夫出版社总裁、董事长。

③ 弗朗西斯·林德利，据《纽约时报》讣文，她是一位娴熟而多才多艺的编辑，生前为哈珀与罗出版公司高级编辑，编辑了索尔仁尼琴的三卷本《古拉格群岛》。

④ 斯蒂芬妮·孔茨，历史学家、历史社会学著作作者。

向东，他一定朝西；她想要轻食，他一定要饱餐；她要喝高度酒，他肯定说要葡萄酒。他们甚至意识到，其实文学品位也差异悬殊：布兰奇追求虚构、诗歌，或者非虚构的探险作品，而阿尔弗雷德则依然看重世界历史，以及关于古典音乐的著作。只有一件事，他们拥有同样的热情：狗。即便是1923年那个匆忙的春天，两个出版人同时要在3月中旬前离开，先后去伦敦和柏林，阿尔弗雷德也忽然热切地想要买只狗。至少，布兰奇能够理解他的渴求。那是那些日子里很少见的时刻，他们能够在某一件事上意见统一：狗会无条件地爱你。正如艾米丽·狄金森[①] 所写："狗比人好，因为它们知而不言。"

---

① 艾米丽·狄金森，美国著名女诗人。

5. 疯狂的成功

出发去欧洲前，夫妻俩造访了一个乡村狗场，狗场的主人是一位受人尊重的品种培育员，他专门养育一种稀有的英国寻血犬。这友好而性格平和的动物深深打动了他们，以至他们在穿越大西洋的旅途中还在讨论买这样一只狗的优劣。最终他们决定放弃，因为这猎犬花费太高，于是给狗场发了份电报："先不买了。"但是阿尔弗雷德在回程的赌博中赢了钱，于是立即追拍一份电报，告知狗场主人，他们又改了主意。

布兰奇爱那只巨大却"出奇地温顺而害羞"的猎犬，她觉得这一犬种闻名的"凶残"名不符实。很多照片上都能看见，她坐着，膝盖上躺着一只"几乎与她一般大的狗"。以康拉德常用的故事讲述者查尔斯·马洛[①]命名，这只狗叫马洛。马洛性格紧张不安，一次，它自己奔跑中不慎踢倒了几只牛奶瓶，被瓶子倒地的声音吓到，把自己藏起来好几天。猎犬在布兰奇和阿尔弗雷德的卧室里睡觉，夜里入睡时会高声吟唱，这声音令布兰奇感到舒缓。可她还是担心它受到了约束，那么大一只狗并没有得到足够的活动。跟丹尼尔·古根海姆[②]在华盛顿港待了一段时间以后，他们在夏末回到家里时决定，将马洛送去威郡寄养，它在那儿可以有更多的地方奔跑。每到周末再把他接回95街的家里，因为这房子有个后院。然而马洛染上了

---

① 查尔斯·马洛，小说家约瑟夫·康拉德创造的虚构人物，出现在他的多部小说中，都以叙述者的身份出现，尤其以《黑暗的心》中的船员马洛最为知名。

② 丹尼尔·古根海姆，美国矿业大亨、慈善家，梅耶和芭芭拉·古根海姆的儿子。

瘟热，第一次回家后不到几天就死了。

虽然卖家免费又给他们补了一只，但这丝毫没能安慰布兰奇的伤痛，她已经深深地爱上了马洛，并且总认为对它的死自己有责任。另外，当那只新的寻血犬被送到办公室来时，这只表现出来的特性让她十分不安。跟养育员保证的“友好”截然不同，这只一直在怒吼的狗立刻啃坏了家具，害得阿尔弗雷德赶忙跑到街上去给他买狗粮。马洛二世对于克瑙夫们而言实在太吵了，只好拿出去卖，布兰奇说“马洛”用来给他们的狗做名字看来不祥。

可就在马洛二世将要被卖掉之时，布兰奇和阿尔弗雷德送它去纽约州的芒特基斯科一个私人场地参加一次大型比赛，它是到场的唯一一只英国寻血犬，因此被授予了蓝带奖章。这样不出所料，克瑙夫二人受到鼓励，将这只狗带去参加了更多的狗展，它总是得第一。

带着进一步驯服马洛，以便能将它留下来的希望，夫妻俩又给它买了一个伴儿，一只邋遢的爱尔兰梗犬，一个老是去挑逗打扰“大个子”的“快乐淘气包”。每次猎犬在沙发上一睡着，阿尔弗雷德在回忆录中写道，那“小东西就动静特别大，总试图要跟它来点儿性接触，可从未走近过离大狗十二英寸的地方”。很犹豫地，他们卖掉了马洛二世。那之后很长一段时间，就只有那只不需要太多户外活动的爱尔兰梗犬。

有几个月，夫妻俩远离了争吵。他们在增加哪些作者到克瑙夫名录的这个问题上保持了一致。布兰奇又尤其欣赏门肯和范·韦克滕如何利用克瑙夫出版社特有的方式，完全像非正式不计酬的星探一样在工作，这也进一步加深了布兰奇和阿尔弗雷德两人对他们的信任。通过这个途径加入他们的诗人和小说家，往往又会带来更多的联系人。也正是这样，出版社的早期名录中有了哈利勒·纪伯伦的诗歌故事，将纪伯伦引荐过来的是威特·宾纳，而他又是卡尔领来的。截至那时，纪伯伦不多的几册书销量都很不理想，布兰奇却坚持要将他保留在册，因为她有预感。后来，《先知》[①]证明了她是对的。

从1911年开始，他（纪伯伦）在西10街51号一直住到1931年离世。那个“古怪的黎巴嫩神秘人”，就在那儿写他的长诗。几年过去，那些诗被译成了40种语言。从1923年出版起，以阿拉伯文写成，再被译成英文的《先知》不断重印——事实证明，它是克瑙夫公司整个历史上的摇钱树。（约翰尼·卡什[②]甚至在1996年还将此书录制成一部音频书。）尽管他们在欢庆《先知》的成功，但同时也为这本书的如此热销而不解。最终他们认定，虽然其故事暗含了复杂性，但它所呈现出来的简洁，使得读者，尤其是青年读者，感到自己充满智慧。这就有了永远的自我发现之旅这一主题。

亚墨斯达法[③]，一位先知，也是故事的主人翁，登上一艘轮船，将要带他回到离别12年的家。在同船旅客的请求下，他与他们一起讨论所有关于人类状态的话题。这一叙事，形成了一种温和舒缓的《坎特伯雷故事集》[④]风格，又有章节分割，话题从快乐到忧伤，从交谈到饮酒——生死之间的一切。最具代表性的一首诗是《论爱》[⑤]——

当爱向你们召唤的时候，跟随着他，

虽然他的路程艰险而陡峻。

---

① 《先知》，纪伯伦的一本诗体寓言集，共26篇，为其代表作，被翻译成40种语言，不断再版重印。

② 约翰尼·卡什，美国歌手、歌曲作者、吉他手、演员、作者。有史以来销量最好的音乐家，在世界范围内售出超过9000万张唱片。尽管在大多数人印象中，他以乡村音乐的标志被怀念，但他的音乐风格横跨摇滚、乡村摇滚、蓝调以及灵歌，这使得卡什赢得了罕见的众多音乐名人堂席位。

③ 亚墨斯达法，纪伯伦代表作《先知》中的主人公。

④ 《坎特伯雷故事集》，英语文学经典之一，杰弗里·乔叟于1387年至1400年间写成，是一本由24个故事组成的中古英语故事集。

⑤ 《论爱》，《先知》中的一篇。

当他的翅翼围卷你们的时候，屈服于他，

虽然那藏在羽翮中间的剑刃许会伤毁你们。

当他对你们说话的时候，信从他，

虽然他的声音也许会把你们的梦魂击碎，如同北风吹荒了林园。

爱虽给你加冠，他也要将你钉在十字架上。他虽栽培你，他也刈剪你。[①]

1968年，约翰·列侬在披头士的一首歌曲《朱莉娅》[②]中，用到了纪伯伦1926年散文诗集《沙与沫》[③]中的一句，在《白色专辑》[④]的封面上这样写道："我说的话有一半是没有意义的；我把它说出来，为的是也许会让你听到其他的一半。"这对布兰奇而言，来晚了几年。它出版的第一年，也是这本书变得"酷"之前45年，克瑙夫售出了1159册（总印数为野心勃勃的2000册）。次年市场对《先知》的需求翻倍——其后一年再翻倍。始于20年代中的这本书，年销量在布兰奇有生之年呈指数增长：1935年的12000册，至1961年的111000册，再到1965年的240000册。《先知》成为这个国家20世纪里最畅销的书籍之一，甚至到了21世纪的头几年，仍然有每周5000册的销量。

从阿尔弗雷德的各种工作日志，以及公开资料来看，他好像从未提及布兰奇"坚持支持这位诗人（他于48岁死于肝硬化和肺结核）"所表现出的超凡眼光。不过他指出了一点，克瑙夫在他认为不必要的地方花了不止

① 这一段译文取自冰心译《先知·论爱》。

② 《朱莉娅》，披头士乐队的一首歌曲，由约翰·列侬单独演唱。由列侬创作（署名列侬—麦卡特尼），献给列侬1958年44岁时去世的母亲朱莉娅·列侬。

③ 《沙与沫》，纪伯伦1926年出版的散文诗集。

④ 《白色专辑》，英国披头士乐队的第九章专辑，于1968年11月22日发行。这张双面唱片的封套纯白，除了乐队名字外没有任何图案装饰，用以与前一张专辑《佩珀中士》的鲜艳封面形成对比。

几千美元的广告费。《星期六评论》[①] 乐评家厄文·科洛丁在他1980年出版的《寻找音乐》[②] 一书中写道，他清晰地记得，哈利勒·纪伯伦“在阿尔弗雷德·A.克瑙夫的生活和财富中”所占据的位置。在克瑙夫最终出版的150种音乐图书中，一大部分都是凭借了《先知》的支撑（以及后期仰仗朱莉娅·柴尔德[③] 的《掌握法式烹饪的艺术》[④] 一书）。

她从自己的专业决策中渐渐地积累起了对自己的信心，需要向门肯和范·韦克滕去寻求肯定的次数越来越少，布兰奇终于可以舒口气了。她的职业生活开启了一段令她感觉很好的复杂的节奏，布兰奇开始享受工作对她的依赖——甚至包括她与丈夫之间的交流，当然是指他可以理喻的时候。跟今天主流出版社很不一样，克瑙夫夫妇每天上午都在阿尔弗雷德的办公室里与所有人碰面开会。当时大约有10个人，阿尔弗雷德负责会议的开始和结尾，会议中间当然也主要是他在说。每天上午10点，布兰奇、阿尔弗雷德、会计、乔·莱瑟[⑤]，与负责印刷和销售的员工，以及到那时已经增加为二至三名的高级编辑碰面，用于汇报问题，10点15分结束。随即管理层开会。每星期二，又有克瑙夫夫妇在场，大约五六个人集中在图书馆里讨论书籍的封面。星期三，是有三四个人出席的不超过20分钟的编辑部会议。

---

① 《星期六评论》，前身为《星期六文学评论》，创刊于1924年的一份美国周刊。在其鼎盛时期，影响了当时最为广泛阅读的评论性刊物，常被人以SR简称。

② 《寻找音乐》，厄文·科洛丁的一组博学而十分有见地的音乐论文。

③ 朱莉娅·柴尔德，美国著名的厨师、电视主持人。公认为是她通过其处女作《掌握法式烹饪艺术》以及随后的电视节目将法国烹饪引进美国，其中最著名的节目是1963年开始的“法国大厨”。

④ 《掌握法式烹饪的艺术》，由美国知名厨师、美食作家、电视节目主持人、出品人朱莉娅·柴尔德联合两位法国厨师，为美国市场撰写的法式烹饪书籍，一时成为美国了解法国美食以及烹饪的权威途径和参考书。克瑙夫出版社分别于1961年（卷一）和1979年（卷二）出版。

⑤ 乔·莱瑟，克瑙夫的财务主管。

随后布兰奇常常会去伊丽莎白·雅顿[①] 做头发和指甲，为她晚上的工作做好准备：以社交名媛的身份，挽着朋友的手臂出席无休止的派对和音乐活动。她要确保自己总是出现在公众视野中，免得在寻找下一本书的主意时，错过任何可能的机会和可能的人。而她丈夫，喜欢待在家里，接待他的私人酒水走私贩子，然后独自啜饮。阿尔弗雷德对于布兰奇派对的最大贡献，就是始终保证了一流的酒精饮品，这是跟其他大多数不幸的纽约人不一样的地方。普通人一般就坚持喝两种：杜松子加柠檬，味道像硫酸；或者一种干得不行的马提尼，就像"浓缩的奎宁水"。这二者味道都差到被当作"纯药用功能，只能一口吞下"。偶尔不得已时，布兰奇喝到这两种饮品时，都让她想吐。

非常讽刺的是，禁酒令让时髦的都市人比过去任何时候都爱喝酒了。那期间各种出格举止实在骇人听闻。也许因为每天上午必须阅读书稿，因此布兰奇倒没有像她的某些朋友那么疯狂。有时也会放纵一次，出门去品尝一下狂野生活的滋味，作为那一天的愉悦时光来度过。尤其是卡尔，不断地用各种离奇的故事来吸引布兰奇更经常地加入他的派对伙伴中去。比如这样的，在演员卡罗塔·蒙特利[②] 和《纽约客》漫画家拉夫·巴顿[③] 家的晚餐上，范·韦克滕聆听了这对夫妻就是否应该继续生活在一起这个问题，长达三个小时的辩论。在没有结论的辩论结束时，他们将衣服撕破，献上了"一场非凡的表演。在狂喜中结束……"那之后卡尔才又厌倦了，"终于离开"。布兰奇装作没事一般地听着，但她其实早被吓坏了。这时她的朋

---

① 伊丽莎白·雅顿，本名佛拉伦丝·南丁格尔·格雷厄姆，经商时采用名字伊丽莎白·雅顿。她是一位出生于加拿大的美国女商人，创建了以其商用名同名的化妆品牌，在美国建立了一个强大的化妆品王国。截至 1929 年，拥有 150 间高级美容沙龙，横跨美国和欧洲。

② 卡罗塔·蒙特利，美国舞台剧演员、电影演员，剧作家尤金·奥尼尔的第三任也是最后一位妻子。

③ 拉夫·巴顿，美国艺术家，以绘制演员及其他名人的夸张漫画肖像而闻名。在 20 世纪 20 年代他的作品深受追捧，被当作体现了那个时代的典范。个人生活却因为精神疾病而饱受困扰，不到四十岁自杀，去世后很快被人遗忘。

友知道，她被震住了。

尽管她在公司里的衣着无懈可击，但不可否认的是，布兰奇在首饰和化妆方面逐渐变得越来越夸张和炫耀，甚至在工作时。相比阿尔弗雷德，她与克瑙夫的女性小说家，以及很多男性作家，都自然而然地走得更近。她仿佛就是为了大家在打扮，这使得人人都感到很满足。这一年也正好是薇拉·凯瑟确认克瑙夫是她正确归宿的一年，这个决定很大程度上归功于她与布兰奇的私人感情。布兰奇总是会在个性拘谨的作家来访时，很懂事地穿得低调一些，并且会在交谈中处处让别人领先。

按照承诺，克瑙夫公司对凯瑟的小说《我们自己人》进行了大张旗鼓的宣传。这部书以缓慢而讲究的节奏讲述了一个凄凉的年轻人，在他父母的内布拉斯加州农场上孤独地生活，最终出现在远离家乡的一战战场上。虽因它对通过战争寻找生命意义所持的几乎是赞美的语气而得了一些负面评价，然而销售却一路攀升。凯瑟原本希望《我们自己人》可以拿到10000的预订销售，然而在克瑙夫的高调广告推动下，早期销售达到了12000。首印了15000册，但很快又追印了10000册以满足市场需求。

当1923年《我们自己人》为凯瑟赢得普利策奖时，原本销量平平的《我的安东尼亚》也开始热销。同样的情况出现在这位作家以前出版的所有作品身上。克瑙夫真的是在最恰当的时机签了凯瑟。

持续几十年，凯瑟一直是最受这家出版社喜爱的作家——布兰奇半开玩笑地说，她不要求预付金，这与她的小说本身同等重要。布兰奇会在有格什温演奏时，请她来克瑙夫家里晚餐。凯瑟一直到1947年去世，都对这夫妇俩充满感激，尤其是布兰奇。她赠给布兰奇一幅签名的作者肖像："送给你，我亲爱的布兰奇。带着爱意，薇拉·凯瑟。"她写给阿尔弗雷德的赠言没有这么充满感情："送给阿尔弗雷德·克瑙夫。薇拉·凯瑟。"几十年后，凯瑟的传记作家菲利丝·罗宾逊[①]总结说，那些希望在这位作家心里保持重要地位的人，必须意识到“深情的关注对她而言是必须的”。布兰奇的作者们不光对她表现出来的慷慨予以回报，更被她时常隐藏起来的容易受伤的体质而吸引，就像在宣称，她渴望被喜爱。

* * *

1923年，《出版人周刊》开始跟踪这样的数据时，克瑙夫的出版数达到了100种。同一年里其他的一些统计数据显示，150家出版社的平均出版量为39.27种（包括教科书与手册）。1930年的数据几乎一样，大约每年40.49种。这个数据在接下来的大萧条期间开始下滑，尽管并不显著。书似乎成为某种商品，读者总能想到办法来负担这笔开支，那些年里，出版业表现得十分稳定。无论是多么短暂，这一时期给用英语写作的作家吃了一剂定心丸，尤其是那些渴望来美国出版的作家。卡尔·范·韦克滕后来回忆：“战后出生的人，没有谁能够想象，写作在那时经历了怎样的一段繁盛，哪怕依稀的一点概念他们也不可能有。”这个情形在海内外都是一样的。

他讲的是一个群体，其中的每一个人，从某种角度来说，都面对过一场世界大战——如今好些人不可思议地明白了生命的终点——包括F.斯科特·菲茨杰拉德、欧内斯特·海明威、威廉·福克纳[②]，以及弗吉尼亚·伍尔芙，还有西奥多·德莱塞[③]、辛克莱·路易斯、詹姆斯·布朗切·卡贝尔、

---

① 菲利丝·罗宾逊，作家、社会活动家、教师。凯瑟传记《薇拉的一生》的作者。

② 威廉·福克纳，美国作家，诺贝尔文学奖获得者。

③ 西奥多·德莱塞，美国小说家、博物学派记者。出名的作品有《嘉丽妹妹》《美国悲剧》，1930年获得过诺贝尔文学奖提名。

埃莉诺·怀利、萨默塞特·毛姆[①]、赫格希姆和门肯。他们中的一些，几十年之后也许将不再被人记起，但在那时，他们却或多或少总是与曼哈顿阿尔冈昆酒店[②]里形形色色的聚会联系在一起，似乎向彼此提供生命的活力。似乎是圆桌讨论的思想敏锐度——亚历山大·伍尔科特[③]、海伍德·布朗[④]、罗伯特·本奇利[⑤]、乔治·西·考夫曼[⑥]、哈罗德·罗斯[⑦]，以及至少一名女性——多萝西·帕克[⑧]——将所有这些参与进来的交锋者再度磨砺。例如帕克，她在一次接受挑战——用"园艺"一词造句时，说出了名句："你可以把婊子领进文化，却不能就此让她开始思考。"[⑨]布兰奇觉得这简直太妙了，真希望自己也能拥有如此的机智（以及自信）说出这种语惊四座的句子来。

这位出版人确保了她的社交时间表上一定留出了去参加范·韦克滕阿尔冈昆派对的时间。无论何时，只要他弟弟拉夫来了曼哈顿，阿尔冈昆毫无疑问就会成为整个曼哈顿中城的焦点。一次兄弟俩在拉夫的酒店房间里举办了一个"很湿的派对"，派对客人蜂拥蔓延到了走廊上。门肯膝盖上还坐着一个女演员，他却睡着了，让这女孩儿滑到了地板上，他自己"大

---

① 萨默塞特·毛姆，英国剧作家、小说家、短篇小说作家。他是那个时代最受欢迎的作家之一，并以1930年代稿酬最高的作家而闻名。

② 阿尔冈昆酒店，位于纽约曼哈顿中城西44街59号的知名历史酒店，是纽约市知名历史地标。

③ 亚历山大·伍尔科特，美国批评家、《纽约客》评论员、著名的阿尔冈昆圆桌成员。

④ 海伍德·布朗，美国记者。曾从事过体育记者、报纸专栏以及编辑等工作。他创立了美国报业协会，后更名为"报业协会"。以社会话题，尤其是为底层人物代言的评论著称，相信新闻能够帮助纠正社会不公。

⑤ 罗伯特·本奇利，美国幽默作家、专栏作家、演员。哈佛毕业后，多年为《名利场》《纽约客》等杂志撰写散文和评论，独创的"本奇利式"幽默为他带来名望和成功。

⑥ 乔治·西·考夫曼，美国剧作家、剧场总监和制片人、幽默作家、戏剧评论家。除喜剧和政治讽刺剧外，还创作过一些音乐剧，尤其著名的是为马尔克斯兄弟创作的剧目。他与莫斯·哈特合写的戏剧《浮生若梦》，与莫里·里斯金德和艾拉·格什温合作的音乐剧《为君而歌》均获得普利策戏剧奖。还因导演音乐剧《红男绿女》获托尼奖。

⑦ 哈罗德·罗斯，美国记者，1925年与人联合创办《纽约客》杂志，并且自创刊起担任主编，直至去世。

⑧ 多萝西·帕克，美国诗人、作家、评论家、讽刺作家，以机智闻名，善于观察调侃20世纪都市怪象。

⑨ 这是文学史上有名的一例文字游戏。帕克在一次阿尔冈昆圆桌会上被机智的记者富兰克林·亚当斯挑战，让她用"园艺"一词造句时，她借用名言"你能将一匹马带到水边，却不能让它饮水"的灵感，并巧妙地将"horticulture"一词拆成发音相似的三个词：whore to culture，意为：你可以把婊子领进文化，却不能就此让她开始思考。

声地打着呼噜，声音响亮到可以吵醒隔壁套房的客人”。他醒来时，惊恐地发现客人已经完全换了一拨，其中有塔卢拉赫·班克黑德[①]。陌生人在这里飘进飘出，待了一整夜的布兰奇，彻底沉浸在那些交谈当中：关于性、弗洛伊德、禁酒令，“亲嘴鹦鹉”，以及越到后来越发离奇的话题。如今，这已经是她的领域了，她所独有的，而她丈夫，不想跟这有一丝关联。

也并不都是寻欢作乐。在阿尔弗雷德那本封面嵌了钻石的日记里有记载，说是到8月下旬，《爪哇角》的销售令克瑙夫二人很失望；原本指望它到这个时候已经开始有不错的收益了，哪想才刚刚达到预期的25%。但赫格希姆却并未受到打击。乔·莱瑟之前就警告过两位出版人，让他们将这位作者的下一部小说《塞瑟丽雅》[②]赶紧出手，卖给一直想要的电影改编人——于是他们小心翼翼地打消了显得有些失望的作者的疑虑，并非出于审查问题，而是因为《爪哇角》的销量大幅下滑。好在克瑙夫名录上的其他作者的书目销售很好：范·韦克滕的书在费城的表现远远好过赫格希姆，尽管那儿是约瑟夫的家乡。到那个星期晚些时候，跟卡尔午餐时，阿尔弗雷德预计《盲眼弓箭手男孩》[③]的销量将达到25000千册，这是范·韦克滕的一部小说，描写一个长大后被富有的父亲召来纽约，在现实生活中接受教育的男孩的故事。评论家们将之视作近代的《远大前程》[④]，但即便自信满满，范·韦克滕本人也觉得这个比较太过夸张。

事实上，《盲眼弓箭手男孩》中“盛满苦艾酒的高脚杯”景象完全来

---

① 塔卢拉赫·班克黑德，美国舞台和银幕双栖女演员。以低沉嗓音、古怪荒诞的个性，以及令人倾倒的机智闻名，名满大西洋两岸，其声音和风度都成为被效仿的对象。

② 《塞瑟丽雅》，赫格希姆小说，1922年由克瑙夫出版，1924年改编成电影。1930年4月，纽约时报书评专栏发表文章盛赞这部小说。

③ 《盲眼弓箭手男孩》，卡尔·范·韦克滕小说，克瑙夫1923年出版。

④ 《远大前程》，查尔斯·狄更斯晚年作品，故事发生在1812年圣诞节前夕至1840年冬天这个时间段，主角为一个叫皮普的孤儿，讲述皮普从7岁开始的三个人生阶段。又译作《孤星血泪》，故事的终极目的在于揭示爱、忠诚和良心比财富和社会地位更重要。

自克瑙夫的晚宴派对。派对上的好几位客人，后来都成为小说中几位关键女性人物的原型。当派对里某人漂亮的母亲宣布她将要嫁给“一个犹太人”时，旁边一位平素善良且观念自由的社交名媛忍不住大笑起来，这位上流妇女宣称，你们“不会再被社交界接纳了”，然后派对继续进行，好像什么也没发生过。这是一部被辛克莱·路易斯兴奋地称为“冒犯而颠覆”的畅销小说，它追踪了一个年轻人在“七种生动艺术”以及“七宗致命原罪”中所完成的教育。既有科尼岛[①]的驯蛇师，也有名叫邦尼的音乐家，整个故事就是一个幻象和现实的组合。其中的角色有基于极其富有并公开双性恋的玛贝尔·道奇而创作的，现实生活中的她嫁给了一名“印第安人”，这位美洲土著用一只鼓和一顶圆锥帐篷追到了她。

克瑙夫夫妇赌这本书会卖得好，他们将书送到了一流的纽约州宾汉姆顿[②]的威尔巴洛印刷厂，为他们这位特别的朋友一丝不苟地排版，用苏格兰生产的高强纤维纸张，以及请纽约的 W. F. 艾瑟林顿公司装饰。书籍制作过程中的这些细节，完全遵照了一套叫作卡斯龙的标准，结果不仅惊艳了克瑙夫的读者，也令其他出版商艳羡不已。他们耗费心思的这些艺术细节令范·韦克滕十分满意，作为回报，他引荐了更多颇具实力的作者来到克瑙夫。稍早一些，在布兰奇的叮嘱下，卡尔说服华莱士·史蒂文斯跟她签了约。如今，1923年了，与《盲眼弓箭手男孩》一起，克瑙夫出版了史蒂文斯的第一本诗集《风琴》[③]，一些评论家相信，这是美国20世纪诗歌中仅次于《荒原》的第二重要作品。首印的1500册中，仅售出100册，接下来的那个12月，在波士顿菲莲百货以11分每本的价格出售剩余的印数。通常情况下，需要经过漫长的等待，一本书才能渐渐成为经典，布兰奇懂

---

① 科尼岛，位于纽约长岛的一个居住、海滩、休闲型社区。

② 宾汉姆顿，位于美国纽约州上州，布鲁姆县政府所在。

③ 《风琴》，华莱士·史蒂文斯的一本诗歌专集，这是他44岁这一年出版的人生第一本书，于1923年由克瑙夫出版。共85首。1931年部分增删后再版。

得这一点。在公众中发现人才，已经成为她工作的一部分。

1923年这一年从各方面来看，都机缘凑巧。头一年，伦敦的音乐会钢琴演奏家蜜拉·海丝①第一次来纽约演出时，经由艾达·高尔斯华绥结识了克瑙夫夫妇。第一次见面俩人就十分投缘，如今这位热情的青年音乐家已经成为布兰奇的好友。蜜拉常常在音乐会后的晚宴上用低半度的音调演唱《玫瑰经》，这种调皮正是布兰奇最喜欢的，尽管她自己为了避免遭受非议而很少表现出这样的一面。蜜拉的友谊既浓厚，又容易维持，尤其是自从克瑙夫公司决定在伦敦开一间办公室后：他们，尤其是阿尔弗雷德，希望在英语国家制造出更大的影响，以确保一旦英国的图书对美国出版商开放后，他们能够在第一时间去参与竞争签约。

然而布兰奇这时决定要做子宫切除手术，这已经被推后很多次了。因此新办公室一事只好推后。决定做这样的手术，布兰奇似乎太年轻。但她自从帕特出生后，就一直在与妇科疾患斗争。阿尔弗雷德和帕特都告诉过彼得·斯考特，布兰奇热切地希望再次怀孕，这从她推迟五年做手术这件事上可以证明。因为身体的虚弱，她未能出席朋友格什温在纽约的演出，后来在波士顿重演时，她才设法去了。演出后，格什温将她带到一旁，跟她说了一个关于他自己的消息：著名的美国乐队领队以及交响乐指挥保罗·怀特曼②请他为一个将持续六星期的特别节目作曲。格什温说，怀特曼希望尝试将音乐会钢琴曲与爵士乐结合起来，这大概便是《蓝色狂想曲》③的最初萌芽。

然而1923年底，格什温将要被卷入的，远不止他的音乐。是那个时代的混乱，和他充满活力的个人生活在为他的创作提供能量。他同埃德

---

① 蜜拉·海丝，英国钢琴家。

② 保罗·怀特曼，美国乐队领队、作曲家、交响乐团指挥以及小提琴家。

③ 《蓝色狂想曲》，乔治·格什温于1924年创作的钢琴独奏加爵士乐队乐曲，是结合了古典音乐和爵士乐效果的经典名作。

温·克瑙夫一起，躲到了北卡阿什维尔[①]的丛林公园旅馆里，以便音乐家可以完成他已经开始的交响乐创作。这趟旅行对格什温而言是值得回忆的，13年后他记得，正是在那孤独的旅馆中，他忽然在一瞬间想到，要在一部基于这个小旅馆的“死寂的沉默……和鸦雀无声的旅客”的电影中起用演员弗雷德·阿斯泰尔[②]。回到曼哈顿以后的几天，格什温故意放出话去，埃德温新婚一年的妻子——演员玛丽·埃利斯[③]在她与埃德温的婚礼前和他睡过觉，而且这样的关系一直保持到现在。几个星期的密谋和混乱之后，那个1月里——克瑙夫家族的人一边在出主意，而格什温照常出席布兰奇的晚宴——“埃迪”和玛丽·埃利斯决定安顿下来，虽然人人都还在谈论玛丽·埃利斯是怎么恨透了格什温（人们发现，他爱着名气正旺的小提琴家的妹妹波琳·海菲兹）。那时亚莎·海菲兹还没有出现在布兰奇的亲密派对上，格什温却已是常客（部分原因是，克瑙夫的房子虽然不算太大，但已足够安放一架音总是调得十分完美的钢琴）。在那儿，这个略显狂妄的年轻人渐渐养成了一个日后成为他标志的习惯，在敲击琴键的同时，右手的食指和中指间夹一根肥大的雪茄。一天晚上斯特拉文斯基[④]也在，在整个格什温表演期间，他脸色僵硬。其间保罗·罗布森不时出现，与百老汇男高音歌手泰勒·哥顿[⑤]合唱几句。通常在聚会中，格什温总是渴望得到大家的反馈，他从晚上9点开始，一直不停地演奏，直至次日凌

---

① 北卡阿什维尔，美国北卡罗来纳州的一个城市。

② 弗雷德·阿斯泰尔，美国电影演员、舞蹈演员、舞台剧演员、编舞家与歌手。他在舞台与大银幕上的演出生涯长达76年，其间参与了31部歌舞剧的演出。阿斯泰尔最常与琴吉·罗杰斯合作，两人曾搭档演出10部电影。

③ 玛丽·埃利斯，美国演员、歌手，表演横跨舞台、广播、电视以及电影，尤以舞台音乐剧出名。1918年开始在纽约大都会歌剧院演出，其后加入百老汇。1930年移民英国，获得进一步声誉，其表演生涯一直持续到20世纪90年代。

④ 斯特拉文斯基，俄国出生的作曲家、钢琴家、指挥。被广泛地认为是20世纪最重要，最具影响力的作曲家之一。

⑤ 泰勒·哥顿，歌唱演员，1919年从杂耍歌舞剧开始演艺生涯，后参演百老汇音乐剧。

晨3点，他非常感激能有这些随意的夜晚让他预演自己的新作。

终于，1924年2月12日的下午，在曼哈顿中城，布莱恩特公园的对面，1100座的风神音乐厅①座无虚席，格什温向观众演奏了《蓝色狂想曲》。在聆听了一系列似乎永无休止的宫廷管弦乐队演奏后，包括拉赫玛尼诺夫②、海菲兹、利奥波德·斯托科夫斯基③、维克多·赫伯特④、瓦尔特·达姆罗施⑤、海伍德·布朗、范妮·赫斯特⑥和她的情人北极探险家菲尔加摩尔·史蒂芬森⑦、门肯，以及范·韦克滕等在内的观众都开始离场。就在这时，第二十二位，也是节目单上的倒数第二位演奏者——格什温闪现在钢琴前。指挥怀特曼发出信号，开启了后来证明是有史以来最为著名的一段单簧管滑奏，甚至当格什温已经奏响强拍，他的指挥棒还在空中舒缓地划过。《蓝色狂想曲》临近尾声，场上出现了近乎疯狂的对作曲家的祝贺，这是爵士年代的决定性一刻。

* * *

一部分因为被自己越来越快地在老去这个事实所刺激，山姆在克瑙夫

---

① 风神音乐厅，纽约曼哈顿中城的一座音乐厅，位于西42街29至33号三楼，布莱恩特公园对面。1912年为奥尼亚钢琴制造商修建。

② 拉赫玛尼诺夫，俄国钢琴家、作曲家、后浪漫时期指挥家，他的一些作品是浪漫主义风格中最著名的表演曲目。

③ 利奥波德·斯托科夫斯基，波兰、爱尔兰裔英国指挥家，20世纪早期最杰出的指挥家之一，以长期与费城交响乐团的合作闻名。最为人称道的是他不用指挥棒而空手指挥的自由风格。

④ 维克多·赫伯特，出生于爱尔兰，成长于德国的美国作曲家、大提琴家、指挥。最为出名的是自19世纪90年代起到一战爆发前，为百老汇创作的小歌剧。

⑤ 瓦尔特·达姆罗施，德国出生的美国指挥家、作曲家。因长时间担任纽约交响乐团指挥为人铭记，并于1928年在巴黎指挥了乔治·格什温的《F大调钢琴协奏曲》全世界首演。

⑥ 范妮·赫斯特，美国小说家、短篇小说作家，其作品在一战后的年代非常畅销，在伤感、浪漫的情绪中结合了当时的社会话题，例如女权、种族关系等，是20世纪被最为广泛接受的女作家之一，一度也是20世纪20年代稿酬最高的美国作家之一。

⑦ 菲尔加摩尔·史蒂芬森，加拿大北极探险家、人种学家。

开门9年后，下令让布兰奇和阿尔弗雷德领着他们现在已经有的40名员工，从坎德勒大厦搬到了赫克舍大厦[①]（如今的皇冠大厦）。这座大厦由建造了中央火车站（以及风神音乐厅）的事务所的沃伦和韦特莫[②]设计，位于第五大道730号，是当时曼哈顿最有名望的地点之一。无论怎样，拿最贵的那一角来做了一间大办公室，为布兰奇和阿尔弗雷德共用；而“老汉”则给自己弄了一间巨大且宏伟的办公室。他现在开会时会“大声敲桌子，所有事都得按他的方式去做”。山姆不仅资助了这间五千平方英尺，并且墙面装饰了桃花芯木饰板的办公室，更重要的，他维系了与过去雇佣过他的广告公司以及银行之间的关系。

赫克舍办公室将克瑙夫置于城市脉动的中心，宣告了公司的现代化。这座建筑是第一个受到纽约《区域规划法》影响的建筑，按照这个法规，高层建筑每隔几层就要向后“缩进去”一段，这样的结构是为了让光线能够通过这些庞然大物照射到大街上，以避免彻底的遮光蔽日。布兰奇觉得这样一来，赫克舍除了顶上那个金色的装饰之外，那些悬臂式盒子看上去十分乏味，并且，花2500万美元用在办公场地上实在太荒唐。

家庭的紧张关系带来的痛苦，不亚于缓慢的手术恢复。这使她拒绝了范·韦克滕的1924年春天一起去里士满的邀请。另一方面，她也正忙着出版她认为是卡尔最好的一部小说——《文身的伯爵夫人》，计划将在六月推出。正如辛克莱·路易斯写道，他的《大街》、舍伍德·安德森的《俄亥俄州的温士堡镇》[③]，以及薇拉·凯瑟的《啊，拓荒者！》从各个方面影响

---

① 赫克舍大厦，如今的皇冠大厦，位于纽约第五大道和57街区的综合性大楼。美国最贵的办公和商业空间。曼哈顿中城标志性建筑。

② 沃伦和韦特莫，美国建筑事务所，由韦特尼·沃伦和查尔斯·德拉万·韦特莫合伙，以设计建造大型酒店等公共建筑知名。

③ 舍伍德·安德森，美国小说家、短篇故事作家，自学成才，对20世纪大量作家产生过深刻影响。《俄亥俄州的温士堡镇》，是他发表于1919年的短篇小说集。

了《纹身的伯爵夫人》，而“常常被人与阿道司 · 赫胥黎[①]相比”的范 · 韦克滕已经超越了赫胥黎。故事围绕一个上了岁数的寡居伯爵夫人展开，她曾经是一个普通的中西部女孩，嫁给了欧洲的有钱人，多年后回到故乡的小城社区，找了一个即将成年的男孩做情人（范 · 韦克滕的妹妹艾玛认为这个男孩的故事基于卡尔本人），随后二人一起逃往巴黎。

格特鲁德 · 斯泰因意味深长地对范 · 韦克滕说：“在温柔地对待了所有人之后，你现在终于温柔地对待自己了。”远在欧洲的斯科特 · 菲茨杰拉德写道，这部作品中关于爱荷华的视角“无可超越”，克瑙夫的诗人作家埃莉诺 · 怀利称其为“一件残忍的分析性杰作”。许多读者则认为这部小说一般。批评家约瑟夫 · 伍德 · 克拉奇[②]在他写给《国家》[③]的评论中悲叹，其中的角色“没有得到任何生活的恩赐”，与此同时，《文学评论》和《纽约时报》则纷纷认为它“易读”并具有轻娱乐性。总而言之，来自《文身的伯爵夫人》连同前两部小说的收入，终于使得卡尔可以搬到一个自己更喜欢的地方了，西55街150号的一套宽敞的双层公寓——而且，更令他惊愕的是，他的邻居里，居然包括蒂达 · 巴拉[④]、乔治 · 贝洛斯，以及后来出现的埃莉诺 · 怀利。

在小说发行期间，布兰奇错过了一场后来被称作“卡贝尔家最完美的

---

① 阿道司 · 赫胥黎，英国作家，属于著名的赫胥黎家族。祖父是著名生物学家、演化论支持者托马斯 · 亨利 · 赫胥黎。他后半生在美国生活，1937年移居洛杉矶，在那里生活到1963年去世。他以小说和大量散文作品闻名于世，也出版短篇小说、游记、电影故事和剧本。通过他的小说和散文，赫胥黎充当了社会道德、标准和理想的拷问人，有时候也是批评家。赫胥黎是一个人文主义者，但是在晚年也对通灵题目如超心理学和哲学和神秘主义感兴趣。在人生的最后阶段，赫胥黎在一些学术圈被认为是现代思想的领导者，位列当时最杰出的知识分子行列。

② 约瑟夫 · 伍德 · 克拉奇，美国作家、评论家、博物学家，以写作关于美国西南部的自然类图书和对还原论科学的批评文章著称。

③ 《国家》，替代威廉 · 劳埃德 · 加里森的《解放者》杂志，创刊于1865年7月6日的美国最老并一直持续出版的周刊，是最广为阅读的进步倾向政治和文化新闻、观点、分析类周刊。

④ 蒂达 · 巴拉，美国默片时期最受欢迎的大银幕及舞台剧女演员之一，也是银幕上最早的性感符号之一。她的美艳妖女形象为其赢得“吸血鬼”绰号。

狂欢晚宴派对”的盛会。不过范·韦克滕答应要跟她分享所有最好的八卦，毫无疑问这些段子全都来自怀利（一个十分看重名誉的南方人，在华盛顿特区度过了她的整个青少年期）、埃伦·格拉斯哥[①]，以及艾米莉·克拉克，她们这伙人批量发布“晚宴派对话题”。布兰奇更早时对弗吉尼亚的想象，都与奴隶制以及巴尔的摩人门肯关于“他的同类人”所作的评论联系在一起，如今她意识到自己过去恐怕过于相信门肯了。

她看上去抱有真正的平等观，这甚至延伸到陪同母亲们前来与她共进午餐的朋友的孩子们身上。他们对于布兰奇向他们说话、提问时的严肃态度感到很不解，这些小朋友都还没有习惯别人对他们有兴趣。尊重与社会公正的感觉，在这位女出版人的心里有着如此重要的地位，大概缘于她早期对于“正确的那一类”犹太人拥有白皙皮肤的认知，这一让她感到寒凉的病态逻辑。当母亲贝莎宣称布兰奇将要嫁过去的是深肤色家庭，他们比肤色较浅的阿什肯纳兹犹太人低级时，她就同她争吵过。今天已经90岁高龄的市场推广人员哈丁·“彼迪”·勒梅还记得，布兰奇悲痛地向他讲起在他1958年加入克瑙夫之前的一些事，每当她感到被丈夫逼得绝望时，她就会傲慢地重复她母亲的一些关于肤色种族高低的愚蠢言论。

被前不久的办公室搬迁刚刚累得精疲力竭的布兰奇，几个月后不得不面临又一次搬迁。这一次是家，但同样是出于公公的命令。在山姆的坚持下，他们应该有一个“配得上公司身份的住宅”，于是她和阿尔弗雷德从那套位于西95街牙医诊所楼上租来的两层公寓中搬了出来。新家是位于第五大道1148号的一套全新的摩登双卧室公寓，接下来他们在那里生活了四年。俯瞰上东区的中央公园，这套坐落于三楼的公寓充满了阳光。帕特长大后回忆说，那是一套“长长的，长长的房子”，有一个“巨大的，

---

① 埃伦·格拉斯哥，美国小说家，描述了南部在现代社会经历的变迁。

壮观的房间”。从两侧都是书架的走廊上跑下去，“向左，是我母亲的房间……（有一扇门）通往一个放了两张床的房间，那是父亲和我的卧室”。布兰奇在西95街本来住得好好的，但她知道“老头”看不上，觉得那儿太寒酸，因此逼着他儿子“搬到一个优雅得多的地方”。很显然，布兰奇的不满无关审美，只是针对她公公持续不懈的控制，以及阿尔弗雷德从不缺席的配合。

布兰奇还担心阿尔弗雷德的家人在帕特这件事上也控制过多，他完全被“祖父母而不是我，可怕地溺爱着”。她焦虑着阿尔弗雷德对儿子的凶狠，以及儿子观察到的，他父亲对她的狠。到1924年夏末，她想出了一个把儿子从这些伤害中解脱出来的办法，将他送去上西区西93街5号的哥伦比亚语法学校，用那个全日制学校来避免她的孩子过多地与山姆、莉莲——或者阿尔弗雷德接触。再接下来一年，帕特要开始上布朗克斯的里弗代尔男校，那儿五年前就已经开始招收寄宿学生。阿尔弗雷德被那所学校在田径方面的强项所吸引，而布兰奇则喜欢他们提供的骑术活动，她希望儿子能参与进去。

在她晚年的私人日记中，布兰奇写道：“时间在过去，直到一切都变成了不可能，克瑙夫先生想让我搬回乡村，那是一直以来比其他任何事都令他向往的。我警告他，如果要搬他自己搬，我不会跟他一起去的，在办公室工作一整天，再坐火车回乡下，这在物理上是不可能的。”也许算作对此事的报复，阿尔弗雷德在公司里给了他父亲一个正式的职位。

在山姆·克瑙夫经投票成为董事会成员和股东的那一年，布兰奇相信，他“根本没什么钱，只是想给人一副百万富翁的形象”。但他不知怎么做到的，却把钱和外界对克瑙夫的关注引了进来，于是1924年克瑙夫正式成立了公司。“从那时起，麻烦开始了，也是从那时起，我开始逃跑。”布兰奇这么说。

她感到自己持续不断地受到“老头”的苛责，“难以消解的压力”导致了她与一个法国人持续了超过三年的婚外恋情。当然还有一种可能，按照布兰奇讲这个故事时所呈现的距离感，以及她对于整合事实的特殊偏好，故事里这个法国人可能是于贝尔·欧艾——一个在下一个15年里都不会出现在她生命中的情人。

* * *

在这期间，30岁的布兰奇想出了前所未有的精明办法来享有真正的性生活。他们强有力的收入允许她为喜欢的音乐家举办各种丰盛派对。她很欣慰能够有这样的机会，与随便某一位到访纽约的著名指挥或者演奏家保持一段（有时可能是持续很长一段时间的）关系，甚至在附近城市，例如费城或者波士顿也行。这些男人，连同她正在开始热爱的音乐一起，将她身体内长久压抑的激情，全都激发了出来。利奥波德·斯托科夫斯基、亚莎·海菲兹、本洛·莫伊塞维奇[①]都成为她长期的情人，然而只有俄国指挥家谢尔盖·库塞维兹基[②]才能够把布兰奇牢牢地把握住。1924年，库塞维兹基开始了将持续25年的波士顿交响乐团音乐总监职位，从那时起，每一季BSO[③]的纽约首演之后，布兰奇都会为他举行一个庆祝宴会。正如一位崇拜者评论库塞（库塞是朋友们称呼他时用的名字）所说“他裁剪华丽的服饰，他漂亮的马车，他站在指挥台上略有保留却又戏剧性的姿态，所有这一切让他立即迷倒了所有的女士。”

利奥波德·斯托科夫斯基，费城管弦乐团总监，并且年年担任纽约爱

---

① 本洛·莫伊塞维奇，俄罗斯／乌克兰后裔英国钢琴家。

② 谢尔盖·库塞维兹基，俄罗斯出生的指挥家、作曲家和低音提琴家，1924年至1949年间长期担任波士顿交响乐团音乐总监。

③ BSO，波士顿交响乐团简称。

乐乐团的客座指挥。自从1924年第一次在指挥台上见到他以后，布兰奇便每年都会为他举办一次12月中的午宴。斯托科夫斯基是一个身体指挥家，也就是动用他的“手腕和眉毛的扭动”来激发每一个音乐家表现出大师水平的最大潜能。从1923年到1926年，这位迷人的花花公子周旋在著名的情人们和妻子们之间（这其中包括葛丽泰·嘉宝[①]和葛洛莉娅·范德比尔特[②]）。他每到一个地方，当地的妇女都会评论他，在床上“自由不羁”——虽然一离开床单就既控制狂又冷漠。斯托科夫斯基带着他的奥林匹亚式疏离感，喜欢支配——这很像阿尔弗雷德。这位指挥家在费城的首场排演成为一段传奇：“古腾－塔格。”[③]在他还没有走上指挥台之前，他已经喊了起来：“勃拉姆斯！第一交响曲！”将指挥棒向下一劈，使得整个交响乐团立刻警惕起来，每个人都战战兢兢地力图跟上这一通常被称为“里程碑式的开场”。斯托科夫斯基停顿了一下，重新开始，一个字也没有说。乐团的一个成员后来回忆道：“仿佛我们都被喂了魔法圣水——（我们）从来没有演奏得那样好过。”

斯托科夫斯基是一流的音乐表演家：从把乐谱扔到地上来证明自己根本不需要它，到试验阴暗的音乐厅灯光效果，再到探索如何在他的手和头的位置制造戏剧性的阴影。到费城不久，他开始不用指挥棒，此后空手便成为他的标志。布兰奇十分喜爱他的表演技巧，而阿尔弗雷德则是个传统

① 葛丽泰·嘉宝，出生于瑞典的美国女演员。嘉宝曾三次被提名奥斯卡最佳女演员，并于1954年因“光彩夺目，令人难忘的银幕表演”被授予奥斯卡荣誉奖（又称奥斯卡终身成就奖）。1999年，美国电影协会将嘉宝列为经典好莱坞影院最伟大女星的第五位，位于凯瑟琳·赫本，贝蒂·戴维斯，奥黛丽·赫本以及英格丽·褒曼之后。

② 葛洛莉娅·范德比尔特，出生于1924年2月20日，美国艺术家、作家、演员、时装设计师、大家族女继承人、社交名媛。20世纪30年代她还是个孩子的时候，就因为她母亲与姑姑为了争夺她的抚养权的官司（史称“世纪官司”）而闻名，官司因她名下价值500万美元的信托基金而起。

③ 此处原文使用的是德语“Guten Tag”，意为“大家好”这一类招呼语。

主义者。1934年，他们聘请了富有的威廉·考希兰德[①]担任克瑙夫的行政经理（日后的克瑙夫总裁及主席），他注意到克瑙夫夫妻不同时到达，或者同时离开斯托科夫斯基在曼哈顿的演出。而考希兰德常会独自陪同布兰奇前往费城，在那里她会去出席大师的首演，而不用等到曼哈顿音乐会。

楼梯脚下那个安静的女孩，后来变得不仅仅热爱音乐厅，并且不亦乐乎地出入各种她丈夫所厌恶的社交场所。20年代的纽约，充斥着无休止的狂饮派对，以及没完没了的聊天对话，而布兰奇与日俱增的与重要人物的交往，使得她成为那个时代的象征性人物之一，哪里有动静，她就出现在哪里——这当中也包括她自己举办的派对，有时一个星期多达四次。

毫无疑问，她看上去也完全是那么回事：如今她已经很瘦，这使得她身上活泼的露膝低腰洋装直直地悬挂下去，就像服装本身所预期的效果，内衬是完全不必要的。她喜欢浅紫色雪纺，上面缀着亮片，就像她很久以前在旧金山万国博览会上见到的琉璃珠玉树，当夜色褪去，日光初现时，颜色会陡然变化。用朱红色的口红来呼应她泛红的短发，撩人的眼睛用碳晶描画了眼线。布兰奇总是让不少人联想起克瑙夫图书那些精致的封面。在客人间穿梭应酬，留下卡朗黑水仙香水带有泥土气息的甜味，一阵1-2-3分三股力道袭来的最最“奇异而邪恶的味道”——混合了香猫香的柑橘花味，似乎不分男女。卡尔·范·韦克滕甚至把他的1923年小说《盲眼弓箭手男孩》也浸了一层“黑水仙的香味”。那个年代最好的青年作家们，无论出版商是谁，都始终是布兰奇派对上的核心。人们总能看见一个醉醺醺的威廉·福克纳凌晨时分在她家门口被扔进一辆计程车。1924年的秋季，布兰奇自己也开始酗酒，用威士忌代替食物，这位过去苗条匀称的娇小女子，忽然间变得像海外的香奈儿模特最近流行的模样，瘦得出奇。

---

① 威廉·考希兰德，生前担任克瑙夫出版社主席及总裁，出生于波士顿，1928年毕业于哈佛，1934年加入克瑙夫，1997年5月于纽约去世。

布兰奇有多喜欢出门旅行去给公司发掘新书，她就同样有多享受这些旅行使得她可以在巴黎的沙龙里买到的衣服。在家时，各种好看的成衣洋装在B. 奥尔特曼[①]或者亨利・本杜[②]这样的商店里都能买到（萨克斯第五大道[③]，1924年开门）。可她开始醉心于那些专为她而定制的衣服（尽管舞台服装设计师艾特[④]的舞台裙装最终成为她的一生挚爱），她羡慕优雅自信的巴黎妇女。把自己的身材尺寸留给了法国高定时装店，她享受了有生以来第一次消费定制服装的奢侈。1925年当更加收敛而昂贵的"我的罪"[⑤]一经推出，黑水仙便让位于它。"我的罪"像一束混合了柠檬、丁香、茉莉、岩兰草、香猫，以及麝香的鲜花，配上了巴卡拉[⑥]设计的香水瓶。在整个20世纪30年代，布兰奇一直在艾尔萨・夏帕瑞丽[⑦]订制衣服，直到40年代其被克里斯汀・迪奥取代。偶尔地，自从有一次试了一件十分合体的4号成衣后，她也会买下设计师专为她留的样品，那些样品通常是用来做当季新品发布用的。

布兰奇如此一门心思地走法式路线，并且变得越来越瘦，起码有一部分原因是为了阿尔弗雷德：如果他继续这样不好好待她，她可以抬脚就走，抑或，她就是想大家一起耗尽。随着帕特进了寄宿学校，她彻底成了阿尔弗雷德变幻莫测的暴怒的焦点。十分地暴力，以至于都不能称之为是

---

① B. 奥尔特曼，奢侈百货公司连锁店，本杰明・奥尔特曼于1865年创立于纽约，自1906年起，于曼哈顿中城第五大道与34街处设立旗舰店，直至1989年，所有连锁店均于1990年1月关闭。

② 亨利・本杜，创立于1895年的纽约高端妇女专用商店，出售亨利・本杜品牌的手袋、珠宝、奢侈时装配饰、家居香味产品以及礼品。旗舰店位于第五大道712号。

③ 萨克斯第五大道，北美最老的商业公司哈德逊湾公司拥有的美国奢侈品百货公司，旗舰店位于曼哈顿中城第五大道。

④ 艾特，出生于俄国的法国艺术家、设计师，以别名艾特闻名。他是20世纪最为才华多样的跨界艺术家和设计师，在时装、珠宝、平面艺术，以及银幕、影院、歌剧等的服装、舞美领域都有极大成就。

⑤ "我的罪"，法国高端时尚公司浪凡于1925年推出的香水。

⑥ 巴卡拉，法国高级玻璃器皿制造商，位于法国巴卡拉。

⑦ 艾尔萨・夏帕瑞丽，意大利时装设计师。与对手可可・香奈儿同被认为两次世界大战之间最重要的设计人物。

发脾气。这时，阿尔弗雷德对她花了那么多时间在猎狐这项新爱好上大发雷霆。为了这个活动，只要头天晚上没有派对，第二天天一亮她就会醒来。他当然不会认为布兰奇决定一大早开车去格林威治、康涅狄格，或者去威斯特彻斯特郡北部的戈尔登斯桥跟自己有什么关系。她到了那儿与伙伴们会合，加入欢快的狩猎当中，随后按时赶回公司参加会议，开始工作，下午直到晚上，一个人静悄悄地，把用在狩猎上的时间全都弥补了回来。

布兰奇似乎不愿意长时间停下来仔细想自己的生活。她就这样阶段性地生活着，从这一刻，跳跃到下一刻。她深信只有在不停歇的兴奋中奔跑，才不会去胡思乱想，而生活自己会搞定一切。

她的猎狐便是另一个逃避面对生活的方式，也因为她希望更深入地贴近乡村。阿尔弗雷德后来回忆："当我们有机会租下一个近乎理想的房子，与她寄养的马厩离得很近时，她却反对，好像这意味着不得不放弃纽约的公寓。"布兰奇的"过量社交"，有时甚至连他都不认识那些闯进自己家门的人。这使得她丈夫更坚定了要远离都市生活的念头。当他的律师朋友吉姆·罗森博格提议将一块完美的田产转让给他时，他无力抗拒，立刻着手规划他的宏大乡村住宅。到那个年代末，阿尔弗雷德就已经舒适地在帕切斯镇的帕切斯大街63号安顿了下来，这个地方如今划归纽约州的哈里森镇，每天45分钟火车通勤就能赶到中央车站。路上他读《纽约时报》，有时会翻看手稿，但已经不再像从前那样如饥似渴。

这次又是山姆资助。他除了交了一笔数目不详，但无疑数额巨大的首付买下了帕切斯这座房子外，还负责了日积月累的开销，包括豪华的庭院以及游泳池的意大利瓷砖——当然还有游泳池本身。尽管布兰奇被完全排除在那房子粗糙的室内装修之外，但她答应阿尔弗雷德，有时会用这里来招待客人。她联系了一个本地的设计师，想要请教一些装饰的点子，设计师轻蔑地哼了一声，管那屋子叫棚屋。贝内特·瑟夫[1]听说了这个故事（他还知道克瑙夫夫妻两个有多喜欢兰登书屋的标志设计），于是他说服了艺术家洛克威尔·肯特[2]按照兰登书屋标识的设计思路，画了一个克瑙夫住宅，标注为“棚屋”，设计了这样一个带嘲讽意味的书末印章。这个家，没有一丝布兰奇的印记，她从来没有喜欢过那周围的阴暗，缺乏光照是无数访客对这所房子的评价。

她曾经向门肯抱怨过，阿尔弗雷德近期念念不忘的就是要彻底搬离城市——甚至还想着把克瑙夫办公室也连同住宅一起搬到郊区——好像为了抵制这个计划，布兰奇努力在曼哈顿建立新关系，巩固老关系。到1924年末，她已经周期性地在公寓里为音乐界的朋友举办派对，尤其是为钢琴家阿图尔·鲁宾斯坦[3]、本洛·莫伊塞维奇，以及亚莎·海菲兹，当然还有指挥家谢尔盖·库塞维兹基、利奥波德·斯托科夫斯基，加上怎么也少不了的乔治·格什温。毫无疑问，她意在征服纽约社交圈，用自己的光芒盖过丈夫，证明自己在严肃音乐这一“他的领域”也比他成功。

除了利用这些名人来提升自己的地位之外，她与这些人交往也令她感到舒服。甚至由于他们过分膨胀的自我意识，他们对于自己身外的一些东西也充满激情。他们的激情被浇铸固定在了音乐上，正如她的激情被集中在了出版事业上一样。与这样的男人做爱，对她再合适不过了：他们都在她的奉承中飘飘欲仙，对于那一小时的亲昵之外更别无他求。从不例外地，仿佛是她故意做的标记一样，她送给每个情人一个登喜路足金打火机，以及一个绣了名字的机套，却从来没有任何记载显示，布兰奇从这些男人那里得到了这样的礼物。敏感如他们，也许大家都心照不宣地知道，布兰

---

① 贝内特·瑟夫，美国出版商，兰登书屋创始人之一。

② 洛克威尔·肯特，美国画家、版画制作家、插画师、作家、水手、探险家。

③ 阿图尔·鲁宾斯坦，波兰裔美国古典钢琴家，被《纽约时报》称为20世纪最伟大的钢琴家之一。他持续进行公开演出长达80年。

奇更愿意占上手。

鉴于她所生活的年代，布兰奇的这些风流韵事也许不像再早些年，或者那个世纪再晚一些年那么惊世骇俗。布兰奇去世后，那位于1946年与亚莎·海菲兹离婚，退出了演艺圈，但依旧美丽的女演员弗洛伦丝·维多·海菲兹[①]对采访者说，尽管她和丈夫以及布兰奇三人一直关系很近，但她早就意识到丈夫跟布兰奇之间的关系。弗洛伦丝认为，是阿尔弗雷德的冷漠将布兰奇推向了亚莎的怀抱。她很不齿于这个出版商从不给自己的妻子"她应该得到的承认，阿尔弗雷德是个控制狂……布兰奇是一个极其聪明的女人……（但是）她总是很灰心地谈论他们自己，这抹杀了她自己的成就"。弗洛伦丝总是这样鼓励自己的朋友："布兰奇，你只需要走进布伦达诺书店[②]，你去看看你的出版成绩。"

然而布兰奇真正敬仰的，是像弗洛伦丝·海菲兹以及即将成为阿尔弗雷德的弟弟埃德温第二任妻子的米尔德丽德·奥本海默[③]这样的女子。布兰奇对弗洛伦丝称赞过那些"美妙的"女子能够"把家、家庭以及事业融为一体，而不是仅仅只充当一个职业女性"，像她那样。她并不是故意这么说来获得对方的表扬，而是公开承认自己家庭生活的失败。

在工作上，这对夫妻的独立为事业带来了好处。他们双双着眼于自己感兴趣的东西，阿尔弗雷德的热情涵盖了地质学、历史到优质葡萄酒。而这些，布兰奇丝毫没有给予关注，正如她丈夫投向小说、诗歌以及时事的注意力一样。同样的，阿尔弗雷德也对于自己妻子随范·韦克滕一起激发起来的对哈莱姆现象的入迷没有感觉。卡尔曾经向他解释过，更早期的非裔美国作家以及他们的作品如何刺激了当今的传播，例如詹姆士·维尔

---

① 弗洛伦丝·维多·海菲兹，美国默片演员。

② 布伦达诺书店，美国书店，拥有横跨全美的诸多分店。

③ 米尔德丽德·奥本海默，也就是米尔德丽德·克瑙夫。

登·约翰逊的《一个曾经的有色人的自传》①，保罗·劳伦斯·邓巴②的诗歌，以及布克·T. 华盛顿③和 W.E.B. 杜波依斯④的著作。话题和涉及的规范相对还是很小，所以，在过去的，和当今的作者间看上去几乎没有对话的障碍。

当然，布兰奇从1921年的《一起摇摆》开始，已经很快就迷上了"黑人讽刺剧"，她也同意范·韦克滕关于格什温的音乐中有黑人文化的根这一说法。对布兰奇这样的人而言，《一起摇摆》是一个文化转折点，改变了非裔美国人在纽约人中的地位。卡尔凭直觉知道，他这位朋友肯定会发现当时"黑人的才华，黑人的美丽，(以及)黑人的幽默"的青春活力，只要那无休止的狂欢作乐不会把她累垮。

跟同时代大多数的白人中产阶级妇女不一样，布兰奇丝毫不介意跟不同种族、不同性取向的人厮混：对她来说，这恰恰正是摩登的定义。她的服装和化妆变得越来越出格，轻微烫卷的波波头仍然是有放荡意味的红棕色，这成为她往后几十年的风格标志，化妆更如同玛丽·安托瓦内特⑤一样夸张：红色的唇膏越来越闪亮，腮红愈加明显，眉毛精心地拔成了时髦的拱形，佩戴一块紫水晶石来呼应眼影的颜色。布兰奇正在把自己的形象"性感化"，当时的杂志这么说。每一个人，包括布兰奇，都忽然对性这件事很来电。

曼哈顿1924-25这一季的戏院延续了性无处不在这一风尚——自上个

---

① 詹姆士·维尔登·约翰逊，美国作家、教育家、律师、外交官、歌曲作者、民权活动家。《一个曾经的有色人的自传》是约翰逊的一部关于一个年轻的混血男子的小说。

② 保罗·劳伦斯·邓巴，美国诗人、小说家，以及19世纪末20世纪初剧作家。出生于俄亥俄，父母内战前均为肯塔基的黑奴。邓巴从儿童时期就开始写故事和诗句，16岁在当地报纸上第一次发表诗歌。

③ 布克·T. 华盛顿，美国教育家、作家、演说家，以及总统顾问。1890年至1915年间，他是美国非裔社区领袖。

④ W.E.B. 杜波依斯，美国社会学家、历史学家、民权活动家、作家、编辑。成为哈佛第一位取得博士学位的非裔后，在亚特兰大大学担任历史教授。

⑤ 玛丽·安托瓦内特，法王路易十六的王后，也是法国大革命前最后一位皇后。

秋季由保罗·罗布森在格林威治村的普罗温斯顿剧团通过尤金·奥涅尔的种族通婚戏所带来的冲击开始。布兰奇深深地被《上帝的儿女都有翅膀》[1]所打动。这出戏预演时，当一位黑人男子亲吻一位白人女演员的手时就已经引起轰动，导致公演首晚出动了警察在戏院周围监护。下了决心要为打破肤色之间的壁垒助一臂之力的范·韦克滕承认，他试图说服乔治·格什温与他合作为非裔美国人合写一出严肃的爵士歌剧，但作曲家坚持说，自己还没有准备好迎接这样一个挑战。他仿佛为了解决自己已经在坊间流传数年的性取向问题，格什温在布兰奇的一次派对上表演了他过去写的一首歌，歌名当初叫《我爱的女孩》，这次他重新取了名字《我爱的男子》。对性的多样性的表现，像种族问题一样，曙光初现。

---

① 《上帝的儿女都有翅膀》，尤金·奥尼尔1923年创作的表现主义戏剧，是他最具争议的作品之一。

6. 二十世纪之书

1924年，D.H.劳伦斯[①]第二次接受玛贝尔·道奇·卢汉的邀请，来到新墨西哥州的陶斯——她于1919年所创立的作家社区。克瑙夫的作者，诗人威特·宾纳已经于1922年在劳伦斯第一次来到作家社区时就搬去了圣塔菲，他这时鼓励这位英国人去联系布兰奇。毕竟与劳伦斯合作了六年的美国出版商托马斯·瑟尔册[②]正在关门——究其原因，正是因为他出版了劳伦斯的《恋爱中的女人》[③]。纽约镇恶协会于是对于瑟尔册穷追猛打，终于导致了他的破产。

尽管劳伦斯对那个十分宠爱他的出版人充满歉意，但他认为瑟尔册不讲规矩，出版人欠作者5000美元版税是很让人心烦的。而史托姆·詹姆森[④]作为克瑙夫在伦敦的代理人，对情况当然更为了解，她也证实，布兰奇知道何时介入，出价。在宾纳的敦促下，加上劳伦斯的朋友阿道司·赫胥黎在一旁鼓励，劳伦斯1925年与克瑙夫签订了协议，将其作为他在美国的新出版商。

---

① D.H.劳伦斯，20世纪英国作家，是20世纪英语文学中最重要的人物之一，也是最具争议性的作家之一。主要成就包括小说、诗歌、戏剧、散文、游记和书信。

② 托马斯·瑟尔册，出生于俄国的美国翻译家、编辑、出版商。

③ 《恋爱中的女人》，英国作家D.H.劳伦斯发表于1920年的小说。是他前一部小说《彩虹》的续集。

④ 史托姆·詹姆森，英国记者、作家，以小说和评论知名。

劳伦斯的第三部小说《儿子与情人》[①] 面世于1913年。尽管这部书及其续集《彩虹》[②] 最终名列20世纪最重要的一百部作品，而三部曲的第三部——1920年的《恋爱中的女人》却被至少一位书评者严厉否定："我不声称自己是一位文学评论者，但我闻到脏东西时我一定能意识到，而这里堆满了污秽——堆成山的溃烂和腐臭，臭气熏天。"

布兰奇欣赏劳伦斯的早期小说，她相信他的散文通常过于自知：例如描述矿工时，作者永远会感到身处现场，劳伦斯频繁的亢奋情绪，将注意力引向他自己而不是故事。但她觉得小说中关于男女之间性关系的前所未有的坦白令人振奋。

到1925年5月2日，布兰奇和劳伦斯已经开始就他的小说《烈马圣莫尔》[③] 的清样展开通信讨论，出版人一再让紧张的作家安心："《烈马圣莫尔》的清样效果非常好，完全按你的意见做的。"劳伦斯这时已经搬去了基斯塔的德尔蒙特庄园，距离陶斯的作家部落大约十六英里，也远离了玛贝尔·道奇坚定的友谊。"请告诉你的工作人员，地址是基斯塔，不是陶斯。"他到月底时在写给布兰奇的信中这么说。在新墨西哥州住了两年，劳伦斯给克瑙夫完成了三部书：1925年的《烈马圣莫尔》(以卢汉作原型，塑造了威特夫人，"她毁了她所遇到的所有男人")；1926年的《羽蛇》[④]（这是玛贝尔"下嫁"普韦布洛印第安人托尼·卢汉[⑤] 事件在劳伦斯眼里的呈现)；

---

① 《儿子与情人》，英国作家D.H.劳伦斯发表于1913年的小说，最初由B.W.许布希出版社出版，被当代图书馆列为20世纪百佳小说第九位。尽管最初反响不大，但如今被许多评论家公认为一部杰作，并经常被称为劳伦斯最优秀的成就。

② 《彩虹》，D.H.劳伦斯1915年发表的小说，以受到大工业生产严重侵蚀的英国中部乡村——劳伦斯的故乡为背景。对于资本主义工业化所造成的灾难，书中有一些生动的描写，但是劳伦斯的笔触在于探讨人与人，尤其是两性之间的关系上。

③ 《烈马圣莫尔》，英国作家D.H.劳伦斯最初发表于1925年的短篇小说。

④ 《羽蛇》，英国作家D.H.劳伦斯发表于1926年的小说。

⑤ 托尼·卢汉，新墨西哥州的美国印第安原住民，1923年与知名的文学艺术赞助人玛贝尔·道奇·卢汉结婚。

1927年的《墨西哥的早晨》[1]（一系列关于20世纪20年代新墨西哥州和墨西哥多彩生活的短篇散文）。

几乎没有引起美国读者的注意，而书评家也大多不感兴趣（尽管他们常常称赞劳伦斯的优雅风格），这些书在英国也没有获得认同。然而，真正引发轰动的小说，那部关于守林人与他富有的情人之间的故事《查泰莱夫人的情人》[2]，布兰奇却不敢出版。她试过小心翼翼地与劳伦斯讨论必须要进行的删节，以安抚政府审查官，但他同样礼貌地，进行了回绝。最终劳伦斯通过一家很小的意大利出版商缇博格拉菲亚·吉欧缇纳[3]于1928年出了这本书。意大利放行通过了作者的大尺度性描写，这部小说的销售超过了他过去任何一部书，给作者带来了超过他过去这一生中所有工作所得的收入，比他未来一生中所有收入都要高的收入，超过了他所有其他书收入的总和。

也是在1925年，就在布兰奇开始与苛刻的劳伦斯合作时，她同时还在与其他出版商竞争，想把克拉伦斯·达罗[4]签入克瑙夫旗下，请他就即将到来的斯科普斯"猴子审判"[5]写一部书。她特意抛出门肯的名字作为诱饵，因为她知道达罗从他出席过的曼哈顿派对中，对文学圈非常熟悉（当

---

① 《墨西哥的早晨》，劳伦斯的旅行散记。

② 《查泰莱夫人的情人》，英国作家D.H.劳伦斯最知名的一部小说，最初于1928年秘密出版于意大利，1929年在法国及澳大利亚出版。足本最终于1960年在英国公开出版，经过对企鹅出版社淫秽指控的公开审理，企鹅出版社获胜。很快售出300万册。

③ 缇博格拉菲亚·吉欧缇纳，小型出版社，始创于1909年佛罗伦萨。

④ 克拉伦斯·达罗，美国律师。曾为李奥波德与勒伯案、斯科普斯案、干草市场暴乱（发生于1886年的工人抗议引发的暴乱事件，之后成为国际劳动节的起源）等大案做辩护律师而闻名。达罗一生义务为无助的弱势团体与穷人辩护，他的名言是："一个人在未定罪前，都是无辜的。""我恨罪行，但从不恨罪人。"达罗反对死刑，他在《达罗自传》中曾指出：社会本身有问题才会造成犯罪问题，今天解决犯罪者并无法解决问题的根本。达罗为了争取公民权利而辩护、批判不合时宜的司法体制，使得他被认为是美国最伟大的民权律师。

⑤ 斯科普斯"猴子审判"，1925年3月23日美国田纳西州颁布法令，禁止在课堂上讲授进化论。美国公民自由联盟便寻求一位自愿在法庭上验证这条法律的田纳西教师，于是制造了轰动整个美国乃至整个世界的历史性事件——"猴子审判"。又因涉案的教师名叫斯科普斯所以也叫"斯科普斯案"。为斯科普斯辩护的律师团领袖是著名的刑事法专家、民权律师克拉伦斯·达罗。

然也包括布兰奇自己）。尽管这部书最终并未出现——“完全不可能。”达罗给她回信说——但他答应下次再从芝加哥“下来”时去看望她。在信的末尾，他称赞克瑙夫对文学所做出的推进，以及他们发表在《美国信使》[①]上的优秀文章。在克瑙夫的资助下，门肯与作家乔治·琴·纳森于1924年1月印行了这一高调月刊的第一期，它源于门肯的一个坚定信念：自休战起，美国社会经历着巨大的变化。例如三K党从战前的几百名成员发展到20世纪20年代的超过400万成员，如果如菲茨杰拉德所称“爵士年代对政治毫无兴趣的话”，那么门肯推出的《美国信使》则是一剂解药。这个国家膨胀的自信，“像贴在困惑与冲突之上的装饰板”，需要有人来唤醒他们。

尽管布兰奇通常将自己的编辑工作与高强度的月刊保持了距离——她自己的案头已经堆积如山，也无暇去顾及那个新项目——但那本杂志极其用心的编辑却使得她对于门肯更加另眼相看，同时她也将这位朋友积极参与他眼里的根本问题看在眼里。这些日子，布兰奇发现自己除了向门肯咨询专业意见外，也开始就自己的私人生活向他讨教。这位出版人的其他好友也都在她生活中担当了类似的功能，但他既能闲聊，也能深谈。二月中旬，卡尔带来了关于侯瑞斯·里弗莱特最新把戏的一些消息，他告诉她，前不久与格特鲁德·斯泰因一起喝茶，她称里弗莱特十分令人恶心——“一个显而易见的廉价感官享受”。

仿佛因为名声已经不佳而豁出去了一样，布兰奇忽然间将“所有的清规戒律”抛在了一边……并且告诉范·韦克滕，她对于跟阿尔弗雷德“睡觉已经厌倦了”。“这个世界怎么了？”范·韦克滕回去问自己的妻子梵妮娅。

---

① 《美国信使》，一份基于纽约，按月发行的美国杂志。创刊于1924年，1981年休刊。它是H.L.门肯与乔治·琴·纳森的智慧结晶。杂志的作者基本是美国20世纪20年代、30年代最重要的作家。40年代所有权转变后，杂志开始吸引了一些保守派作家。而十年后再次转手，则将这本杂志变成了一本激烈的反犹刊物。最后于1981年走到尽头，最后的25年间一直在衰败和争议中挣扎。

卡尔一向被认为是热衷于诲淫诲盗之人，但他从不向别人谈及自己的性生活，并且他默认像布兰奇这样的朋友，无论他们试图让自己看上去有多入时，然而终究在行为上还是比他自己要传统得多。他好像已经忘记了几个月前他还大谈过拉夫·巴顿与卡罗塔·蒙特利的惊世骇俗之举。

没有哪对夫妻间的亲密之举能够被外人所知。但是从布兰奇死后（以及后来阿尔弗雷德死后）那些年里不断被重复的言论中可以看出，她对于与丈夫同床的不情愿，似乎不光是由他们之间的性生活不协调所致，同时还出于她对他暴躁的性格以及他对山姆的言听计从的不满。至少表面上看，山姆对她的感受并不知情，或者说并不在意。在晚年的一些访谈中，尽管阿尔弗雷德对于她公开发表文章支持开放型性关系，以及她与那些朋友之间的种种传言尽数知情，他就布兰奇的婚外感情生活的问题是这样回答的："除了与海菲兹的婚外情以外，我并不认为她有其他不忠。""在一开始，以及后来有一段时间，"他说，"布兰奇的主要朋友几乎都是音乐家。我可以肯定这其中有很多我的因素，但我从未走得像她那么远。就拿库塞维兹基来举例吧，她会在每场音乐会的中场休息去后台，而我们都知道，只有看见她从台下走过来回到座位上，下半场才会开始。他们是对彼此十分投入的朋友。她有海菲兹，有格什温。"将海菲兹这样一个长期的情人，跟与布兰奇绝无可能在性方面有瓜葛的格什温放在一起，而忽略"库塞"，这绝好地证明了阿尔弗雷德拥有一种回避现实的能力。

现实还包括楼下的小话，管家和女佣们都在传：克瑙夫太太在先生不在家时不检点，而他的访客却除了留下来喝几杯好酒用晚餐之外从无其他出格举动。尽管也有说法称，那些年里阿尔弗雷德有在其他女人身上寻求满足，但更多的，他的朋友和同事都认为他是"无性的"。好多次，那些"反常"行为似乎并不表明，他对布兰奇的冷淡是因为他是同性恋。相反，阿尔弗雷德似乎压根儿就不需要将生理需求和对任何人的情感需要联系起来，所以他宁肯召妓。

幸运的是，在整个与性相关的所有问题的版图上，从来没有哪个年代像20世纪20年代这样好过。有时看来，无处不在的浪漫关系已经开始变得疯癫。斯考特和泽尔达·菲茨杰拉德是一对典型的疯狂婚姻的例子，他们出了名地狂饮和抑郁，那些有较强家庭观念的夫妻也不例外。3月间，与格什温的恋情刚刚平息下来，歌手玛丽·埃利斯又与英国演员巴塞尔·西德尼[①]扯上了瓜葛，导致阿尔弗雷德的弟弟埃德温威胁要自杀。（埃利斯在结了五次婚之后终于宣布自己是一名同性恋者，她后来写道，嫁给埃德温仅仅出于对他在约会期间失去了一只手的同情。）这场闹剧持续到四月中旬，最终这对夫妻好说好散。

布兰奇和阿尔弗雷德却因为终于摆脱了玛丽·埃利斯以及克瑙夫的竞争对手——埃德温的连襟侯瑞斯·里弗莱特而十分开心。里弗莱特那时的出版数量至少与克瑙夫旗鼓相当，包括早期的福克纳和海明威，以及艾略特的《荒原》。（不知是出于什么原因，阿尔弗雷德反对了布兰奇的意见，拒绝了艾略特的这一杰作。）在出版业的活动上，里弗莱特总是喜欢针对阿尔弗雷德，那瘦长（已婚）的花花公子一面被曝出与他身边从来不会少的女人们调情，一边管阿尔弗雷德叫“表哥”。敌意与日俱增，阿尔弗雷德知道，里弗莱特的岳父——国际纸业[②]的老板，好几年来一直向他按需提供充足的资金。

因此埃德温离婚的消息，无论从事业还是私人角度都令克瑙夫们感到满意：当里弗莱特哪怕在岳父的强劲资助下，还是因为挥霍无度而发不出工资时，一向看不上他的克瑙夫们当然会偷偷地大笑一番，尤其是当他们

---

① 巴塞尔·西德尼，英国舞台剧及大银幕演员。

② 国际纸业，全称“The International Paper Company”，美国纸浆及造纸公司，为同类公司中全球最大。总部位于田纳西州孟菲斯，并购了美国东北部17家纸浆厂和纸厂后，成立于1898年1月31日，为全美的新闻印刷提供了60%的用纸。

27岁的朋友——财富自由的贝内特·瑟夫联合唐纳德·克洛普弗于1925年以21万美元收购了里弗莱特的现代文库时。(1927年，与克洛普弗一起，瑟夫将创建兰登书屋，最终现代文库成为它的一个子公司。)

更有甚者，当听说了现代文库的出售消息时，被瑟夫坚信为代表了“出版业的最佳典范”的阿尔弗雷德邀请瑟夫和克洛普弗前来办公室一谈。他“开启了一篇关于侯瑞斯·里弗莱特的长篇激烈演说”，他竟然敢把《绿厦》做成一个系列。尽管此书没有版权，但阿尔弗雷德那时认为它已经是克瑙夫的财产。最坏的是，傲慢的里弗莱特还夸耀说它是“整个现代文库中卖得最好的书”。贝内特·瑟夫对“克瑙夫先生”以诚相告，他对此事一无所知，针对这一说法阿尔弗雷德回答说：“好吧，那你打算怎么做?”瑟夫提议，现代文库每售出一册向克瑙夫支付六分钱，阿尔弗雷德认为这个方案“很公平，既然他(阿尔弗雷德)没有法律上的论据”。克瑙夫与瑟夫之间的一段友谊就此开始了，并因此永远地改变了整个出版行业。

* * *

尽管相对低调，克瑙夫公司也在拓展。《美国信使》如今每月为克瑙夫刊登一个专页广告——猎犬专页，后来发展成为《猎犬季刊》[1]，一个阿尔弗雷德撰写导语的小册子，用于宣传克瑙夫的新书。门肯发起的《美国信使》的时机把握得非常好，由于这位记者的受欢迎，在整个1925年夏天它都保持了畅销。哈佛的学生把他当作捍卫逻辑抵抗荒唐，捍卫进化抵抗神造的卫士，一个卓越的讽刺之声，与今天的观众对乔恩·斯图尔特的态度颇有些相似。门肯跟踪见证斯科普斯“猴子审判”而写下犀利的评论，

① 《猎犬季刊》，克瑙夫发行的不定期流行文学刊物，主要目的在于宣传公司的正式出版物。

记录该案中克拉伦斯·达罗与威廉·詹宁斯·布莱恩[①]的争辩，这使得他某种意义上成为全国性的英雄人物。他发表在《巴尔的摩太阳报》上的报道甚至为ACLU（美国公民自由联盟）提供了开庭前的建议，这是布兰奇所敬佩的胆量。甚至40年之后，斯科普斯自己都说："某种程度上，那是一场门肯秀。"这位记者对圣经带[②]（这是门肯创造的一个词）和愚众[③]（也是他发明的词）"攻击性的评论"，为这次事件赢得了长时间的关注。

然而公众的喜爱并不持久：此案审理后不到一年，全国共有五百多篇报纸社论评论门肯，其中80%为负面意见。他所释放的"轻蔑的讥讽"使得绝大多数公众感到自己受到了伤害。布兰奇决定在这一过程中支持门肯，尽管因为她母亲严重的病痛，她如今能分身出来和他待在一起的时间变得十分有限。当她发现贝莎的行为开始变得"不像她自己"时，布兰奇推迟了那个春天的欧洲采购行程。5月17日，贝莎经历了一次严重的中风，布兰奇这时才意识到为什么这位59岁的女子当年早些时候坚持要去欧洲看望亲戚朋友，而这一趟永远在更改行程的旅途把布兰奇给累坏了。起码自从她丈夫七年前去世后，贝莎久一直在同动脉硬化作战，所以她右脑出现血栓并不叫人特别吃惊。她昏迷了16天，经历了脑出血，随后于1925年6月3日，由女儿陪侍一侧，去世。

出于尊重的姿态，布兰奇满足了母亲的遗愿（费用按照她的遗嘱，由她的遗产支付），将她安葬在布鲁克林的塞勒姆园墓地，紧挨着朱利叶斯（以及古根海姆和其他知名的犹太家族）。她母亲留下了不下50万美元给

---

① 威廉·詹宁斯·布莱恩，美国演说家、政治家。从1896年起，成为民主党重要力量，被三次党内提名总统竞选人。他代表"世界基督教基本教义协会"参与"猴子审判"一事成为他政治生涯的顶点。

② 圣经带，用来指代美国东南部中南部地区的非正式地域划分词，在这一地区，保守的基督教福音派在社会政治生活中占据强势，日常生活中基督教的参与度高过全国平均水平。这些地区演变为后来的所谓"红州"。

③ 愚众，门肯发明的一个词，大意类似于2016年美国大选中的热词"deplorables"。

欧文和布兰奇，两人平分，贝尔芒特停车场则只留给儿子。尽管从经济上看，布兰奇已经得到了母亲的照料，但心理上，她从此只剩下自己，无依无靠，独自一人面对阿尔弗雷德和他父亲。

葬礼当晚，布兰奇穿戴阴郁地去参加了山姆的生日会。几乎没有因为丧母一事而有任何停顿，她已经开始准备出发，与阿尔弗雷德、帕特，以及帕特的家庭教师一起去欧洲，他们的轮船次日一早启程。关于他们一家的这趟旅行鲜有记载。一经登陆，一家人便分道扬镳，奔向不同的目的地，阿尔弗雷德去伦敦，帕特去阿尔卑斯山（埃德温在那里等他一起度假），布兰奇按她的常规走了一圈。她停留时间最长的一站是巴黎，那里充满了美国及各国作家。不顾刚刚生过孩子，她的法国代理珍妮·布莱德利[①]坚持每周一次在圣路易岛[②]上她那既是家又是办公室的场所为作者举办聚会。客人可能包括了当时最热门的人物，例如欧内斯特·海明威、詹姆斯·乔伊斯[③]、安德烈·马尔罗[④]、格特鲁德·斯泰因、爱丽丝·B. 托克拉斯[⑤]，或者 F. 斯考特·菲茨杰拉德。与克瑙夫作家安德烈·纪德[⑥]一起，布兰奇还

---

① 珍妮·布莱德利，克瑙夫的法国代理。

② 圣路易岛，法国巴黎塞纳河上的两个天然岛之一。通过四座桥与巴黎其他部分相连。

③ 詹姆斯·乔伊斯，爱尔兰作家和诗人，20 世纪最重要的作家之一。代表作包括短篇小说集《都柏林人》（1914）、长篇小说《一个青年艺术家的画像》（1916）、《尤利西斯》（1922），以及《芬尼根的守灵夜》（1939）。尽管乔伊斯一生大部分时光都远离故土爱尔兰，但早年在祖国的生活经历却对他的创作产生了深远的影响，其大部分作品都以爱尔兰为背景和主题，所创作的小说大多根植于他早年在都柏林的生活，包括他的家庭、朋友、敌人、中学和大学的岁月。乔伊斯是用英文写作的现代主义作家中将国际化因素和乡土化情节结合得最好的人。

④ 安德烈·马尔罗，法国著名作家、文化人，曾任戴高乐时代法国文化部长，且被提名诺贝尔文学奖候选人。代表作小说《人的价值》（又译作《人类境况》），以详述上海“四·一二”事件为内容，颇受好评，因此著作荣获 1933 年法国龚古尔文学奖。逝后葬于法国巴黎先贤祠。

⑤ 爱丽丝·B. 托克拉斯，出生于美国，20 世纪早期巴黎先锋派成员，格特鲁德·斯泰因的终身伴侣。

⑥ 安德烈·纪德，法国作家，1947 年诺贝尔文学奖得主。纪德的早期文学带有象征主义色彩，直到两次世界大战的战间期，逐渐发展成反帝国主义思想。纪德擅长虚构和自传书写，在文字间所展露的他的人格中，因拘谨保守的教育和狭隘的社会道德主义分裂而成的两面：冲突和至终和谐。他的作品描绘了严谨道德约束下的自由和赋权，可以感受到他为追求知性而诚朴地持续努力。他自我探索般的文字，反映了他关于如何成为完全的自己的思索，笔意所及包括在不背叛个人价值的同时，拥抱个人的性别本质。纪德的政治活动受当时社会风潮影响；在 1936 年远行至苏联后，抛弃共产主义。

参加了娜塔莉·巴尼[①]的沙龙，那里的气氛稍欠随意，但却十分受女性欢迎。

几个月以后，这位出版人回到纽约，展示了全新的自信，仿佛失去母亲这件事驱使她展开了新航向。在董事会上，当阿尔弗雷德又像从前一样无视她的存在而发言时，她开始打断他。有时会走得太远，每当看上去没有什么可以打击到她丈夫的粗鲁时，她就故意去激怒他：一会儿转向她左边的人，一会儿转向她右边的人，不断地轻声交谈，直到阿尔弗雷德大喊着让她安静。每个人都知道接下来会发生什么：阿尔弗雷德会向当时正与他讨论的那个克瑙夫员工大肆发难，周围的人都尴尬地低头看着自己的膝盖。有时，喜怒无常的阿尔弗雷德会在编务会上去挑衅布兰奇，正以为万事大吉时，他忽然对她俯冲下来。拉夫·科林，曾经做了30年的董事会成员（他在布兰奇去世那一年辞职），同时也是纽约音乐、艺术圈的重要人物，他记得那些克瑙夫之战在他加入时已经变得有多个人化，两人在任何小事上都谁也不肯退让。“他们就静静地等着对方说错话。”可是，科林又加了一句：“我们都知道阿尔弗雷德绝对对布兰奇着迷。”

科林接着又说，克瑙夫的婚姻不是被“她那位正儿八经的情人于贝尔·欧艾所毁掉。它反正会破裂的，因为布兰奇与阿尔弗雷德的无望的竞争。无论她能做到什么，他都能做得更好。公司是他的名字”。正如比迪·勒梅所说：“阿尔弗雷德热切地想要接近的那一群人滋养了他身上的残忍。”

布兰奇知道，没有人，包括她儿子，敢于顶撞阿尔弗雷德。每次她同阿尔弗雷德一起请作者吃饭时，她都会很紧张，他会给他最近正在追求的

---

① 娜塔莉·巴尼，长期旅居巴黎的美国剧作家、诗人、小说家。巴尼在她位于巴黎左岸雅各布大街20号的家里举办沙龙长逾60年，聚集了包括当时最顶尖的法国、美国、英国现代派作家在内的世界各地作家和艺术家。她倡导女性写作，并发起了“女性学院”以挑战完全被男性霸占的法兰西学院。作为公开的同性恋者，她早在1900年就开始公开发表写给女人的情诗。她的生活以及爱情关系为许多小说提供了灵感。

那些客人点昂贵的酒，而不给桌上其他人多少选择余地。四十多年以后，当克瑙夫出版了朱莉娅·柴尔德的《掌握法式烹饪艺术》一书后，阿尔弗雷德去作者家里吃饭。作者的丈夫保罗·库辛·柴尔德[①]自豪地从精心收藏的酒窖中挑出一瓶酒时，阿尔弗雷德什么也没说，只是“鬼鬼祟祟转过身去，记下了酒瓶标签上的字”。他没有给主人一句称赞，“刚一进到起居室，他立刻抽出一支雪茄”。保罗“一直没有从那件事中缓过劲来”。更早些时候，有一次克瑙夫夫妻二人请加州大学伯克利分校的法学教授法纳姆·格里菲斯[②]共进午餐，阿尔弗雷德用胳膊拐着格里菲斯，让他叫布兰奇把手里的契斯特菲尔德灭掉，因为烟味会败坏每个人的味蕾，影响品酒。作为一个有绅士风度的人，格里菲斯回绝了他的要求，于是阿尔弗雷德叫来服务员把客人的酒杯给撤了。

威廉·考希兰德这样说他的老板：“他像一个君主一样在统治”，同时“令人难以相信地漠然”。通常，阿尔弗雷德看上去好像已经彻底没有了感觉。不过并不是人人都在意他的脾气和个性。在一次与作家苏珊·希恩的访谈中，长期担任《纽约时报书评专栏》[③]主编的弗朗西斯·布朗[④]就表扬阿尔弗雷德，他一年里会同阿尔弗雷德在帕切斯一起吃几次饭，总会问他“要波旁还是要苏格兰，总会按我说的来”。他称其为“伟大的出版商”，一部分是因为这两人沟通起来没有任何障碍。布兰奇则采取了与阿尔弗雷德相反的策略：她总是专注地聆听（这从她的照片上可以明显看出）作者，以及其他出版社里她所尊重的人，总能鼓励对方说话。由于如此的强烈力量，总是能激发对方的自信，也可以说，在粗心的观察者眼里，她默认自

① 保罗·库辛·柴尔德，美国政府公务员，外交官。

② 法纳姆·格里菲斯，加州大学伯克利分校法学教授。

③ 《纽约时报书评专栏》，《纽约时报》的一份增刊，每周出版，以评论新出版的重要虚构和非虚构作品为主。是行业内最重要，也最具影响力和覆盖面的出版物之一。

④ 弗朗西斯·布朗，1949 年至 1971 年间担任《纽约时报书评专栏》主编，1995 年去世。

己比丈夫低的地位，丈夫从来不会只是在听。任何有观察力的人都知道，对于布兰奇的这一认定距离真相的距离，正如阿尔弗雷德的无所不能距离真相的距离一样远。

第二部

7. 哈莱姆

1925年，克瑙夫庆祝了它的十周岁生日。全国发行的《布鲁克林每日鹰报》(全国十大报之一)派记者塞西莉亚·加勒德到布兰奇办公室采访她，准备刊发在起星期日的杂志版面。加勒德对布兰奇的不寻常地位大肆渲染；妇女参加工作那时已经比较寻常，但没有已婚夫妻做事业搭档。这位记者问布兰奇，比如在面对选择书稿时怎么处理意见不一。“微笑。”布兰奇回答说，他们讨论彼此的感受，继而达成一致——或者就向更擅长于当时手中那一类文学的一方投降了。但是，最经常的，“我们妥协……而如果我们不能达成一致，多半会放弃”。

尽管这一次的周年庆祝小册子比五年前那一次的更多地提及了布兰奇，仍然主要是向阿尔弗雷德的致意。布兰奇这次下了决心要把自己加到剧情中去，在她的结婚周年纪念和克瑙夫的开端之间，创造一个神奇的汇流。“你是说……你有了一名丈夫的同时，还有了一份事业？也就是说你是同时对两件事说了‘我愿意’？”这位记者不敢相信地问。“我没有嫁给这生意，”布兰奇回答，“是我协助共建的。对它，我感觉远远不像一个妻子，而是母亲。”

一头雾水的加勒德换了个策略，继续追问这个“母亲”一说，她向布兰奇询问关于帕特的事，然而布兰奇坚持把话题推向克瑙夫的出版。警觉的采访者意识到布兰奇可能确实很固执，她于是向读者用插入语评论的形式确认了一句，这位出版人“并非露西·斯通派”(露西·斯通[①]是一位妇女参政、废奴倡议者，为妇女在婚后保持“婚前”姓氏斗争——她的追随者被称作“露西·斯通派”)。用近乎疯狂的语调，加勒德向自己的读者说，布兰奇不光从了夫姓，并且穿着炫目——她看上去没有一丝“书呆子气，哪怕一点点也没有——而且她还有个孩子”。无论布兰奇如何努力，想要把她与阿尔弗雷德的平等地位交代清楚，这文章用的标题却是“一个男人与他妻子运转的出版公司”。

山姆·克瑙夫似乎把这访谈忽略了，有可能心里也懊恼布兰奇说话如此无所顾忌。在这些年中以财务官身份在克瑙夫公司里进行父权参政的同时，他还兼任了美国交易所－太平洋国家银行的商品顾问，以及《美国信使》的业务经理。布兰奇暗示，他可能揽的事情太多了(后来证明她是有预见性的)，她公公只低声骂了几句。山姆去世后，按文学代理勒顿·布拉辛格姆的说法，他是这样的一个人:“存储了惊人容量的粗糙且紧张的能量，有着活跃而实干的头脑，同时又很奇怪地流露出多愁善感。”如此的多愁善感是用来向他身边的手下人，或者缺乏安全感的人例如布兰奇，弥补他那些琐碎的苛责。

到1925年底，当布兰奇意识到自己需要把注意力从阿尔弗雷德和他父亲身上转移开时，她说服范·韦克滕给她找了一名一流的现代舞老师，为即将到来的节日派对做准备。很快她和五位女性朋友一起，包括演员海伦·海耶斯[②]，以及为里弗莱特写出当年畅销书《绅士爱美人》的作家安

---

① 露西·斯通，美国著名的演说家、废奴者、妇女参政倡导者、女权活动家。1847年，斯通成为麻州第一位获得学位的妇女，并以婚后使用娘家姓氏而闻名。

② 海伦·海耶斯，美国女演员，职业生涯延续长达近80年。她最终以美国历史上12位同时获得过艾美、格莱美、奥斯卡、托尼奖的演员之一赢得了“美国戏剧业第一夫人”之称。海耶斯还于1986年被里根总统授予美国公民最高荣誉“总统自由勋章”。

妮塔·露丝[①]，开始每个星期上课，在《一起摇摆》的编舞之一查尔斯·大卫的舞蹈室里努力练习，想要掌握查尔斯顿舞以及更新的林迪舞[②]。这个舞蹈小组很快又增加了难度更高的源自其后变成阿波罗俱乐部的哈莱姆音乐厅的黑人扭摆舞[③]。在这群她信任的妇女中间，布兰奇显得特别开心。一次在她家公寓里举办的派对上，她忽然神秘地失踪了，回来时多了一顶高礼帽和一根手杖，胜利牌78转胶木唱机播放着音乐，她把三种舞步混在一起，跳得兴致盎然。阿尔弗雷德拼命鼓掌，连客人们都不知道该怎么想。她知道阿尔弗雷德其实也蒙了，但他是真的对她倾心啊。

哈莱姆，感觉越来越像是布兰奇的世界，倒不仅仅是因为通过范·韦克滕她持续收到那里的诗歌和散文。就在这一年即将结束的前几个月，在一个美国全国有色人种协进会[④]组织的卡巴莱歌舞夜总会上时，卡尔被介绍给了22岁的诗人兰斯顿·休斯。后来，在美国黑人期刊《机遇》[⑤]赞助的一个文学竞赛上休斯获胜，这时卡尔和维切尔·林赛[⑥]都积极鼓励他把自己的诗作寄给布兰奇。

被作品中大胆的独创性而震撼，布兰奇立即安排了出版《忧郁的布

---

① 安妮塔·露丝，美国电影剧本作家、戏剧作家、写作者。以畅销喜剧小说《绅士爱美人》闻名。自1912年开始剧本创作，成为历史上第一位同时领取工资的职业剧本写手。

② 林迪舞起源于查尔斯顿舞。其命名来自查尔斯·林白1927年首次不间断横渡大西洋的飞行。作为摇摆舞的一支，在20世纪二三十年代创建过程中林迪受到了许多舞种的启发，但影响最大的是爵士舞、踢踏舞和查尔斯顿舞。

③ 黑人扭摆舞，直译为黑人屁股舞，纽约20世纪20年代太妹时代所流行的一种舞蹈。起源于20世纪初的新纽奥良。1924年，Dinah的舞台表演将黑人扭摆舞引介给纽约大众。在1926年和1927年，这个表演在纽约哈莱姆区首演，爵士钢琴演奏家杰利·罗·莫顿写了“Black Bottom Stomp”这首歌曲（意指底特律下层阶级的黑人），随后黑人扭摆舞在全国快速流行起来，取代查理斯顿舞成为当时最流行的舞蹈。

④ 美国全国有色人种协进会，系美国民权组织，成立于1909年，旨在推进非裔美国人的公正待遇。

⑤ 《机遇》，全名《机遇：黑人生活日志》，由全国都市联盟出版的一份学术刊物。作为一个社会学论坛出现，讨论非裔美国人的研究话题，以哈莱姆文艺复兴时期促进文学而闻名。1923年至1942年间按月出版，随后按季出版，直至1949年。

⑥ 维切尔·林赛，美国诗人。被认为是现代吟唱诗歌之父，在他与诗人叶芝的通信中显示，他意图复兴诗歌中类似于古希腊人诗歌所体现的音乐性质。

鲁斯》[①]，1926年的第一版成为那个年代的象征。如休斯的传记作者阿诺德·拉姆帕赛德[②]所记载，这些年书的销量一直起伏，“从1932年《守梦人》[③]的几百册，到1959年自选诗集的好几千册。而像1947年《奇迹之地》[④]、1949年《单程票》[⑤]这几部都表现很差，这也许导致了克瑙夫终于放弃了出版他的《延迟之梦的蒙太奇》[⑥]”(霍特，1951)。

布兰奇和范·韦克滕在休斯的一生中都很坚定地支持他。(休斯回忆，当1931年—1937年九名黑人青年被控强奸两名白人妇女的著名斯科茨伯勒男孩案发生时，正是范·韦克滕“鼓励我努力把这件事公布出来”。布兰奇知道，对非裔美国人文化的兴趣，没有谁比卡尔·范·韦克藤的来得更真诚。在20世纪20年代后半期，她与他一道为黑人作家带来了知名度和认可。她很快就体会到，兰斯顿·休斯通过他声称的一个“黑人的灵魂”来跟她说话，说一个“黑鬼”，一个“在这个世界上谁也没有／除了我自己谁也没有”的黑鬼。这种与“他的同类”的疏离，他认为自己是孤独的这一信仰，在这位依旧年轻的女子身上引起了共鸣，她在自己无爱的婚姻里深刻地理解了孤独。

当休斯在一部他想要写的小说面前感到矛盾重重时，布兰奇劝他，无论何时一定要真实地面对自己。布兰奇在休斯身上发现了一种血缘的精神，他依靠书来引导自己的方向，就像她自己大多数的人生阶段一样。“文学像一个大海，盛满了鱼。我放下网去，就这么一拉。”当他的家庭在他

---

① 《忧郁的布鲁斯》，兰斯顿·休斯写于1925年的诗。最初发表于都市联盟杂志《机遇》，被杂志授予当年最优秀诗歌奖，这首诗被收录于他的第一本同名出版诗集。

② 阿诺德·拉姆帕赛德，1941年11月13日出生于特立尼达和多巴哥共和国，1965年移居美国、传记作家、文学评论家。《兰斯顿·休斯的一生》第一卷(1986)入围普利策奖。

③ 《守梦人》，克瑙夫1932年出版的休斯诗集。

④ 《奇迹之地》，克瑙夫1947年出版的休斯诗集。

⑤ 《单程票》，克瑙夫1949年出版的休斯诗集。

⑥ 《延迟之梦的蒙太奇》，休斯长诗集，出版于1951年，爵士诗歌风格。

六岁就破碎散去时，书就是休斯的救赎。“我相信书，胜过我相信人。”他写道。

* * *

好几年，阿尔弗雷德在山姆的怂恿下，一直念叨要在伦敦开一间克瑙夫办事处。如今到了1926年，克瑙夫装备好了要在伦敦亮相。布兰奇本来认为巴黎本应是更有战略意义的下一站，但自从她为新办公室雇请了一对完美的夫妻来打理之后，她比阿尔弗雷德更有热情了：英国作家兼代理史托姆・詹姆森（正是她确保了 D.H. 劳伦斯投奔克瑙夫，而布兰奇几年前与他第一次见面后就建立了很好的关系），以及即将成为史托姆丈夫的历史学家盖伊・查普曼[①]。1926年1月，克瑙夫伦敦办事处正式成立。一年半以后，在山姆的坚持下，公司在附近，布卢姆茨伯里地区的心脏地带，贝德福德大街[②]37号租下了一座五层的小楼。

不幸的是，事实证明，伦敦办公室按一位雇员后来的说法，是一个“疯狂的冒进”。史托姆和盖伊几年之内都辞职了，尽管克瑙夫又请了别人来继续运营了一阵，但1931年就彻底关门了。山姆从一开始就对这间办公室充满了极大热情，“很肯定他儿子的公司一定会兴旺”。再一次，他在形象上做了投资，把钱砸进了贝德福德大街的楼房，却反过来责怪盖伊・查普曼没有定期提交财务报告。克瑙夫在英国的运营就是一个烧钱的无底洞：截至1928年，出版社最初投入的72000美元，已经损失了48000美元；阿尔弗雷德很不情愿地承认，最终损失超过了10万美元，这还不算“浪费

① 盖伊・查普曼，英国历史学家、作家。先后毕业于西敏公学、牛津大学基督堂学院，以及伦敦经济学院。于1926年与玛格丽特・史托姆・詹姆森结婚。查普曼曾在皇家燧发枪手团服役，获授十字勋章。他从事过出版业，担任过利兹大学现代史教授。

② 德福德大街，伦敦街区。

的时间和精力”。（这一正式成立于1926年1月4日的子公司，直到1950年才从法律上解散。）用阿尔弗雷德的话说：“我们大概是中了魔咒会想要在英国运作。”而且，他可能还补充说，这其实使得好几个英国出版商在克瑙夫自己的美国书的外国版权竞争上打败了自己！克瑙夫们发现，异地运作生意有多难，太多老板，而多数时候意见不一。

然而在1926年2月，伦敦的事业愿景看上去很坚实，布兰奇也很满意地在史托姆的推荐下签了当时很热门的英国小说家沃里克·狄平的《索雷尔父子》①。她对史托姆的信心立即有了回报：这本书位列《出版人周刊》1926年畅销榜第三位，1927年第四位。（在1915年到1934年间，赞恩·格雷②以九种图书领跑畅销榜，紧随其后的便是每人七种的狄平和辛克莱·路易斯。）狄平的小说，部分基于作者在一战中的亲身经历，刻画了一个致力于儿子一生成功的男子。《纽约时报》书评说，这部小说同时包含了“路人的平淡”和“力量的篇章”。销售数据一直上升，《文学评论》撰文说，《索雷尔父子》是“一个吸引人的故事，其角色具有狄更斯式的色彩。狄平先生将它变得就像为一座摩天大楼挖地基一样令人神魂颠倒”。

为了推广英国小说，常规负责虚构作品宣传的布兰奇，看重山姆在广告方面常常能得到很好回报的直觉，鼓励他来主持这项工作。山姆又一次争取到了一项决策工作，这次同广告公司巴伦·科利尔③合作，他说服这家公司把他们拥有的长岛铁路车厢和纽约地铁车厢里没有售出的广告位无偿给克瑙夫宣传用。（“车厢广告”是放置在列车、地铁以及路面电车车厢

---

① 沃里克·狄平，一位高产的英国小说家及短篇小说作家。《索雷尔父子》为其代表作。

② 赞恩·格雷，美国作家、牙医，以其探险小说以及与西部文学风格相关的的故事而闻名。

③ 巴伦·科利尔，美国广告企业家，后来成为佛罗里达州拥有最大土地面积的业主，其拥有的产业还包括连锁酒店、公交车线路、几家银行、报纸，以及电话公司和一条蒸汽轮航线。科利尔出生于田纳西州孟菲斯，16岁辍学，在伊利诺伊中央铁路打工，不出4年，创立了自己的事业——纽约统一电车广告公司，26岁身家达百万美元。

内的广告牌，有的安装在车尾，有的安装在车厢两侧的车窗上面。）山姆还设法在一个百老汇展示牌上方租下了一个位置来宣传这部小说。《索雷尔父子》是克瑙夫第一部销量超过十万册的书，尽管布兰奇认为这宣传很不入流，但她管住了嘴，相反还称赞了山姆的主意——毕竟成功是大家有目共睹的。

迫不及待地要宣布克瑙夫到目前为止这一年来的成绩，布兰奇在家里举办了一个早春庆祝。那场各色人等混杂的派对——大大归功于范·韦克滕在《名利场》[1]发的一篇“定义潮流的文章”——包括了诸如詹姆士·维尔登·约翰逊、小说家沃特·怀特[2]、谢尔盖·库塞维兹基、25岁的阿隆·科普兰[3]、那个年代的“it”女孩爱琳·普林格[4]（一位机敏而光彩照人的电影明星，正与门肯在闹绯闻），以及哈利勒·纪伯伦。布兰奇不遗余力，甚至请人来演唱因纽特人写的歌曲。令这位出版人特别兴奋的是，范妮·赫斯特也到场了：头一年经范·韦克滕引介后，布兰奇与赫斯特很快成了朋友。

6月，布兰奇和阿尔弗雷德回到伦敦视察新办公室。布兰奇很欣慰史托姆正准备签下安德烈·纪德的“藏在小说里的小说”《伪币制造者》[5]。这部书的诸多观点，以及存在于故事中心的诸多同性关系激发了同一时期的立体派艺术。很明显，史托姆是跟得上时代的，于是克瑙夫夫妻告别前往欧陆时，放心大胆地认为押在伦敦的这场赌博是值得的。但布兰奇没有意识到的是，由三名个性都十分强烈的克瑙夫作为一个团队来进行异地运作的难度有多大，未来的混乱通过公司信笺抬头这件小事已经初现端倪，

---

① 《名利场》，美国康泰纳仕集团发行的流行文化、时尚及花边新闻杂志。
② 沃特·怀特，美国非裔民权活动家，同时也是一名记者、小说家和散文家。
③ 阿隆·科普兰，美国古典音乐作曲家、指挥家和钢琴家。
④ 爱琳·普林格，美国舞台及默片时期大银幕演员。
⑤ 《伪币制造者》，法国作家安德烈·纪德创作的小说，最初发表于《新法兰西评论》杂志。角色众多，情节交错纵横，该书被视为“新小说派”先驱。

他们有两种格式的信笺，常常混着用，英国版的以这边公司经理的名字盖伊·查普曼和史托姆·詹姆森取代了本该初现的克瑙夫的名字和职位。

＊＊＊

夫妻俩旋风一般地分别在各城市间穿梭：巴黎、柏林、莱比锡、慕尼黑、德累斯顿、维也纳、萨尔斯堡、布拉格、布达佩斯、比亚里茨，险些没赶上阿尔弗雷德弟弟6月24日的婚礼。就在12个月前，埃德温同结婚两年的玛丽·埃利斯离了婚；这一次的婚礼是在莎曼特城堡，与米尔德丽德·奥本海默，那是米尔德丽德的姑妈为整个夏季租下来的一座极其奢华的别墅。米尔德丽德自己本身是一个极有前途的剧作家，但很快她为丈夫放弃了自己的事业。

布兰奇迫不及待想要回家，这样她可以专注于那些正在轰动哈莱姆的外国才子。范·韦克滕，这位“下城里无可争辩的关于上城夜生活的权威”，与兰斯顿·休斯一起，说服了布兰奇当今最好的写作出自新黑人运动（也就是后来更为人所知的哈莱姆文艺复兴）。尽管范·韦克滕从根本上参与了布兰奇所有的关于“她的”哈莱姆作家的决定，但他要求她对这一顾问角色保密。他朋友太多了——其中包括詹姆士·维尔登·约翰逊、康蒂·卡伦[①]、埃塞尔·沃特斯[②]、保罗·罗布森，甚至兰斯顿·休斯——都在争相希望得到他的重视。

秋天之前，布兰奇已经签下了约翰逊以及内勒·拉森的几部书，他们

---

① 康蒂·卡伦，本名康蒂·罗伊·波特，重要的美国非裔诗人、儿童文学作家，以及哈莱姆文艺复兴时期剧作家。

② 埃塞尔·沃特斯，美国歌唱家、演员。沃特斯经常在百老汇舞台剧及音乐会中表演爵士音乐和流行歌曲，1920年代起开始演唱蓝调。她是自海蒂·麦克丹尼尔斯之后第二个被提名奥斯卡奖的非裔美国人，也是第一位被提名艾美奖（1962年）的非裔妇女。

的短篇致力于阶级、种族和性别等冲突话题。当这位出版人得知非裔美国人要想买到剧院的前排座位，或者想在餐厅用餐都仍然有苦难时，十分震惊。她原本相信（源自她各路朋友以及她自己举办的派对）这样的等级隔离早已或多或少消失了，起码在曼哈顿。

相反她了解到一个丑陋的用语“黑鬼天堂”，特指白人坐在剧院一楼座位上时黑人观众所坐的楼座，这足以说明一切。她决定阻挠山姆·克瑙夫，支持卡尔的决定，用这一短语作为他的新小说标题，这样把真相呈现在公众眼前。她知道山姆既怕冒犯克瑙夫的读者，更怕惹上官司，但她的公公按规矩不应该插手编务。至于“赫恩”，布兰奇有时候这么叫门肯，就连他对书中“纵酒狂欢段落”的担心也没能打消她的念头。最终决定是布兰奇的。

当然所有人都在对《黑鬼天堂》议论纷纷，这是那年8月出版的，到10月前已经卖得很好了。评论多种多样，《纽约时报》埃德温·克拉克[①]的反应最为典型：先是赞扬这本书，同时提醒范·韦克滕如何在阅读体验方面从不令读者失望，然而尽管如此，他声称，这不是一个会走向深刻的小说家。康蒂·卡伦以及 W.E.B. 杜波依斯则对于在他们看来恶毒的脸谱化感到非常愤怒。重要的黑人领袖和艺术家的反应也分作两派：一部分人，包括兰斯顿·休斯、内勒·拉森，以及华莱士·瑟曼[②]，他们认为此书道出了一个至关重要的真相，尽管休斯写信给卡尔说“黑鬼一词对于有色人来说，或多或少就像斗牛眼前的那面红旗”——无论作者本意怎样。如学者艾米莉·伯纳德[③]所指出：“对于美国黑人而言，语言……是一个领地。”语言也

① 埃德温·克拉克，美国文学、艺术评论家，《纽约时报》书评专栏及《艺术新闻》杂志的作者。

② 华莱士·瑟曼，活跃于哈莱姆文艺复兴时期的美国小说家，同时也撰写散文，以编辑为职业，担任过一些短暂存在的报纸和文学周刊的出版人。以《越黑的莓越甜：一部黑人的人生》闻名，这部小说探索了黑人社区内部的肤色歧视。

③ 艾米莉·伯纳德，当代美国学者、作家，佛蒙特大学英语及种族和民族研究教授。

是一个人的故乡，正如被迫背井离乡40多年的作家切斯拉夫·米沃什[①]所保持的。

在仅仅四个月内，此书印了10次，售出10万册。《黑鬼天堂》拒绝了诸如“天然的原始性”等概念，哪怕它开创了一个堕落而异样风情的哈莱姆，也得到时髦白人的一片欢呼。书的护封正面宣称：“卡尔·范·韦克滕持续以当代纽约生活历史学家的身份进行活动，画出了一幅奇异的图画，它展示的是一群神奇，然后迄今为止被白人小说家所忽略的人。”——这个可能出自阿尔弗雷德的极为优雅的简介。

这部小说集中在一个安静的咖啡色皮肤的图书馆员身上，而一个爱着她的年轻人，是一名充满希望的作家，决定不顾社会的种族偏见维持他们之间的关系。他们也觉得幸运，因为如果愿意的话完全可以冒充白人蒙混过关——但他们没有这样做。范·韦克滕很大胆地指责黑人内部的种族歧视——在家人和朋友中间按肤色程度划分等级，仿佛他们也认为白人专业人士比他们更有价值。在一次晚餐聚会时，一个客人轻蔑地声称哈莱姆的居民更倾向于“找白人律师……白人银行、白人保险公司”。《黑鬼天堂》中的女主人公，耳后点着黑水仙香水的玛丽（卡尔的灵感来自布兰奇），抗议说，她跟所有肤色的人都能相处，她也相信在哈莱姆，每一个人，无论肤色的深浅程度，都得到了同等的对待。然而晚宴的女主人不同意这个说法，有人附和她：“一名白人妓女可以去的地方，却可能会拒绝一名黑人传道者进入……为什么，因为即便在黑人剧院里，他们也不会雇太黑的女孩儿。”

很显然，《黑鬼天堂》意在激发激烈辩论。在哈莱姆这本书被聚集在

① 切斯拉夫·米沃什，波兰诗人、散文作家、翻译家、外交官。其二战系列作品《世界》为二十首“天真”诗派诗歌。其非虚构作品《被禁锢的头脑》成为反斯大林经典。从1961年起，到1998年，在加州大学伯克利分校任斯拉夫语言文学教授。1970年加入美国籍。1978年获纽斯塔特国际文学奖，1980年获诺贝尔文学奖，1999年获普特博学者称号。

各图书馆门外的人群抗议谴责，范·韦克滕肖像在第135街和伦诺克斯大道处被吊死。这一立即畅销的书，无论是否因为这些曝光，它总之变成了哈莱姆指南。出版时，亦是哈莱姆在追赶潮流的人群中正处于时尚地位之时，因此书的热销让布兰奇每次去地下夜总会时，都会为那些她眼里不入流的游客而感到烦扰。卡尔，随便可以取笑布兰奇的高高在上，于是开始在给她的信中称她为"大公夫人，甜蜜的小猫"，或者，他会借用门肯的发明："最最亲爱的邱恩冈德·威廉敏娜·施华茨[1]大公夫人。"

那个感恩节，阿尔弗雷德在芝加哥，布兰奇举办了一个华丽的深秋派对，邀请的都是常客。有罗布森夫妇，克瑙夫的法国文学代理威廉和珍妮·布莱德利[2]，以及他们的作者黎贝卡·韦斯特。韦斯特和布兰奇本能地懂得彼此：两人都相信一个人外表的重要性。而在老家，韦斯特与那些桀骜不驯、不修边幅的布卢姆茨伯里派们就常常为此不快，他们洋洋自得地抵制一切中产阶级习惯。而跟布兰奇一样，黎贝卡相信讲究的着装体现了对他人的尊重，而大大咧咧地不加修饰是一种形式的傲慢。

这次社交活动结束后的几天，韦斯特给布兰奇写信，详细地写了她对埃莉诺·怀利的一本书以及门肯的一篇文章的看法，这二者都是她的一位新朋友给她的。韦斯特解释说，她有时仍然会发现门肯的自我放纵、喋喋不休像"一只懒狗"。谈到怀利在克瑙夫出的第一部书（每月一书俱乐部1926年12月的入选图书），韦斯特喜欢《孤儿天使》[3]这一篇，那是一部重新想象了怀利的幽灵恋人珀西·比希·雪莱之死的小说。在怀利的版本里，

---

① 邱恩冈德·威廉敏娜·施华茨，杜撰的戏称。邱恩冈德是伏尔泰小说《老实人》中女主人公的名字，是一位与寄居在自家城堡里的平民老实人相爱的贵族小姐，以此名调侃布兰奇。

② 威廉和珍妮·布莱德利，20世纪早期到中期连接欧美大陆文学界的一对重要人物。威廉出生于美国康涅狄格州，珍妮出生于比利时。威廉1939年去世后，珍妮独自一人继续文学代理、推介事业，直至1983年6月去世。

③ 《孤儿天使》，埃莉诺·怀利1926年发表的小说。

这位浪漫主义诗人没有溺亡，而是移民来到了美国。尽管总的来说，相较于怀利小说中有时怪异恐怖的气氛，韦斯特对怀利细腻的笔法更为欣赏，在《孤儿天使》中至少一个角色身上发现了某种粗粝之美，有如玛雅雕塑般地迷人。

最终韦斯特写过，那些日子里占据了曼哈顿的醉醺醺的场景令人厌倦；另一次，布兰奇举办的深夜派对，韦斯特先陪卡尔去了哈莱姆，勇敢的二位说服蓝调歌手克拉拉·史密斯[①]跟他们一起返回布兰奇的派对并且唱"迪娜"以及"圣·路易斯蓝调"。后来他们又说服男高音泰勒·哥顿[②]表演了一轮灵歌。到这时，阿尔弗雷德的缺席已经不再引起任何人的注意，他宁可出趟远门，以避开当天那些轻浮的派对，要不干脆在家冒着被人贴上厌恶人类者的标签。有时几乎像一名隐居者，他理解与范·韦克滕这样的人社交扩展了克瑙夫的关系，但他基本上让布兰奇去承担女主人的工作，而自己先上床躺下了。

总体上说，阿尔弗雷德排斥泽尔达·菲茨杰拉德这种派对动物，对他来说，她太神经质，丝毫提不起他的兴趣，布兰奇同样也觉得她让人讨厌。门肯抗议过，他坚持认为由范·韦克滕介绍来的菲茨杰拉德两口子在清醒时，是非常聪明有才华的——尽管斯考特已经签给了斯克里布纳之子出版社。很尽职地，布兰奇邀请他们来参加了几次音乐会前的派对，但她始终觉得这一对儿不怎么样：斯考特总是很阴郁，她能感觉到，这个作家已经认定，他们这一代"长大后发现所有的神都死了，所有的仗也都打了，所有关于人的信念也都岌岌可危"。私下里，她也担心，他可能是对的。

---

① 克拉拉·史密斯，美国经典蓝调女歌手。
② 泰勒·哥顿，20世纪早期百老汇男高音歌手。

8. 门肯

1927年1月，布兰奇在好莱坞。像其他作家或者出版商一样，她热切地希望进入这个电影圈，是他们将小说买下搬上大银幕，有时甚至在书得到公众评论之前。而在东岸，门肯等她回来已经等得有点不耐烦了。阿尔弗雷德需要做一个扁桃体切除手术，以及小小的鼻腔修复，门肯说服他放弃纽约的这些医院，去了门肯在巴尔的摩家附近的圣·艾格尼丝医院[①]，那里有很宜人的医疗条件（是一家以慈善形式设置的机构，有约翰·霍普金斯的人员做保证）。这时他发现自己被完全牵扯进山姆不断打来的电话中，要回答纽约的办公室里因为另外两位克瑙夫缺席而发生的各种问题。月底布兰奇及时赶了回来，把她公公从事务中解脱出来，并且还去波士顿赶上了由她亲爱的库塞指挥的科普兰钢琴协奏曲全球首演。

到2月中旬之前，她已经回到东岸的工作状态，正热切期待着公司诗歌目录的早春发布。兰斯顿·休斯以其首部诗集的名字《漂亮衣服的犹太人》[②]，似乎（自然而然地）报答了克瑙夫在上一年让卡尔·范·韦克滕那本煽动性的《黑鬼天堂》问世。但同样是那一批否定了范·韦克滕那本书的评论者，这时又同样鄙视了休斯。他们被其中迫于现金压力，而把最好的衣服送去犹太人典当铺的相关描述而冒犯。总的来说，批评家们都不喜

① 圣·艾格尼丝医院，美国马里兰州巴尔的摩市的一家教学医院。

② 《漂亮衣服的犹太人》，台版译作《犹太底美丽衣服》，克瑙夫1927年出版的兰斯顿·休斯诗集。

欢休斯的新作，认为它事实上羞辱了所有人：《匹兹堡快递报》[①] 的评论标题为《兰斯顿·休斯的垃圾诗集》，而《纽约阿姆斯特丹新闻报》[②] 则用的是《兰斯顿·休斯——下水道里的居民》。

最终连休斯自己也后悔用了这个书名，断定它“把事情弄复杂了，很多犹太人都不喜欢”。不用说，山姆·克瑙夫强烈地反对过。而范·韦克滕，还在对山姆先前反对他自己的《黑鬼天堂》而耿耿于怀，他把山姆的插手叫作“漂亮的无礼”——布兰奇听从了她的朋友，因此《漂亮衣服的犹太人》坚持了下来。尽管这部诗集从销量和媒体反应两方面都不算成功，但是连同《忧郁的布鲁斯》一起，休斯却因此名声大振。阿诺德·拉姆帕赛德将《漂亮衣服的犹太人》在“西方正典范畴内”的重要性与沃尔特·惠特曼的《草叶集》[③] 等同起来。

那个春天，布兰奇本来希望能在5月21日这天，同阿尔弗雷德一起收听查尔斯·林德伯格[④] 从纽约出发经过两天的飞行后降落在巴黎郊外的勒布尔热机场[⑤] 这一事件。她认为，在这样的历史时刻夫妻俩能够一起庆祝的机会并不多见。然而阿尔弗雷德已经计划好了5月中旬去柏林出差，所以林德伯格的辉煌一刻时，他不在布兰奇身边。布兰奇于是同范·韦克滕

① 《匹兹堡快递报》，1907年至1966年的一份匹兹堡出版的美国黑人周报。到20世纪30年代时，快递报已成为美国顶尖的黑人报纸之一。

② 《纽约阿姆斯特丹新闻报》，美国最早的黑人报刊，是一份面向纽约黑人社区发行的周报，有众多知名作家、文化人为其撰稿。

③ 《草叶集》，美国诗人惠特曼诗集。尽管该诗集第一版发表于1855年，然而诗人在其大部分职业生涯中，不断地重写和修订《草叶集》，直至去世，因此40年间导致了大量的不同版本，从最初12首诗的小册子，最终收录了超过四百首。

④ 查尔斯·林德伯格，是一位著名美国飞行员、作家、发明家、探险家与社会活动家。他于1927年驾驶单引擎飞机圣路易斯精神号，从纽约市罗斯福飞行场横跨大西洋飞至巴黎巴黎—勒布尔热机场，成为历史上首位成功完成单人不着陆飞行横跨大西洋的人，并因此获赠荣誉勋章。美国圣地亚哥林德伯格国际机场即以他的名字命名。

⑤ 勒布尔热机场，位于法国巴黎北北东方约11公里处的机场，机场用地介于法兰西博纳依与迪尼两个市镇之间，横跨瓦兹河谷省与塞纳-圣但尼省两省。除了一般包括民航与通用航空用途外，此机场也是包括巴黎航空展在内的许多航空展举办场地。

一起收听了新闻，一起观看了第五大道的纸袋游行。几个星期后她将抵达法国，设法安排了几天时间同阿尔弗雷德在昂蒂布角[①]相聚，那儿离珍妮·布莱德利的度假屋相去不远。尽管布兰奇知道，是在一起的时间太少导致了他们之间的彬彬有礼，但近来夫妻俩确实相处得很客气。

在纽约，他们曾经有过关于分开生活的安排，给予了布兰奇很多自由。帕切斯那座房子丝毫不对她的胃口，暗沉的木质内饰时时提醒她，她有多讨厌这里的一切。她也觉得这里用来给过夜的客人住很合适，尤其是城里的作家们对于能在乡村过周末都十分兴奋。如今她开始考虑重新布置这两处居所。出乎意料地，昂蒂布角成为提出这件事情的完美场所：在绘画和陶瓷鉴赏方面，深受美国富人们尊敬的"亚瑟·凡尔赛"碰巧正好在戛纳附近，领着来自纽约一个小圈子的人正在这儿采购布置家居的古董。布兰奇相信他的品味无可挑剔，立刻雇用了他。于是徜徉在沿海的小村子里，她找到了一些白色的法国乡村风格椅子来与她昂贵的摩登椅子混搭，以及几件结实的边桌来满足阿尔弗雷德对帕切斯那所房子的沉重风格的喜好，沉稳的雅各宾与早期美式家具的古怪融合。"凡尔赛"总是静静地坐在一角，用下巴的轻微动作来给布兰奇正在看的物件发出赞同还是反对的信号。

* * *

到了7月，当托马斯·曼的两卷译本《魔山》[②]获得盛赞的消息传来时，依然在海外的布兰奇松了一口气，这一次她还是选了海伦·T.洛－珀特来翻译。（同以往一样，评论界对洛－珀特的翻译毁誉参半。）尽管这是一部

---

① 昂蒂布角，法国东南沿海著名度假区。

② 《魔山》，是托马斯·曼的一部小说，德文版最初出版于1924年11月，被广泛认为是20世纪德国文学中最有影响力的作品之一。

有着长篇大论哲学论述的艰深小说，然而故事本身，发生在阿尔卑斯一个小小的峡谷达沃斯的肺病疗养院的事，却迷住了书评家们。即便《国家》杂志的埃德温·缪尔[①]抱怨它的那些“让人疲倦的段落”，但他还是承认了它的“最令人神魂颠倒”——如果谁有那个精力去读完那些有时没完没了的句子的话。《波士顿晚间笔录》[②]称《魔山》为“我们这个时代最伟大，也是最动人的书之一”。《泰晤士报文学增刊》[③]宣称，由于曼对于“真正的史诗形式”的把握，“这部巨作中没有一句话可以被忽略或者说无关紧要”。是的，按《星期六文学评论》的说法，曼完全可以将他这本命名为《忧郁的解剖》，如果罗伯特·伯顿[④]的书没有早在1621年就“占用了这一书名”。

尽管她当初就立刻意识到了这本书的力量，然而布兰奇对门肯坦言，她认为其风格是乏味的。他也同意，并且指出，无论布兰奇请的翻译多有才华，某些特定的韵律和反复，尤其是曼所特有的，在英语中不可再现。

回来以后，布兰奇驱车前往帕切斯去查看房屋装饰的进展，她被如今的庭院深深打动了。阿尔弗雷德的朋友弗兰克·贝利[⑤]已经在花园规划上给他提出了很多建议，并且为了感谢克瑙夫在他需要为生意做宣传时给他提供的帮助，他还捐赠了附近的一个森林作为回报。弗兰克派了三个景观设计师来种树，并按照几何原理在阿尔弗雷德这七亩半的土地上对灌木进行了布局。布兰奇很喜欢弗兰克，但她知道他的慷慨是跟山姆·克瑙夫联系在一起的：弗兰克是这一带一个主要的地产代理商，在阿尔弗雷德的父亲试图在地产业模仿他的模式并失败时，他就跟山姆交上了朋友。

---

① 埃德温·缪尔，苏格兰诗人、小说家、翻译家。他以语言平实、生动而感情深厚的诗歌为世人铭记。其妻子是著名的德—英翻译家，翻译了包括卡夫卡在内的重要作家的作品，共同署名。

② 《波士顿晚间笔录》，1830年7月24日起在波士顿首次发行的一份下午出街的日报，1941年4月30日停刊。

③ 《泰晤士报文学增刊》，自1969年起在其封面上开始简称TLS，是一份伦敦的文学评论周刊。

④ 罗伯特·伯顿，英国牛津大学学者，以其著作《忧郁的解剖》而闻名。

⑤ 弗兰克·贝利，美国商人、金融家、慈善家。

跟曾经帮阿尔弗雷德贷款买这个房产的吉姆·罗森博格不一样（布兰奇因为他的保守政治倾向而不喜欢他），弗兰克却打动了她。这位业余的园艺师在长岛北岸的蝗虫谷[①]有自己的植物园，在中央公园南边的艾塞克斯豪斯还有华丽的住宅，如果碰巧赶上好天气，其四周的开阔足以让视线达到自由女神像以至西点。布兰奇还喜欢同他开玩笑，就弗兰克和她自己各自柜子里存放的一些少见的药瓶这事。弗兰克的遗嘱里给母校联合学院[②]捐赠了好几百万，如果帕特这个不咋地的学生没有被他的第一选择普林斯顿录取的话（很有可能不录取），他也许会对帕特有所帮助。料到需要回报，阿尔弗雷德已经主动提出要帮贝利出版他抨击收入税法的檄文。

很快布兰奇开始投入到1927年9月的两种出版物中，她说，二者间极其悬殊的差异只证明了克瑙夫的灵活性。薇拉·凯瑟的《死神来迎接大主教》赢得了评论界的极大赞誉。而从一开始就对凯瑟的小说充满热忱的布兰奇非常欣慰，这看似老派的作者开始在书中实验新的写作形式，将历史人物熟练地融进虚构作品当中。两年前，《教授的房子》[③]已经显现出凯瑟在尝试，将她的虚构创作从传统的静态转向混合了过去和当下的某种东西，但是不太成功。而接下来的小说则收获了她早期做出的努力。《死神来迎接大主教》刻画了两个心存善念的牧师，一个法国人，一个来自中西部，被派去新近归属于美国的地区，协助梵蒂冈创建教区。一队骨干牧师已经与原住民住在一起，意在帮助他们，尤其是霍皮人和纳瓦霍人[④]。但不少宗教人士担心，不无理由地，这些原住民曾经享有的自由统治正在结

---

① 蝗虫谷，纽约州拿骚县的一个村镇及普查规定居民点。

② 联合学院，位于纽约斯克内克塔迪的一所私立文理学院。创建于1795年，自1970年起开始招收女生。

③ 《教授的房子》，薇拉·凯瑟发表于1925年的小说。

④ 霍皮人，美国原住民部落，主要居住在亚利桑那东北部。根据2010年人口普查数据，美国共有19327名霍皮人。纳瓦霍人，美国西南部原住民部落，是仅次于切诺基的美国第二大部落，亚利桑那州140263人，新墨西哥州108306人，超过四分之三的纳瓦霍人居住在这两个州。

束，这不仅不是对他们的关怀，而是对他们的利用。

基于在圣塔菲创建了一座教堂的一名牧师的真实故事——但凯瑟将其扩展到了几个虚构的人物身上，吉特·卡森、斯蒂芬·福斯特、圣·奥古斯汀，以及詹姆斯·芬尼莫·库珀[①]，等等。“乍一看，它不是一部小说，然而，它又是笔者所读到过的所有语言和民族中最上乘的文学尝试之一。”一篇书评中写道。《国家》说：“这是一部需要慢慢阅读的书，需要一段一段地品尝。”这一在其他地方饱受称赞的文学分类上的歧义，在这里受到了批评：“这不是一部小说；而且由于它仿佛半途而废，又让人希望它是一部小说。”凯瑟让读者和自己都经受了考验，拒绝向严苛的分类屈服。对有些读者而言，《死神来迎接大主教》甚至是关于两个男人——大主教拉图尔与维昂神父[②]——之间的爱情故事。

如果凯瑟的书是一次商业意义上的冒险，那么秋季的另一本书则无疑是一炮打响——起码事后看来如此，布兰奇嘲讽地说。罗甘·克伦德宁的《人体》[③]，一部生理学的直率探索，顷刻走红。在整个20年代，关于大脑和解剖的研究充斥了市场，尽管主流仍然集中在精神分析或者女性的生殖系统上。而《人体》则给出了直接的包括雄性和雌性在内的解剖学概述。几年前，门肯读到过克伦德宁的医学教材，十分肯定地感觉到这位医生可以从他的专业知识中萃取出一本给门外汉读的书。有门肯做克瑙夫的大使，医生迅速就同意了。

布兰奇现在决定着手在克瑙夫早期的几乎尚未启动的《猎犬推理故

---

① 《死神来迎接大主教》一书中人物。

② 大主教拉图尔与维昂神父，《死神来迎接大主教》一书中人物。

③ 罗甘·克伦德宁，先后毕业于密歇根大学、堪萨斯大学医学院、爱丁堡大学。自1922年起在堪萨斯大学医学中心任教，最终于1939年创建了医学史及医学哲学系。他以医学文学著称于世，其主要作品《人体》发表于1927年，成为非虚构类畅销书。

事》[①] 基础上，展开暗黑而有腔调的侦探小说。她被最近收到的一些手稿迷住，这些书稿通常在《黑猫》[②] 杂志上刊登一个开头。然而她还没能够开始与阿尔弗雷德协商重启这个系列，夫妻俩又开始闹别扭，这个项目只好搁浅。阿尔弗雷德报怨出版人午餐会所[③] 歧视犹太人，于是准备于1928年出资筹建他自己的"书桌"——进展到后来，把布兰奇以及任何妇女都排斥在外。由于被排挤而感到羞辱和愤怒的布兰奇，一边一支接一支地抽着契斯特菲尔德，一边一反常态地对一位采访者厉声说，她本来就不想与那些雪茄混在一起，更别提痰盂了，就连阿尔弗雷德也学着他父亲，在办公室里都放了一个那玩意。乔·莱瑟试图用十分强劲的财务数据来分散她的注意力——1213000美元的销售额，使得公司的利润达到61595美元（约合2015年的800800美元）——然而布兰奇的愤怒并没有因此平息。

钢琴家朋友蜜拉·海丝的来信正是时候，带着她令人不可抗拒的享受生活的态度，这封信谈及她可能来一趟美国。布兰奇对门肯开玩笑说，也许蜜拉这次来会嫁给他，她上一次来的时候，门肯就被迷住了。最少，布兰奇指望能够在蜜拉到来之前单独跟门肯吃一次饭，赢得他的关注。是时候她和门肯又该去吃美味的匈牙利红椒炖鸡了，他们俩上次一起出去享用时她喜欢极了。她想传出消息去，她最近什么也不吃。

这种传言当然不是真的。为了持续保持与当时年轻的飞妹[④] 同样的体重，布兰奇一般就坐着玩玩她的食物，并不真的吃下去。到1928年前，她又开始了她的排毒节食计划，这是她此后持续了好几年的养生之道中的一部分。她经常一天就吃几根芹菜和几粒橄榄，偶尔吃一块鱼。当蜜

① 《猎犬推理故事》，克瑙夫1918年出版的童书系列推理故事，共两本，作者为J·B·哈里斯—伯兰德。

② 《黑猫》，1895年至1922年间，发行于波士顿的一本美国文学杂志，专门发表"反常"类型的故事。

③ 出版人午餐会所，成立于1915年，供出版商在友好气氛中见面、商讨与图书事业有关的话题，该会所现每年举行八次聚会。

④ 指的是20世纪20年代的时髦青年女子，画浓妆，穿短款直身裙，波波头，听爵士乐。

拉·海丝确认了她真的要来时，布兰奇决定第二周禁食一星期，然后可以跟海丝一起常规用餐。这位出版人热衷于让自己看上去像那些时常出没于巴黎咖啡馆抑或花神咖啡[①]的消瘦而憔悴的巴黎女子。

进入20世纪30年代前，如果不计算卡路里，布兰奇已经感觉到来自她父母身上的肥胖阴影，以及她自己永远在节食的丰满高中女生的记忆。几年后她去看门肯的医生——约翰·霍普金斯的本杰明·贝克，她对他说："让我保持健康，并远离肥胖。"布兰奇去世几十年以后，这位90岁的医生仍然记得他回答她的要求时用过的词，"疯狂""荒谬"，她的要求中甚至包括将她的体重降至75磅，如果他成功做到了，一定会使得她"用双臂来环绕着他"。门肯怀疑她最新的节食药物（很可能是安非他明）促使了她的焦虑，以及生活在大都市也加剧了她对自己体重的担心。

半是打趣地，他建议布兰奇把克瑙夫搬到巴尔的摩这个比纽约理性得多的地方，纽约的商业机会正在变得不可能，"五到十年内不会有一个出版人还会留下来"。而与纽约恰恰相反，他开玩笑说："巴尔的摩有足够的音乐，但又不过分。啤酒也很好。一套很不错的，有很多个房间的独立房，还不到纽约一套公寓一半的价。没有地铁，也没有高架线路。出租车又干净又便宜。而要去纽约，也就是四个小时的路程。我把这想法丢在这儿了！"然而巴尔的摩是座南方城市，亨利知道布兰奇永远也不会离开曼哈顿。她在摩登世界里繁荣，曼哈顿的能量赋予她元气。别人也许会哀叹富有创新精神的建设者们，他们愿景里的新意味着拆除"老"——包括柯尼利尔斯·范德堡[②]夫人的第五大道公馆——但是布兰奇等不及目睹它们的崛起。

---

① 巴黎咖啡馆，曾经位于巴黎歌剧院大街41号的一家历史餐厅，以法式焗龙虾闻名。花神咖啡，巴黎最老的咖啡馆之一，以其著名的常客而闻名，包括最有名的作家和哲学家，位于第六区圣日耳曼大道和圣伯努瓦街。

② 柯尼利尔斯·范德堡，俗称"范德堡准将"。美国商业大亨、慈善家，以铁路和船运起家。出身贫寒并且所受教育有限，范德堡利用坚毅、智慧和运气成为美国历史上最富有家族的缔造者。

9. 孤独的深井

就在准备1928年秋季书目的过程中，布兰奇听说了斯考特·菲茨杰拉德寄来的完整“鸡尾酒”动词形态。斯考特也从门肯那儿听说了布兰奇不吃午饭，用几杯曼哈顿[①]来取代的事，很聪明地借机传达了他们的担心——来自两个男人的。2月10号这天，布兰奇忽然感到一阵刀刺一般的腹痛，她想大概是酒精的作用。西德尼·雅各布斯[②]——克瑙夫刚刚雇请的产品经理，逼着她吃了点东西，以暂时抵挡以他判断肯定是饥饿造成的阵痛，可这刀割般的疼痛越来越严重。终于，她乘上出租车去了勒诺克斯山医院[③]，在那儿，医生做了紧急阑尾切除术，并且发现一个巨大的肿瘤，幸运的是，最终断定为良性。

她的精神被来自办公室投稿堆里抽出来的一封信短暂地振奋了来。布兰奇对着达希尔·哈米特这个名字愣住了，她虽然记不清在哪里，但肯定听说过。很快她就想起来了：哈米特，曾经的平克顿[④]侦探啊，在门肯的《时髦人士》上发表过短篇小说，与乔治·琴·纳森合作过好几年编辑，以及更近期的，在门肯和纳森1920年开始（两年后出售）合编的粗糙杂志

---

① 曼哈顿，这里是指一种经典的鸡尾酒，名为“曼哈顿”，其主要成份为威士忌、味美思以及比特酒。

② 西德尼·雅各布斯，克瑙夫出版社产品经理，后成为出版界传奇性的重要人物。与兰登书屋合并时，为负责产品的副总裁。

③ 勒诺克斯山医院，犹太保健集团旗下医院之一，坐落于纽约市曼哈顿上东区，也是纽约市几所著名医学院的教学医院。成立于1857年。

④ 平克顿，由艾伦·平克顿于1850年在美国创立的私家侦探所。他因宣称自己捣毁了一个暗杀当选总统亚伯拉罕·林肯的暗杀阴谋而闻名，其后内战期间被林肯聘为个人安全代理。

《黑色面具》[①] 上出现。随哈米特的信一同寄来的，是一份很莽撞的书稿，他说想给克瑙夫写两本小说出版。这个时机非常凑巧，正好布兰奇在计划重启《猎犬推理故事》。躺在病床上读这份投稿，她很快断定自己刚刚收到了一份珍贵的礼物。有哈米特的信心给予她进一步的鼓励，布兰奇于是重振了克瑙夫的推理小说线，创造了“硬汉犯罪小说”。正如两度埃德加文学奖[②] 得主安德鲁·克拉文[③] 写道，包括“哈米特、詹姆斯·凯恩，以及雷蒙德·钱德勒（都是布兰奇的发现）……在内的小说家，创造了我们国家为世界文学做出的巨大贡献之一，一个不朽的文学类别，就像爵士一样美国。”

但是她的兴奋很快在腹腔手术出院回家后被一轮抑郁给弄短路了。也许正如朋友猜测的，她毫无规律的进餐习惯终于把她压垮了。不过卡尔·范·韦克滕在布兰奇住院期间，去勒诺克斯山医院看望她时，大概发现了她身上强烈悲伤的可能来源，但他承诺要保密。与布兰奇曾有过一段火热恋情的钢琴家本洛·莫伊塞维奇来过勒诺克斯山，告诉她他将要离开，去做一个历时一年的巡回演出。范·韦克滕记得，布兰奇哭了一整天。还是布兰奇给他打了好几通电话，无休止地说钢琴家即将开启的行程，他才意识到本洛是布兰奇的情人。

仿佛是故意挑衅，布兰奇后来给两只狗取名，一只叫莫伊塞维奇，另一只叫亚莎·海菲兹——据说是因为这两个畜生总试图与这二位的唱片协

---

① 《黑色面具》，最早于 1920 年 4 月由记者 H.L. 门肯以及剧评家乔治·琴·纳森出版的廉价粗劣杂志。这是为了赢利从而从财务上支撑门肯所编辑的颇有声望的文学刊物《时髦人士》的几本赚钱出版物之一，《时髦人士》自 1917 年起一只出于亏损状态。而《黑色面具》在得力的编辑们受理，不仅仅出版犯罪小说，也出版“最好的探险、推理、侦探故事，以及最好的言情和超自然故事”。

② 埃德加文学奖，全名“埃德加·爱伦·坡奖”，一年一度由位于纽约的美国推理作家协会颁布，奖励给上一年度最优秀的推理小说，非虚构作品，电视、电影、戏剧作品。

③ 安德鲁·克拉文，1954 年 7 月 13 日出生于纽约的美国推理小说、悬疑小说及硬汉类型银幕剧本作家。其两部小说被搬上大银幕：《迫切的任务》和《沉默生机》。

调。尽管布兰奇的这些英俊的音乐家在身体上都是十分热忱而强烈的爱人，但他们情感上却是冷淡的。就像后来的CIA总监艾伦·杜勒斯[①]，他一次要求他的情人玛丽·班克拉夫特[②]（布兰奇通过华盛顿的关系结识的朋友）与他在沙发上匆忙做爱，以便在一个重要会议前获得清醒的头脑。所以布兰奇的这些音乐家将他们对音乐的主要热情延展出来，把剩余的部分用在他们妻子以外的女人身上。

正处于两次婚姻之间空白地带的本洛，得以让自己在布兰奇身上倾注了特别的关注，如今也要离开了。当阿尔弗雷德去医院看她时，布兰奇复原了，她戴上软花结头饰给丈夫拍照，穿着浅色的袍子，胸前抱着两只莫伊塞维奇送给她的填充动物：一只独角兽，一只猫。

布兰奇极少向别人承认自己的不适，无论是身体上还是精神上，无论她的感受有多坏。与此同时，她又很容易被别人所给出的任何意味着关心她的信号而打动——尤其是阿尔弗雷德。他是如此罕见地向她表达爱意，其实任何一个小小的举动都足以让布兰奇停止对他的挑剔。她向丈夫炫耀自己收到的礼物，其实是在暗示，她有多喜欢收到礼物，而且其他人——尤其是情人——又是多愿意送礼物给她。经过了来自婚姻的那么多失望，布兰奇还是期盼能得到阿尔弗雷德的心。

1928年5月，这位出版人的抑郁症以一次“神经崩溃”达到高潮，导

---

① 艾伦·杜勒斯，出身美国望族，是首位文人出身且任期最长的美国中央情报总监（美国中央情报局CIA实质领导人），亦是沃伦委员会的一员及施罗德银行董事。杜勒斯除了公职身份，也是“苏利文与克伦威斯法律事务所”专攻《公司法》的执业律师。

② 玛丽·班克拉夫特，美国小说家、间谍、班克拉夫特家族成员，班克拉夫特曾经是道·琼斯公司拥有者。1942年，她居住在瑞士期间，被战略情报局雇佣，在作为艾伦·杜勒斯下属工作的同时，与其保持了一段情人关系。她最重要的工作是与德国军事情报官员汉斯·伯恩德·吉斯维乌斯保持联系，吉斯维乌斯向她提供了7月20日行刺希特勒的行动细节。战后班克拉夫特定居纽约，以小说家为职业。

致她住进了登格勒医生位于巴登－巴登[①]的精神疗养院。她将自己的病情告诉了曼的译者海伦·洛－珀特，她们已经成了朋友。洛－珀特给她的信中说："你实在做得太多了，脑子里装的事情也太多，别把自己压垮了。"可好像没有其他出路：克瑙夫就靠她。阿尔弗雷德在自己需要放松一下时，可以完全做到忽略生意上的事，布兰奇却好像害怕自己显得不再必不可少。她在疗养院的整个期间，"不顾她的劳累过度……坚持协同管理伦敦办公室各方面的事务"。

选择登格勒医生这儿，是因为一个熟人，左翼作家路易丝·布莱恩特[②]的推荐。布莱恩特自己曾经于第二任丈夫约翰·瑞德[③]1920年去世后在这里休养过。这时布莱恩特因为第三次婚姻危机，试图自杀，再次回到这里。范·韦克滕为这两位女子在早先的一次晚餐聚会上拍摄过一幅照片，两人脸上的表情显示似乎正在进行一场激烈的争辩。路易丝很显然给布兰奇反复陈述了她对《解放者》[④]（美国最主要的一份马克思主义者报纸）编辑说过的关于瑞德的死：他经受了极大的痛苦，并且勇敢地对自己的生命进行了抗争。瑞德的故事深深地触动了布兰奇，然后当作家说她那个夏天将要回到巴登－巴登时，布兰奇于是决定也去。她俩讨论过路易丝的病：痛性

---

① 巴登－巴登，德国巴登－符腾堡州的城市，位于德国的西南部，黑森林的西麓，奥斯河谷，邻近卡尔斯鲁厄。巴登－巴登是著名的温泉疗养地、旅游胜地和国际会议城市。著名美国文学家马克·吐温对巴登－巴登做出过如下评价：五分钟你会忘了你自己，二十分钟你会忘了全世界。

② 路易丝·布莱恩特，美国女权运动家、政治活动家、记者，以其对俄国及俄国革命期间的布尔什维克充满同情的报道而闻名。布莱恩特在1916年的报道中描写了俄国革命领袖诸如加塞林·贝雷希古夫斯基、玛利亚·斯皮里多诺娃、亚历山大·克伦斯基、弗拉基米尔·列宁，以及列夫·托洛茨基，这些报道在她从彼得格勒和莫斯科返回后由赫斯特集团发布，于一战后刊载在整个美国和加拿大的报纸上。其第二任丈夫，为著名的左翼作家约翰·瑞德，他们二人的故事在诸多虚构、非虚构类文学作品中出现，尤其是1981年由沃伦·比蒂导演和主演的电影《赤色分子》更令他们的故事广为人知，影片中布莱恩特的扮演者为著名演员黛安·基顿。

③ 约翰·瑞德，美国记者、诗人、社会活动家，以第一手报道布尔什维克革命的文章《震撼世界的十天》而闻名。其妻子为路易丝·布莱恩特（详见上一条注释）。

④ 《解放者》，存在于1831年至1865年间的美国主张废奴的报纸，由威廉·劳伊德·加里森和艾萨克·奈普创建于1831年。

肥胖，相伴而来的是“疼痛的皮下肿瘤”以及突如其来，不能解释的体重猛增。曾经一个身形婀娜的女子，如今她对布兰奇说，尽管她穿着讲究的蕾丝披纱来掩盖浮肿的手臂，可已经明显出现了象皮肿[①]的迹象。布兰奇自己，自从帕特出生以来就一直在跟多余的体重斗争，可以想象路易丝这无法解释的肥胖给她带来多大的冲击。

即便在疗养院，布兰奇也穿得十分时尚。有一幅照片显示，她穿着由俄国出生的装饰艺术设计师艾特设计的丝质长袍，上面有着十分美丽的印花图案。1928年，艾特为数不清的时事戏剧设计了服装，从巴黎的女神游乐厅[②]到纽约的《乔治·怀特的丑闻》[③]，该剧1920年—1924年的版本中用到了乔治·格什温的早期作品。布兰奇居然设法把她的曼哈顿风味也带了一点到这个安静的山中桃花源。

这两位女子当然不可避免地谈到了当时一本非常有争议的书，也是布兰奇正在洽谈美国版权的瑞克里芙·霍尔的《寂寞之井》[④]，一部关于女同性恋之爱的小说。这部书尤其引起路易丝的兴趣，她将在两年之后离婚，起因正是关于她喜欢女性的传言。路易丝听说过七月份将要出版的《寂寞之井》，先于弗吉尼亚·伍尔芙的《奥兰多》[⑤]三个月问世，其主人公也经历一场性的转变。当克瑙夫英国办事处四月份告诉布兰奇这一即将出现的瑞克里芙作品时，她立即写信给纽曼·弗劳尔爵士这位克瑙夫的老朋友（他妻子七年前对于布兰奇的试图自杀不以为然），他现今是霍尔的英国代理。

---

① 由于淋巴液淤积的长期刺激，致使皮肤和皮下组织增生，皮皱加深，皮肤的外观像大象的皮肤。

② 女神游乐厅，法国巴黎的一间卡巴莱音乐厅。创建于1869年，其名望于19世纪90年代至20世纪20年代的“黄金年代”间达到顶峰。

③ 《乔治·怀特的丑闻》，由乔治·怀特制作的长期系列百老汇时事讽刺剧，在1919年至1939年间上演。

④ 瑞克里芙·霍尔，本名玛格莉特·瑞克里芙-霍尔，英国诗人与作家，以女同性恋小说名著《寂寞之井》闻名于世。

⑤ 《奥兰多》，弗吉尼亚·伍尔芙最初发表于1928年10月11日的小说。

弗劳尔告诉她，他们共同的朋友卡尔·勃兰特[1]在代理美国版权。布兰奇读完书稿后迅速行动，到4月16日，她已经收到打印装订好的拷贝，也约好了与霍尔见面的日期，以最后敲定合同。布兰奇骄傲地告诉路易丝·布莱恩特，她将于这本书的英国版面世后很快拿到美国出版。出版人和作者双方都知道，这本书一定会引起轩然大波，但她们俩都对此很欢迎。

性学研究者哈维洛克·艾利斯[2]曾经说过，他从第一次在一个派对上见到迷人而泰然自若的霍尔时就认出她是一名同性恋者，这时给她写信说，鉴于他对这个题材的强烈兴趣，他很希望为这本书写一篇重磅推介。与早期性学家例如理查德·克拉夫特·埃宾[3]等人的惩罚性态度不一样，艾利斯属于一个新的流派，他熟知弗洛伊德关于男人和女人的双性恋本质的理论。弗洛伊德的人类性倾向基本概念尽管与艾利斯的不同，但放在当时的条件下看来，这二者都同样地人道。

一向非常享受不受礼教约束的思考的布兰奇，从出版这本《寂寞之井》中所获得的兴奋，赶得上从前出版任何一部书稿的程度。极有可能是她关于心理分析和性倾向的阅读——这在那个年代既是严肃的学术话题，又充斥着语言上的禁忌——成为她出版霍尔小说的动力。

那个夏天，离开巴登－巴登后，布兰奇在伦敦优雅的巴斯克屋与作者见面，共进庆祝午餐。然而布兰奇的手还没碰到英国出版商约翰·莱恩承诺的打印装订齐全的书页，这本被很多人看作20世纪关于女性同性恋的小说已经被英国审查官员以不道德为由叫停。当布兰奇抗议后，克瑙夫收到警告说，道德风尚斗士约翰·萨姆纳所代表的团体与他们之间的法律冲突可以实实在在导致他们公司的破产。嘲笑了一番他们对淫秽的指控后，

---

① 卡尔·勃兰特，知名文学版权代理公司——勃兰特和赫斯曼公司的创始人。

② 哈维洛克·艾利斯，全名亨利·哈维洛克·艾利斯，英国医生、性心理学家和研究人类性行为的社会改革者。

③ 理查德·克拉夫特·埃宾，德国精神病专家，精神病领域奠基专著《性心理疾病》作者。

克瑙夫还是害怕打输这场昂贵的官司，夫妻俩决定不冒这个风险，转而接受了一个新出版公司科维奇·弗雷迪[①]的提议，由他们买下现有的书页，接手整部手稿的所有权。

布兰奇随后写信给约翰·莱恩，告知他们花钱请的四位专业人士读过这部小说后都同意，这位作家具有非凡才华，可以预见将会有一个“引人注目的职业生涯”。她本人称赞了霍尔“处理如此敏感细腻，可能在很多人眼里属于禁忌的话题时，没有任何冒犯”的能力。然而无论怎样，后面紧跟着一段令人非常失望的结尾：

> 8月19日，此书在（伦敦）《星期天快报》被头条文章猛烈攻击……四天后约翰·莱恩撤回此书。我们……已经决定不可能出版（它）了…… 它会被大多数人纯粹当作色情读物来购买……这看来是一个巨大的遗憾，《寂寞之井》没能逃脱其过往的命运，不过我们考虑……如果坚持让此书印行的话可能会造成很大的伤害。

《寂寞之井》被禁之后，瑞克里芙·霍尔在雅各布大街20号，娜塔莉·巴尼的巴黎沙龙给一群很小的听众举办了一次读书会。一年前，巴尼决定在她新发起的女性学院里只推介女性作家，其中有科莱特[②]、格特鲁德·斯泰因、敏纳·罗伊[③]，以及杜娜·巴恩斯[④]。布兰奇由珍妮·布莱德利陪同，

---

① 科维奇 - 弗雷迪，出生于罗马尼亚的帕斯卡·科维奇从芝加哥大学毕业后，于 1922 年创建了自己的出版公司，1928 年与唐纳德·弗雷迪建立合伙人关系，成立科维奇 - 弗雷迪出版社。

② 科莱特，法国 20 世纪上半叶的女作家，其大部分作品为爱情题材的小说。

③ 敏纳·罗伊，英国艺术家、作家、诗人、剧作家、未来学家、女权主义者、台灯设计师，波西米亚人。其诗作深受艾略特、庞德、威廉·威廉姆斯等人推崇。

④ 杜娜·巴恩斯，美国作家、艺术家。

持续去参加巴尼的活动——而珍妮和丈夫威廉自己在巴克街[1] 18号的巴黎沙龙上也赢得越来越多的尊重。看上去布兰奇很可能会在巴尼家里碰上埃兹拉·庞德，后来她将其签入克瑙夫旗下。两人长期出入尖锐的女性主义沙龙，红色的大马士革地面和绘有仙女的天花板——或者在布莱德利的沙龙。

作为英国版《时尚》的长期读者，当杂志的时尚编辑玛奇·加兰德[2]采访了瑞克里芙·霍尔这位“当时伦敦最骇人听闻的女人”时，布兰奇一定很不是滋味。《寂寞之井》将“永不会出现在任何人的书桌或书架上，只会被私下里阅读”。到1930年9月，当纽约特别法庭彻底撤销了对约翰·萨姆纳的淫秽指控后，《寂寞之井》由科维奇－弗雷迪出版了，售出10万册。

至少，布兰奇很快将有自己的房间了。在1928年秋季期间，距离曼哈顿不到30英里的帕切斯那所房子终于弄完了。布兰奇会放弃第五大道那套公寓，而保持自己在东57街400号三楼那个面积足够大的中城公寓了。她这么做很有可能是受到范·韦克滕的太太梵妮娅的鼓励。梵妮娅坚持跟丈夫在中央公园西路101号紧挨着的两套公寓中各住一套。卡尔有时喝醉酒时会拿着刀追赶梵妮娅，于是女演员觉得各住各的是件理智的事。不管怎么说，布兰奇这一决定——保持婚姻而分开居住，虽然不合常理，倒也并非闻所未闻。战后年代里，在娜塔莉·巴尼的巴黎小分队，以及英国的布卢姆茨伯里人群中，出现了各种反传统的家庭存在方式——不过在布兰奇所处的美国世界，这依然不是一个日日可见的景象。

阿尔弗雷德对乡村的激情（比如此时的威斯特彻斯特郡），和布兰奇的天生都市女孩品性，很方便地解释了他们的分居安排。布兰奇会在每个月

---

① 巴克街，巴黎第七区的一条街道，长1150米，开始于伏尔泰滨河路和阿纳托利-法兰西滨河路的交界处，结束于色佛尔街。

② 玛奇·加兰德，英国时尚界名人，以其时尚报道及编辑闻名，工作过的刊物包括《时尚》及《每日女装》。

里帕特从学校回来那几次，去帕切斯过个周末。朋友们都感到这个期待已久的阿尔弗雷德大宅阴暗沉重，坐在僵硬而没有靠背的长凳上在餐桌旁用餐很不舒服。有的人甚至觉得这个新房子是有意做成这样好让人敬而远之。

而她自己的公寓，布兰奇受到她在巴黎去过的沙龙的启发，认为混合风格而气氛友好是最迷人的。可是她的公公再一次“在我的生活中插手，违背我的意愿力主一个非常贵的房子”——由山姆资助，布兰奇回忆。“克瑙夫太太，”她这么写着，用山姆的口气称呼自己，“不可能住在这么简陋的地方，但她必须看上去像那个她永远也不会真正变成，或者想要变成的样子……我投降，”她接着写道，“像这样大规模地待客、社交、生活了多年，直到我终于搬进我自己的小公寓。”

在布兰奇得到她的“小公寓”之前，生活在由山姆承担开销的生活方式里当然不像她记忆中那么难熬，除了那些难以控制的员工以外。根据克瑙夫助理托尼·帕斯奎尔的说法，山姆给她雇了两个仆人，一个醉汉厨师，以及一个乖戾的法国女佣，在一所宽敞的屋子里。“纯白——地毯、卧室、床品、窗帘、墙、浴室以及毛巾，她用白色涂料，白色牡丹，从白天到夜晚，一切都是耀眼炫目的白，这就是她的名字，一个阴性法语词的颜色。在最醒目的地方，总有一个白色的陶瓷花瓶里插着一支深红色的玫瑰花苞，每天从杂货店买来，如果是冬天就从花店里送来。”帕斯奎尔记得。这一“耀眼炫目的白”与一抹猩红展示了布兰奇对极端的喜爱，这是1915年在旧金山的巴拿马－太平洋万国博览会上就种下的，那一株安放在新古典倾向的中性色彩建筑中，色彩浓郁到爆炸的琉璃珠玉树。再一次，布兰奇从不同色彩的混合中享受着乐趣，直到击中她所追求的最准确那一点。

10. 自己的女人

随着1928年底的即将来临，布兰奇被43岁的埃莉诺·怀利的死讯伤了心，一个星期前她们俩还一起吃了午饭。六月克瑙夫出版了怀利的第三部诗集《琐碎的话》[①]，1929年他们将出版她的选集《天使与世人》[②]——怀利生前已经私下流传的十九首十四行诗系列。从她们认识之初，布兰奇就感到与怀利十分投缘，同时还很羡慕她在性生活上的自由。跟布兰奇一样，这位诗人也住在自己的公寓里，与丈夫分居。怀利的八面玲珑以及对漂亮容貌的保养都与布兰奇类似，尽管怀利的虚荣更加神经质。朋友们都知道要夸她是见过的最美丽的女人，不然她就会歇斯底里，顷刻泪流满面，要不就冲出房间。每当怀利又说起她的“转世为(珀西·比希)·雪莱的幻觉”时，就连布兰奇也会感到毛骨悚然，她对这类信念基本上不以为然。在埃莉诺公寓里举行的私人悼念会上，布兰奇与她们共同的朋友埃德娜·圣文森特·米莱，以及卡尔·范·多伦交谈，他们是前来悼念的九到十位怀利诗歌最忠实的崇拜者中的一员。

一方面，布兰奇被怀利的死深深刺痛；另一方面，她也很高兴终于摆脱了约瑟夫·赫格希姆。赫格希姆在纽约股市崩盘前，声望和价格都已经差不多丢失了，克瑙夫的伦敦朋友德斯蒙德·富乐尔[③]将他从克瑙夫那里

---

① 《琐碎的话》，埃莉诺·怀利的诗集，克瑙夫1928年出版。
② 《天使与世人》，埃莉诺·怀利的诗集，克瑙夫1929年出版。
③ 德斯蒙德·富乐尔，伦敦出版商、作家、藏书家。

接手过来，但是这个易手对各方来说都有点太迟，没有多少意义了。就连滑稽搞笑的安妮塔·露丝都警告富乐尔，抛开赫格希姆真正的，或许有些过时的才华不说，这个矮胖的作家是被取笑的对象。这位48岁，已经结婚多年的赫格希姆向来把自己呈现为一个追逐“空虚的社交名媛”的“卡萨诺瓦”。一位费城的法官给克瑙夫夫妇写信，说他很早就意识到赫格希姆是个“明显的怪人。根本就是个活宝，假装成一位费城绅士……可以想象，任何认识这个人的人，迟早都会讨厌他，就这个人而言”。

如果说赫格希姆的名声已经到头了，那么那位布兰奇住院时从投稿信堆里发现的作者才刚刚起步。跟达希尔·哈米特这个酒鬼合作，从一开始就很不容易。布兰奇发现他是一个“极端保守的人，言谈简洁，情感不外露”。后来出版人的努力受到了称赞：“是布兰奇·克瑙夫，阿尔弗雷德的夫人，发现了哈米特作为作家的前途，为他的第一人本书充当了编辑。”他的一位传记作者理查德·莱曼[①]这样写道。另一位哈米特传记作者威廉·诺兰[②]断定布兰奇是一位“极有才华的女子，对优秀的作品有着敏锐的鉴赏力”。诺兰相信，布兰奇“有着很酷，很有见地的眼睛”使得她“得以对最好的硬汉作家（包括雷蒙德·钱德勒和詹姆斯·M·凯恩）的职业生涯产生了影响”。

事实证明，经常不是喝得太醉，就是太消沉崩溃的哈米特比布兰奇过去合作过的所有作者都更难对付。幸运的是，到这个时候，布兰奇已经懂得，编辑的决断正是懒散的作者所需要的。她一定知道自己从哈米特身上发现了真货，他写出的句子干净而空旷，有海明威的神采，这是人们最常拿他来做比的一位大师。他的传记作者黛安·约翰逊[③]说，“在世风败坏的

① 理查德·莱曼，美国悬疑及恐怖小说作家。

② 威廉·诺兰，美国科幻、玄幻、恐怖及犯罪小说作家，作品多达几百部。

③ 黛安·约翰逊，出生于1934年4月28日，美国小说家、散文家，其作品主要以居住在法国的美国人为描写对象，1988年以小说《巴黎人的夜晚》入围普利策虚构作品奖。

现代世界里讨论个人伦理规则”。就像哈米特自己所崇拜的海明威一样，这位前任侦探也随时需要有人看着以保持清醒——同时把笔落在纸上。当哈米特出席布兰奇的派对时，他不可避免地会乱来。一天晚上他喝得太醉，布兰奇不得不把他锁在卫生间里好让其他客人能够听蜜拉·海丝演奏钢琴。

在克瑙夫50周年结婚纪念时，哈米特已经去世五年，布兰奇回忆说，她跟哈米特说如果他“砍掉75个谋杀”，克瑙夫就出版《血色收获》，然后他“同意了”。她相信他的力量其实部分蕴藏在他的简短当中。哈米特的传记作者萨莉·克莱因[1]说，哈米特那些“克制的句子……传达出一种十足阳刚的危险：‘贝比喜欢苏。瓦索斯喜欢苏。苏喜欢贝比。瓦索斯不喜欢这件事。’[2]”到1930年底，伴随着克瑙夫宣称哈米特“比海明威还好”的广告，他收到极好的评论，被公认为“硬汉流派的创始人”。是的，克瑙夫自己的作者安德烈·纪德也说，哈米特是美国“最有价值的小说家”——因为尽管这位前侦探也有自己的准则，但他从不会用道德规范去伤害他的艺术。当克瑙夫终于在1929年2月1日出版了哈米特的《血色收获》时，《纽约时报》看起来完全不知道这本书的作者，但是对他的肯定80年以后终于到来，《血色收获》出现在《时代》杂志的1923—2005年百大最佳英文小说榜上。

这时，距离《血色收获》发布刚刚过去六个月，布兰奇已经开始着手《丹恩家的诅咒》[3]了。与前一本书不一样，1929年7月19日发表的《丹恩家的诅咒》立即得到了《纽约时报》的评论，盛赞哈米特的写作才能：“真

---

① 萨莉·克莱因，英国皇家文艺学会会员，出生于伦敦的作家、学者，现居住于英国剑桥，共计出版包括泽尔达·菲茨杰拉德传记在内的12部作品。

② 哈米特作品《捕蝇纸》中的句子。

③ 《丹恩家的诅咒》，达希尔·哈米特创作的小说，1929年出版。正式成书出版前，于1928年至1929年在《黑色面具》杂志上连载刊登。

实地再现人物，为了这个目的，他让角色用最正常的语言说话和思考。”称这位侦探作家“让谋杀直接出现，而不是在幕后，全书韵律紧凑，而情节错综复杂并且十分真实”，其真实受到热烈称赞——尽管正如布兰奇所意识到的，像作者本人一样，并不连贯。在那些认识他的人眼里，哈米特本人可能是《丹恩家的诅咒》中主角的原型——高，瘦，穿戴整洁，留着小胡子，好赌——占据了布兰奇太多的时间对他进行事无巨细的监督。她不明白自己是怎么做到的，说服他忘掉酒瓶子而一直写。

在写《马耳他之鹰》① 的过程中，哈米特开始不断要求预支版税，布兰奇坚持，他得先给她看他写的东西才能付钱。她并不喜欢这样像对待孩子一样对他，但她相信这本书将是这个文学类别中的一个新突破。作者这一次使用第三人称，而非他一贯的第一人称叙事，这一变化赋予了他更大的作者距离，以及更有说服力的新语气。

布兰奇被办公室附近一根刮倒的树枝绊了一跤，摔断了锁骨，才只得从这位作者身上分心出来。尽管她还是担心着哈米特，她自己的骨折愈合得也很缓慢，还同时忙于克瑙夫的秋季书目，然而这位出版人，像当时许许多多的女作家（包括向朋友们推荐弗吉尼亚·伍尔芙的薇拉·凯瑟）一样，在10月24日，为霍加斯出版社②（伍尔芙与丈夫伦纳德③ 于1917年创建）

---

① 《马耳他之鹰》，达希尔·哈米特的侦探小说，最初从1929年9月号开始在《黑色面具》杂志上连载刊登。该书被多次搬上大银幕。其主角山姆·史培德多次出现在哈米特的系列作品中，成为硬汉侦探的代表形象。雷蒙德·钱德勒的菲利普·马洛便深受哈米特的史培德的影响。

② 霍加斯出版社，1917年由伦纳德·伍尔夫以及弗吉尼亚·伍尔芙创建的出版社，以他们在里士满的住宅名命名。在两次战争之间的年代里，霍加斯出版社从伍尔夫夫妇的业余爱好开始发展为一个真正的商业事业。弗吉尼亚·伍尔芙于1938年对生意丧失兴趣，退出后由伦纳德与约翰·雷曼合伙，直至1946年。除了出版伦敦布卢姆茨伯里派成员的作品外，霍加斯尚出版一些心理分析著作，以及外国翻译作品，尤其是俄国作品。

③ 伦纳德，伦纳德·伍尔夫，英国政治理论家、作家、出版商、政府公务员，弗吉尼亚·伍尔芙的丈夫。

推出了伍尔芙的《一个自己的房间》[①] 而欣喜。布兰奇一直对伍尔芙的作品感兴趣（她的作品最早出现时，布兰奇才从加德纳毕业不久），尤其是现在，当她被迫放弃瑞克里芙·霍尔的小说之后。基于伍尔芙上一年在剑桥的两所女子学院的系列讲座，《一间自己的房间》从字面意义和比喻意义两方面来谈论女作家，若想要取得与男性同样的成就，所需要——并且所应得——的空间。布兰奇尤其感兴趣于伍尔芙就德斯蒙德·麦卡锡[②] 对黎贝卡·韦斯特（这两名女子共同的朋友）的诋毁和否定的讨论。韦斯特平静地回应了麦卡锡对她的女权主义所发出的攻击："我自己到目前为止，还没有能够发现女权主义的真正含义；我只知道，无论何时，只要我表达了想把自己与受气包或者妓女区分开来的念头时，人们就会叫我女权分子。"

一个想要做自己的女人的欲望，此时在布兰奇的心目中至高无上，可自相矛盾的是，这个倾向又与无休止的节食和抽烟关联在一起。尽管随着20年代的结束，许多美国妇女开始喜欢圆润，但布兰奇并没有。帕特记得，她在1929年开始看一位"维也纳节食医生"，"那个食谱终于摧毁了她"，连同她身上"无数的器质性疾病"一起。

* * *

阿尔弗雷德似乎一心一意投入到把克瑙夫办公室迁到帕切斯这件事上，门肯说得对，未来在大城市之外，他也认定。交通堵塞以及为大量人口提供设施和供水意味着都市中心已经达到了负荷上限。很清楚，克瑙夫

---

① 《一间自己的房间》，弗吉尼亚·伍尔芙散文集。最初于1929年10月24日出版，基于她1928年10月在剑桥两所女子学院：纽纳姆学院和格顿学院的系列讲座成书。由于这本散文集通过一名虚构的叙述者展开，讲座题为"女性与小说"。这本散文集通常被认为是女性主义的教科书，从字面意义和比喻意义两方面来争论由男性统治的文学传统。

② 德斯蒙德·麦卡锡，英国文学批评家、记者。

应该把生意搬到威斯特彻斯特去。范·韦克滕认为这一考量很不明智，尤其考虑到出版事业本身的未来如此凄凉。他还引用小说家，也是同他一样来自中西部的老乡布斯·塔金顿[①]的话，相信“由于无线电、有声电影等的出现，公众已经基本上停止了阅读，若等到电视进入普通家庭，将不再有人会打开书本的”。

这些担心，在布兰奇看来毫无根据，甚至愚蠢，她相信这只是证明了股市崩溃带给人的恐慌。克瑙夫出版社以及这个专业领域本身前景都很好。那个12月的节日季，包括财务报告在那儿，都显示生意运转良好，这让她在海菲兹家的新年聚会上情绪非常好。多年来一帮人总会在凌晨5点左右聚在小提琴家和妻子花25000美元（相当于2015年的333000美元）一年租来的公园大道顶层公寓里，听海菲兹和他的几个朋友表演。

亚莎的妻子弗洛伦丝·维多·海菲兹，这位曾经是金·维多[②]的妻子的美丽默片女演员，多年以后回忆那些派对是多么的“开心有趣”啊：“无论人们是累了还是醉了，都没关系。我们会拉开窗帘，曙光刺破黑暗。然后吃早餐——然后打乒乓。格什温和亚莎特别爱打乒乓。”到第二个或第三个一起庆祝的节日时，布兰奇和亚莎已经成了情人——而弗洛伦丝和阿尔弗雷德都很显然地假装什么也没看见。

尽管股市的崩溃让整个纽约市变得沉重——连同整个国家，甚至整个世界——然而1930年的第一个月在克瑙夫面前是甜美的，布兰奇从海外出差回来，迎接她的是《马耳他之鹰》所获得的热烈称赞。这本一炮打响的书在第一年内重印了七次。有时赞誉似乎无边无尽，人人都同意“这是

---

① 布斯·塔金顿，美国小说家、剧作家，最著名的小说是《安柏逊大族》《艾莉丝·亚当》。他与威廉·福克纳、约翰·厄普代克是仅有的三位赢得两次普利策小说奖的小说家。

② 金·维多，美国电影导演、电影制片人、银幕剧作家，其职业生涯横跨七十年。1979年获奥斯卡荣誉奖（即常说的奥斯卡终身成就奖），曾获五次最佳导演提名，获得八次国际电影奖项。代表作影片有：《战地之花》《群众》《慈母心》，以及《阳光下的决斗》。

美国迄今为止最好的侦探故事”。《新共和》评论家唐纳德·道格拉斯宣称，哈米特的小说向读者展示了“真正的艺术特质”。范·韦克滕也插嘴，当然这是在布兰奇的要求下：“哈米特将侦探故事提升到一个高度，正如大仲马①对历史小说所做的一样。”

哈米特的庆祝是给自己换了个形象，他把一头醒目的灰发梳理成了蓬巴杜发型，唇上蓄了小胡子，最后这个形象保留了终身，还补好了烂牙，并且开始用修身的服装炫耀起他瘦削的身材。朋友都以为他变成了花花公子。是《马耳他之鹰》帮助克瑙夫公司躲过了这个国家所遭遇的财政灾难。6月下旬，华纳兄弟②向克瑙夫出价8500美元购买电影版权，这是一个强烈的信号，可能会拍成电影。当时在派拉蒙效力的制片人大卫·O.塞尔兹尼克③听说了华纳兄弟的意向后，出了个更高的价，把版权收到了自己手里。

那个春天布兰奇在门肯的陪伴下度过了很多时间，大多在巴尔的摩。不过她感觉这种在乡间结伴闲逛的日子在接近尾声，此时关于几个跟她这位朋友有关的妇女的谣传纷起。可门肯还在给布兰奇写信，建议四月底约上范·韦克滕一起去一趟霍博肯，三个朋友6点先在阿尔冈昆碰面，“先下下热身刺激一下”，然后再出发。

不久亨利就证实了他一直严守的秘密。他与萨拉·哈尔特④将在这年夏末结婚。门肯在享受自己单身汉生活的同时，断断续续地追求了她长达

---

① 大仲马，19世纪法国浪漫主义文豪，世界文学名著《基督山伯爵》的作者。大仲马自学成才，主要以小说和剧作著称于世，著名的作品除了《基督山伯爵》之外，还包括《三剑客》《二十年后》和《布拉热洛纳子爵》，即达尔达尼央浪漫三部曲。其子“小仲马”也是法国著名文学家，是《茶花女》的作者。

② 华纳兄弟，全称华纳兄弟娱乐公司，全球最大的电影和电视娱乐制作公司之一。

③ 大卫·O.塞尔兹尼克，出生于美国匹兹堡，犹太人，美国电影业巨擘，《乱世佳人》的编剧，连续两年夺得奥斯卡最佳影片奖。好莱坞黄金时代核心传奇制片人之一，最成功的作品为1939年的《乱世佳人》，由此首夺奥斯卡最佳影片奖。随后第二年又以《蝴蝶梦》卫冕同一奖项，创下了奥斯卡奖奇迹之一。

④ 萨拉·哈尔特，美国作家、英语文学教授。37岁早逝，但留下了很大数量的作品，包括报刊评论文章、杂文、散文，以及一部小说、几部银幕剧本和50多个短篇小说。

七年。萨拉不像他的其他女友一样拥有美貌，她一度全力投入，希望在她的家乡亚拉巴马州通过宪法第十九修正案（并未成功）。她与门肯相识于1923年，当他在古彻学院[①]的一次讲座后他们展开了交谈。（她是该校的一名英语教授，并为报纸撰写评论、杂文以及散文。）即便他们宣布了订婚，这一对儿的幸福仍然笼罩着阴影：医生告诉他们患有肺结核的萨拉最多还有五年时间好活。

当1930年8月27日，这对夫妻在市政厅（来自各报纸的相机闪光灯令门肯大怒）领取了结婚许可后的一个星期，举行了婚礼，没人谈论生命的有限。这位来自莫比尔[②]的年轻女子曾经与泽尔达·塞尔[③]一同上学（她们之间一直保持着朋友关系，直到菲茨杰拉德的酗酒变得不可收拾）。

门肯选择了一位南方人这件事让很多不太了解他的叛逆性的人很困惑，而他一直都在致力于指出每一个人身上都有的虚伪的一面：他会毫不犹豫地指责南方的种族歧视，就如他也会采摘它最美的花朵一样，他也会苛责非裔美国人在他看来的懒惰，以及犹太人对钱的痴迷。读者们则吃惊于常常拿婚姻之绝望开涮的门肯，自己倒迈出了这一步。

为避免太过惹人注目，只有近亲和门肯的两位《太阳晚报》[④]记者同事出席了婚礼，然而街沿外的记者还是围了三层。捧着一簇绿色兰花的萨拉，穿一身米色纱裙和一顶棕色的钟形毡帽。而门肯最开始本来想找人借一件外套来穿，可一位本地牧师建议说，新郎最好穿得有派头些，于是他赶紧去弄了一套细条纹的商务套装，这让布兰奇松了口气。几天以后，这

---

① 古彻学院，马里兰州巴尔的摩市北郊的一座私立文理学院，始建于1885年。

② 莫比尔，位于美国亚拉巴马州莫比尔湾西北沿岸，名字源自于建城之时该地区的印第安部落“Mobile”。

③ 泽尔达·塞尔，美国小说家、社交名流、著名作家弗朗西斯·斯科特·菲茨杰拉德的妻子。她是20世纪20年代的偶像，被她的丈夫戏称为“美国第一轻佻女子”。夫妻俩共同作为爵士时代的象征。1992年，泽尔达入选亚拉巴马女性名人堂。其生活由于2017年电视剧《缘起泽尔达》再次引起公众关注。

④ 《太阳晚报》，《巴尔的摩太阳报》晚刊。

个正在哈里法克斯度蜜月的新婚男人给布兰奇写信，说萨拉“正在海滩上找贝壳”，而他在给《太阳晚报》写一篇关于魁北克的麦芽酒状况的稿子。布兰奇立即对范·韦克滕说她感觉萨拉和亨利现在“十分满足而幸福”。从这段关系的一开始，两人就知道何时给对方空间，何时为两人共同筑茧。在给朋友的短信中，萨拉写道：“我有一个最完美的丈夫。”

这对新婚夫妻离开期间，错过了大量的派对，包括女演员（后来的女爵士）朱迪丝·安德森① 在曼哈顿为布兰奇举行的一个鸡尾酒会，来宾包括康得·纳斯②，格鲁乔·马克思③，以及贝内特·瑟夫。到了11月，辛克莱·路易斯得了诺贝尔奖，于是又一场聚会。这是美国人第一次得文学奖，路易斯以美国企业的贪婪和平庸作为题材，正如在《埃尔默·甘特里》④《大街》，以及《巴比特》所描画——尽管诺贝尔委员会谨慎地引述其“强烈而生动的描写技巧，以及带有智慧和幽默的创造新类型角色的能力”。在评选结果揭晓前，路易斯已经纠缠了克瑙夫好几个月，要求他们签上他。得了诺贝尔之后，路易斯仍然希望在布兰奇这儿出版，而布兰奇对他的酗酒忧心忡忡。此外，这位作者还在合同中索要过高的奖金。阿尔弗雷德写信给门肯说，路易斯年初在伦敦已经对他“粗暴地表示了强烈的爱意”，但门肯同意布兰奇的意见，3万美金预付款太高了，这只会引诱作者变得“游手好闲”。布兰奇长期以来观察到，路易斯好像不能静下心来工作。与格

---

① 朱迪丝·安德森，澳大利亚女演员，以擅长表演悲剧角色而闻名。20世纪40年代出现在好莱坞时，已经是舞台剧领域最出色的演员之一。在长达70年的职业生涯中，获得众多荣誉，包括两个艾美奖、一个东尼奖以及一次格莱美奖提名。1940年，因在电影《蝴蝶梦》中的演出获得当年奥斯卡最佳女配角奖的提名。

② 康德·纳斯特，美国出版商、企业家、商业大亨。1909年创办的大型媒体集团又译作康泰·纳仕，是一个总部位于美国纽约市的国际期刊出版集团。旗下众多出版物中，包括《纽约客》《名利场》《诱惑》《时尚》《GQ》《现代新娘》等知名杂志。

③ 格鲁乔·马克思，原名朱利叶斯·亨利·马克思，美国喜剧演员，作家，舞台、银幕、电台、电视明星，幽默大师，被广泛认为现代最优秀的喜剧演员之一。

④ 《埃尔默·甘特里》，辛克莱·路易斯1926年创作的讽刺小说。

雷斯·黑格[1]离婚以后，他又娶了政论专栏作家多萝西·汤普森，这位是黎贝卡·韦斯特的朋友，汤普森曾经对韦斯特确认过对路易斯的这一担心。不管他是不是诺贝尔奖加身，出版商很忧郁地决定了，不吸收路易斯加入克瑙夫。

尽管如此，20年代走向结束的那几年可以说是属于路易斯和门肯的，他们是20年代的两位“最重要的叛逆”。这两名男子都以粗线条协作，在规劝同胞从混沌中醒来的同时，刻画那个他们强烈爱着的国家。最后，无论他们的政治立场有多不同，两位作家都希望自己爱过的同胞停止奴役，开始思考。诚如记者沃尔特·李普曼[2]早一年所言，门肯是当世“最有力的个体，影响了整整一代受过教育的人”。如今，随着路易斯获得诺贝尔奖，为其对美国社会忽略小人物的批评加上了荣誉的光环，这二位足以被称为那个时代最具开创性的批评者。

36岁年纪的布兰奇，也抵达她美貌的巅峰——苗条的身体，完全就是用来炫耀她令人目眩的衣橱，红色的波波头长短适宜。与外表般配的，是她在专业领域以及她所进入的这个文学世界的知识。她有很多朋友——既有男人也有女人。她早已接受了一个缺乏爱的丈夫。现在所想要的只是找到一个她自己的最爱。

---

① 格雷斯·黑格，《时尚》杂志编辑。1914年与著名作家辛克莱·路易斯结婚，1925年离婚。

② 沃尔特·李普曼，美国作家、记者、最早提出冷战概念的几位政治评论员之一。通过专栏以及出版书籍对媒体和民主进行批评，最著名的著作为1922年《公共意见》。曾两度获得普利策奖。

11. 情人

1931年初，布兰奇在伦敦，经受着被门肯称作“恐怖流感”的煎熬，这是她从美国一路带出国的。在责备了朋友不爱惜自己身体之后，门肯悲伤地问她：“你什么时候回来？”他所担心的是自己正在开始的一本新书得不到她的建议。但她正忙着在几位情人中周旋，一点也没有急着赶回去的意思。她也知道自己是跟别人在分享情人——尤其是库塞维兹基和海菲兹。也许海菲兹太容易让布兰奇联想到阿尔弗雷德，后来成为克瑙夫畅销书的中篇小说《珍妮的肖像》的作者罗伯特·纳森[①]回忆过阿尔弗雷德与海菲兹的相似之处，两个男子都“自我中心，专横跋扈，对人冷漠……他们身上有一种东西，令人难以靠近”。

布兰奇至少知道怎么把丈夫身上最好的一面激发出来：她同丈夫也愿意相处的朋友来往——那些他认为既够格与他交流，但他又能在席间控制住局面的。更让她欣慰的是，即将到来的这个夏季还会有她儿子的参与。她每年在帕切斯为帕特、范·韦克滕、詹姆士·维尔登·约翰逊这三个同一天生日（6月17日）的人举行庆祝派对（这个“生日俱乐部”后来又加上了约翰·赫西）。从阿尔弗雷德拍的一张集体照上可以看见：布兰奇与以财

① 罗伯特·纳森，美国小说家、诗人。《珍妮的肖像》，纳森的中篇小说，1948年被搬上大银幕，制片人为著名的大卫·O.塞尔兹尼克，由珍妮弗·琼斯与约瑟夫·科顿主演。

富和才华闻名的三姐妹之一伊蒂·史提海莫[1]在一起，十分感兴趣地看着一只只有尾巴闯入了镜头的狗。帕特直直地盯着前方，而范·韦克滕与梵妮娅，约翰逊与妻子格雷斯，加上克瑙夫旗下诗人威特·宾纳，都站在那里开怀大笑。威廉·考希兰德记得："（布兰奇的派对，无论是帕切斯还是曼哈顿）都棒极了……她有一种直觉，甚至能感知谁跟谁僵住了。（连推销员）都更喜欢布兰奇的派对；她太容易相处了。"布兰奇如此精明，考希兰德说："她在另一间公司会更成功。"这与阿尔弗雷德有时表现出来的威胁刚好相反。她是他见过的人里最无畏的一个：一次电梯停运时，她走路爬了十四段楼梯去到自己那层，以为考希兰德会跟着她。他没有。

那个夏天稍晚一些，高尔斯华绥前来探访，在一次波士顿交响乐团的曼哈顿演出后，布兰奇聚了一些朋友晚餐，海菲兹和库塞维兹基都在。大概除了范·韦克滕外，没人知道这两个人都是布兰奇的情人，某种程度上算是布兰奇的胜利。即便如此，也出现过一些棘手的时刻。穿着白色巴克鞋的范·韦克滕被喜欢嫉妒的海菲兹奚落："你在哪儿打网球？"当范·韦克滕说起塞缪尔·克列门斯在生命的最后20年一直穿白色法兰绒后，永不会忘记进攻的海菲兹回答："可他还是马克·吐温。"高尔斯华绥赶紧转了个话题，无意间更加深了局面的尴尬，他说感觉这些日子来美国人"很明显地比过去安静些，怡人些了——可能是大萧条带来的结果"。

然而，大萧条只是加剧了那些本已严重依赖酒精来获取灵感的很多作家的酗酒程度。深秋的一个下午，与贝内特·瑟夫在21[2]吃完午饭，达希尔·哈米特以及同样喝得醉醺醺的威廉·福克纳求瑟夫帮他们搞到当晚布兰奇晚宴派对的请柬，当晚的客人混杂了各式各样的人物，从库塞维兹基

---

① 伊蒂·史提海莫，著名的史提海莫三姐妹之一。其中弗洛林·史提海莫尤其出名，是一位画家、设计师、爵士年代沙龙主角及诗人。她们三姐妹在曼哈顿的摩登主义沙龙里有20世纪众多文化名人出入，包括马塞尔·杜尚、卡尔·范·韦克滕，以及佐治亚·欧姬芙等。

② 即21号俱乐部，常简称21，是一家经营传统美式烹饪的著名餐厅，位于纽约西52街21号。

到薇拉·凯瑟，凯瑟的《岩石上的阴影》① 刚刚通过每月一书俱乐部突破了九万册销量。

瑟夫解释说那是严格的黑领结宴会，还半开玩笑地问他们懂吗。哈米特毫无疑问很受伤。当瑟夫来接他们时，二位连衣服也没有换。穿着他们皱巴巴的格呢外套，他们在克瑙夫家里很及时把自己灌醉了，人事不省——静悄悄地从椅子上滑到地板上，好像是替一整晚不时恶狠狠地瞪他们几眼的布兰奇考虑似的。

11月19日，是波士顿交响乐团的1931–32纽约演出季的首场，库塞维兹基毫无疑问是站在指挥台上，克瑙夫夫妇订了卡内基音乐厅的一个包厢，在那儿准备了香槟和草莓供中场休息时享用。当晚的节目单也确实都是浪漫主义作品，包括古斯塔夫·马勒②《D大调第九交响曲》，克劳德·德彪西夜曲中的《云》和《节日》③，以及莫里斯·拉威尔《达芙妮与克洛伊》④第二组曲。布兰奇照例在公寓里为指挥家举办了她的传统晚宴，客人由30位常客，其中包括格什温、亨利及萨拉·门肯、薇拉·凯瑟、约翰·M.伍尔西法官（他不久将就对詹姆斯·乔伊斯《尤利西斯》的淫秽指控做出裁决）和夫人、朱迪丝·安德森、范妮·赫斯特，以及达希尔·哈米特——对他的邀请是有条件的，布兰奇事先审问过他：他有否在为合同所签的下一本书《瘦子》⑤ 正常工作。

---

① 《岩石上的阴影》，薇拉·凯瑟发表于1931年的小说。

② 古斯塔夫·马勒，奥地利后浪漫主义时期作曲家，同时代指挥家中的领军人物之一。作为指挥家的马勒架起了19世纪奥德传统与20世纪早期现代派之间的桥梁，而他一生中，除了无可争辩的指挥家地位之外，他所创作的音乐曲目却经历了较长时间才得到认可。

③ 克劳德·德彪西，法国作曲家。与莫里斯·拉威尔齐名，同为印象派音乐的代表人物，尽管德彪西本人并不喜欢这个说法。1903年获授骑士勋章。《云》，是德彪西交响作品《三首夜曲》之一。《节日》，《三首夜曲》第二首。

④ 莫里斯·拉威尔，法国作曲家、钢琴家、指挥家。通常与略早于他的同行德彪西一起，与印象派音乐联系在一起。《达芙妮与克洛伊》，一出由拉威尔作曲的三场独幕芭蕾舞剧。

⑤ 《瘦子》，达希尔1934年创作的侦探小说。

可是尽管他答应得很好，哈米特一如既往地让他的出版人着急。到了11月底，他又把海明威带到她的一个派对来。来的时候照例已经喝醉，海明威还求着要去地下酒吧，就在日出之前，布兰奇在自己也有点微醺的情况下同意了。在“著名的同性恋”派对男子，疯狂爱着布兰奇的艾迪·瓦塞尔曼陪同下，他们去家附近的一些小酒馆试了试，但那会儿都还在感恩节关门期间。她和艾迪把海明威拖回他下榻的酒店，他根本无法站立，却还是朗诵了一段让人精疲力竭的冗长独白。布兰奇现在越来越多地从门肯的视角来看这个人，一个“极度自负的家伙——挑衅、好斗、毫不罕见地荒诞。任何不称赞他是杰出天才的人都是恶魔”。布兰奇甚至注意到，她很招人喜欢的管家约翰·基拉尔[①]也很鄙视他：“不管他走到哪里都能带去那一股浓烈的酒精味。”

但布兰奇12月里的年度假期计划丝毫没受影响。基拉尔（很多年以后还回忆，穿着黑色骑马装的布兰奇“性感极了，身材就像戈尔迪·霍恩[②]”）发现了一个蛋奶酒的食谱，后来这个食谱竟然找到了自己的生命。当一个朋友索要配方时，它就从布兰奇这里传了出去，一直传到食评作家克雷格·克莱伯恩[③]手里，他于是赋予了它永生，称之为“布兰奇·克瑙夫蛋奶酒”。这个食谱需要十二只生鸡蛋，一杯半糖霜，一夸脱纯奶油，五分之一加仑的干邑、波旁或者威士忌，一杯黑朗姆，橙子、柠檬以及肉豆蔻以使其更健康，布兰奇调侃说，这个调制是为了让每个人都开心地离开她的派对。但她自己只喝波旁，不加任何东西。

1932年在行进当中，一场营收旱灾席卷了出版业。仿佛大萧条终于还是找上了克瑙夫，乔·莱瑟不得不收紧生产预算。股市90%的价值基本

---

① 约翰·基拉尔，克瑙夫家里的管家。

② 戈尔迪·霍恩，出生于1945年11月21日的美国女演员、导演、制片人。

③ 克雷格·克莱伯恩，美国餐厅评论家、食品记者、作家。长期担任《纽约时报》美食栏目编辑，并出版了数量众多的美食书籍。

上蒸发，西蒙与舒斯特那一年推出一套方案，允许书商退回没有卖得出去的书，退书的金额可用于抵扣将来的购书款，这套方案后来变成了行业标准。布兰奇和阿尔弗雷德对于门肯被当选进入克瑙夫董事会感到欣慰，董事会里山姆也有一个席位。(山姆去世后，董事会成员包括了亨利、布兰奇、阿尔弗雷德、西德尼·雅各布斯、威廉·考希兰德，以及乔·莱瑟。) 门肯很喜欢在公司里承担的这个新角色，以及相应增加的一笔收入。

克瑙夫未能看见大萧条带给他们财务表的真正影响。经过2月份的一个风暴，布兰奇对于他们的真实艰难处境才有了意识。通过查看她从公司带回家的财务记录，使她联想到了自己祖父的遭遇，那位有钱的肉联厂老板在上一次的金融灾难中破产。很有可能是出于对正在降临到克瑙夫身上的相似灾难的恐惧，她开始允许那讨厌的艾迪·瓦塞尔曼经常在自己周围出现了：克瑙夫公司有可能会需要新的经济来源。约翰·基拉尔后来回忆，帕特·克瑙夫怎样因为有这么个"很显然爱着克瑙夫太太"的人而生气。基拉尔倒并不怪瓦塞尔曼：按他的说法，任何人，只要被布兰奇看一眼，都很难抵御她的魅力。尽管她可能是个"苛责的女商人"，当她叫你"做什么你讨厌的事情时，你还是会去做——欣然去做。因为她要求的那个方式让你无法拒绝"。在她去世后，基拉尔还回忆说，每次他在后来工作的圣·瑞吉酒店碰见她，她向同来的客人介绍他时，总会说到一些"关于我的最美好的事，甚至对(诺贝尔奖获得者)西格丽德·温塞特[①]。"

尽管他扮出一副三不猴的态度"不看，不听，等等"，但这位管家还是观察到艾迪·瓦塞尔曼频繁地在阿尔弗雷德不在家时留下来。他还提到，相反，阿尔弗雷德却很低调，"K 先生"偶尔会请一些女性朋友去帕切斯，但都不外乎"友好的造访"，但他独独敬重布兰奇："她是一个意志坚强的

---

① 西格丽德·温塞特，出生于丹麦，2岁随家人迁居挪威的小说家，1928年获诺贝尔文学奖。最主要的作品为描述中世纪斯堪的纳维亚生活的现代主义长篇小说《新娘·主人·十字架》。

女人。我像敬重一只老虎一样敬重她……她想要的一切都得到了。”

当然了，她并没有。一个发展成我们今天无疑会称作“开放式”的婚姻，绝不是17年前的她所想要的。这时，1932年的6月11日，布兰奇70岁的公公忽然心脏病发作去世，去逝前正在为克瑙夫做他的最后一件事——“清理关门”伦敦办事处。门肯与山姆·克瑙夫有着至少十年的友好关系，他近来意识到眼下《美国信使》正经历的财务问题源自“克瑙夫老爷子挥霍甚至疯狂的管理……我现在很肯定老克瑙夫简直令人绝望”。很大程度上因为他在管理上的任性，克瑙夫在山姆去世后险些破产：阿尔弗雷德和布兰奇1934年的工资总和为35000美金，其中阿尔弗雷德20000美金，布兰奇15000美金，夫妻俩自动放弃其中的13,333.33美金(用于公司偿还债务)。

出席山姆葬礼的一百位来宾不知怎么被《纽约时报》变成了“超过六百人”，出现在以马内利会堂的伯特利教堂[①]。阿尔弗雷德没有致悼词，倒是那拉比，他克瑙夫父子俩都不认识的，把“克瑙夫先生和他的儿子阿尔弗雷德”的关系形容为“美丽而非同寻常”。山姆的“友好、富有同情心以及慷慨”都值得一份“特别的颂词”。精力旺盛的山姆·克瑙夫是不会退休的，他去世前一天还在办公室，“像战士守卫在岗位”上一样死去。阿尔弗雷德对父亲的去世并没有表现出多少情绪，只是立刻把乔治·贝洛斯为山姆绘制的肖像挂在了自己的卧室里。跟布兰奇的父母一样，山姆在塞勒姆园墓地安葬。

到9月末，布兰奇已经迫不及待地要出门了。乘坐驶向伦敦的SS布莱梅号[②]抵达后，她立即发现有好几十位作家正在寻找出版商。她去拜访

① 以马内利会堂的伯特利教堂，自1845年建成以来一直是改革犹太教的旗舰场所。

② SS布莱梅号，德国制造的远洋邮轮，用于跨大西洋北德罗特线航运。SS布莱梅与其姐妹号“欧罗巴”同为当时最先进的高速远洋汽轮。

了自己最喜欢的作者和朋友，从高尔斯华绥到克瑙夫的赚钱机小说家沃里克·狄平，再到黎贝卡·韦斯特，她俩是范妮·赫斯特共同的朋友。这时韦斯特正与她儿子安东尼之间爆发了一场关于这孩子的父亲 H.G. 威尔斯[①] 的争端。韦斯特跟她谈及独自带一个男孩的难处——或者跟一个处处与你意见不合的伴侣一起——又谈及把安东尼抚养权授予威尔斯这一痛苦决定。这场谈话当然勾起了布兰奇自己关于帕特的抚养过程中的种种沮丧。然后，在巴黎，她花了好几天梳理安德烈·纪德那很容易就被弄皱的羽毛。纪德近来觉得自己被忽略了，布兰奇向他保证克瑙夫一直在关注他——这也包括阿尔弗雷德，他正在读纪德并且称赞他，尽管她知道自己丈夫对这样的文学丝毫不感兴趣。

曾经协助创办美国第一份社会主义者报纸《纽约呼声》[②] 的记者安妮塔·布劳克[③] 选择了一个最佳时机联系了布兰奇，希望就婚姻问题采访克瑙夫太太。布兰奇同意参与这一某西部集团发起的由四部分组成的系列报道，其话题与当代婚姻忠诚并无太大关系。

---

① H.G. 威尔斯，英国作家，跨越众多文学写作门类，著述丰富，包括几十部小说、短篇小说、社会评论、讽刺杂文、传记以及自传。然而他最为人知的却是他对科幻小说的贡献，通常与儒勒·凡尔纳和雨果·根斯巴克一起被称作“科幻小说之父”。

② 《纽约呼声》，1908 年起至 1923 年止，在纽约市发行的社会主义日报。

③ 安妮塔·布劳克，《纽约呼声》联合创建人，担任其妇女版面编辑，并为戏剧评论栏目撰稿，是纽约犹太社会主义运动的主要人物。

12. 从此自由

同安妮塔·布劳克的这次访谈就像一封写给阿尔弗雷德的公开信，布兰奇通过回答布劳克的采访提问同时谈到了婚姻和一夫一妻制的过于强大。“为什么，”布兰奇反问自己，“我们从（婚姻的‘社会结构’中）提炼出一夫一妻制模式，让夫妻两人变成连体双胞胎？……两性关系里的忠诚远远不像别人所想象的那样重要。”布兰奇勇敢地，也许还有一点自卫地，在开放婚姻中突破纪录。如果她的婚姻发展成为她所预期的那样——以及，通过种种迹象表现出的她所希望的那样——布兰奇的意见也许就不会如此被关注。相反，鉴于她所得到的这样一种关系，她现在得向她丈夫传递一个信息：他们俩都是自由的，在得体的前提下，可以跟自己喜欢的任何人睡觉。而阿尔弗雷德，这个在很多熟人眼里似乎无性的男人，最近恢复了对他过去生活中出现过的好几个女人的兴趣，尽管详情不得而知。后来帕特记得有三个这样的“女朋友”，儿子宣称父亲“远远地住在那里（帕切斯）变得特别孤独”。

布兰奇这份以《维系单一性伴侣和维系婚姻是不同的两件事》为题的四月访谈，挑明了一件事，那就是多个性伴侣对她而言是完全正当的。“婚姻对社会而言是有益的，尤其是有孩子的婚姻。”这位出版人表示，“不过除了共同照料他们的后代之外，婚姻中的伴侣应该是自由的，按自己的方式行事。”在采访结束时，她这样总结：“当我还很年轻的时候，约瑟夫·赫格希姆曾经对我说过：‘任何婚姻中最重要的一件事，便是能够对外界关上门，有一个人跟你在一起。’可那个关闭的空间必须是一个庇护所，而非监狱，否则身在其中的人一定会恨它。”

七个星期之后，布兰奇写信给门肯，说她需要私下跟他谈谈。收到门肯的答复，说一个星期左右来看她后，她又写道：“感谢你的来信，坦白地说，我希望你可以考虑（6月）10日或者11日。让我们私下谈一次，这样可以跟艾迪（瓦塞尔曼）确认13日，所以请一定保证这个时间。如果萨拉来，毫无疑问最好了；如果她不来，也请让我知道。我有很多事情需要与你私下谈，我们可以在我家里单独吃晚餐。”

由于那些日子里，克瑙夫夫妻俩已经很少在工作之余彼此间再谈话，布兰奇很可能是想跟一个克瑙夫二人都信任的朋友商量离婚的事。她也可能想从在克瑙夫公司占股的董事会成员那里就公司的财务状况征求一些不带偏见的信息。毕竟随着大萧条的影响，书的销量似乎哪里都在下滑，并且这个情形将一直延续至30年代的结束。尽管阿尔弗雷德依然坚守出版业是绅士的行业这一信念——如果他们“破产，也是以优雅的姿态”——布兰奇却感觉，如果他们失掉了这个公司，她自己的价值也所剩无几。与之相反，她丈夫相信是金钱玷污了出版领域，导致人们将之视为一门生意，而非一桩神圣的事业。

帕特将要去新罕布什尔州的菲利普斯·埃克塞特学院[①]上学这件事一定让他们两人都舒了口气。克瑙夫家的朋友约翰·伍尔西法官曾经向他们建议，埃克塞特是比安多佛[②]更好的选择。伍尔西这个克瑙夫家晚餐派对上的常客，是这对父母都信得过的人——同时，几乎也是同等重要的，他在菲利普斯有关系。这年8月，兴奋于儿子将要得到优秀的预科教育，布

① 菲利普斯·埃克塞特学院，通常简称为埃克塞特或PEA，一所位于新罕布什尔州的私立学校，全美最古老的高中之一。

② 安多佛，指菲利普斯安多佛学院，简称PA，同为著名的大学预科学校，是埃克塞特学院的主要竞争对手。

兰奇领着帕特去购置服装，起码买到了他可以忍受的程度。当他说有剧烈的胃痛时，布兰奇认定他只是厌烦了试穿西装，想赶紧回家而已。可当他在布克兄弟[①]的店里吐了之后，她才赶紧把他送去曼哈顿上东区的西奈山医院[②]，在那儿，医生切除了他的阑尾。布兰奇吓坏了，生怕她会失去这个孩子，至少因为这发生在她单独照顾帕特期间，此时身在海外的阿尔弗雷德将永不会原谅她。

母亲去世以后几十年，帕特讲起她两个晚上都在他病床边的木头硬地上睡觉的事，丝毫没有迹象说她宁可待在办公室，或者在家，躺床上，他可能还加了这么一句。又在猛烈节食的布兰奇承受着极大的压力，那些日子里在社交上有所忽略。当她听说伊万·布宁[③]成为克瑙夫的第六位诺贝尔奖得主这一消息时，她令人难以置信地喃喃自语道："他究竟凭什么得到的？"她对这个同时抨击布尔什维克和希特勒的俄国小说家不感冒。

对于那随机地来来去去，并且在自己小小的身躯上被放大的十磅体重，她极为恼怒。她试过范·韦克滕的减肥方法——"亲爱的大公夫人，"他这么教导她，"梅西出售一种纽特乐减肥西柚汁，成箱地卖……如果下次再有时，你去纽特乐问问——他们在布鲁克林有批发销售点，会告诉你去哪里买。"

最终，她发现了一种药片，不仅彻底消除了她的食欲，并且使她更为兴奋，这成为她的"魔丸"。一战中被法国人用来制造炸药，DNP[④]使那

---

① 布克兄弟，美国最早的男装公司，总部位于纽约曼哈顿的麦迪逊大道。创建于1818年。

② 西奈山医院，始建于1852年，美国最早也是最大的教学医院之一。在历年的各类排名中，时常位列最佳医院名录。

③ 伊万·布宁，俄国作家，1933年诺贝尔文学奖得主。出身于沃罗涅日市没落的贵族家庭，童年期间多次迁居，但大部分时间在宁静的乡村度过。之后在叶列茨县贵族男中读书，但由于家庭的经济状况每况愈下，中途辍学，很早就开始在外工作，他当过校对员、统计员、图书管理员、记者。其小说大多为悲剧结局。

④ DNP，二硝基苯酚，一种细胞代谢毒素，使得能量被大量消耗却不被用来制造核苷酸。斯坦福大学的Cutting和Tainter发表了第一份关于DNP能够极大程度地增加代谢速率的报告之后，从1933年到1938年，这种药物被人们广泛用作减肥药。但由于其严重的副作用，在1938年末，DNP被迫从美国市场上下架。

些不经意间沾染其粉尘的员工体重下降。科学家们后来发现了原因：以热的形式来燃烧消耗营养物质的能量，对于减少卡路里非常有效，但如果剂量过大，却完全可以将人体从内部“煮”死。

然而这一发现在1933年，当次年夏天关于它的论文将要在颇有威望的《临床研究杂志》[①] 发表的消息传出时，并没有引起多少注意。甚至作为新宣誓就任的总统，还在发誓一定要终止大萧条带来的饥荒，W.C. 卡廷、D.A. 莱坦德、M.L. 泰恩特 [②] ——这三位斯坦福大学医学院的研究人员——在他们题为《血液胆固醇与由二硝基苯酚和甲状腺引起的新陈代谢增强之间的关系》的论文中报道了使用 DNP 控制体重的问题。这一持续体重降低的故事，很快在媒体的协助下开始疯狂流传，任何人的医生有点关系就能弄到这个神奇药片。早在12月，《大众科学》[③] 就要登一篇名为《一星期带走两磅的安全药物》的文章。不到两年时间，已经有至少十万美国人在服用 DNP，并且永远不会饿，他们确实一个星期减少了两磅的体重。然而，又过了三年，DNP 很明显变成了危险的东西。相当数量的人群原因不明死去，还有成百的人出现严重到将导致他们失明的白内障。1939年，美国食品药品监督管理局 [④] 在全美禁止了 DNP 在一切人类身上的使用。

可现在布兰奇觉得自己终于找到了解决问题的答案，这一仅有的副作用是令她有些烦躁的药品。即便那一丝烦躁不安，在她参与到席卷全城的节前狂欢庆祝中时，也有其价值：终于，禁酒令被正式废除了。宣称1933年出席了酒鬼侯瑞斯·里弗莱特葬礼的六名出版人之一的阿尔弗雷德这时大声说出了自己的困惑——关于这项专制的法案引起的伤害。而门肯正在写一篇雄辩的文章，探讨关于沃尔斯泰特法案本身的荒谬：

---

① 《临床研究杂志》，由美国临床研究协会发行的一份同行评审生物医学研究刊物。

② 三位均是斯坦福大学医学院研究者。

③ 《大众科学》，美国双月刊，主要登载面对大众的科普文章。

④ 美国食品药品监督管理局，通常简称 FDA。

经年的禁酒法令有一项，起码，这样一项良性影响：他们彻底地清除掉了所有对禁酒令的赞同意见。第十八修正案的通过，没有出现任何一点好处和收益。公众的酗酒没有减少，反而增多；犯罪没有减少，反而增多；疯狂没有减少，反而增多。

1933年12月6日，禁酒令正式宣告死亡后的这一天，约翰·M. 伍尔西法官裁定了一个里程碑案件，《尤利西斯》无涉淫秽。然而与此同时，乔·莱瑟的年终报表却令人无比沮丧：1933年，克瑙夫总销售额为500500美元，亏损18800.12美元。布兰奇还不得不奋起抵抗，以阻止阿尔弗雷德把公司搬去白原市，这是他说了很久的一个搬迁，也是一个将要把布兰奇置于凄冷的变化。

第三部

13. 钱的问题

赫维·艾伦的《风流世家》[1]在1933年出版后六个月，获得了巨大的商业成功，出版商是1929年才开张的(以更高的预付款说服了弗洛伊德·戴尔离开克瑙夫，投向这家新公司)法勒与莱因哈特[2]。这部小说有着拜占庭式的错综复杂情节，几乎像是《达·芬奇密码》[3]的先驱。《风流世家》以位居畅销榜首位的业绩结束了这一年，随后的1934年整整一年保持了这个位置，售出超过200万册精装本。这部1224页的巨著赶上了最好的时机：3美元的定价使它在一个什么都贵的年代成为稀罕物品，平装本尚是未来几年后才出现的东西。布兰奇给约翰·法勒[4]写了一封祝贺短信，她不光同他认识，还挺喜欢他。12年后，随着罗杰·斯特劳斯的到来，以及他对外国文学的专注，加上最终第三位合伙人罗伯特·吉罗[5]的加入，法勒与莱因哈特逐渐成型演变为法勒·斯特劳斯·吉罗公司[6]。他们很快与克瑙夫齐名，成为当时最优秀的精品公司。

布兰奇从一开始就看好约翰·法勒，《风流世家》的成功没有让她嫉妒，

---

① 赫维·艾伦，美国作家。其主要作品为《风流世家》。

② 法勒与莱因哈特，1929年–1946年间美国一家出版公司，创立于纽约。

③ 《达·芬奇密码》，2003年出版的丹·布朗的悬疑小说。

④ 约翰·法勒，美国图书编辑、作家、出版人。法勒先后创建过两个出版公司：法勒与莱因哈特和FSG。

⑤ 罗伯特·吉罗，美国图书编辑、出版人。著名的FSG出版公司创始人之一。

⑥ 法勒·斯特劳斯·吉罗公司，常简称为FSG，美国图书出版公司，以出版文学书籍而闻名，其作者获众多重要奖项。

反倒为法勒松口气，就像《尤利西斯》被审查者放行之后她为贝内特·瑟夫感到欣喜一样。出版商们开始联合起来，布兰奇真诚地与竞争对手们共享着一份同道之情。当然，《瘦子》得到赞誉她如释重负。1934年1月7日，《纽约时报》说："这本叙述风格生动的侦探小说，虽不乏粗汉莽夫语言，对于那些懂得享受好故事的读者，会从主人公，那个奇迹般的男人的各种巧妙计策中获得惊喜。"《新政治家》[①]杂志称《瘦子》是"一部对于侦探故事而言，不平常的精彩阅读对象——以文学价值而言，哪方面都经得起推敲"。很快《瘦子》成为一夜走红的话题，一部分归因于克瑙夫娴熟的推广策划：在《纽约时报》刊登的广告，伴随着阿尔弗雷德的文章，抗议"达希尔·哈米特在《瘦子》第192页所提出的问题"，与"该书的畅销没有丝毫关系……三个星期内两万人购买这本书不是为了读一句由五个词组成的问题"。阿尔弗雷德精明地指向诺拉·查尔斯[②]对她丈夫尼克提出的疑问：当你跟咪咪（小说中的一个主要人物）扭打在一起的时候，查尔斯"没有勃起"吗？尼克和诺拉之间所实践的开放式婚姻，在"不道德"地对待性问题上，与"近乎淫猥"之间的界限模糊，导致了该书在加拿大被禁；而正是这本书在可以说最坏的财务年里将克瑙夫从破产中拯救出来。那年夏天，这本书用了12天时间被拍成了一部电影，由明星玛娜·洛伊[③]和威廉·鲍威尔[④]出演，二人在整部影片中灌了33次酒。

《瘦子》的主角尼克·查尔斯，一名前纽约市私家侦探，由于其富有而年轻的妻子诺拉的经济支持，得以辞职，无所事事整日与鸡尾酒为伴。而

---

① 《新政治家》，英国伦敦出版发行的政治、文化杂志。1913年4月12日以政治、文学评论周刊的形式创刊，与当时的费边社区重要人物联系紧密。

② 诺拉·查尔斯，《瘦子》中的虚构人物。

③ 玛娜·洛伊，美国银幕、电视及舞台女演员。1934年出演《瘦子》成名。

④ 威廉·鲍威尔，美国演员、美高梅大牌明星，与玛娜·洛伊在14部影片中配戏，包括哈米特小说改编的《瘦子》系列中的尼克和诺拉。三次提名奥斯卡最佳男演员。

现实生活中，与酗酒而情绪化的哈米特合作已经使得布兰奇筋疲力尽。而在《瘦子》的故事里，诺拉想出了一个让她丈夫回到积极生活中的计划，布兰奇多希望这一艺术创作能够在现实中有更多的体现啊。小说里，诺拉鼓励尼克回到真实的世界中去，去调查一个古怪老人克莱德·温恩特的失踪案。警察怀疑温恩特伪造了一起犯罪，自己携卷他人资金潜逃，然而却发现温恩特是真的死了，成为一桩谋杀的受害者，他瘦小的身躯被塞在一套“肥大的西装”里。

《瘦子》出版一个月后，克瑙夫推出了詹姆斯·M. 凯恩的《邮差总按两遍铃》[①]。凯恩在战前是《纽约客》的编辑，回来以后，在门肯的要求下成为《巴尔的摩太阳报》的作者——并且时常陪护门肯未来的妻子萨拉·哈尔特。后来回到安纳波利斯[②]，他开始偶尔为《美国信使》以及（纽约）《世界报》[③]（直到其1931年停办）撰稿。头一年夏天，《世界报》编辑，也是布兰奇多年的朋友沃尔特·李普曼力劝她接一本退伍兵吉米·凯恩的硬汉推理小说来出。如果她迅速行动——几个小时之内，根据克瑙夫后来的行动记录来看，李普曼给了克瑙夫优先购买权的条件。布兰奇立即读了这个35000字的故事，并称之为一流。谨遵夫妻间曾经订立的在接手一本新书之前征求对方意见这一约定，布兰奇拼命地想要联系阿尔弗雷德，他那时正在长岛的沙点[④]打高尔夫。联系上了之后，夫妻俩决定立即接下来。（凯恩后来告诉布兰奇的朋友德鲁·达德利的情况不是这样，他说，在一封“脾气很旺的信中”，阿尔弗雷德起初拒绝了《邮差》一书。）

---

① 《邮差总按两遍铃》，凯恩1934年发表的犯罪小说。

② 安纳波利斯，美国马里兰州州政府所在地。

③ 《世界报》，发行于1860年至1931年间的一份纽约报纸。该报在美国报刊史上扮演了重要角色，曾经是民主党的重要全国性发声渠道。1883年至1911年在著名出版人约瑟夫·普利策经营下运作，成为以吸引读者关注为重点的所谓“黄色新闻”的先驱，日发行量达百万。

④ 沙点，纽约长岛北端的一个村。

在整整下一个十年里，布兰奇签下了一系列耀眼的克瑙夫推理作家，包括雷蒙德·钱德勒和埃里克·安卜勒[①]。侦探小说中难以捉摸的角色，不偏不倚的坏运气，离奇的暴力，都与这个国家按当时正在经历的挣扎并肩而行，是最适合那个年代的。布兰奇可以从克瑙夫创建初期她所看准的法语翻译作品，转至她后来牢牢掌握的20世纪英语诗歌和小说，再到她飞快懂得并欣赏的非裔美国文学，直到现在坚毅刚硬的萧条年代审美，这一切都证明了她是那个时代的一位超凡而敏锐，有能力把握住大众阅读品位的人。

两部小说都证明获得成功后（尽管凯恩的书销量不佳，但影视制作室却争相购买改编权），布兰奇这时在确认了公司生存无虞之后，又照例出国了。但是她首先拿出一份媒体通告，使得所有报纸都开始谈论："不少图书编辑们被克瑙夫的一份声明给弄晕了，声称克瑙夫太太近期乘萨伏伊伯爵号[②]去欧洲会见 Fafner Niederholtz, Tristan Traumweig, Serafino Umilerto, Albertine Disparue, Ga Fraaloma, Gregor Visilovitch Yakounchikov, Hacken Trom Golfstein, Pakves, Agememnon Parpadulion, 以及 Moden Salchuvenec.[③]" 这则消息被各主要通讯社如实报道，次日克瑙夫公司又跟上一份声明，澄清克瑙夫太太此行将要会见的包括休·沃波尔、利翁·福伊希特万格[④]（一位德国犹太小说家，影响过贝

---

① 埃里克·安卜勒，一位有影响力的英国悬疑小说作家，尤其擅长于间谍故事，也创作银幕剧本。有时使用笔名艾略特·瑞德。

② 萨伏伊伯爵号，建造于1932年的意大利远洋轮。

③ 这是一份以恶作剧为由编造的名单，都是子虚乌有，但对于美国人来说显得神秘而欧陆化的名字。有些故意露出蛛丝马迹，仿佛在考验读者的阅读面和眼力，例如第四个名字"Albertine Disparue"实则出自普鲁斯特《追忆似水年华》第六卷卷名《失踪的阿尔贝蒂娜》，还有纯属恶搞的阿伽门农。

④ 利翁·福伊希特万格，德国犹太小说家。

托尔特·布莱希特[①])、弗吉尼亚·伍尔芙，以及其他著名作家。一位记者谈论道："至于那个玩笑，看起来是克瑙夫太太的主意。"

* * *

她在海外期间将会寄到她手里的几部书稿都是兰斯顿·休斯的几本诗集，布兰奇想象中，这几本书应该能够给休斯——当然也给克瑙夫——带来进一步的文学地位。可是当卡尔·范·韦克滕把休斯的近期作品寄给她以后，布兰奇却真正不喜欢。关于受压迫工人的重要性的论战也许几年前会有读者，但是这种绝望感不适合眼下的大萧条局势。

集子里典型的诗是这样的——"让美国再次成为美国"，以及"公园里的长椅"，而其中的语气通常又由这样的句子在设定——"美国在我眼里，从来不是美国"，以及"我住在公园里的长椅上。/你，公园大道"。尽管集子表面上是关于所有信仰和所有肤色的，但其中一些诗明显看上去同情共产主义，有十七首强调美国黑人受到的不公对待，例如《私刑之歌》其中的句子带有强烈的煽动性——"绳子一拉！"

经过与范·韦克滕沟通，他跟她意见一致，布兰奇给休斯发了一份电报，说明她自己十分赞同卡尔对他这些政治诗歌的拒绝：时机对这类抗议性文学作品非常糟，尤其是来自一个相对还比较新鲜的声音。为了缓解可能引起的冲击，她还写道，他如今已经"十分重要，不用局限于此类（政治）诗歌"，而这样的出版物将会"对他的名声有害无益"。

---

① 贝托尔特·布莱希特，德国戏剧家、诗人，其剧作在世界各地上演。布莱希特创立并发展了叙事戏剧又称（"辩证戏剧"）的概念。出生于德国巴伐利亚奥格斯堡，年轻时曾任剧院编剧和导演，并投身左翼工人运动。1933 年后因纳粹党上台而被迫流亡欧洲大陆。1941 年经苏联去美国，但战后在美国又在反共运动中受迫害，不得不于 1947 年返回欧洲，自次年起定居东柏林。1951 年因对戏剧的贡献而获国家奖，1955 年获列宁和平奖。

休斯一分钟也没有耽误，便对出版人的拒稿做出了响应，冷冰冰地称她为“克瑙夫太太”而不是惯常的“布兰奇”。在回信中，他说他愿意推出一个廉价的版本，针对“工薪阶层的读者”，如果克瑙夫不愿意出版的话，他们是否介意他送去外国出版社或者类似的机构呢？布兰奇很快就同意了，于是1938年4月，国际工人兄弟会①印刷了15000册，以一毛五一册的价格出售，这册20页的诗集《一首新歌》②得以问世。在这期间，布兰奇和休斯又再度走近，而且1934年有其他书目过了布兰奇那一关：克瑙夫出版了《白人的方式》③，这部由十四个短篇组成的小说集是他最为人知的作品之一。

处理好了跟兰斯顿·休斯之间的尴尬之后，布兰奇终于在苏黎世附近的屈斯纳赫特④，曼的一幢古老而舒服的别墅内度过了一些稍微轻松的日子。她邀请“托米”（凯蒂娅这样叫他）及其妻子跟她一起去纽约住几个月，费用由克瑙夫承担，以庆祝四部曲《约瑟夫和他的兄弟们》⑤首卷的出版。“我们去。”作家说。利奥波德·斯托科夫斯基从大西洋对岸给布兰奇写来信，恳求她前来出席他在费城的音乐会，她回信说她那时还在曼的家里。反正这时斯托科夫斯基已经变成所有情人中，最不讨布兰奇喜欢的一个了。根据维护斯托科夫斯基网站的拉里·哈夫曼所言，指挥家对“他的行动十分保密，某一天跟他在一起的人通常不会知道他前一天或者第二天的行踪”。尽管哈夫曼把指挥家如此的神秘归因于天生的谨慎，布兰奇一定知道并非如此，因为他的这种鬼鬼祟祟让她感到自己无甚特别。

斯托科夫斯基回忆“很久以前”第一次与她相识——可能指的是1925

① 国际工人兄弟会，简称IWO，创建于1930年的兄弟性质保险、互惠组织，1954年解散。
② 《一首新歌》，兰斯顿·休斯诗集，1938年由国际工人兄弟会出版。
③ 《白人的方式》，兰斯顿·休斯短篇小说集，1934年出版。
④ 屈斯纳赫特，瑞士苏黎世行政区的一个市。
⑤ 《约瑟夫和他的兄弟们》，托马斯·曼四部曲小说，历时16年写成。

年他们的联络。她当时夸赞了他一个小时时长的第九交响曲，为他坚持了不像很多指挥家常做的那样拖沓而鼓掌。作为回报，他用他那著名的烂熟的文笔，描写他所经历的那60分钟就像“一辈子那样长”的体会，仿佛“深深穿透了一个宏大的工程”——“进入一座空旷的殿堂……那就是贝多芬的灵魂和心脏”。回忆他们初次的见面，斯托科夫斯基写道：“我正在一些台阶上向上跑，你站在台阶顶端；我是如此地被你的美丽所震撼或者所陶醉。”在求她尽快再次与他于费城音乐会后相见的后面（“我非常想要见到你”），他用感谢她来结束这封信，感谢她多年前通过写信与他交流第九交响曲所带来的愉快。

2月份她刚一回来，布兰奇就出现在为流亡人士埃玛·戈尔德曼[①]举行的一个茶会上，她获准进入美国做巡回讲座。那天她后来又去了一个由兰登书屋为格特鲁德·斯泰因和爱丽丝·B. 托克拉斯举办的派对。可很快她又陷入操劳当中，为她与阿尔弗雷德共同创建的这家出版社的未来。1934年的财务显示，尽管有很多成功项目，但未来依然凶险。大萧条也终于开始击中了出版业，包括克瑙夫。

出版商需要比不远的过去任何时候都小心翼翼。一天下午，当出了名的易怒的莉莲·海尔曼[②]陪着她的情人达希尔·哈米特来到布兰奇的办公室时，她的剧作《儿童节目》[③]在百老汇上演后，布兰奇祝贺了她，并提出可以帮她出版，预付金“150美元”，海尔曼答复，“500美元”。布兰奇于是直接看着她的眼睛，然后说：“为什么一个穿着崭新貂皮大衣坐在那儿的女孩儿会需要500美元？”可她还是付了，因为她想要这出剧——同时确保，只要她能管住哈米特，让他留在克瑙夫。

---

① 埃玛·戈尔德曼，也译作艾玛·古德曼或艾玛·高德曼，美国无政府主义者，以其政治行动主义、写作与演说著称。她在20世纪前半叶北美与欧洲的无政府政治哲学发展中扮演了关键角色。

② 莉莲·海尔曼，美国左倾剧作家，其作品在百老汇十分成功。

③ 《儿童节目》，莉莲·海尔曼1934年剧本。

跟布兰奇不一样，阿尔弗雷德似乎因为他们的财务麻烦而活跃起来。他决定，当然可以比“每月一书”的规模小些，但克瑙夫应该有自己的图书会所，前者仍然是个很新奇的商业概念，但已经非常成功。而布兰奇的意见（她反对这个想法）并不重要：像从前一样，阿尔弗雷德的计划仅仅指他自己。即便当阿尔弗雷德提到一些布兰奇已经签下的欧洲作家时，他还是会坚持使用第一人称单数，仿佛克瑙夫只意味着他一人。

阿尔弗雷德给《猎犬季刊》的订户写道：

> 在过去的20年里，我为美国引进了许许多多的在这个时代遥遥领先的作家，哪怕最合格的评论家想要充分地评判他们的价值，以及我的这些发现的重要性也觉得有难度。你不可能拼接出版业惯用的大吹大擂就能造出一个凯瑟，一个哈德逊，一个温塞特，或者一个曼……我的问题就是只需去找到最有智慧的那少数几个头脑，热切地供我发掘。在这点上，我可以证明我成功了。我已经出版了六位诺贝尔奖获得者。

那个显眼的“我”字一定再一次激怒了布兰奇，又或者是因为时机不对——毕竟这是在大萧条最严重时——那个会所失败了。

* * *

同时，埃德温·克瑙夫却在好莱坞风生水起，在美高梅做剧情编辑的同时，正在向制片人的位置攀爬。（1935年，塞缪尔·戈德温[①]正要发行的

---

① 塞缪尔·戈德温，人称塞缪尔·金鱼，波兰裔美国犹太电影制片人。以创立数个好莱坞电影工作室而闻名。

由加里·库珀[①]主演的《洞房花烛》[②]，正是基于埃德温的剧本）。那个秋天阿尔弗雷德去看望他弟弟，布兰奇则去海外旅行，并且途中会犒赏自己绕道去一趟昂蒂布角珍妮·布莱德利的度假屋，在那里暂时把哈米特和休斯的麻烦忘掉几天。

秋天这一趟旅行十分成功，以至于刚一回到纽约她就又开始计划一月份的采购行程了，可当她听说弗洛伦丝·海菲兹将在2月2日为亚莎举办一个意外生日派对时，她决定多在曼哈顿停留一个月。很凑巧，她计划上的改变给了她足够的时间来仔细查看回顾克瑙夫的财务，按说山姆留下的是一个极好的状态。事实恰恰相反，她越深入，其中的混乱越让她害怕：她意识到，克瑙夫没有能力结清曼哈顿银行的75000美元票据。

1935年3月21日，阿尔弗雷德、布兰奇和乔·莱瑟一起对克瑙夫的财务现状进行评估：他们将要拖欠一笔到期债务。阿尔弗雷德关掉了帕切斯住房（随后把那“棚屋”租给了哈里·温斯顿[③]，那位“钻石大王”），自己暂居德尔莫尼克，而没有去东57街400号布兰奇那里多出的一间卧室。他用《美国信使》上的免费广告来抵酒店账单。克瑙夫夫妇俩立刻联系了一位曾经协助其他出版公司走出财务困境的律师。

“我们那时是真的遇到麻烦了。”阿尔弗雷德后来承认。不过不是去接受自己公司在管理方面的应该承担的责任，阿尔弗雷德责怪了整个银行业，比喻他们是“出太阳借给你雨伞，而下雨天却拒绝你的人”。欧文信托位于麦迪逊大道和46街交汇处分行（山姆在那里维持了多年的关系）的

---

① 加里·库珀，美国知名演员，曾经获得5次奥斯卡最佳男主角奖提名，总共夺得2次奥斯卡最佳男主角奖（《约克军曹》与《日正当中》）与1次金球奖最佳男主角，1961年获得奥斯卡终身成就奖。

② 《洞房花烛》，1935年由金·维多导演的美国电影。

③ 哈里·温斯顿，商人，创建了同名公司，经营奢侈珠宝及瑞士钟表，总部位于纽约，第一间商店于1932年开门营业。他是历史上第一个将钻石首饰借给女演员用于奥斯卡颁奖礼的珠宝商，1943年他用其标志性的钻石装饰了获最佳女演员提名的珍妮弗·琼斯后，在好莱坞明星中十分受欢迎。

一位负责克瑙夫业务的职员看见“你利用银行来获取运作资金”时非常震惊，阿尔弗雷德鼻子里哼了一声，后来还表扬自己有自控力，没有反驳他，“任何傻子都能看得出来”。在担任克瑙夫公司的业务经理期间，山姆很显然高估了库存，甚至用自己的钱在高股值期间购买了为数不小的公司股份。这位分行经理查尔斯·法格这时坚持要阿尔弗雷德把山姆多年前给他儿子买的一份人寿保险转让给银行，当时面值为300000美元（约合今天的520万美元）。

阿尔弗雷德在欧文信托还有个私人账户，他的老朋友菲利克斯·沃伯格[①]在那间银行里正好挨着法格的座位。这时阿尔弗雷德见人就抱怨，只要对方愿意听，他就告诉人家，克瑙夫被告知不要只用欧文信托既作为个人银行又作为业务银行，克瑙夫应该还有第二家银行，用来还贷。两间银行每年将他们的信贷额度设为200000美元，于是“我们最高可以借400000美元”。阿尔弗雷德后来抱怨那些银行经理：“并不真正能看懂图书出版商的财务报表，也许其中有一个懂的吧，但是我们真正发现对于库存估值过高时，已经好几年了。”

无论查尔斯·法格跟菲利克斯·沃伯格之间有没有关系，他并没有就此放过克瑙夫，让他们松口气。阿尔弗雷德这时转向他的朋友吉姆·罗森博格律师求援，是他协助买下的帕切斯那所房子。克瑙夫夫妇向吉姆借了3万到4万美元，又跟另一位熟人借了1万。（两年后还这些借款时，这二人都拒绝收取利息）。就像布兰奇没有多年来一直恳求丈夫让山姆·克瑙夫远离公司事务似的，阿尔弗雷德从眼前的灾难中得出自己的一套教训来：他的两位好友“事实证明是少有的例外……布兰奇和我现在都坚信，

---

① 菲利克斯·沃伯格，德国出生的美国银行家。

在个人事务上真正有用的钱，只能是自己提供的，来自外界的任何资本最终都要付出高昂的代价”。

迟来地，克瑙夫二人都开始把目光投向《切尼报告》[①]，这份1932年初发布的美国图书交易经济形势。通过所展开的研究结果表明了图书发行的衰退呈现出“图书业的灾难”态势，在一项严峻的美国出版业解读中，O.H. 切尼谈及诸多冷酷现实，其中一些直到今天还能产生共鸣。克瑙夫两人对于这份报告迟来的关注也导致他们得出了“一套有用的统计数据”，记录在他们后来称之为“黑色账本”的记录中。当山姆·克瑙夫在世时，他按照自己的方式行事，而现在，遵循这一新的方法（事实上更传统）——加上没有山姆的无处不在——他们能够“预测销量和至少提前一年的现金状况”。

* * *

“仿佛一切都令人难以相信地糟透了，乏善可陈……我只想让你知道，我永远在这儿，如果你需要我会立即下来，以及如果有什么我可以为你做的……我恐怕从来也不擅于说出我的真正想法。不过也许你懂。”被克瑙夫的财务麻烦搞得焦头烂额，布兰奇对于门肯太太已经病得很严重这件事后知后觉。她没有读出过去几个月里门肯写给她的那些看似无忧无虑的信件中字里行间隐藏的东西。尽管她知道萨拉一直在当时被称作后结核肺的病中挣扎，但她对于情况糟到何种程度却一无所知。

① 《切尼报告》，正式名称为《图书业经济调查》，由纽约退休银行家 O.H. 切尼于 1930 年至 1931 年受全国图书出版商协会委托撰写的调查报告，后于 1932 年出版。报告的目的在于分析图书出版业的整体结构，寻找一条从整体上提升该行业的出路。

到了5月，亨利给布兰奇发了一条直率剪短的消息：萨拉看似比任何人所意识到的，都病得更厉害。她从四月回到约翰·霍普金斯，当时亨利还不无乐观地注意到番红花开得正盛。他给布兰奇写信说他“对接下来的治疗将永远根除她的所有病痛充满希望”。事实上，萨拉每况愈下，如今，他的妻子还在医院里，门肯在一封电报里对布兰奇说：“可怜的姑娘经历了可怕的一年，她勇敢地承受了，不过如果这些庸医不尽快让她好转的话，她将急转直下。”

那天稍晚，布兰奇给门肯发去一封电报，说她那天下午3点以后会在办公室，这般落款：“绝望地难过，爱，布兰奇。”5月29日，星期三，一个腰间穿刺检查展示了萨拉的脑脊髓中有结核性脑膜炎（通常致命）。没来得及等布兰奇于1935年5月31日，星期五，赶到巴尔的摩，门肯五年的妻子已经走了。门肯如此地“悲痛茫然”以至于他不能安排葬礼，并且拒绝看她失去了生命的身体。他立即将她火化，安放在巴尔的摩劳登园[①]的一小块土地上，紧挨着的位置他给自己留了一块土地。

这位新闻人，安静地陷入毁灭性的悲痛中，剩下的那一年里只为自己的报纸写过一篇稿。那篇稿子写的是关于他一生对数字13的执念——萨拉去世日子（31）颠倒过来的数字——“昨天，13号星期五，我从纽约下来，乘东部标准时间11点30分的火车离开。在11点30分这个数字里也藏着一个13，铂尔曼[②]的售票代理给我的座位是231车厢的13号，231里又有一个13，这次碰巧颠倒过来。我彻底以为这列火车一定会驶出轨。”

门肯用了五年时间才敢于直接提及萨拉的死。1940年5月31日，他写道：“我生活中每一天，每一天的几乎每一个小时，都还在想着萨拉……我总是想着要给她说的事。”萨拉死后，门肯将自己投入到整理她的短篇

---

① 劳登园，位于巴尔的摩市的一个公墓。

② 铂尔曼，高端酒店。

小说集及回忆录《南方影集》[①]一书，将由1931年曾经发行过她的小说《淑女的养成》[②]的道布尔戴出版，以避免与克瑙夫的任何利益冲突。

① 《南方影集》，门肯1936年发表的文集。

② 《淑女的养成》，萨拉·哈尔特1931年出版的小说。

14. 战争的凶兆

萨拉的死带给门肯的悲痛使布兰奇自己更深刻地感到孤独。当从埃克塞特回来度假的帕特决定像上个暑假一样，来东57街400号跟她一起住，用那间多出的卧室时，布兰奇很高兴。帕特后来说起过，他喜欢跟母亲一起生活时的气氛。不管是有诺埃尔·考沃德[①]在他们公寓里演奏最新作品的派对，还是早上目送她去上班，他都很喜欢跟她在一起的时间。他注意到即便在办公室，她也保持了自己的风格：一顶平顶帽和外套上的一枚金"BK"胸针成为她的标志。

帕特会对出现得过于频繁的男性客人感到嫉妒。艾迪·瓦塞尔曼，这位布兰奇从20年代起就交往的朋友，仍然十分活跃，期望有机会出现转机，而帕特感觉到他母亲好像也准备好要给他机会了。不过艾迪自己也知道，无论他如何崇拜布兰奇，他们之间的关系更多是实用。为了表达自己的感情，他给布兰奇买了辆新车，一辆黄色的福特辉腾[②]敞篷车（她很少开，更从未把顶篷放下来过）。这一次，总算是布兰奇的相好送礼物给她，而不是相反了。她对门肯说艾迪就像她的"助行器"，而乔·莱瑟却认为他是布兰奇的情人。帕特在一次活动中跟人说起，他母亲"跟仙子泡在一起"（瓦塞尔曼据说是个未出柜的同性恋），并且几十年之后回忆说他父亲因为

---

① 诺埃尔·考沃德，英国剧作家、作曲家、导演、演员及歌手，以机智风趣、华丽，以及《时代》周刊所称的"结合了厚颜、时髦、矫饰以及镇定的个人风格"而闻名。

② 福特辉腾，福特A型车的一种。

那件礼物大怒。布兰奇的朋友朱迪丝·安德森回忆，艾迪“非常迷恋布兰奇”，同时“很好玩，很聪明……有一套时髦的公寓”，每一个“纽约人和巴黎人都在1935年去过”那儿。布兰奇最终给了艾迪那个标识性的礼物，一个金质登喜路打火机，上面刻着他的缩写字母，意味着（哪怕仅仅是表面上的）他们是情人了。

当帕特去怀俄明一个休闲牧场度过暑假的下半部分时，布兰奇出发去了欧洲，九月份再赶回来送他去学校。克瑙夫一家的暑期旅行丝毫看不出有缩减的征兆：到1935年夏季前的销售显示生意又开始回到强劲的财务状态下，起码目前如此，这主要归功于克劳伦斯·戴伊的回忆录《家有老爸》①，以及薇拉·凯瑟的《露西·盖哈特》②，这是一部关于一位住在内布拉斯加普拉特河③流域的青年女子的故事——她对富裕生活的渴望只给她带来了死亡。

到了夏末阿尔弗雷德才登上第一趟飞机——去洛杉矶看他弟弟埃德温——然后坐火车前往阿尔伯克基④去会见康拉德·李希特⑤，他知道布兰奇想要看他的书稿。这趟旅行打开了阿尔弗雷德对西南部之美的欣赏眼界，这很快成为他最爱的美国风光。独自在中城公寓里度过了儿子那一整学年的布兰奇，现在已经彻底只在必需的社交场合才陪伴在丈夫身边了。他们一同出席了1935年10月10日在艾文剧院⑥举行的格什温歌剧《波吉

---

① 克劳伦斯·戴伊，美国作家、漫画家，代表作为1935年出版的回忆录《家有老爸》。

② 《露西·盖哈特》，薇拉·凯瑟的第十一部小说，发表于1935年。

③ 普拉特河，内布拉斯加主要河流，约500公里长。

④ 阿尔伯克基，美国新墨西哥州人口最多的城市，位于新墨西哥州中部地区。

⑤ 康拉德·李希特，美国小说家，其小说《苏醒的大地》三部曲之最后一部《小镇》获1951年普利策小说奖。

⑥ 艾文剧院，现为尼尔·西蒙剧院，百老汇演出场馆，始建于1927年，位于纽约曼哈顿中城剧院区西52街250号。

与贝丝》[①] 首演，那是一场“精彩的首场演出”，还一同参加了康德·纳斯特在他的公园大道联排屋里为格什温举办的盛宴。

布兰奇宁愿是由门肯护卫在身旁，但她尊重他希望与克瑙夫夫妻双方都保持朋友关系的愿望。她给他寄去了她为他挑选的节日礼物。在1935年12月22日这天，他给她写信说：“那些漂亮的鲱鱼到得正是时候，可以用于我的安息日晚餐……它们安全到达，没有一点划伤，看起来像皇冠珠宝。我最诚挚的谢意。但我意识到我必须加上一句：见鬼的圣诞节。”她还制订了一个任务清单，是下个月她在海外期间希望他能替她做的，毫无疑问她希望能让他从对萨拉的哀悼中转移出一点注意力来。

1月，达希尔·哈米特没能十分成功地激起布兰奇的同情。由于哈米特那几乎从不间断的照顾需求，布兰奇还在洛杉矶参与了一个《黑色面具》作者晚宴，在那里知道了他的一个秘密：他染上了淋病。他飞回纽约，在勒诺克斯山医院挂号注册一直待到2月上旬，这期间布兰奇送些书给他读，也一面不经意地提醒他，承诺年底前会写出一部新小说。

不过那个1月还见证了布兰奇在伦敦与伊丽莎白·鲍恩的简短会面，两人一见如故，由于布兰奇对《巴黎之屋》[②] 即将在美国出版一事所持的极大热情，使得鲍恩立刻喜欢上她。1936年初，《巴黎之屋》获得的评论看起来非常强劲。这本书早一年在英国问世时，弗吉尼亚·伍尔芙对其大加赞赏，惊诧于鲍恩的世界与她自己的竟然有如此多的交集。的确，这个故事的口气很清晰地呈现出伍尔芙的影响。鲍恩总是在一点一点将冷静而超然的外壳剥去，直到有时凶猛的内核出现，然而结局却又回到起点：两个一整天都在试图回家的少年，无论最后那个家在哪里。

---

① 《波吉与贝丝》，又译作《乞丐与荡妇》，由海沃德编剧，格什温谱曲的歌剧。1935年8月30日在波士顿首次公演。此剧用美国人固有的音乐语言、独特的音乐性表现，既有新风格又有浓厚美国民族性，被认为开创了世界歌剧乐坛的“轻歌剧”。

② 《巴黎之屋》，伊丽莎白·鲍恩1935年发表的小说。

这部小说在美国，如果说收银台边呈现的景象略嫌不够壮观的话，却收获了媒体的盛赞。《纽约时报》称《巴黎之屋》为“鲍恩女士无可争议的最佳作品，它拥有她早期作品中所呈现出的一切微妙品质，但又包含了更多的温暖和感受”。《星期六文学评论》说：“作者对于人性的深度和复杂度都有极好的直觉，并且具有极高的想象力，能够将人类关系刻画成一种破除了成规的存在理由，总而言之是非常有趣的一部小说。”《国家》则表达了不同意见：其大框架（也许俄罗斯那种类型的）的欠缺剥夺了小说读者们的宏大热情，只令他们踯躅不前。最重要的，它成为每月一书俱乐部的选项，既因其销量也因其受欢迎程度。

大约有几个月的时间，布兰奇感到有些轻松。1936年1月14日，亚莎·海菲兹在卡内基音乐厅为纽约妇女劳工联盟[①]举办了一场募捐演出。埃莉诺·罗斯福是募捐委员会主席，委员会成员包括安德鲁·卡内基[②]夫人，威廉·蓝道夫·赫斯特[③]夫人以及其他人。那个月再晚些，大都会艺术博物馆[④]举办了一次凡·高作品展，布兰奇急切地想看。她还计划去看俄罗斯芭蕾舞团的表演，她非常享受舞蹈家们优雅而充满运动感的肢体动作。克瑙夫夫妇一个月内两次共同出席社交活动的事已经越来越罕见，这一次他们一起回到卡内基音乐厅是为了表达对他们的英国朋友，指挥家汤

---

① 纽约妇女劳工联盟，妇女劳工联盟(WTUL)是一个既有工人阶级又有富裕阶层的妇女组成的全国性组织，支持妇女组建劳动工会，提高劳动条件。

② 安德鲁·卡内基，20世纪初的世界钢铁大王，著名慈善家。卡内基钢铁公司创始人兼董事长，纽约卡内基公司创始人，卡内基国际和平基金会创始人，卡内基梅隆大学创始人，卡内基英雄基金会创始人。

③ 威廉·蓝道夫·赫斯特，美国报业大王、企业家，赫斯特国际集团创始人。赫斯特是一位在新闻史上饱受争议的人物，被称为新闻界的“希特勒”“黄色新闻大王”。他在20世纪初掀起的黄色新闻浪潮，对后来新闻传媒产生了深远影响。

④ 大都会艺术博物馆，简称 The Met。位于纽约市中央公园旁，是世界上最大，也是参观人数最多的艺术博物馆之一。大都会艺术博物馆于1870年由一群美国公民发起创建，发起人包括了商人、金融家、卓越的艺术家与思想家，他们期望博物馆能够给予美国公民在艺术和艺术教育方面的熏陶，于1872年2月20日开幕，当时位于第五大道681号。

玛斯·比彻姆爵士①的崇敬。当他们在56街检票口进入时，那位多年的音乐厅经理约翰·塔滕②出人意料地告诉他们："你们的朋友也来了。"指库塞维兹基和妻子娜托娅。

比彻姆次日将起航返家，邀请布兰奇夫妇音乐会后去参加他在萨伏伊广场③的"夜宵派对"，那个酒店布兰奇很熟悉，库塞维兹基夫妇一向在那里下榻。音乐会后，克瑙夫夫妻俩直奔比彻姆的酒店派对，而正当布兰奇在洗手间时，娜托娅也走了进来。她坚持要邀请夫妻俩到楼上他们的套房。想着就待几分钟，克瑙夫二人便同意了。然而当谢尔盖一打开门欢迎他们，娜托娅在一旁说："看看我找到了什么？"比彻姆爵士的派对便被抛在了脑后。

那个夏天，阿尔弗雷德得知妻子计划带着帕特去魁北克附近的加斯佩半岛④，他抢先一步对儿子建议他们两人——如果她愿意，加上布兰奇——先一起划一趟独木舟（为此，阿尔弗雷德还特意留了"约瑟夫·康拉德那种"胡子）。咨询了朋友的意见后，他选定了新不伦瑞克⑤的凯恩斯河⑥。包括布兰奇在内的这个小部队在弗雷德里克顿住了一晚，然后第二天一早在向导的带领下乘火车把设备放在了河附近某处。就在这里，布兰奇决定返回。这整个经历不对她的品味，太原始，就在一边拍打蚊虫，一边在泥泞中踉跄中，她决定，还是让这件事变成仅限男孩参与吧。当晚他

① 汤玛斯·比彻姆爵士，第二代从男爵，生于圣海伦斯，卒于伦敦。英国指挥家，同时他还成立了很多英国乐团，包括新交响乐团（1906年）、伦敦爱乐乐团（1932年）和皇家爱乐乐团（1947年）。

② 约翰·塔滕，1903年起开始在卡内基音乐厅做领位员工作，经常护送安德鲁·卡内基去他的主厅包厢。通过自己的努力，不断得到提升，直至1927年成为音乐厅经理，一直担任这一职务直到1968年退休。

③ 萨伏伊广场，位于曼哈顿中城第五大道与东59街之间的酒店，俯瞰中央公园，1927年开张，1965年撤除。

④ 加斯佩半岛，沿圣劳伦斯河南岸至魁北克境内马塔佩迪亚峡谷以东的一个半岛。

⑤ 新不伦瑞克，加拿大大西洋地区的一个省级行政区，英语和法语同为该省官方语言，约65%的人口操英语，32%的人口操法语，是仅次于魁北克加拿大法语人口第二多的省份。其首府为弗雷德里克顿，位处新不伦瑞克省的中西部，是该省第三大城市，也是文化和政治中心。"新不伦瑞克"之名源自德语不伦瑞克（德语：Braunschweig），是加拿大联邦建国之初的四个省份之一。

⑥ 凯恩斯河，位于加拿大新不伦瑞克省的河流，全长113公里。以大西洋三文鱼垂钓闻名，尤其是秋季。

们很不错地玩了一通飞钓，然后阿尔弗雷德和帕特“基本上都在浅水里扑腾，有时不得不靠脚，一边拉拽他们的独木舟”。当夏末布兰奇和帕特先后抵家，他们立即出发前往计划已久的加斯佩假期，布兰奇希望这能比得过阿尔弗雷德的探险旅途。

这趟母子之旅鲜有记录，帕特很快又回到学校，布兰奇启程去了巴黎和伦敦。通过克瑙夫作家保罗·葛里克[①]的关系，她去了1936年柏林夏季奥运会，并经介绍认识了威廉·夏伊勒。仅仅几分钟的交谈，一向信任自己直觉的布兰奇便告诉这位记者，把他的小说放一边，让她马上把夏伊勒所提及自己一直坚持的日记先签下来。被她的坚持所打动，夏伊勒建议他们几年后再谈。记者后来夸口，说他第一次见到布兰奇时，有谣言传“她似乎疯狂地想跟我上床，不过她从未有过进一步的暗示”。夏伊勒尚未意识到，布兰奇出手猎书时，她确实能够表现得像个勾引男人的女子。见面之后，她开始频繁地发电报给夏伊勒，叮嘱他回到柏林以后一定要记录细节，他先是受雇于国际通讯社[②]，随后才是CBS[③]。后来，她还安排过与记者在巴黎和伦敦的会面。

夏伊勒写于过去几年的日记，交到布兰奇手里时完全是粗糙型的，但其中披露的事件既令她惊骇，又给了她启迪。例如，夏伊勒觉得，用他自己的方法，通过观察1934年9月纽伦堡集会，来理解这个国家。这一自1923年起每年召开一次的德国纳粹党代会，随着希特勒权力的崛起，已经演变成年度宣传大秀。这一年，夏伊勒还没在酒店安顿下来，他发现自己已经被困在希特勒的酒店门前了，在上万高喊着“我们想念我们的元首!”的人群中。

---

① 保罗·葛里克，美国小说家、短篇小说和体育作家，许多作品被改编为电影。

② 国际通讯社，由报纸出版人威廉·蓝道夫·赫斯特创建于1909年的美国新闻通讯社。

③ CBS，即哥伦比亚广播公司。

夏伊勒详细地记载了他在1934年的经历，他说："我有点被那些脸庞震撼了……令我想起一次在路易斯安那偏僻乡村里见到的圣罗拉教徒[①]脸上的狂热表情。他们仰望着（希特勒），仿佛他是弥赛亚，他们的脸完完全全变得非人。"

在巴黎短暂停留之后，布兰奇自己到了柏林，她亲眼见到了这一无处不在的混乱。被德国的明显不稳定而困扰，她1936年7月14日告诉一位《纽约时报》的记者："那里已经没有尚留在德国的德国作家还值得考虑的，任何有才华的作家或者出版公司，但凡有丝毫的独立性，都已经离开了。（托马斯·曼那时已经去了瑞士。）只有纳粹作家和出版社还待在那儿以取悦纳粹政府。"

就在这段时间，曾经彻底错误估计了德国政治局势之严重性的门肯，建议布兰奇拒绝出版犹太人受迫害历史的书。门肯安慰她，不用担心："《巴尔的摩太阳报》……以及（美国的）主要犹太组织……在说德国的屠犹是想象出来的。"由于布兰奇认为门肯是美国最敏锐的政治思考者之一，她希望他所说的是对的。

她欣慰地告诉他，当年的《美国语言》第二版销量已经上升到9274册，这对于参考书类的图书来说是一个了不起的成就。从那时起，这本手册将以两卷的形式出版。门肯感到很满意，同时他还是很担心布兰奇的健康。他听到一些关于她生病的传言，而每当他一问起，她就很崩溃。她正在与半边脸剧烈的神经痛纠缠挣扎，每次痛起来，明明只有几秒钟或者几分钟，但那可怕的感觉让人感觉要一直持续到永远。她这位朋友坚持要她随他一起去巴尔的摩，到霍普金斯看他的眼科大夫，她已经在那儿见过他的内科

① 圣罗拉教徒，基督教新教中较为极端和狂热的一支。

大夫本杰明·贝克[①]（他后来成为道格拉斯·麦克阿瑟将军[②]的顾问）。医生对此无计可施，她的间或模糊的视力状况持续着，尽管她对有限的几个人承认了视力缺陷，但还是只在私下里才肯戴眼镜。当亨利说她想要把帕切斯家的一个卫生间装修为全黑是个坏主意时——如果不为别的，起码从她视力考虑——她拒绝听，她所想要的关于自己住所的感觉是坚定的，就是得全黑。不过她反正也很少在这个乡村住宅里。

11月，布兰奇跟阿尔弗雷德为库塞维兹基的纽约音乐季开场举办了庆祝派对后，夫妇俩一起有过好一些当天来回的旅途。他们在波基浦西[③]附近的斗弗原停留了一晚，住在一个很有历史的客栈"老牲口贩子旅馆"，然后启程前往特劳贝克庄园（作家兼博物学家约翰·巴勒斯[④]经常停留的地方）去看望乔和艾米·斯宾岗[⑤]这对老朋友，对NAACP的工作具有重要作用的一对老朋友。他们计划在斯宾岗家的老宅里过一夜，斯宾岗家在哈德逊河谷[⑥]的阿米尼亚[⑦]城外不远。可是到了晚上才发现这里比每个人以为的都要冷多了，而克瑙夫家的车库人员忘记给福特车里放上防冻剂，引擎被冻住了，从而要继续这段旅途成为不可能。当他们的车最终活过来时，布兰奇返回了城里，她听说12月的假期里门肯在巴尔的摩做了一场手术。她力劝他恢复以后出门一趟，从他异常的谨慎来猜，大概是前列腺手术。

刚过新年，亨利接受了布兰奇的忠告去了代托纳海滨[⑧]修养，其间布

① 本杰明·贝克，著名内科医生，约翰·霍普金斯大学医学院教授。

② 道格拉斯·麦克阿瑟将军，美国著名军事将领，1937年出任菲律宾陆军总司令，1944年授衔五星上将。20世纪30年代任美国陆军参谋长，是太平洋战争中盟军主要指挥官之一。

③ 波基浦西，美国纽约州东南部城市。

④ 约翰·巴勒斯，美国博物学家、散文家，美国环保运动中的重要人物。国会图书馆美国记忆项目中的传记作家将约翰·巴勒斯将其视作继梭罗之后，美国文学的自然散文领域中最重要的实践者。

⑤ 乔·斯宾岗，美国教育家、文艺评论家、民权活动家。妻子艾米·斯宾岗。

⑥ 哈德逊河谷，由哈德逊河流峡谷地区及其纽约州邻近地区组成的一个地区。

⑦ 阿米尼亚，纽约州达奇斯郡的一个城市。

⑧ 代托纳海滨，佛罗里达城市。

兰奇给他发来一封短信，说她想要做一个佛罗里达风格的克瑙夫标志——她去海外出差期间门肯可以帮她把控此事。她指示说要做一个真正具有独创性的东西，门肯对这项任务也很有兴趣。不是很肯定“在这个海滩上做的第一盏猎犬灯”的缘由，一位当地雕塑家接手了这项工作。这盏灯像一个庞大的超现实主义怪兽，加上彼得迈耶的流畅曲线，灯罩是用“生蚝的壳、红莓、鎏金的纽扣，以及桐仁”制成。被这东西给迷住了，布兰奇给门肯发了电报，催他赶紧回到那些爱他的人身边来。但她最后拿这盏灯做了什么无人得知，可能送给了某位作家或者海外代理做礼物——甚至也可能当作礼物送给了她丈夫。

在上一次海外旅途中，布兰奇偶遇D.H.劳伦斯的朋友阿道司·赫胥黎，由于他对劳伦斯的善意以及欣赏，他们俩立刻有了情感上的联系和共鸣，阿道司在1930年劳伦斯死后编辑了他的信件。劳伦斯患肺结核死在法国东南部尼斯和昂蒂布之间的旺斯[①]，年仅44岁，生病期间由阿道司和玛丽亚·赫胥黎[②]照顾他。除了如此的忠诚之外，布兰奇也十分欣赏赫胥黎的和平主义者观点，他的半盲状态更增加了她的亲近感。布兰奇从欧洲回来后几个月，克瑙夫二人与赫胥黎夫妻俩在距离曼哈顿中城两个小时车程的莱茵贝克[③]一起午餐。

他们在看上去根本不可能成为赫胥黎夫妇的朋友的人家里见到了这一对怪人，威廉和马乔莉·(沃辛顿)·西布鲁克[④]，他是食人超自然学派的著名学者，精神病人。哈考特·布瑞斯出版社[⑤]1931年出过西布鲁克的《丛

① 旺斯，法国南部普罗旺斯以美景著名的小城。

② 玛丽亚·赫胥黎，阿道司·赫胥黎的妻子。

③ 莱茵贝克，美国纽约州达奇斯郡的一个镇。

④ 威廉·西布鲁克，美国人类学者、探险家、旅行家、食人肉者、记者。乔莉·（沃辛顿）·西布鲁克，美国作家、小说家。

⑤ 哈考特·布瑞斯出版社，拥有悠久历史的美国出版社。

林之路》①，书中这位置身于友好西非部落的奇异派学者，被人给了一块某位在事故中“新鲜”丧生的30岁男子腹部的肉。这块人肉非常好吃，其“烹煮时的香味，太迷人了，很像牛排或者烤牛肉”。《丛林之路》是献给保罗·莫兰②的，这是一位反犹的现代主义作家，支持维希政府③。尽管西布鲁克十分多产，但从未有过布兰奇向他开口约书的记录。1945年，也就是那次午餐后八年，这位人类学家自杀了。

* * *

1937年4月末，尽管他说“是布兰奇把我拽进去的”，他“什么鸡尾酒也没有喝，几分钟就逃了出来”，亨利鼓起勇气去了克瑙夫展示他们麦迪逊大道501号新办公室的一个鸡尾酒会。《出版人周刊》给了布兰奇的派对两个页面的报道，以夫妻俩办公室以及第十六层接待区前厅的照片结尾。光亮的黑色复合地板，暗沉的黑色墙面，折射的照明，以及一个“天然胡桃木的大型门厅”将来人领向装饰着克瑙夫最著名出版物书套的大堂。再过去便是一个蓝色和米色的接待室，“天然胡桃木，玻璃以及抛光黄铜色调”。公司最新书目陈列在“北墙上一面凹进去打着灯光的窄长架子里”。布兰奇对于混合年代的喜好体现在一个舒适的图书馆，醒目的摩登书架和齐彭代尔椅子，加上一张波斯地毯。阿尔弗雷德的办公室则很明显地配备了沉重的深色古董书桌，四周挂着“装在竹筐里的原版毕尔勃

① 《丛林之路》，威廉·西布鲁克20世纪20年代去西非旅行，遭遇食人部落，西布鲁克据此经历写成的小说。

② 保罗·莫兰，法国作家，其中短篇小说因其风格、机智及描画能力为人称颂。

③ 维希政府，又称维希法国，是第二次世界大战期间纳粹德国控制下的法国政府，简称“维希”。1940年6月德国占领巴黎后，以贝当为首的法国政府向德国投降，1940年7月政府所在地迁至法国中部的维希，故名。维希政府在被德国国防军占领的法国北部领土（即占领区）还保有一些权力；但是它主要统治包括维希在内的非占领区，也就是自由区，约占法国本土领土面积的40%。维希政府于1944年6月盟军诺曼底登陆解放法国后覆灭。

姆[1]绘画和老地图”，而布兰奇的则是“彻底的摩登……米白、米黄的基调上插入惊人的（红色）亮点”。她有两扇窗户，大的一扇朝西，另一扇斜对着圣·帕特里克大教堂的尖顶，一面墙“整个由书架占满，其他几面墙上铺着中性色的草编壁纸”。布兰奇的书桌是胡桃木的，有“三个给客人坐的圆形摩登布面椅，都是鲜亮的猩红色灯芯绒”。

门肯在日记里记下了他的担心：克瑙夫盈利极低，需要不少热销书才能对付得过去。与新近崭露头角的公司例如道布尔戴、兰登书屋、西蒙与舒斯特不一样，克瑙夫因为保持小体量而付出了代价。正如克瑙夫前公关总监彼迪·乐梅[2]所解释：“克瑙夫这样中等规模的出版社通过出版销量稳定的虚构和非虚构作品，而非轰动的畅销书，来维持坚实的财务状况……（两位克瑙夫）放弃了为数不少的畅销作者因为……他们希望保持那个使得公司之所以不同凡响的高文学水准。”

1937年，担心衰退逼近，克瑙夫夫妻俩决定那个夏天再次将帕切斯住宅租出去，这次是租给卡洛尔和卡尔·普福尔茨海默[3]。阿尔弗雷德和布兰奇按周轮流去鳕鱼角的法尔茅斯[4]度假小屋，阿尔弗雷德在那儿航海或者打网球，而布兰奇则基本上是在一个户外躺椅上读书。尽管他们不是在一起，但这对夫妻不知怎么，还是在由谁邀请门肯到这所平房来住的问题上争执起来。不出所料，他没能找到时间去访问他俩中的任何一个。

假期开始之前，他们的朋友乔治·格什温在38岁的年纪死于脑癌。他的《波吉与贝丝》（后来被公认为歌剧杰作）被认为不成功，他本人最近迁到洛杉矶为电影作曲。但是不出几个月，他开始受到一些古怪的神经病理

---

① 毕尔勃姆，指亨利·麦克斯·毕尔勃姆爵士，英国散文家、漫画家。
② 彼迪·乐梅，原名哈丁·乐梅。
③ 卡尔·普福尔茨海默，美国纽约银行家，是卡尔·普福尔茨海默公司高级合伙人，著名的医药、教育及艺术赞助人。卡洛尔·普福尔茨海默是其妻子。
④ 鳕鱼角的法尔茅斯，美国马萨诸塞州南部的一个钩状半岛。

症状的叨扰，从闻到并不存在的橡胶燃烧气味，到企图把司机从车里推下去。因为吃下去的任何东西都会被吐出来，他被送到好莱坞的黎巴嫩·希达医院[①]，被诊断为歇斯底里后就让他回去了。两个星期后，不能正常说话或行动，格什温再次被紧急送进医院，几天之后就去世了。

他的骨灰盒被火车运回纽约，葬礼在以马内利会堂举行，会堂里聚集了前来为他哀悼的3500多人，另有1000人伫立在礼堂外的细雨中。尽管布兰奇和阿尔弗雷德无疑到场了，然而被列入客人名单的唯一一位克瑙夫却是电影制片人埃德温·克瑙夫。自从他们一起逃离到阿什维尔，作曲家在那里完成了《蓝色狂想曲》之后，埃德温一直与格什温保持着很近的朋友关系。荣誉护柩送葬人，纽约市长菲奥雷洛·拉瓜迪亚[②]，一位犹太母亲和意大利父亲的儿子，正是这座城市及其音乐的绝佳象征。

再一次，并非出于什么令人愉快的原因，克瑙夫夫妻俩又于1937年被捆在了一起。帕特一直待在纽约重修一门埃克塞特没通过的课程，八月份终于毕业了——随即便离家出走。在写给父母的一张纸条中，他说，被普林斯顿拒绝令他十分沮丧，决定不做出一番样子之前不再回来。经过警察的一通搜索，在盐湖城找到了他，"正在一个草坪上睡觉，"因为只有"卡车司机"肯向他施以援手，就像在模仿他父亲说话的方式似的，他抱怨"其他人都是一帮可恶的势利眼"。当"七个州的警察"四处找他时，帕特一直住在一张公园的长椅上。一经找到，马上联系了他的父母，他们立即飞来接他。阿尔弗雷德看上去对帕特所为简直有些骄傲，而布兰奇，一直发疯一般地向全国的警察打电话求救，却被她儿子这么做给气坏了。不管

---

① 黎巴嫩·希达医院，20世纪初期创建于美国加州洛杉矶的医院，后与西奈山医院合并。

② 菲奥雷洛·亨利·拉瓜迪亚，意大利裔美国人、政治人物，美国共和党党员，曾任美国众议员（1917年—1919年、1922年—1933年）、纽约市市长（1934年—1945年）和联合国善后救济总署总干事（1946年）。拉瓜迪亚是美国总统富兰克林·德拉诺·罗斯福"新政"的强力支持者，因成功领导纽约市从大萧条中复苏而闻名全国，纽约都会区三大机场之一的拉瓜迪亚机场以他的名字命名。

怎样，从一张照片上看，父母二人还是微笑着面对当地的记者。

8月4日，门肯给布兰奇写信说当他看见美联社的消息，知道帕特被找到时松了口气。“我实在希望你所有的麻烦现在都过去了，”他写道，“这段时间太让人心烦了！”亨利知道布兰奇一直担心自己是个不称职的母亲，为了安慰她，他回忆起自己的堂兄试图要惩罚他的事，当一个男孩，提出要“和他一起逃到西部去与印第安人作战”。尽管他拒绝了这份好意，但他回忆“那一带有六个男孩都做过这种事。生命对于一个十几岁的男孩来说肯定不是愉快的”。他好心加上了一句，知道布兰奇相信她没有照顾好自己的儿子。“他一直被管教，所有要求他做的事都不是他所情愿的。”

几年以后，克瑙夫那位会计提升的财务官乔·莱瑟提及那次高曝光度的事件：“我认为整个那件事就是帕特搞出来的一串闹剧，以获得关注。他一直都想回避没有考上大学这件事。我想他确保了他父母始终知道他在哪里。”克瑙夫夫妇找回帕特后，阿尔弗雷德把他介绍给了出版业的人，随即他在道布尔戴的仓库里工作了一年。也有可能正是在这期间，阿尔弗雷德开始在帕切斯给帕特和他自己“引诱”女人，按比尔·考希兰德的说法，一周两次。对帕特的争夺还在持续，雇女人来“服务”父子二人（布兰奇不知情）保证了“这孩子”从此会选择帕切斯，而不是布兰奇的纽约公寓。而布兰奇一定还以为，儿子仅仅是宁愿跟父亲一起生活。

1937年9月，布兰奇乘诺曼底号[①]去了英国，带回了弗朗茨·卡夫卡[②]《审判》[③]的合约。克瑙夫那一年出版了一系列十分出色的文学作品，包括

---

① 诺曼底号，为法国航运公司CGT建造的一艘远洋轮，1935年启运，当时是最快最大的轮船。

② 弗朗茨·卡夫卡，奥匈帝国一位犹太德语小说家和短篇作家，被评论家们认为是20世纪作家中最具影响力的一位。卡夫卡的代表作品《变形记》《审判》和《城堡》有着鲜明的主题并以现实生活中人的异化与隔阂、心灵上的凶残无情、亲子间的冲突、迷宫一般的官僚机构为原型。

③ 《审判》，是弗朗茨·卡夫卡在1914年至1915年间写的一部长篇小说，1925年发表。小说的主人公约瑟夫·K在一个早上被唤醒后，不明原因地被捕，陷入一场难缠的官司之中，却不知道自己的罪名。K最终在一个黑夜里被带走，并秘密处死。

克劳伦斯·戴伊的遗作《家有老妈》[1] 以及安德烈·纪德与共产主义的否认和割裂《访苏归来》[2]，连同英国作家埃里克·安卜勒的首次输出，间谍小说《近东谍网》[3]。詹姆斯·M. 凯恩的新作《小夜曲》[4]，布兰奇和亨利都认为是一部杰作，不像推理故事，而更像一部浪漫曲。

仿佛是为了弥补这一年紧随在帕特出走事件的厄运，阿图尔和奈拉·鲁宾斯坦（他后来成为布兰奇偶尔的情人，她成为米尔德丽德·克瑙夫的朋友之一）将这位出版人在玛丽皇后号[5] 上的回程变得十分愉快。当她11月15日在纽约下船时，布兰奇告诉帕特她将在圣诞期间带他去洛杉矶。这次他们没有像布兰奇以往那样住在埃德温和米尔德丽德·克瑙夫家，而是下榻在华丽的比佛利威尔希尔饭店[6]。克瑙夫看似进入了财务稳定状态，尽管远远谈不上繁荣。如乔·莱瑟的记录，它1937年的数据为645000美元销售额（约合今天的1080万美元），10657美元利润，而阿尔弗雷德和布兰奇的工资总额45600美元（其中布兰奇15000美元）。有理由乐观，起码从财务方面。

---

① 《家有老妈》，克劳伦斯·戴伊1935年回忆录《家有老爸》姊妹篇，于1937年作者去世后出版。
② 《访苏归来》，纪德1937年出版的著作。
③ 《近东谍网》，安卜勒的间谍小说。
④ 《小夜曲》，詹姆斯·凯恩1937年小说。
⑤ 玛丽皇后号，1934年启运的一艘康纳德远洋轮船。
⑥ 比佛利威尔希尔饭店，位于美国加州比佛利山南罗迪欧大道东侧的一间历史性的饭店，地址在威尔希尔大道。

15. 西格蒙德·弗洛伊德、托马斯·曼及其他

1938年3月12日，希特勒吞并了奥地利。布兰奇意识到她需要尽快完成一切还在进展当中的海外业务，并且拜访一些作家，对其中好几个作家来说，可能遭受的局势所带来的伤害已近在咫尺。德奥合并迫使西格蒙德·弗洛伊德在《摩西与一神教》[①] 书稿完成前立即移居英国。在他六月迁居至伦敦到第二年的去世之间这段时间里，布兰奇至少私下见过他一次，并且说服了他允许克瑙夫翻译并出版这本书，也是他的最后一部完整著作。他的朋友，作家斯蒂芬·茨威格[②]，同时也是布兰奇的一位熟人——要不然也可能是与弗洛伊德关系很近的托马斯·曼——将二人引荐联系上的。

在她能够再次去海外旅行之前，布兰奇在夏初有两件事要完成：确保帕特能够上大学，以及给她新雇的私人助理，19岁的露丝·莱文（婚后的纳索夫[③]）一些最基础的训练，尽管她一点也没料到这位刚从秘书学校出来的露丝，乔·莱瑟妻子的表妹会一干就是8年，从1938年到1946年。"喜欢那一切。"老年后，她回忆说，跟布兰奇在一起的那些年是她一生中最精彩的时间。

帕特的问题要麻烦些。很显然，阿尔弗雷德因为认识耶鲁的录取官，

① 《摩西与一神教》，西格蒙德·弗洛伊德关于一神论的著作，英文版于1939年出版。因弗洛伊德在本书中暗示摩西事实上一出生就是一个埃及人，而非仅仅按埃及人被抚养长大，而震撼了大量的读者。

② 斯蒂芬·茨威格，奥地利小说家、剧作家、记者、传记作家。二十世纪二三十年代达到其文学生涯巅峰，是当时世界上最受欢迎的作家之一。

③ 纳索夫，应为婚后的夫姓。

不假思索地迫使帕特重新申请常春藤盟校。至少这一次被拒后，儿子没有出现过激反应。在拜访伍尔西一家的过程中，法官并不是很坦诚地宣称自己在耶鲁说不上话，所以这趟没有任何结果的旅途之后，阿尔弗雷德终于接受了帕特不是个上顶级大学的料这个事实。克瑙夫一家于是又驱车去了联合学院，位于纽约斯克内克塔迪的一家文理学院。多亏了阿尔弗雷德从前在哥伦比亚结识的学校董事会董事长，以及克瑙夫夫妻俩的朋友弗兰克·贝利作为董事会成员，帕特1938年6月被联合学院录取。

在布兰奇出发去海外前，克瑙夫一家三口为躲开纽约夏天的热浪，去伯克利[①]拜访朱迪丝·安德森，以及去圣塔莫尼卡[②]看望埃德温和米尔德丽德。他们甚至还在巴博亚岛[③]上海菲兹的度假屋里见到了这一家（有传言朱迪丝也与亚莎有染）。把帕特留给叔叔婶婶（米尔德丽德后来承认她一直觉得帕特是个“惹事包”），布兰奇和阿尔弗雷德又去了大峡谷，那里的景象对布兰奇而言坚硬、冰冷，毫无吸引人之处。布兰奇的视力可能也是使得那里的风景尤其可怕的原因之一——她近来看东西比以往任何时候都艰难，她接受了一些眼部的治疗，其结果是对视力的伤害大于改善。并且，把帕特留给阿尔弗雷德的弟弟也让她害怕；她感觉到（多年以后米尔德丽德·克瑙夫也证实了这一点）埃德温身上有一种“邪恶的脾性和难以相处的天性”。在过去几年中，埃德温越成功，他就越令人难以忍受。米尔德丽德的朋友们告诉布兰奇，他十分自大，并且对大部分人眼里像“圣人”一般的妻子十分“恶劣”。但是帕特认为他“是家里最棒的一个克瑙夫”（除了他父亲），而且他很开心叔叔很显然处处模仿阿尔弗雷德，甚至

---

① 伯克利，北加州的一个城市，位于旧金山湾东侧，加州大学伯克利分校所在地，20世纪60年代言论自由运动发源地。

② 圣塔莫尼卡，洛杉矶市西面的一个海边城市。

③ 巴博亚岛，美国南加州橙县新港滩最具吸引力的游览胜地，该岛的名字是为了纪念16世纪最早发现太平洋的西班牙探险家巴博亚而命名，小岛原本是新港滩的人工岛，一战时期用淤泥堆建而成。

包括穿衣打扮。米尔德丽德自己回忆，阿尔弗雷德是如何“始终控制着埃德温”。一次阿尔弗雷德来访，在好莱坞克瑙夫夫妇不可避免地要举办的晚餐派对上，埃德温学着他哥哥的傲慢做派，坚持要开宴，而不肯为此刻在摄影棚里有事被困住的玛琳·黛德丽[①]等上半个小时。

那个月晚一些时候，布兰奇出发去了欧洲。她计划在伊丽莎白·鲍恩位于科克郡基尔多里[②]的爱尔兰乡村庄园“鲍恩宫”里待几天，鲍恩开玩笑，说她在这里会被迫放松。布兰奇和鲍恩之间有很多可谈的，当然任何人都很难想象布兰奇会放松下来，哪怕在鲍恩的宫殿里。在离开港口前，她已经开始忙着张罗当晚船上的鸡尾酒派对，邀请的客人包括作家及孤本收藏家威尔马斯·路易斯，美国指挥家及作曲家瓦尔特·达姆罗施，还有她略有交道的华盛顿记者亚瑟·柯罗克[③]。她本来也希望能邀请到柯罗克的常用消息来源约瑟夫·P.肯尼迪[④]，当然想请他写本书。可没能联系得上大使。在她去世以后路易斯回忆说：“她非常友好，但略微有点强迫感。”他记得1922年与她合作出版第一本书《导师街》[⑤]。“成为一名克瑙夫的作者，已经像是被要求加入一个会所。”他说。

布兰奇爱上了鲍恩的乡村家园，那里“葱郁的绿色环抱”以及舒缓的

---

① 玛琳·黛德丽，德国演员兼歌手，拥有德国与美国双重国籍，在其近70年的演艺生涯中持续保持了极高的受欢迎度。黛德丽于20世纪20年代的柏林开始演艺生涯，出演戏剧及无声电影。1930年她凭借在《蓝天使》中的表演赢得国际声誉，也由此同派拉蒙电影公司签约，进军好莱坞，以其个人魅力及“异国美貌”大获成功，成为这一时代收入最高的女演员之一。二战期间黛德丽投身人道主义事业，为德国及法国避难和流亡者提供住所和经济支持，并为其争取美国公民权，并在前线巡演并鼓舞士气，以此获得了美国、法国、比利时及以色列方面的表彰。1999年美国电影学会评选黛德丽为百年来最伟大的女演员第9名。

② 科克郡，爱尔兰的一个郡，位于爱尔兰岛最南部，历史上属芒斯特省。基尔多里，科克郡北部村庄。

③ 亚瑟·柯罗克，美国记者，普利策奖获得者，在长达几十年的新闻生涯中，跟踪报道过11任美国总统，被称为“华盛顿新闻人老大”。

④ 约瑟夫·P.肯尼迪，美国商人、投资家、政治家。他的三个孩子成为瞩目的政治人物：总统约翰·F.肯尼迪(1917—1963)，司法部部长、参议员罗伯特·F.肯尼迪(1925—1968)，以及长期担任参议员的爱德华·M.肯尼迪(1932—2009)。他本人是民主党重要成员，爱尔兰天主教社区领袖。1938年至1940年间，担任美国驻英大使。

⑤ 路易斯1922年出版的小说，关于大学生生活。

山坡令她想起她所喜欢的哈德逊河谷。那几天的相处，鲍恩和她向彼此敞开了自己，这使得布兰奇意识到鲍恩尽管很显然喜欢自己的丈夫，那位好像略年轻了几岁的艾伦·卡梅隆①，但她并没有爱上他。事实上，他俩甚至从未行婚姻之实。不过鲍恩与一位加拿大外交官有着长达30年的私通，这位外交官也比她年纪小。回到纽约以后，布兰奇写信给鲍恩，信上关于河山之壮丽的词语中满载着深意："我从未意识到以这样的方式生活可以如此美好。"事实上，她在大自然里找到了让灵魂小憩的良方，尽管与打动她丈夫的地方恰恰相反。

想到这可能是接下来很长一段时间内最后一次跨大西洋的奢华旅途，布兰奇选乘了富丽堂皇的法兰西岛号②返美。这艘1926年的远洋轮，四层挑高的前厅，是她最爱的轮船之一，还主要因为三层甲板高度的游泳池，以及餐厅里华丽的装饰艺术风格的主题，这一设计后来在魁北克一家伊顿九层餐厅③重现。

尽管她在海外再待几个月也会很开心，但布兰奇必须及时赶回来同贝内特·瑟夫谈判。在咨询了很多人的意见之后，她决定鼓励达希尔·哈米特转去兰登书屋，他能在那儿拿到更多的钱——同时她又能去掉自己的头等心腹大患。过了几十年，瑟夫回忆起阿尔弗雷德给他的警告："你上，(把他接过去)，你从哈米特那儿能得到的除了麻烦没有别的。他(就是)个糟透了的人，我再也不要跟他有一丝一毫的交道。"当然，事实上一直是布兰奇在应付哈米特。

1938年10月，布兰奇和阿尔弗雷德拜访了作家多萝西·坎菲尔德·费

---

① 艾伦·卡梅隆，伊丽莎白·鲍恩的丈夫，自1923年结婚起，婚姻持续了22年，直到他的去世。

② 法兰西岛号，法国跨大西洋远洋邮轮，一战后修建的第一艘大型轮船，也是全世界第一艘以装饰艺术风格修建的轮船。虽然既非最快，也非最大，但却被认为是诺曼底号出现前最美的邮轮。

③ 伊顿九层餐厅，加拿大魁北克省蒙特利尔市一座濒危装饰艺术地标，1999年起停止使用，之后再未对公众开放。

希尔[①]，诺曼·洛克威尔[②]在佛蒙特州阿灵顿[③]的邻居。布兰奇通过多年好友薇拉·凯瑟大约知道坎菲尔德，因为这两位作家之间频繁地交流初稿）。阿尔弗雷德想要出版一本关于佛蒙特的书，觉得布兰奇应该能够说服坎菲尔德来写一本。因为他们还在路上，所以克瑙夫夫妻俩错过了横扫大西洋沿岸，猛击长岛的秋季飓风——这一下成为一个巨大的谈资。曼哈顿躲过了这场风暴最坏的部分，布兰奇告诉多萝西，中央公园的风速达到每小时60英里，而帝国大厦顶部的记录为每小时120英里，居民也并非全然没有受到影响。很显然，这正是个把坎菲尔德签入克瑙夫的最好时机，她可以写一部最及时地表现她英勇家乡的书。就连两位女子正说话时，周围也环绕着被风暴摧毁的各种景象：她们坐在被损坏了的阿迪朗达克椅子上交谈，眼前是坎菲尔德院子里的一片狼藉，阿尔弗雷德在一旁拍摄她们谈话的照片。

两个女人彼此欣赏。多萝西担任每月一书俱乐部评委这项工作，已经给她增添了一些权威，她又向布兰奇讲到她正致力于推广一种叫作蒙台梭利的教学模式，这种方式致力于培养独立学习能力，布兰奇对此十分有兴趣。更与布兰奇个人关注点相关的，是多萝西为一战后的盲人老兵创办的《布莱叶通讯》[④]。他们离开后，布兰奇并没有签下一部关于佛蒙特的书，但坎菲尔德同意了写一部关于儿童的书《讲个故事给我听》[⑤]，最终由克瑙

---

① 多萝西·坎菲尔德·费希尔，美国教育改革家、社会活动家，20世纪早期畅销书作家。她全力倡导女权、种族平等，以及终身教育。被埃莉诺·罗斯福列为美国最有影响力的十名妇女之一。

② 诺曼·洛克威尔，美国20世纪早期的重要画家及插画家，作品横跨商业宣传与美国文化。他一生中的绘画作品大都经由《星期六晚邮报》刊出，其中最知名的系列作品是在二十世纪四五十年代出现的，如《四大自由》与《女子铆钉工》。

③ 佛蒙特是美国第14个州，以其美丽的景色、奶制品、枫糖浆和激进的政治而著称。阿灵顿是其一个镇。

④ 《布莱叶通讯》，服务于盲人尤其是盲童的报纸。布莱叶（又译布拉耶），是世界通用的盲人及视觉障碍者使用的文字系统布莱叶点字法的发明者。布莱叶点字法是一种通过阅读者用手指触摸由突起的点组成的文字进行阅读的方法。

⑤ 《讲个故事给我听》，坎菲尔德1940年作品。

夫1940年出版。

从新英格兰及时赶回来参加纽约州长的投票，布兰奇11月8日与阿尔弗雷德一道去《纽约时报》办公室听选举结果：跟汤姆和弗朗西斯·杜威[①]是老朋友了。在迟钝麻木地告诉弗朗西斯，说他投给了赫伯特·莱曼[②]，而不是她丈夫后，阿尔弗雷德来跟布兰奇说，他们可能失掉了一个朋友。布兰奇十分恼怒：他为什么要说这种话？但所有这一切焦虑都被来自欧洲的消息给盖过了。11月9日，在阿道夫·希特勒[③]和约瑟夫·戈培尔[④]的命令下，德国、奥地利以及其他纳粹控制地区爆发了群众暴动。警察和旁观者看着犹太教堂和住宅被闯入，被烧毁，商店橱窗被砸碎，就像是在旁观一场嘉年华会。几千犹太人被围起来，后来被送至集中营。水晶之夜是到那时为止最严重的一场国家支持的针对德国和奥地利犹太人的暴力行动。

11月下旬布兰奇去欧洲时，她先到伦敦，见到了如今在汉普斯特德的梅尔斯菲尔德花园[⑤]住下的著名流亡者。据他的传作家欧内斯特·琼斯[⑥]所述，弗洛伊德当时已经把他新近完成的德文著作《摩西与一神教》的英文版权授予了克瑙夫。尽管弗洛伊德此时的喉癌已经到了晚期，甚至那个在

---

① 汤姆·杜威，是美国政治家，1943年到1955年期间担任纽约州州长，1944年和1948年两度作为共和党候选人参选美国总统，但都败选。妻子弗朗西斯·杜威。

② 赫伯特·莱曼，美国政治家，美国民主党成员，曾任纽约州副州长、纽约州州长、美国参议院议员和联合国善后救济总署总干事。

③ 阿道夫·希特勒，德国政治人物，纳粹党领袖，1933年至1945年担任德国总理，1934年至1945年亦任纳粹德国元首。作为纳粹德国的独裁元首，希特勒于1939年9月发动波兰战役，导致第二次世界大战在欧洲爆发，并为纳粹大屠杀的主要发动者之一。

④ 约瑟夫·戈培尔，德国政治家。其担任纳粹德国时期的国民教育与宣传部部长，擅讲演，被称为"宣传的天才"，以铁腕捍卫希特勒政权和维持第三帝国的体制。

⑤ 汉普斯特德，英国伦敦的一个区域，位于查令十字西北4英里处。该区长期以来以知识分子、艺术家和文学家居住区著称，在20世纪上半叶又容纳了大批逃避俄国革命和纳粹的知识分子，在汉普斯特德至少有60处悬挂蓝牌的名人故居。汉普斯特德拥有伦敦地区一些最昂贵的住宅，其拥有的百万富翁的数目超过英国其他任何地方。梅尔斯菲尔德花园，是汉普斯特德的一条街，有弗洛伊德博物馆。

⑥ 欧内斯特·琼斯，威尔士神经病学家、心理分析专家，1908年与西格蒙德·弗洛伊德相识后，互相成为一生的好友及同事，也是他的官方传记作家。琼斯是第一位讲英语的心理分析从业者，并成为该领域在英语世界的领军大师。

他写作时一直依偎在他脚边的爱犬去世后，他也仍然坚持工作。在重读德文文本的过程中，他意识到自己在原著中忽略了一些重要材料，这时可以在克瑙夫的版本中得以修正。尽管布兰奇知道这样的改动会推迟出版，但她做到了让这位伟大的医生遵循他自己的方式。他的改动相当大，并且在进一步发展其理论的过程中冒着可能出现重复的风险。布兰奇请的翻译凯瑟琳·琼斯[①] 要求与作者进行大量的来回沟通，以确定一个适合英语读者的形态，作为欧内斯特·琼斯的妻子，她对于精神分析的社会环境以及与弗洛伊德的第一手接触有多重要有十分强烈的认识。

布兰奇害怕弗洛伊德会在他们完成之前就死去。她希望他能最后审一遍手稿，知道自己最后的著作在得力的手上。她婉转地向他写道：

> 由于所有的翻译细节都由您和琼斯博士一起过了一遍，所以我想，由我直接把我这里的建议发给他会方便些，以免过度打扰您。
>
> ……您知道能够有如此的荣幸出版您的著作，我是多么地骄傲和快乐；而我希望能够尽快地将它传递到公众的手上。由于这一突如其来难以避免的事件的发生，您的书每一天都在变得更加重要。我希望我们能使之成为一项科学上的成功之外，同时也能受到公众的欢迎……
>
> 怀着诚挚的崇敬，向您送上我美好的祝福，希望一切都好。（“诚挚的崇敬”是以德文写成“eufrichtiger Verehrung”，应为“aufrichtiger Verehrung”；布兰奇的秘书一定将她的“a”误认为“e”）——您真诚的，阿尔弗雷德·A. 克瑙夫太太

① 凯瑟琳·琼斯，欧内斯特·琼斯的妻子，在维亚纳与弗洛伊德的几个女儿一同上过学。

* * *

从弗洛伊德那边一转身，布兰奇开始着手雷蒙德·钱德勒的第一部侦探小说，本身具有十分的心理学上的敏锐度。1939年2月，克瑙夫的冬季销售被《夜长梦多》[①]的5000册销量提振。由钱德勒过去发表在《黑猫》杂志上的故事组成，这部小说融合了快节奏的谋杀和疯狂。公众的评论非常积极，书评家都在期待他接下来的作品。《国家》杂志盛赞其“精湛的手艺”，而《纽约客》则喜欢它“故事的堕落性”，这使得“达希尔·哈米特看上去就像维尼熊”。《纽约时报》宣称它“在对堕落的研究方面”十分出色。

80年后，斯蒂芬·金[②]在《写作这回事》中为钱德勒在21世纪仍被低估而悲痛，批评家和其他作家都觉得他不过是“一名雇佣作家……装模作样的雇佣作家！最糟糕的那类”。真正认真读过钱德勒的人，金说，却恰恰相反，会将他视作“20世纪美国文学的重要人物，最早就二战后都市生活的道德沦丧而发声的人”。布兰奇给过钱德勒很好的忠告，力劝他从事他想要写的严肃小说，但是“保留马洛这个角色——无论什么情况你反正都会的——不过给他别的名字罢了。这样我们觉得你可以避免让普通读者误以为他们又拿到一本推理小说，无论我们在封套上怎么说”。

尽管一直在夸奖钱德勒因为《夜长梦多》所获得的优秀评论，布兰奇却急不可耐地想要看到3月初媒体对《摩西与一神教》的反应。她知道弗洛伊德为完成这部书所付出的极大艰辛，甚至一些很受尊重的犹太学者也

---

① 《夜长梦多》，雷蒙德·钱德勒一部著名的硬汉小说，也是第一部以侦探菲利普·马洛为主角的作品，被两度搬上大银幕。

② 斯蒂芬·金，出生于1947年9月21日，是一位作品多产、屡获奖项的美国畅销书作家，编写过剧本、专栏评论，曾担任电影导演、制片人以及演员。《写作这回事》，系一部关于他作为作家经历的回忆录，2000年出版。

求他不要在如此动荡的时刻出版——担心这一激进的修订版摩西故事会为反犹故事火上浇油。他温和但十分坚定地解释说，自己绝不会让恶魔战胜他很有自信的书写能力。如果他那么做，邪恶的力量就赢了。

5月，在远离弗洛伊德的世界，布兰奇与阿尔弗雷德一起飞到了好莱坞，他们第一次见到了雷蒙德·钱德勒，并同他、他的妻子希斯一起用了午餐。夫妇俩住在两个多小时车程的山里，大熊①附近，在那里躲开洛杉矶磨人的酷热。他们都想要讨论将《夜长梦多》及其侦探菲利普·马洛改编成电影的可能性，然而布兰奇还同时关心钱德勒的下一部书。将被命名为《再见，我的爱人》②（布兰奇拒绝了钱德勒半调侃倾向的建议“去你的，他死了”）的这本书，后来两次被搬上大银幕，第一次是《爱人谋杀》③，由迪克·鲍威尔④扮演马洛，后来又由明星罗伯特·米彻姆⑤出演；1993年，艾略特·古德⑥为此书录制了音频版。事实证明，马洛是男演员们难以抗拒的一个角色。

* * *

1939年6月1日，克瑙夫出版伊丽莎白·鲍恩的《心之死》⑦，她最有

---

① 大熊，美国加州的一个湖以及湖周围的城市和地区。

② 《再见，我的爱人》，雷蒙德·钱德勒小说，发表于1940年，是他所写的第二部关于洛杉矶私家侦探菲利普·马洛的小说。

③ 《爱人谋杀》，1944年美国黑色电影，改编自雷蒙德·钱德勒1940年发表的小说《再见，我的爱人》，由爱德华·迪麦特雷克导演，迪克·鲍威尔、克莱尔·特雷弗以及安·雪莉出演。

④ 迪克·鲍威尔，美国歌手、演员、电影制片、导演。

⑤ 罗伯特·米彻姆，美国电影演员、作家、作曲家和歌手。是美国电影学会评选的AFI百年百大明星25名男演员中的第23名。米彻姆是主演黑色电影的代表人物，被视为二十世纪五六十年代反英雄电影的先驱。

⑥ 艾略特·古德，本名艾略特·戈尔茨坦，出生于1938年8月29日，美国演员。自20世纪60年代起在好莱坞崭露头角，曾获奥斯卡最佳配角提名。

⑦ 《心之死》，伊丽莎白·鲍恩1938发表的小说，讲述发生在两次战争期间的年代，关于一位16岁的孤儿，移居伦敦，投奔同父异母哥哥的故事。

力的小说之一，其关于情感距离和被淹没的心碎的主题被浸泡在詹姆斯式的忧郁中。但也有评论家感觉这部小说的笔调疏离，拒绝与读者产生情感上的联系。然而总体来说，评论是正面的，首轮销量达到这位小说家的平均水平，5000册。

终于，并且弗洛伊德依然在世，亲眼见证了《摩西与一神教》的问世。可以预料地，各种观点戏剧化地大相径庭。面对这些评论，布兰奇总的来说是满意的，其中强烈的差异性向她证明了一件事，那就是弗洛伊德的勇气。一些言论近乎奉为神明——《公益》[①]杂志称之为“定义时代之作”，《纽约客》宣称“他出自精神分析学的洞见精彩极了；而他的风格则严峻且十分科学”——与此同时其他的则纷纷诋毁。《纽约时报》批评说：“对一个宣称投身于科学与理性的人……（弗洛伊德的）程序的不科学和不理性令人震惊。”《天主教世界》[②]则对其全盘否定，称这本书“写得极差”，而且“被作者的无神论偏见和浅薄的心理分析幻想给毁了”。

布兰奇当然急忙给弗洛伊德寄去了一捆，告诉他书的反响极好。弗洛伊德有严重的雪茄瘾，接受过30多次手术，直到他的朋友麦克斯·舒尔[③]在尊重他本人意愿，以及安娜·弗洛伊德[④]迟疑的许可下，于9月21日和22日给他注入了致命剂量的吗啡，以帮他终止生命。1939年9月23日，没有任何挣扎，弗洛伊德离世。

终于，当阿尔弗雷德在欧洲期间，办公室得以清静，这使得布兰奇可

---

① 《公益》，美国自由派天主教意见期刊，由普通天主教徒编辑管理，总部设于纽约市教会中心，是美国最早的罗马天主教独立意见期刊。

② 《天主教世界》，由保禄会神父艾萨克·托马斯·赫科尔于1865年4月创办的期刊，发行了一个多世纪。

③ 麦克斯·舒尔，医生，西格蒙德·弗洛伊德的好友。他协助弗洛伊德完成了安乐死。欧内斯特·琼斯认为“舒尔是作为医生的最佳人选……他的周到，持续不懈的耐心，以及他的足智多谋都是很难超越的”。

④ 安娜·弗洛伊德，心理学家，西格蒙德·弗洛伊德和玛莎的第6个，也是最年幼的孩子。1895年出生在奥匈帝国首都维也纳，追随父亲，对新开辟的心理分析领域做出贡献。与她父亲相比，安娜·弗洛伊德的工作强调自我的重要性，其能力可以通过社会的训练。

以彻底地训练露丝，这个秋天她将大量地依赖于她。从未用单名称呼过布兰奇的露丝·莱文·纳索夫，“对她以及她所代表的一切十分敬畏”。这位年轻的助手认为布兰奇是一位“让人害怕但很大方的”老板，每次旅行归来都会带礼物给她，就像是“展示她温和的一面”。

在她80多岁时接受的一次访谈中，纳索夫说起她的前老板忽然活跃起来：“她是如此精力充沛……这是她一直让我崇拜的一件事，她可以整晚不睡觉，在录音机里录下自己的意见。在我眼里她好像从不睡觉。”当露丝告诉布兰奇，英语是她在学校里最好的一门功课时，老板于是鼓励她练习用布兰奇的“写作风格”写信。当她发现露丝能够“恰当地写下句子”时，她开始口述一些跳跃、分散的信，让露丝把它们连贯起来。跟阿尔弗雷德那些晦涩乏味得让读者读不下去的文章不一样，布兰奇的书写风格清晰、直接，露丝觉得很容易“占领”。经常，当布兰奇忽然有个想法，露丝会在火柴小本子或者菜单上记下来，从一两个字出发写出一封信，她们之间的工作关系变得如此心有灵犀。

大部分日子里，布兰奇会在每天早上9点左右出现在办公室，“立刻开始工作，她的书桌总是堆得高高的”。而基本上一整晚不睡，躺在床上口述信件，她这时会递给露丝一个蜡筒（后来变成更加现代化一些的磁带），然后立即转身去查看销售报告：“她要求每天早上必须交给她。”布兰奇一天中大部分的时间都用于“跟人见面，真的是通过开会在工作”。下午晚一些，她可能会去她理发师那儿一趟，不光整理头发，还有指甲。她已经配好了“深紫色的长爪子，上次指甲折断时做好的指甲护套”。（她去世后，彼迪·乐梅评论：“我找不出一个恰当的词来说她的指甲……在指尖处卷曲，就像热带丛林里的鸟爪。”跟克瑙夫早期的员工不一样，彼迪没能把那些爪子跟《绿厦》里的鸟女联系起来。）

12月节日季，布兰奇送出了几百本书，由露丝包装后寄出，偶尔会是在布兰奇“美丽的白色公寓里”完成，那些“布艺，壁炉，还有环绕一圈的露台，从地板到天花的推拉门”。形成鲜明对比的，在帕切斯“你不得不在大白天还要打开二楼的灯，（因为所有那些）暗色的橡木，门窗都被刷成了深色。（阿尔弗雷德）生活在阴暗中，而她在光线中”。露丝说。在克瑙夫与埃莉诺·罗斯福合作做一本儿童圣诞书期间（将于第二年，1940年，以《圣诞节：一个故事》为名出版），当露丝看见阿尔弗雷德和布兰奇两人都冲出办公室去迎接第一夫人时吓坏了，后来意识到克瑙夫夫妻俩之间的竞争竟如此根深蒂固。

接下来的几个月，阿尔弗雷德从欧洲回来以后，克瑙夫二人与卡尔和卡洛儿·勃兰特，以及纽约的一些主要文学代理一起，在新泽西靠近克林顿[①]的一座宏大的乡村庄园里度过了几个愉快的夏日周末，那儿距离曼哈顿仅一个小时，却能让客人们感到远离了都市。这是放松的最后机会了：托马斯·曼以及妻子凯蒂娅，已经从德国的家里逃了出来，目前看似一切仰仗布兰奇，从冰箱里的储备到电话的使用。不过，他们很快就习惯了普林斯顿，布兰奇帮曼在那儿谋得了一个教席。曼在普林斯顿一直待到1942年，全家搬到太平洋帕利塞德，这位作家最终在圣雷莫大道[②]1550号安顿下来，一个保证配得上他显赫名声的地址。

收到威廉·夏伊勒电报时，她非常开心，他现在已经准备好要开始写他在柏林目睹的战事起源了——如果布兰奇能够帮他想出一个封装他这些观察的方式。她立即回复了他，建议他将他的海外广播与德国观察日记等

---

① 克林顿，新泽西亨特顿郡的一个镇。

② 太平洋帕利塞德，是夹在圣塔莫尼卡山与太平洋之间的一个富人居住区。圣雷莫大道，系太平洋帕利塞德的一条街道。

组织起来，彼此核实。最后她向夏伊勒保证，她将很快起草一份合同，合同的最后，她决定由他来决定将怎样讲述这个故事：“这本书将要被写出来，是你掌握了材料，而我想要出版，我们都有了。”

16. 她一个人的男人

1939年12月的节日季带着一层新的酸楚，布兰奇深深地担心着，因为帕特热切地想要参军打仗。“欧洲今年不会发生任何战争。”罗斯福反复这么强调，却在9月1日被德国入侵波兰呛了声。打定主意这个圣诞节要以家庭的形式来过，布兰奇只请了范・韦克滕夫妇来帕切斯加入她、阿尔弗雷德和帕特，这两对夫妇接下来一周在普福尔茨海默家里的新年前夜派对上再一次见面。

午夜过后不久，布兰奇和阿尔弗雷德“偷偷溜了”，走到他们停在路旁的汽车，开车准备去海菲兹一家在康涅狄格州里奇菲尔德附近的“土豆农场”。每年元旦这天（尽管通常是在海菲兹家公园大道的公寓里），都会有大量的室内音乐和丰盛的日出早餐。仍然穿着晚装，阿尔弗雷德开车带到白原市车站，她在搭火车回城去给当天晚些时候将在她公寓举行的派对准备一贯的蛋奶酒。带着对下一次战争的恐惧，每个人——曼一家、鲁宾斯坦一家，还有海菲兹一家——客人们注意到，他们都很不寻常地深深地沉浸在了布兰奇掺了大量烈酒的鸡尾酒中，而且今年的酒比以往每一次都更烈。

进入1940年四个星期了，布兰奇是《出版人周刊》的焦点，文章标题为《克瑙夫以一份大书目庆祝周年》。文章说，尽管“去年（布兰奇）去了太平洋沿岸”（指她去加州以及西北部那趟旅行），但是直到“最近”，克瑙夫的业务才要求她去欧洲。文章告诉她的读者们，“她活跃在公司的每一个分部”。布兰奇本来希望记者会讨论她期待已久的纽曼·艾维·怀特[①]的雪莱传记，但她对这报道还是感到很满意，那本发表于1940年的传记到今天仍然十分受重视。

* * *

怀特是位南方绅士，他早期的两本书，一本是1924年的《美国黑人诗选》[②]，一本是1924年的《美国黑人诗选》，一本是四年后的《美国黑人民歌集》[③] ，进一步向她展示了范·韦克滕最初介绍给她的那种文化。几年来，怀特夫妇、克瑙夫夫妇以及他们的邻居，慈善家兼藏书家卡尔·普福尔茨海默交往密切。在他这本雪莱传记中，怀特对普福尔茨海默让他使用克莱尔·克莱尔蒙特[④]的日记致谢，说这绝非小恩：克莱尔蒙特是作家玛丽·雪莱[⑤]的妹妹，也是拜伦勋爵[⑥]的情人以及他女儿奥格拉的母亲。藏书家长期收集英国浪漫主义作品，就存放在他帕切斯的家里。（截至1986年，在卡尔·普福尔茨海默的儿子的协助下，纽约公共图书馆成为世界最领先的英国浪漫主义文学收藏地。）

---

① 纽曼·艾维·怀特，杜克大学英语文学教授。出生于北卡罗来纳州，著名的雪莱学者，也是著名的美国民间文学收集专家。

② 《美国黑人诗选》，怀特选编，1924年出版的一部完整非裔美国人诗选。

③ 《美国黑人民歌》，由怀特整理编撰，收录了超过800首歌，完整地代表了绝大多数的南方州以及每一种类型的黑人歌曲。编撰者的完整注释，说明了每首歌的历史以及与其他歌曲之间的联系，对该领域的学者而言，这本书不光是最完整的信息源，也拥有最丰富最全面的注释。

④ 克莱尔·克莱尔蒙特，作家玛丽·雪莱的姐妹，拜伦勋爵的女儿奥格拉·拜伦的母亲。

⑤ 玛丽·雪莱，婚前姓戈德温，英国著名小说家、短篇作家、剧作家、随笔家、传记作家及旅游作家，因其1818年创作之《弗兰肯斯坦》（或译《科学怪人》）而被誉为科幻小说之母。她是英国著名浪漫主义诗人和哲学家珀西·比希·雪莱之妻。雪莱的父亲是政治哲学家威廉·戈德温，母亲是女权主义者和哲学家玛莉·沃斯通克拉夫特。

⑥ 拜伦勋爵，全名乔治·戈登·拜伦，第六代拜伦男爵，出生于英格兰伦敦，逝世于希腊，英国诗人、革命家，独领风骚的浪漫主义文学泰斗。著名的作品有长篇的《唐璜》及《恰尔德·哈罗尔德游记》，以及短篇作品《她举步娉婷》。

奥格拉，全名克莱拉·奥格拉·拜伦（Clara Allegra Byron），拜伦勋爵和克莱尔·克莱尔蒙特所生女儿。

1940年那个春天，怀特和普福尔茨海默都参加了布兰奇在帕切斯为芝加哥时装设计师梅英布彻尔[①] 举办的一个小派对，梅英布彻尔作为第一位在巴黎成功设立时装设计室的美国人，最近刚刚从巴黎流亡回来。他和情人跟布兰奇一起度过了5月17日那个周末，当他们听到巴黎沦陷的消息时，“仿佛最亲近的朋友死了一样”。

那场派对有托马斯·曼、门肯，以及一群很显然可以买得起昂贵衣服的时尚社交名人，如此多姿多彩的来宾组合，大概只有布兰奇才能有本事召集得到。她有意要向设计师展示，哪怕在纽约之外的穷乡僻壤，也有足够的知名国际化人士，足以供他施展才华，更别提曼哈顿本身能够为他的事业带来什么样的机会了。一年前，梅英布彻尔通过向巴黎的告别，奠定了自己不朽的地位，一件华丽的束胸衣是他最后的巴黎系列作品中的亮点。赫斯特（全名是赫斯特·保罗·阿尔伯特·柏曼）在她最著名的一张相片里留下了这件服装，如今被称作梅英布彻尔胸衣，一件精雕细作的艺术品，重新定义了那个年代的单调时尚，被当作1939年的重要事件列在《城市与乡村》[②] 杂志上，在法国引起轰动，尤其是设计师宣布他将离开巴黎去纽约以后。

那年夏天，布兰奇很高兴地与谢尔盖·库塞维兹基恢复了关系，他用自己为唐格尔伍德[③] 聚集了许多演奏人才的消息重新取悦了她，唐格尔伍德后来成为波士顿交响乐团的夏季演出地。库塞维兹基的朋友阿隆·科普兰将大师介绍给了一位想要系统学习指挥的年轻人，从库塞维兹基第一眼

① 梅英布彻尔，美国时装大师梅英·卢梭·布彻尔 创立的时装品牌，他本人也常被称作梅英布彻尔。
② 《城市与乡村》，一本研究介绍美国生活方式杂志。
③ 唐格尔伍德，位于西马萨诸塞州雷诺克斯和斯托克布里奇的音乐会址，自 1937 年起一直是波士顿交响乐团的夏季大本营。

见到伦纳德·伯恩斯坦[①]那一刻起——甚至还没有看他工作——他已经很肯定这位音乐家是名不可多得的天才。大师完全用不着教“伦尼”多少技巧，而是成了父亲似的角色，只鼓励伯恩斯坦在指挥台上“尽情发挥”。一度科普兰准备把范·韦克滕介绍给那“男孩儿”，“大师最青睐的学生”，然后范·韦克滕把这事又告诉了布兰奇：伯恩斯坦在他指挥的每一场音乐会上都戴着一副闪光的袖扣，那是库塞维兹基送给他的礼物。

当唐格尔伍德演出季结束时，布兰奇去了洛杉矶。她意识到，很多她的作者都觉得在西海岸见她比在纽约容易。从雷蒙德·钱德勒，到康拉德·李希特，以及阿图尔和妮拉·鲁宾斯坦，他们战争期间住在布伦特伍德[②]，而曼一家也已经安顿在太平洋帕利塞德——布兰奇的很多朋友和作者都已西行。埃德温和米尔德丽德决定在好莱坞买房，在他们和布兰奇以及她的作者们常常一起吃午饭的布朗德比[③]，比佛利威尔希尔饭店的对面。米尔德丽德后来回忆说布兰奇感到很奇怪，就如她问过弗洛伦丝·海菲兹一样，她想知道米尔德丽德怎么对付得了所有这一切：既是个好母亲，又是个超级大厨，还得是无微不至的妻子，而这三样她自己一件也做不到。米尔德丽德不同意这个说法，她提醒布兰奇她所成就的那一切，但布兰奇表示反对，还用一种古怪而受挫的声音告诉她：“不，我永远也无法获得你的那些成就感。”

米尔德丽德把她早期的表演天赋全部用在了招待娱乐埃德温那些好莱坞名人朋友上，她的成功导致了克瑙夫1950年出版了一本烹饪书。《完美女主人烹饪全书》[④]一共收录了650个菜谱，卖点是看看“纽约和加州

---

① 伦纳德·伯恩斯坦，生名“路易斯”（后于16岁时更为现名），生于美国马萨诸塞州劳伦斯，犹太裔美国作曲家、指挥家、作家、音乐讲师和钢琴家。

② 布伦特伍德，洛杉矶的一个安静、高端社区。

③ 布朗德比，洛杉矶连锁餐厅品牌。

④ 《完美女主人烹饪全书》，米尔德丽德·克瑙夫1950年出版的烹饪书，由克瑙夫出版。

的上等人家怎么待客，吃什么”。按照色彩鲜艳的书封套上标出的四个原则——“热情，为你拿出来的菜品自豪，自信，再一次自信！！！”——这是提升女主人本身，也是她的食物的良方。布兰奇显然从米尔德丽德的早期婚后生活中，向自己的妯娌学习了很多待客之道。

回到纽约，布兰奇在一个朋友那里吃晚餐时，她发现自己坐在一位十分迷人的客人身边。不一会儿她开始和这位陌生人交谈起她刚刚访问过的“天使之城”来，甚至还惋惜地说起因为战争的原因她不能去巴黎。如果拜访她能干的妯娌让她感到受挫的话，而法国之旅却总是令人振奋。这位餐桌伴侣令人吃惊地用法语回复她，低声地说：“也许有一天我们可以一起去。”不论这位绅士指的是巴黎还是洛杉矶，布兰奇迷上了这位优雅的于贝尔·欧艾，其后一生被布兰奇和熟人们称作“欧艾”。据托尼·帕斯奎尔说：“他是那种异域风味的万人迷，中等身材，深色皮肤。”十年前从德国流亡至此，现在据说已经是个成功的曼哈顿证券经纪人，他在布兰奇的朋友眼里永远没有被看作完全可靠，却成了布兰奇一生的爱人。

欧艾对布兰奇最大的吸引力来自他完全在阿尔弗雷德和出版世界之外。很快她就想出了一个要去加州的理由，这次有这位情人陪在身边。她情绪高昂，领着欧艾见了海菲兹一家，当时他们正在那一带度假——这一对得体规范的明目张胆冒犯惊呆了弗洛伦丝。然后她又带欧艾见了她的小叔和妯娌，以为埃德温和米尔德丽德会欢迎他们留宿一夜，可是完全被布兰奇的行为震撼了，克瑙夫夫妇没有。于是这一对情侣去了比佛利希尔饭店。

* * *

关于于贝尔·欧艾究竟是谁，以及他的动机是什么，一直不清楚，但他利索地成为布兰奇的吸铁石。在弗洛伦丝·海菲兹看来，那法国人就是个“小白脸”。露丝·莱文·纳索夫记忆中的欧艾，是一位“憔悴，苍白”的人，“远不如阿尔弗雷德迷人”。然而，仅仅几个月以后，布兰奇就决定要离开阿尔弗雷德，与她的情人结婚——直到欧艾“意识到”他自己的离婚还没有完成。

布兰奇对后来已经成为心腹的露丝坦白过，在45岁年纪她才第一次坠入爱河。仿佛出于本能，这位法迷出版人开始下意识地扮演巴尔扎克的《三十岁的女人》[①]。在这一章罗曼史中获得了新生，她为此愿意承担哪怕灾难。弗洛伦丝·海菲兹是很多人中的一个，他们都记得布兰奇在皇后区的洛克威海滩[②]，在曼哈顿海菲兹家的晚餐都骄傲地带着欧艾招摇。“坦率地说，我真的不明白……布兰奇为什么会宠爱他。”

很显然阿尔弗雷德知道妻子最近的外遇。克瑙夫25周年出版纪念的庆祝活动，他分别布置了派对：为布兰奇，他安排了1940年12月18日在西45街30号多赛特酒店的午餐，克瑙夫夫妻当时就住在那里（阿尔弗雷德的房间在楼上，布兰奇的在楼下）。而他自己在一个会所里有个单独为他自己和客人举行的派对，记载中没有特别说明。在布兰奇的午餐上，罗伯特·纳森朗诵了一首他为她写的诗，托马斯·曼用他古怪的英语致辞称赞了她对于克瑙夫公司的重要意义。曼一直为布兰奇对他的友好心存感激，从第一次见面开始。当克瑙夫签下他时，他一点英语也不会，所以他只好让布兰奇讲法语（那是他的第二语言）。无论是文字还是个性都显得很正式的曼，在布兰奇眼里依然代表着典型的老世界欧洲人。

门肯发言措辞非常谨慎，对两位克瑙夫都表达了敬意，就像试图在细

---

① 巴尔扎克，法国小说家、剧作家。展示后拿破仑时期法国生活全景的小说系列《人间喜剧》被公认为杰作。《三十岁的女人》，巴尔扎克1842年发表的小说。

② 皇后区的洛克威海滩，纽约皇后区洛克威半岛的居民小区，拥有大量海滩。

钢丝上保持平衡。他和安妮·欧黑尔·麦克米克①，以及范妮·赫斯特这两位现在已经是布兰奇好朋友的女士一起担任主持。布兰奇一直想出版麦克米克的书，她是这个国家最出色的女人之一，第一位获得普利策外国新闻报道奖的女记者。布兰奇看重赫斯特编织故事的能力，也为她的道义勇气所折服：她在自己最著名的小说《春风秋雨》②中采用了种族关系作为主题。作为佐拉·尼尔·赫斯顿③的保护神，她曾在1925年短暂地雇请过这位作家担任自己的住家秘书。

多年来，范妮和布兰奇一直彼此交流各种疯狂的节食方法，不用提药片什么的了，直到范妮写了一本书《我的三餐里没有食物》④（1935年），这本书以幽默的方式谴责了对瘦的崇拜。赫斯特率直地讨论了到今天依然存在的关于身体的话题。她把赋予30多岁成年人的“理想体重”描述为“通常是那些发育不良的男孩儿”，并且将自己挨饿的过程形容为“精神不振”。她强迫客人吃油腻的食品，祈祷他们能长胖一些。“我秘密策划要让我的瘦朋友们长胖。”她写道。赫斯特的书，像福音真理一般震撼了布兰奇，几年内她比起吃减肥药片期间增重10磅。

在那几个月里，无论你如何打定主意要快乐，话题不可避免地会被引到战争上来。布兰奇和门肯每次见面必不可少地会谈到，跟大多数美国人一样，他们所感受到的美国一定会卷入这场冲突。临近圣诞节前几天，布兰奇给蜜拉·海丝写信，海丝当时正致力于为提振国民士气，在英国国家美术馆举办低价音乐会：“最最亲爱的蜜拉，英国做得很棒，我想我们这里

---

① 安妮·欧黑尔·麦克米克，《纽约时报》外国新闻记者，当时这一行业几乎是“男人的世界”。1937年获普利策新闻奖。出生于英国约克郡，在美国接受教育。

② 《春风秋雨》，范妮·赫斯特1933年出版的小说，分别于1934年和1959年两次被环球影业成功搬上大银幕。书的话题针对种族、阶层，以及性别。

③ 佐拉·尼尔·赫斯顿，美国小说家、短篇作家、民俗研究者、人类学家，以其对非裔美国文学的突出贡献，描写南方的种族抗争，以及记录海地伏都教而闻名。

④ 《我的三餐里没有食物》，范妮·赫斯特1935年就节食话题写的一个自传性回忆录。

也正整装待发，做好一切准备……你看，公众是一定要让他们有意识的，你当然知道英国花了多长时间才意识到究竟发生了什么事。我们没有用到那么长的时间，但也够长了。”

1941年随着罗斯福总统的第三次就职日期逼近，布兰奇急不可待地想要将威廉·夏伊勒的书从印刷机上赶快推出。它的主题——反犹和纳粹在柏林的暴行，从德奥合并起直到1940年末，夏伊勒一直在那里——很显然具有时间性。她想要尽快推出。

因为各种受限而不能去海外，布兰奇十分沮丧，于是她又向西去了一趟。跟阿尔弗雷德一起长途跋涉到了得克萨斯，随即又到新奥尔良去见亨利·米勒①，跟他商量由克瑙夫出版他书信的可能性（他们没有做）。最后，“女爵”，范·韦克滕用亲近的朋友间对她的称呼给兰斯顿·休斯写信这样说，去洛杉矶处理她的事务了，关照托马斯·曼，还得再跟雷蒙德·钱德勒商量他的《再见，我的爱人》。见到米尔德丽德·克瑙夫总是很开心，哪怕只是喝杯咖啡，布兰奇知道自己因为和欧艾的关系得到了多大的不认可，所以这次没有让他同行。两个女人始终把话题保持在安全范围内。

一回家，布兰奇就投入到W.J.卡什的《南方的思想》②一书中，卡什是进步报纸《夏洛特新闻》③的一名编辑，他在关于世界危机的话题上写的文章非常出众，为此他后来获得了普利策提名。《南方的思想》在1941年2月10日出版，好评如潮，来源从NAACP到《星期六评论》和《纽约时

---

① 亨利·米勒，美国作家，鼎盛期旅居巴黎。以打破既有文学形式的界限闻名，发展出一种新的半自传形式小说。

② W.J.卡什，美国作家、记者，以书写美国南方闻名。《南方的思想》，卡什在1929年至1935年间为门肯的《美国信使》撰写的8篇文章，其中1929年10月的一篇名为《南方的思想》（The Mind of the South）。克瑙夫二人读到此文后，请他按此思路写成一本书，10年间，卡什周密细致地致力于此书的细节，终于在1940年中完稿，1941年2月10日由克瑙夫出版。该书是一本从社会历史角度出发对南方文化的探索，赢得来自各方的赞誉。

③ 《夏洛特新闻》，曾经是美国北卡罗来纳州夏洛特的一份下午发行的日报。

报》，大部分很受尊重的南方报纸最终都同意了《时代》周刊的这一观点：“从此以后，任何关于南方的书写，都将从卡什止笔处开始。”该书这样结尾：“骄傲，勇敢，彬彬有礼，人性慷慨……有的时候行动上很糟糕——这就是南方，从最好的方面看。暴力，不宽容，对新的思想总是厌恶而怀疑（在所有这一切之上）……总是有以其价值观的名义，为残忍和不公正寻找合理性的倾向……这些恶习至今尚存。”

结果布兰奇和她的作者并没能有享受到多长时间来欢庆外界对本书的接纳。非常悲惨地，7月1日，卡什本要在墨西哥城的一所大学发表讲演，但后来人们发现他被一条领带悬挂在门把手上吊死了。他的死显然像是一起被制造出自杀假象的谋杀，凶手来自一个北美纳粹小组。而恰恰相反，长期抑郁，卡什事实上自己结束了生命。

另一个象征时代的信号出现在当出版商柯尔特和海伦·沃尔夫[①]到来时，他们逃离德国，移民来到曼哈顿。后来被人称作法国的奥斯卡·辛德勒[②]的美国记者瓦里安·弗莱[③]，组织了夫妇俩的这一逃亡——与另外4000名难民一起。接下来的一年，沃尔夫二人创建了众神图书[④]，专注于出版欧洲文学书籍。无论她自己公司实力怎样，布兰奇对城里出现的这个

---

① 柯尔特·沃尔夫，德国出版商、编辑、作家。1941年，沃尔夫与其第二任妻子海伦·沃尔夫离开德国，先后移居巴黎、伦敦、蒙塔诺拉、圣特罗佩、尼斯，最终在美国记者瓦里安·弗莱的帮助下辗转慕尼黑、佛罗伦萨，来到美国，并于1942年在此创立众神图书。

② 奥斯卡·辛德勒，是一位德国大亨、间谍、纳粹党成员，于第二次世界大战期间在如今位于波兰和捷克共和国境内的地区开设搪瓷和弹药工厂，雇佣了许多犹太人作业，最终成功挽救了1200名工人免遭德国纳粹的屠杀。1982年的小说《辛德勒的方舟》和1993年的电影《辛德勒的名单》都是以他为主题，反映了他起初作为一个机会主义者为了利润而在战争期间雇佣廉价工人开办工厂，但之后却展现出过人的胆识、主动性和坚韧的奉献精神，千方百计挽救犹太人生命的故事。

③ 瓦里安·弗莱，美国记者。他组建的营救组织，从法国维希政府手下救出大约2000—4000名反纳粹人士以及从纳粹德国和大屠杀中逃离的犹太难民。第一位获得以色列政府颁发给甘冒性命危险，拯救犹太人免遭屠杀的非犹太人的“国际义人”奖的美国人。

④ 众神图书，隶属于克瑙夫-道布尔戴出版集团，具有独立编辑权的一个出版品牌。

“新克瑙夫”肯定有所警惕。按照克瑙夫编辑亨利·卡莱尔[1]的说法，她的策略是立即与他们交朋友，频繁邀请他们到帕切斯共进晚餐。

40年后，赫伯特·米特冈[2]在《纽约客》一篇关于沃尔夫二人的文章好像是一版奇怪的历史修正，鉴于新公司于1942年成立的时间，阿尔弗雷德·A.克瑙夫已经成为一个传奇出版社。而布兰奇去世16年后的1982年，米特冈却写道，在40年代早期，海伦·沃尔夫与丈夫柯尔特·沃尔夫“通过介绍一流的外国作家，从根本上改变了这个国家的出版业”。——这一描写完全忽视了先于沃尔夫25年的克瑙夫的轨迹。也像早期的出版商一样，沃尔夫们也只出版“他们认为值得的书目，拒绝向商业妥协，或者说被商业引导方向”——长期以来用作形容克瑙夫的语言。

* * *

1941年，战争迫使沃尔夫夫妇搬来美国的第一年，克瑙夫推出了保罗·葛里克的《雪鹅》[3]：一个敦刻尔克的故事，关于那场可怕战争的欧·亨利奖获奖小说——以及，终于等来了——《柏林日记》[4]。夏伊勒告诉过克瑙夫他的条件是一万美元预付稿酬，其中一半先付，他永远也不会忘记阿尔弗雷德的抱怨：“只有H.G.威尔斯才收到过这样的预付。”而夏伊勒终究“只是一个记者，而不是一名作家”。见阿尔弗雷德略有阻拦之意，布兰奇

① 亨利·卡莱尔，翻译家、小说家、反审查制度活动家。他与妻子奥尔加·安德烈耶娃·卡莱尔二人以将亚历山大·伊萨耶维奇·索尔仁尼琴作品翻译成英文而著称，尽管索尔仁尼琴对其翻译有过批评，但他们的翻译使得索尔仁尼琴获得了广大的读者，并在一定程度上对其获得诺贝尔奖做出了贡献。

② 赫伯特·米特冈，美国作家、编辑、记者、剧作家、电视新闻节目制片人。

③ 《雪鹅》，全名《雪鹅：一个敦刻尔克的故事》，美国作家保罗·葛里克中篇小说。最初于1940年在《星期六晚邮报》上以短篇故事形式发表，随后在此基础上发展为一部中篇，于1941年4月7日出版。

④ 《柏林日记》，“Berlin Diary”(1934–1941)，美国记者威廉·夏伊勒关于纳粹德国及其通往战争之路的第一手记录。夏伊勒当时是CBS电台记者，持续报道德国多年，直到纳粹新闻审查开始，使得他对美国听众的客观报道成为不可能才终止，并离开德国。本书于1941年出版，第一年销量达到将近60万册。

不得不提醒丈夫，关于她在柏林、巴黎以及伦敦与夏伊勒的会面，关于她几年来坚持不懈地对夏伊勒这本书的追逐。她非常肯定克瑙夫一定会把这笔开销赚回来。

她的坚持得到了回报，尽管更高的出价参与了竞争，夏伊勒却愿意让布兰奇来出他的书，这时阿尔弗雷德让步了。克瑙夫给夏伊勒寄出签字日生效的支票，作者用它支付了他在纽约恰帕奎[①]住房的租金以及家用，得以坐下来“剪刀加浆糊”这样“试着把日记变成一本书”，就像布兰奇建议过的那样。原本担心自己的日常书写不够“那么有趣”，但是在布兰奇的确认下，他扫清障碍勉力前行，于四月份完成书稿，并“掩去了克瑙夫”。布兰奇在没有读书稿的情况下，就把预付稿酬的另一半递给了他。

每月一书俱乐部在收到样书二十四小时内就将《柏林日记》列为备选书目，使得克瑙夫可以立即收回他们付出的预付款，正如布兰奇所预期的那样。夏伊勒跟一些朋友开玩笑说起阿尔弗雷德怎样忽然之间变成了好哥们儿，称《柏林日记》为一本“伟大的书”。时机堪称完美：德国正要占领俄国。很快爱德华·R.默罗与詹姆斯·雷斯顿，年轻的《纽约时报》记者，也将开始为克瑙夫写书。

《纽约时报》和《国际先驱论坛报》双双在首页刊载《柏林日记》书评，全国范围内小一些的报纸也刊登了书摘，例如夏伊勒关于德国军队1940年5月20日进入比利时的报道：

> 在这里，我们忽然间第一次碰到了真正的毁灭性破坏。我们开车经过的城里，很大一部分都毁成了碎片。火车站一片混乱，很显然被斯图卡击中。遍布全城的铁轨都被剪断扰乱，车厢和车头纷纷脱轨。

---

① 恰帕奎，纽约州北威斯特彻斯特郡的一个镇。

> 人们可以——或者说，能吗？——想象本地居民的惊慌。当他们星期四（5月9日）上床睡觉时，比利时还与包括德国在内的世界和平相处。星期五的黎明，德国轰炸机正在将车站和城市夷为平地——他们平静入睡时还好好的房屋——变成了焦土。

《时代》周刊宣称《日记》“如此酣畅淋漓而富有启发，每一个美国人都应该读”。每月一书俱乐部的克里夫顿·费迪曼[①]为《纽约客》撰文时写道：“无论你多么谨慎地跟踪了新闻……你都仍然会发现《柏林日记》读起来引人入胜。”费迪曼的评论指出了此书成功的一个原因：尽管夏伊勒“一直仔细地跟踪了（第一手的）新闻”，当第三帝国那多少还算正常的日子忽然变成恐怖的日夜时，这最初的震惊还是让他感到措手不及，然而即便如此，夏伊勒依然按照事件的真实进展在讲述。例如他了解到纳粹医生，基于“精神缺陷”的理由，将精神病患者交给士兵和科学家用作实验对象，甚至那些“短期错乱”或“仅仅精神失常”的病人都在弱化德国种族。“如果精神病人都被杀光……”，纳粹意识到，“将会有足够多的医院床位留给战争伤员，战争持续越长，就会出现越大的伤亡。”

然而此书也引发了反犹势力给作者的电话袭击，夏伊勒只得把电话号码从电话簿上撤下。到夏天之前，该书已经攀升至畅销榜首，《柏林日记》最终售出将近100万册。

比尔·柯希兰德相信，正是由于《柏林日记》的原因，公司从“边缘精品店进阶至大规模”。在战争刚刚开始时，克瑙夫由布兰奇、阿尔弗雷德、乔·莱瑟组成，“以及另外大约39名职员”，到了战争结束时，这个数字升至两倍。

---

① 克里夫顿·费迪曼，美国知识分子、作家、编辑、电台电视等公众人物。

在《日记》出版的这年夏天，帕特·克瑙夫从联合学院放假，便在斯克内克塔迪做酒吧调酒师打工。他看了很多电影，足够让他“知道（他）不想去战壕里待着”。由于先前已经在征兵处注册了，他临时被接收到奥尔巴尼[①]的陆军航空兵团，听从需求。布兰奇试着在儿子这件事上放松，可是到了秋季之前，她开始被焦虑所折磨，脖子变得僵硬。由《柏林日记》的成功给夫妻间的敌意带来的短暂缓解，这时又重新让位于常规的怨恨。帕特回忆起那所房子里的愤怒，在他去帕切斯期间，“（只要布兰奇在）就家无宁日。阿尔弗雷德通常钻进汽车，不知道开去了哪里……（我们）从没讨论过这个”。

当布兰奇终于放弃，而又给门肯打电话谈论她儿子时，他会在把谈话转到他自己所关心的问题前，试着安慰她。他想知道的是，自己的新书《报社年华》[②]销量怎样。最起码布兰奇能给这个问题带来好消息：两周售出6260册，另有300册订购。还有其他一些理由保证了他们事业上的乐观：克瑙夫还要出版《幻世浮生》[③]，布兰奇的作者詹姆斯·M. 凯恩的另一部悬疑小说，围绕乱伦和不忠展开。这部黑色小说最初被认为对好莱坞有风险，可一年以后，它简单地被重新改编为一个通过倒叙来讲述的谋杀悬疑故事，于是排除掉了最令人难以接受的场景。

克瑙夫当年出版的另一部作品，与公司小说的典型风格和水准非常不同。这部西部风格的小说《血的记忆》，作者海伦·亨德里克是一位来自俄勒冈的结实的妇女，俄勒冈是西部那些让阿尔弗雷德日渐着迷的广阔的州之一。亨德里克，本人曾赤手空拳跟响尾蛇作过战，后来为包括《纽约客》

---

① 奥尔巴尼，纽约州首府，位于哈德逊河畔，距纽约、波士顿的路程几乎成一个等边三角形。

② 《报社年华》，门肯自传第二卷，1899—1906 部分。

③ 《幻世浮生》，詹姆斯·M. 凯恩 1941 年出版的硬汉小说。1945 年被以同名搬上大银幕，获奥斯卡奖，2011 年又以同名电视系列剧获艾美奖。

《哈珀斯》[①]《大西洋月刊》《自由》[②]《科利尔》[③]《星期六晚邮报》[④]在内的高端杂志写稿，还获得了欧亨利短篇小说奖。尽管她永远也没有写出另一部小说来，但在布兰奇死后不到一年，她成为第二任阿尔弗雷德·A. 克瑙夫太太。

---

① 《哈珀斯》，一份话题涵盖文学、政治、文化、财经以及艺术等方面的月刊。1850 年 6 月首发，是美国尚存的月刊杂志中创刊时间第二早的一份。获得过 20 次国家杂志奖。

② 《自由》，关注公共话题的一份美国周刊，创办之初以五美分一期的价格，宣称"为每个人办的周刊"。1924 年发起。一度被认为是继《星期六评论》之后的"美国第二伟大的杂志"。撰稿人包括 20 世纪一流的政治家、名人、作家、艺术家。话题涵盖咆哮的 20 年代、大萧条、二战、战后美国这期间的流行文化、政治以及世界大事。1950 年停刊，1971 年有过短暂复刊。

③ 《科利尔》，由彼得·科利尔创办于 1888 年的一份美国带插画的杂志。最后一期出版日期为 1957 年 1 月 4 日。

④ 《星期六晚邮报》，现一年发行六次的一份美国杂志。在 1897 年至 1963 年间为周刊，其后至 1969 年为双周刊。在 20 世纪 20 年代到 20 世纪 60 年代之间，是面向美国中产阶级发行量最大也是最有影响力的刊物，刊载虚构、非虚构、卡通作品，每周流通至几百万家庭，直到 1969 年停刊，两年后复刊，变成季度发行。

17. 去海外

自从1941年初，不列颠战役看似结束时开始，布兰奇就开始计划去要一趟英国，探星。她的作者之一，记者本·罗伯森[①]主动提出可以帮她获得入境许可。先于威廉·夏伊勒的书之前一步出版的罗伯森的《我看英格兰》，事实证明成为《柏林日记》及时而有力的辅助。而布兰奇——好像所有人——也越来越喜欢这个来自南卡罗来纳州的永远都充满友善的年轻作家。比克瑙夫1940年出版的克莱尔·布思的《欧洲的春天》[②]（该书被多萝西·帕克称作“西线不满克莱尔”[③]）更具典型性，《我看英格兰》被赞誉为罗伯森“提供的工具，用来解所有阶层的男人女人所感、所想、所说”，充满“真正的活力”以及来自真实生活的感觉。

将他从普通市民那里听来的敦刻尔克的故事重新讲述出来，罗伯森的语言中所带有的淳朴风格把普通人变成了智者，不动声色地强化了战争故事的戏剧性：“卖香烟的小店里，一个小个子男人，看起来平时兔子都能把

---

① 本·罗伯森，美国作家、记者、二战战地记者。
《我看英格兰》，罗伯森作品。

② 克莱尔·布思，美国作家、政治人物、驻外大使，著名的保守主义者。知名出版商亨利·鲁斯之妻。美国首位被任命为主要驻外大使的女性，先后出使意大利（1953年—1956年）、巴西（1959年）。年轻时倾向于富兰克林·罗斯福总统的自由派主张，后来她开始公开批评罗斯福，并成为保守主义重要人物，以其反共立场闻名。作为一位多才多艺的作家，其代表作为剧本《女人》（1936年）。此外，她的创作范围还包括戏剧、小说、新闻报道等。
《欧洲的春天》，布思非虚构作品。

③ “西线不满克莱尔”，根据本书前文对帕克的描述，她在“玩弄”文字上机智过人，这里将《西线无战事》（All Quiet on the Western Front）的书名中仅仅改动一个字来比喻克莱尔的新书。

他给吓着，他跟我们讲起乘船出海把人从法国带回来的事。跟阿斯托夫人一样，他也相信是上帝让英吉利海峡变得风平浪静。'那就是奇迹。'"

罗伯森很高兴能有这个机会，帮布兰奇去欧洲。当时他正在澳大利亚报道战况，给英国通讯大臣布莱登·布雷肯[①]发电报，请求他允许这位出版人能够进入英国。然而等一切安排妥当，持续九个月，袭击了以伦敦为首的英国16座城市的大轰炸已经开始。9月23日，布兰奇给罗伯森写信，感谢他所做的努力。"私下说，"她写道，"（这趟旅行）是为我自己，当然（不涉一切有关战争的事），如果真的能成行的话，我不希望在走之前，这儿有任何人知道一点消息。"当罗伯森正同默罗一起在报道战争期间，布兰奇最终"取消了英国之行"，与她的同志们的日常经历擦肩而过让她十分失望。向罗伯森保证，明年她会再找机会。

12月7日这天，当布兰奇以及成百万的美国人听到珍珠港于东部时间下午1点55分遇袭的消息时，她在纽约。三个星期后，帕特·克瑙夫正式应召入伍加入美国陆军航空兵团（当时是美国陆军的一部分）并被部署到亚拉巴马。他母亲惊恐万分，觉得自己再也见不到他了（门肯自己在日记里也表达了这样的担心）。当克瑙夫夫妻接下来跟邻居——纽约港务管理局主席以及金边臣烟草公司[②]老板——佩吉和霍华德·卡尔曼[③]夫妇一起晚餐时，布兰奇不停地把话题引回到她儿子身上。整个身心都被帕特占据，这与自己一向优雅得体的客人形象判若两人，不一会儿就开始开玩笑说自己的儿子马上就要飞往战场。一向对布兰奇颇为嫉妒的佩吉这时认定她是个冷酷无情的人。

12月10日，布兰奇给短期回到南卡一趟的本·罗伯森写信："抛开我

---

① 布莱登·布雷肯，爱尔兰商人，英国保守内阁大臣。以抵制英格兰银行与希特勒合作闻名，是丘吉尔的长期支持者，也是现代版《金融时报》创办人。

② 金边臣烟草公司，英国品牌香烟公司。

③ 霍华德·卡尔曼，纽约慈善家、商人。夫人是佩吉·卡尔曼。

们正处于战争中这个事实，我认为你应该继续写你正在写的关于南部的书。我很同意你的看法，那就是我们应该告诉这个国家，南方会为国家的未来做出很大的贡献，我绝不会让任何事现在干扰我的方向。想着你就快写完了让我很兴奋，请一定牢记坚持你的方向。”她又加了一句补充：他应该把电报账单寄给她报销。

* * *

1942年1月，帕特在亚拉巴马的军事训练结束了。布兰奇频繁地到训练飞行员的麦克斯韦尔基地[①]看望她儿子。这期间她时有提及她和阿尔弗雷德的离婚。跟大多数时候一样，这个故事也有多个版本。90年代初，帕特在他父亲去世时，公开过一封他自己1941年圣诞节次日写给父母的信：“我希望你们二位不要急于做出任何决定。我知道到了游戏的这个阶段，这样的行动很少有可能是草率的。我想你们两位都足够聪明，不会用这样的行动来毁掉一生的幸福和成功。”也有人记得愤怒的帕特对父母大喊，不行，你们不能这么做！还有另外一件事，帕特记得：“（阿尔弗雷德）已经准备答应了——但是她必须永远退出出版界，他要确保她永远不可能在任何地方得到一份工作。”极度忠实于父亲的帕特相信，阿尔弗雷德“爱（布兰奇），所以永远不会同意离婚的”。听说这个版本以后，比尔·考希兰德告诉苏珊·希恩，帕特所说的关于他父亲要留住布兰奇的故事，毫无疑问是最准确的。“阿尔弗雷德一直都很爱她，”考希兰德强调，“（而且）他爱她远远多过她爱他。”

危机过去了，帕特终于不负众望，父母双双出席了位于蒙哥马利东南

① 麦克斯韦尔基地，位于美国亚拉巴马州蒙哥马利。因纪念迫降时为避开地面上的儿童而牺牲的美国陆军航空勤务队飞行员威廉·卡尔文·麦克斯韦而得名。

空军训练中心的毕业典礼，这是帕特记得的“仅有的一次”阿尔弗雷德表现出为他骄傲。完成飞行员训练让帕特从此停止了害怕他父亲，他说：“那之前我一直没有长大。”在接下来的两三年里，帕特在英国第八空军，第446轰炸队表现英勇。部队驻扎在邦吉，英国萨福克海岸[1]的一个集市小镇，随后被部署到一个更具战略性的营地：海岸线鲜有悬崖，是敌人入侵的理想地形。他最终获授“飞行功勋”十字勋章，升为上校军衔，在慕尼黑、科布伦茨以及汉堡执行战术轰炸任务——所有这些地方他的父母都曾经在一个完全不一样的世界里访问过。1942年本该是他大学毕业的一年，他获得弗兰克·柏利[2]奖杯，这是他家的朋友捐赠的一个奖项，颁给“在任何领域为学院做出伟大贡献的”高年级学生。1945年他获得毕业文凭。（出于礼貌，他被列入42班。）帕特曾表示：“去参战时，知道我再也不会回来，（于是）我把我的东西全都送了人。”他后来说，在军队服役那一段，是他一生中最好的时光。

布兰奇这时集中精力安排她的第一趟南美之旅，那一年她无法去欧洲，因此决定以此来代替。尽管她被指派为菲奥雷洛·拉瓜迪亚妇女文学会的美国民防指挥（与莉莲·海尔曼和范妮·赫斯特共同担任），但这个协会自创始起就似乎缺乏活力，她热切地希望能参与到更积极的事务中去。从米尔德丽德讲给她妯娌的故事中看来，她比布兰奇团体的参与度高出了很多。米尔德丽德的妇女组织由路易·B.梅耶[3]夫人牵头，为前线回来的服役人员提供社会援助。这一圣塔莫尼卡项目创办了一个公共食堂，有上千志愿者前来为返乡士兵提供饮品和娱乐活动——提供电影、图书，以及

---

① 萨福克海岸，包括英格兰东部萨福克郡东部，包括韦弗尼南部和萨福克海岸东部。邦吉，该地区的一个小镇。

② 弗兰克·柏利，美国金融家、慈善家。

③ 路易·B.梅耶，生于俄罗斯帝国明斯克，犹太人，好莱坞米高梅电影公司创始人之一。1998年的《时代周刊》将其评为20世纪最重要的100个人物之一。

组织演员和喜剧演员前来表演。成员推举米尔德丽德担任会长。

富兰克林·罗斯福[①]的副国务卿萨姆纳·威尔斯于是建议布兰奇出任美国国务院对南美洲的非正式使者。（克瑙夫通过威尔斯妻子马蒂尔德的熟人希望签约出版威尔斯的书《决定的时刻》[②]）威尔因此认识了布兰奇。美国多年来一直资助一个叫作“好邻居”的项目，得知一些南美国家有可能与轴心国建立了友好关系，罗斯福总统希望重新让这个项目施展能量，威尔斯得到授权执行这一决定。如今，布兰奇即将访问这块对她而言完全陌生的大陆，尽管旅途中将有翻译陪同，但她还是在学一些基本的葡萄牙语和西班牙语。

要促成这么一趟旅行，哪怕高级政府官员需要履行的繁文缛节之多也十分惊人。同时布兰奇还想起又到了她一年一度去巴尔的摩检查眼睛的时候了，于是她又临时塞进一个短期旅途，住在贝尔韦代雷，还在那儿与门肯吃了晚饭。他们俩共同的眼科医生，如预料之中，说她的眼睛某种程度上比去年又糟了一些，但是尚不需要进一步手术。相比她正在下降中的视力，布兰奇对于谈论她儿子显然更感兴趣（尽管门肯一向喜欢谈论病情），布兰奇十分苦恼，帕特仍然待在部队，即便从学院毕业以后还是对加入公司没什么兴趣。门肯却不知道布兰奇究竟是失望还是松了口气。

在回曼哈顿的火车上，她决定为她目前最喜欢的两位作者举办一个派对，威廉·夏伊勒和保罗·葛里克。菜单跟阿尔弗雷德负责此事时的油腻重口味完全不一样：

---

① 富兰克林·罗斯福，通称FDR，美国民主党政治家，1933年至1945年，任美国第32任总统。20世纪中期全球事务中重要人物。带领美国走出美国历史上最严重的经济衰退时期。被学者认为是美国历史上与乔治·华盛顿、亚伯拉罕·林肯齐名的三位最伟大总统之一。

② 萨姆纳·威尔斯，美国政府要员、外交官。富兰克林·罗斯福总统的重要外交顾问，1936年至1943年间，在FDR总统任期内担任次国务卿。夫人马蒂尔德，Mathilde。

《决定的时刻》，威尔斯关于二战以及欧洲的重要著作，1944年出版。

1942年4月4日

烤虾

斯坦伯格

精选1921

珍藏

烤火鸡

豌豆和胡萝卜

乐夫波菲 1870

沙拉

菠萝蛋糕

伊甘庄园 1921

吕萨吕斯侯爵私藏

咖啡

到了6月，已经等不及的出版商接到通知，她的行程经过一些必要渠道的疏通已经获得批准。布兰奇乘坐的道格拉斯 C-54 同当时所有的航空一样，仰仗于导航员对地标的识别的同时，也依靠航位推算法。这个方法，本质上是利用前一个点来计算当前位置，而下一个位置则基于已知或估算的速度，具有累积误差的倾向，今天已经很少用到。布兰奇的飞行距离与查尔斯·林德伯格1927年驾驶那一架装备粗糙的单引擎圣路易斯精神号[①]差不多，它的飞行员在整个飞行中主要依靠的也是航位推算法。

每个乘客都发了耳塞，用来阻隔一部分引擎制造的噪音。而有了情人

① 圣路易斯精神号，由查尔斯·林德伯格于1927年驾驶的，从纽约市罗斯福飞行场横跨大西洋飞至巴黎巴黎－勒布尔热机场，历史上首架成功完成单人不着陆飞行横跨大西洋的单引擎飞机。

陪在身边的布兰奇，旅途当然又轻松不少：没人知道为什么，于贝尔·艾欧何以清通所有文件得以畅行。在接下来的六个星期里（1942年6月到8月），布兰奇将旅行16000多英里，几乎全程飞行（包括偶尔的水上飞机），行程覆盖哥伦比亚、秘鲁、阿根廷、乌拉圭、智利，以及巴西——在这块大陆上搜寻正在寻求出版的作家。

她“最大的收获”是“一群全新而充满活力的人，在生活中找到了快乐和精彩，对未来充满希望”。在后来的一篇文章中，布兰奇还对“阶层及其对作家的影响”做出了评价，认为这使得这些作家转而“投向欧洲，而放弃自己的国家”。她对弗吉尼亚·伍尔芙在当地的一个朋友——维多利亚·奥坎波[①]尤其入迷，这位阿根廷妇女在她眼里是一位“魅力和能力十足，并且才华横溢的作家”。这趟旅行布兰奇签下了至少5位新作家（并且立即着手寻找一流的翻译者），这些作家里有的至今仍有众多读者。她对于文学类型的关注远远少于对整体文学水准的在意，而这趟旅行的起因很大程度上是战争期间的政治因素，这一点除了门肯她没有对任何人提及。萨姆纳·威尔斯叮嘱她作为他的眼睛和耳朵，她一如既往地十分缜密。

在利马，迎接她的那位“秘鲁印第安人，在整个行程中形影不离”，她依稀觉得这位沉默的“影子”阴森森的。不过她没有时间来担心，因为秘鲁没有出版商，她一开门“就有作者排队在等她，各种类型都有，散文家、诗人，等等，等候的队伍跟走廊一般长，也并不管我们用什么语言出版，仅仅是我们出版，这个事实对他们很重要”。那“印第安人”，布兰奇一直搞不清楚他究竟是哪一边的，警告她说留在这个地区是很危险的，因为当地的德国人“会记下所有的反纳粹宣传”。布兰奇了解到“大使馆知道我的危险处境（而印第安人也问）我是否知道。我告诉他我知道，我还

① 维多利亚·奥坎波，阿根廷作家、知识分子，博尔赫斯形容为“典型的阿根廷女子”。

说，即便他或者其他人出卖我，那些书一样会出版”。

她接着去了圣地亚哥，先住进了一家被德国人掌管的饭店，“里面布满了间谍”，于是她收拾行李去了另一家。一场盛大的午宴后——“议员、政府官员，大约50人”——她又历经9个小时飞越安第斯山，终于来到布宜诺斯艾利斯。“这里也一样，我被手捧书稿的作者包围——有些人我从来没有听说过。也见到老朋友，《纽约时报》的阿诺德·科尔泰西[①]，他住在广场酒店[②]，这个世界上真正优雅迷人的饭店之一。”那天晚上，布兰奇在阿根廷最好的一家牛排馆用餐，一心想做一名礼貌周到的客人，她来者不拒，何况开胃冷盘看上去好极了。“我一直不知道每一道菜都有动物内脏，直到正餐上来。我什么也没吃，几乎离桌而去。那是阿根廷的特色食品，我尴尬极了。”

当她发现这个国家最重要的报纸《新闻报》[③]，因其支持北美以及反纳粹的立场，只获得极小的纸张供给量时，她设法见到了布宜诺斯艾利斯市长。“我不得不去听一场针对北美输掉这场战争的抨击，而这就是阿根廷与德国结盟的理由。‘那你们赢一场战役，我们就考虑站在你们这边。’那人说。”（很幸运地，她的下一步蒙得维的亚，是有保障的，乌拉圭没有纳粹。）他们用“大使常规午宴”招待她，但她决定不吃任何生食，因为离家之前被告诫了一定只吃熟食。在喝西洋菜汤时，她“忽然想起了这件事，在礼貌和伤寒风险之间犹豫不决”。她吐了出来，“而我当时坐在大使的右手”。谢天谢地，晚宴后她决定讲法语，而不是用西班牙语翻译，这使得她光彩四射。“在没有其他美国人在场的情况下，（这些阿根廷人）自由地

---

① 阿诺德·科尔泰西，1922年至1963年间《纽约时报》驻外记者。1946年因报道庇隆独裁统治下的阿根廷人民生活系列获普利策奖。

② 广场酒店，高端连锁酒店。

③ 《新闻报》，总部位于布宜诺斯艾利斯的一份日报，1869年10月18日创刊。创刊后几十年为阿根廷发行量最大的报纸，保守主义立场，亲英。

表达了他们对国家、战争以及文化的看法，我获得了大量的信息。”她在写给家里的汇报中这样说。

在充当文化参赞之外，萨姆纳·威尔斯还让她“协助”美国大使馆，包括给美国政府传递最新消息。巴西的德国支持者们正要发动武装政变。“这正被平缓地压制下去，”布兰奇给华盛顿写道，“巴西政府中与我们友好的派别以及特工部门让我亲眼见到了这些操作。”纳粹支持者无处不在，他们中的一个，就像秘鲁那位印第安人一样，被安排全程“尾随”她。最终她得以当面质问被印第安人说站在战争的另一面的巴西大使。在圣保罗的午餐上，她被介绍给坐在她左侧的美国特工人员，在那里监视这场起义，而右侧的那位官员则跟她说自己坐防弹车，身边随时跟着一名摔跤手。很显然，德国为他的人头出了价，不少在巴西的德国人都急切地想要领赏。

本地的巴西官员让布兰奇带一些“爆炸性的政治”的文件回美国，她有些犹豫地同意了。“他们正在谋划秋天进行（自己的）政变，没有领袖，希望从我们这里得到援助。那必须是当时或者稍晚一些，所以我将那些文件放进了行李箱。”在途经特立尼达去迈阿密的路上，她受到了比自己预想的要多得多的注意。两个月前克莱尔·布思访问过这个国家，是布兰奇之前唯一一名代表过“好邻居”计划的女性，一旦意识到了布思的重要性之后，海关立即被告知对“所有到来的女性一律全力对待”。他们将布兰奇的行李箱一直扣押至深夜，就像对待任何一名潜在的间谍。

到了迈阿密，她将一个背包交给美国海关，告诉他们转交至华盛顿美国副国务卿威尔斯，而她自己也将在华盛顿哥伦比亚特区停留，接受威尔斯问询。这场战争成为布兰奇生命中的一个转折点，她在这时意识到自己一个人也行。她身上那股过去几十年里在他人眼里显而易见的力量，如今她自己也真实地体会到了。跟以往一样，她最兴奋的是将文学带回了自己的国家：她得到了巴西作家若热·亚马多[①]的一部小说，他的作品最后被翻译成近五十种语言。进一步令她满意的是，她签下富有争议的文化人类学家吉尔贝托·弗雷雷[②]——其利用巴西种族和经济发展的社会历史研究写下的三卷关于20世纪“多元文化主义”的评论，至今依然是美国研究生的“圣经”。

这两位作家的作品都将于1946年由克瑙夫出版。布兰奇回来故意逗门肯，说她在南美没有发现什么大师之作。

* * *

跟于贝尔·欧艾一起回到纽约后，布兰奇去查看位于西55街24号那套她让露丝在她离开期间监督改造的公寓。她请人帮她打通衣帽间，这样通过衣帽间这个秘密通道，把她买下的隔壁公寓与自己这套连接起来，而外面根本看不出来。她的助手“一直”使用这个通道，“而其他任何去过布兰奇公寓的人从没注意到过”。在这之前，布兰奇的情人一直租住在东60街的一套公寓里，当然很可能他和妻子仍然共用着那套房子——六个月之后的1943年1月，妻子在里诺[③]同他离婚。

露丝相信她的老板是新女性，有着女王一般的自由，能够让其他人围着她的每一句话打转：“我那时每个星期替她领薪水支票，然后存到她的银行户头上。还负责付她的所有账单。她出门时，钱包里通常什么也没

① 若热·亚马多，巴西现代主义小说家。巴西最有影响的作家，其作品被翻译成49种文字在55个国家出版，许多曾被拍成电影。他主要关注城市中黑人及混血族群的生活。1961年亚马多当选巴西文学院院士，1965年获诺贝尔文学奖提名。其主要作品有《弗洛尔和她的两个丈夫》《大埋伏》《加布里埃拉、康乃馨和桂皮》《可可》等。

② 吉尔贝托·弗雷雷，巴西文化人类学家、社会学家、历史学家、记者、国会议员。

③ 里诺，美国内华达州北部瓦肖县的一个城市。

有。她的钱——我每周从她薪水里取出一部分——，有一个钱夹子，每一张都单独折叠，得是干净整洁的新钞票。然后在她出门时把它们放进她的钱包。她从不数，对我完全信任。包里再没有别的，也许再加一支口红。”当然，不可或缺的香烟打火机，她抽起烟来从不间断。每天，“当布兰奇出去吃午饭时，我就得去她办公室给她废纸篓灭火。她好像看不见，而且她是一支接一支的连环烟民”，露丝这么回忆。“照顾她很费劲，就是这话”——看起来还不用睡觉。

与此同时，阿尔弗雷德开始被孤立在了帕切斯，他对门肯抱怨说，他请不到人来吃晚饭，因为需要一辆车才能来到那荒郊野岭的家。也有例外：从托马斯·曼所讲的1942年感恩节故事来看，布兰奇好像邀请了好几个南美洲的外交官到帕切斯，用传统的火鸡宴招待。其中好些客人还请曼给他们朗读，于是他花了一个小时背诵他当时正在创作的作品，约瑟夫故事三部曲最后一部分中相对“完美的”段落。《约瑟夫和他的兄弟们》是一套四部曲小说，重现《创世纪》[①] 的故事，从雅各布到约瑟夫，历时16年写成。

1月初，于贝尔·欧艾给她看了终于从内华达州里诺寄到的他和妻子桑妮亚·S. 欧艾的离婚判决书，这让布兰奇顿时放下心来。布兰奇和情人去了东53街的史托克俱乐部[②] 庆祝，那地方在第五大道东边一点，聚集在那里的富豪名流们看不出丝毫对战事的担心。月末，克瑙夫夫妻俩一同出现，在圣·瑞吉酒店举行午餐会庆祝产品总监西德尼·雅各布斯为公司服务15年。夫妇俩还借这个机会宣布了一个为45名员工筹建的养老基金：他们的财务状况已经开始呈现出成熟出版社的雏形。

---

① 《创世纪》，希伯来语《圣经》及基督教《旧约》第一卷。

② 史托克俱乐部，纽约曼哈顿著名夜总会，其存在期间，自1929年到1965年，是世界最有名望的夜总会之一，名人、富商、明星荟萃。

沃特·本顿的《此为我所爱》[①]是另一项出乎意料的成功，几乎达到《先知》的水平。时间正好赶上1943年情人节，这组相对直白露骨的情诗出自一位从战场上回来的老兵。诗歌围绕一个神秘的女孩莉莲展开，在仍然远离家乡的士兵中尤其受欢迎。对其他出版社而言太冒失，手稿被一位斯克里布纳的诗歌编辑寄来克瑙夫，他认为布兰奇和阿尔弗雷德应该看看。布兰奇相信这书可能会取得商业成功，但一开始她还是请了好几位受人尊敬的诗人和评论家，包括路易斯·昂特迈耶[②]、范·威克·布鲁克斯[③]，以及约翰·克娄·兰萨姆来读并答应写推介。情人节首发营销之后，《此为我所爱》再未做过任何广告。按照乔·莱瑟的说法："它的销售全靠口碑，靠恋人间的阅读。此书我们推出得十分安静，保持了极大的自尊，一直没有想要尝试去吸引那些在寻找刺激的读者。"这一册薄薄的图书售价两美元，平均每个月售出超过2000册。在接下来的25年中，它达到了60万册的记录，这对于任何诗集而言都是了不起的。私下里，布兰奇对门肯说，她觉得《此为我所爱》比她在南美读到的那些广受赞誉的艳诗更加撩人。

本顿的诗，最终成为歌手兼歌词作者以及诗人的洛德·麦昆[④]的很多歌曲的主干。不同版本的唱片频繁出现，包括1962年那版布兰奇最喜欢的，由爵士长笛手赫尔比·曼[⑤]伴奏，演员劳伦斯·哈维[⑥]演绎的版本。

图书销量在那些日子里，总的来说是在飞升。稀缺商品很可能很难在货架上找到，但是图书市场十分稳健。1943年，图书出版总量超过2.5亿

---

① 沃特·本顿，美国诗人、作家。二战中服役时开始写作，为《星期六评论》《时尚先生》《新共和》等杂志撰稿。

《此为我所爱》，系本顿诗作，以日记形式写给一位名叫"莉莲"的女孩的叙事情诗。

② 路易斯·昂特迈耶，美国诗人、人类学家、评论家、编辑。

③ 范·威克·布鲁克斯，美国文学评论家、传记作家、历史学家。

④ 洛德·麦昆，美国诗人、歌曲作者、演员。60年代最畅销的诗歌作者之一。

⑤ 赫尔比·曼，美国爵士长笛手，最早实验世界音乐的音乐家，也是最早将长笛加入爵士乐的人物。

⑥ 劳伦斯·哈维，出生于立陶宛，在南非长大的英国演员。

册，这与1933年的大约1.11亿形成明显的对比。图书俱乐部1926年刚成立后，大约平均每年售出50万册图书；到1946年，光每月一书这一个俱乐部，就能售出300万册还不包括军供版图书。

那年春天，敌人的重心从英国移到了大陆，布兰奇又开始活动，想要弄一张去伦敦的票。伤心的是，她这一次没有得到多少帮助。1943年2月22日，本·罗伯森被指派为《国际先驱论坛报》驻伦敦办事处的头儿，登上水上飞机"洋基飞剪"号。就在即将到达里斯本机场，飞行员开始下降时，飞机的左机翼尖触水，跌入塔霍河[①]，致使机上39名乘客中24名遇难，包括罗伯森。

通过其他认识的人，布兰奇抢到了一张去伦敦的军队通勤票。这下开始了无休无止的军事"紧急和待命"。门肯的到来，加上罗伯森的死，帮她把注意力从不断的延期中转移出来一些。门肯是来跟她商量《幸福年华》[②]的市场策略的，当时的10953个订单看上去走势很强。这套关于他一生的三个自传体故事中的第一部分《幸福年华》[③]，因为战争的原因，海军为轮船和岗哨购置书籍，这一本比早先出版的两本都卖得更好。

7月，她还在等待进展，布兰奇和欧艾出门去了一趟东汉普顿，距离长岛顶头的蒙托克不远，克瑙夫的比尔·考希兰德在去海外之前，在那里休了几天假。考希兰德记得，布兰奇如何"在海浪酒店餐厅（那个地区最精致的客房住地）为我举办一个鸡尾酒会。欧艾当时陪着她，那是我第一次见到他。（他并非）特别英俊，发际线已经开始后移，比布兰奇年轻"，可是，考希兰德补充说，"但你一眼即可看出，这是一位欧洲绅士"。

次月，布兰奇从海边返回，8月8日在21号与门肯共进午餐。那晚，

① 塔霍河，也称塔古斯河或特茹河，伊比利亚半岛最大的河流。发源于西班牙阿尔瓦拉辛附近的山脉，向西流淌，最终在葡萄牙里斯本注入大西洋。

② 《幸福年华》，门肯自传第一卷，1880—1892部分。

③ 原著此处为第三卷，但译者根据多处考证，认为系作者笔误，《幸福年华》应当为门肯自传第一卷。

酷暑难耐，阿尔弗雷德按惯例招待朋友们吃他的油腻重口晚餐，猪肉配德国大白菜。两位男士四手联弹舒伯特的《罗莎蒙》芭蕾钢琴曲，琴声令阿尔弗雷德又想起他先前说过自己孤独的事，他认定自己确实很喜欢帕切斯的隐居生活。这些日子以来，他甚至发现，就连这所房子所需要的巨大的养护工作也让他满足，并且有益于他的健康。

这往往是两个克瑙夫之间紧张的时刻，于贝尔·欧艾很显然是房间里的大象。图书宣传员弗朗西斯·林德利记得她从未见过那样令人难堪的公司会议。“我真想死，”林德利回忆，“（克瑙夫们）对彼此大喊大叫，要不就是阿尔弗雷德转过头去对乔·莱瑟说一些绝对……我不可能相信一个人会对另一个人说得出口的那种话。”

克瑙夫员工围坐在桌边，吓得目瞪口呆，没人愿意冒险替布兰奇说一句话，乔·莱瑟开始腹痛朝外面走出去。“阿尔弗雷德和布兰奇会因为书封套的设计就彼此或者对员工发作，阿尔弗雷德比布兰奇还要糟些；她对自己形象的关注多少对她是个制约。阿尔弗雷德会一直攻击，攻击，攻击，直到她最终上钩。那一刻你直想逃开。”

跟在办公室里那个总想证实自己的绝对权威的阿尔弗雷德不一样，在帕切斯，有没有门肯都一样，他总是表现特别好，感觉不到对他权威的挑战。相反，倒是布兰奇，在帕切斯会倾向于报复阿尔弗雷德在公司里那些讨厌的行为。当客人在桌边一边等着阿尔弗雷德评价他们配得上他最高级的酒时，布兰奇往往姗姗来迟。尽管她从来不嗜酒，但她总会握着一只所有人见过的“最大的波旁酒杯”从楼梯上走下来，“没有道歉，什么也没有”，比尔·考希兰德回忆。她这时放开了，释放她在克瑙夫回忆中积聚起来的火气，布兰奇在可怕的周日早午餐上“完全像一个泼妇”，通常当着公司高级职员和密友等常客的面。

* * *

清通了华盛顿的关卡——附加条件是，她得穿军装，以备万一被敌军抓获——终于，1943年10月3日，布兰奇约了一辆车将她送到漂亮的装饰艺术风格的飞剪航站楼，距离今天的拉瓜迪亚机场不远，登上C-47军事运输机飞往伦敦。此行与她相伴的是热情友好的得克萨斯人J. 弗兰克·多比①，他是去剑桥做美国文学访问教授。布兰奇对行程中的点滴做了清晰的记录："多比那顶史丹森②的帽子，饱经风霜，飞机在纽芬兰甘德尔③因为天黑迫降时他坚持要去钓鱼。我们钓上来一些多春鱼，还得提着这些鱼走回去，穿过临时住宿的小旅馆那长长的走廊。你一个手提包，一个带拉链的箱子，除了太大个头的东西其他都装进去了；而我，穿一双毛皮拖鞋和一件睡衣。"

临时获授军衔的布兰奇·克瑙夫中校，途经纽芬兰和爱尔兰飞到了英国，途中的一次停靠中，她被告知此地不可洗澡——"H_2O严格只限于饮用"——于是她用发给她的食物跟别人换水。反正她也吃不了多少，她向那些士兵保证说。她的包里"大部分装的都是浓缩食品，送礼用的尼龙袜以及口红，还有不多的一些衣服"。门肯在给她的信中说，希望她能够保持"舒适"并且"发现很多好书。如果你见到我的老朋友，请告诉他们我

① J. 弗兰克·多比，美国民俗学家、作家、报纸专栏作者，尤以刻画得克萨斯开放放牧年代的传统而闻名。作为一名公众人物，他以敢言著称，其政治立场为对抗得克萨斯州主流的自由派观点，反对宗教偏见。

② 史丹森，知名的帽子品牌。1865年由约翰·B. 史丹森创办，相传为西部牛仔帽的起源。史丹森后来成为全世界最大的制帽商，在费城占地9英亩的工厂一年生产330万顶帽子。

③ 甘德尔，位于加拿大纽芬兰和拉布拉多省东北部的一座小镇。镇上的甘德尔国际机场曾经是跨大西洋飞机的主要加油站，至今仍然是飞机在遭遇医疗紧急事件或安全事件时常用的紧急迫降点。该镇的主要街道都以著名飞行员命名。

一直在为他们祈祷。如果你愿意的话，请寄一张有西敏寺、柴郡乳酪[①]或者类似景点的明信片给我”。10月17日，《锡拉丘兹先驱日报》[②]报道了布兰奇的旅行，宣称“少有美国出版商（敢于）走这么一趟”。

像往常一样，她在丽兹住下。（她后来说，当她得知戴高乐和丘吉尔以及艾森豪威尔最终是在这里召开首脑峰会时，她自己如何因此而放下了心。）她为短期因病回家后刚回到伦敦的詹姆斯·“斯科迪”·雷斯顿及其新书《胜利序幕》举办了一个小型派对，该书1942年由克瑙夫出版。维京出版社给雷斯顿出价1000美元，克瑙夫高价胜出——当然这是在布兰奇的坚持下。作为《纽约时报》驻华盛顿的记者，斯科迪以正直著称。据他的传记作家约翰·斯泰克斯所言，布兰奇亲自编辑了《胜利序幕》的每一页，这是雷斯顿的一个要求，而布兰奇欣然遵从。布兰奇当时正在为克瑙夫苦苦追求的埃德·默罗，为此书提供了一句推荐语——不知是出于对布兰奇的喜爱还是出于对作者作品的尊敬：“在我认识的新闻工作者中，詹姆斯·雷斯顿的智慧和正直无人能比，而他所写的一切，也无不展示了这些品质。”

恒久是布兰奇最看重的一项美德，她深深为斯科迪的为人忠诚而折服。这位记者最近刚刚拒绝了透露副国务卿威尔斯的污点，威尔斯最近正被因嫉妒其与FDR之间友谊的国务卿科德尔·赫尔[③]追击。回应雷斯顿的冷漠，赫尔亲自把他私有的记载了威尔斯同性恋细节的文件交给了（普利策新闻奖获得者）亚瑟·柯罗克，而柯罗克即便手握赫尔提交给他的照

---

① 西敏寺，常译作威斯敏斯特修道院，是一座位于伦敦市中心威斯敏斯特区的大型哥特式建筑风格的教堂，一直是英国君主安葬或加冕登基的地点。曾在1546—1556年短暂成为主教座堂，现为皇家胜迹。1987年被列为世界文化遗产。

柴郡乳酪，全称“老柴郡乳酪”，位于伦敦市弗利特街145号的一幢二级古迹建筑。1666年伦敦大火后不久修建，是一处知名文学人物最爱光顾的酒馆，常客包括狄更斯、切斯特顿和马克·吐温。

② 《锡拉丘兹先驱日报》，纽约锡拉丘兹的一份晚报，最后一期于2001年9月29日发行。

③ 科德尔·赫尔，美国政治家，第47任美国国务卿，1945年获诺贝尔和平奖。

片铁证，也闪避了这一八卦事件。布兰奇非常骄傲地称这二位新闻业男士为她的朋友。1943年这趟伦敦之旅唯一带给她的失望是，她“丢掉了威尔斯的书，因为留在纽约的人什么也没做。如果我在（纽约），我一定会得到它的”。即便这样，她也承认，“我得到了很多其他的好书”。

一如既往的，她总是追根溯源地去求书。在酒店里跟记者们吃饭时，她开始请默罗让她发表他提的电台报道，即他目前通过CBS向美国进行的常规报道。据默罗的妻子珍妮特说，接下来的22年里，布兰奇一直坚持不懈地劝说默罗，直到1965年，他正要开始着手为克瑙夫编撰时却去世了。后来是珍妮特完成了这一任务，把整理好的广播资料交给了布兰奇。这些材料最后成书，那便是克瑙夫的《追寻光明》①，由默罗的遗孀“怀着爱和敬意，献给布兰奇”。

① 《追寻光明》，既是默罗对动荡年代的永恒见证又是一部生动的公共日记，包含了他几乎所有的广播报道，有战时被轰炸的伦敦屋顶，大西洋里的美国战舰，飞往柏林的轰炸机，也有伊丽莎白女王的婚礼，韩战，民权革命，也有他刻画的伟人（丘吉尔、艾森豪威尔，等等）和不出名的英雄。他的报道风格，优雅、幽默、充满勇气，成为过去这半个世纪以来的新闻业标杆。这本书1967年由克瑙夫出版。

18. 战争结束了

1943年11月初，在曼哈顿多塞特饭店的一次下午自助餐会上，布兰奇向门肯说起她那趟简短海外旅途中的一些事。这位极少激动的新闻人，忽然被战地记者那些他认为俗艳的手腕给恶心到了，他觉得这些人更热衷于描写自己的英勇事迹，而忽略了原本应该聚焦的士兵们。感觉到了这层不满，布兰奇迅速转移话题，说起当天活动的由头：来宾前来庆祝乔·莱瑟在克瑙夫的第二十个年头。莱瑟，如今已经是公司的财务官及董事会成员，被42个祝福者包围，大多是同事，布兰奇和阿尔弗雷德坐在同一桌。尽管克瑙夫夫妻同意了董事会按照惯例提出的，公司慷慨赠送莱瑟和妻子5个星期的冬假，目的地由夫妻俩自行决定，但他们谁也没有起来致辞或者祝酒。阿尔弗雷德让门肯宣布了这份礼物，门肯的颂词集中在莱瑟太太为丈夫“如此自豪”——这有可能是故意捅布兰奇的，为她近来对新欢欧艾的青睐而这般对待自己的丈夫。

以出纳身份入职的莱瑟，现在是公司的关键成员。尽管三分之二的书仍然是由克瑙夫二人引进的，莱瑟却是唯一一名能够签约的雇员。公司还摸索出一套如果说有些费事，但至少很实用的方法来跟踪他们的出版物。作者交稿后，谁负责前期谈判的，谁就继续协商销售、广告、生产等事宜，随即一张5×7寸的粉红小纸片连同一张预售估算卡被用别针别在一起，“前六个月的销售，六个月后的销售，大学销售，广告款项，印刷订单”。卡片上也留了位置，为“普通”市场和“特殊”市场写备注，特殊是指媒体、公关以及广告样书等方面的建议。出版前几个月，这张卡片经传看并留下各人的意见以后，将在“周例会上被详细讨论”。某一本书出版后一年，原始的销售预期再拿出来与结果进行对照。按阿尔弗雷德的说法，这一卡片制“使得莱瑟先生能够较为精确地提前一年预测公司利润”。

布兰奇送给了乔特别的祝福，尽管他一向在两位克瑙夫之间试图保持不偏不倚，然而每当局势演变至特别恶劣，她总能感到可以相信他会站在自己一边。她敦促了阿尔弗雷德同意这项礼物，尤其是在公司刚发布了下半年财务报告的情况下——同时还由于她期盼中即将推出的小说《钟归阿达诺》①。克瑙夫这些日子情况很好，预算分析“很令人满意”，据门肯说。公司流动资产501000美元，负债245000美元，上交联邦税63000美元后，六个月净利润40000美元。

这下布兰奇总算可以把注意力完全放在记者约翰·赫西的第一部小说上了，她将《钟归阿达诺》视作一部重要作品，事实证明她的眼光是正确的。当这本书1944年问世时，瞬间轰动，次年获普利策奖，并很快成为保罗·奥斯本②同名剧本的原型，被拍摄成一部由明星弗雷德里克·马奇③和吉恩·蒂尔妮④担纲主演的电影。故事发生在二战期间西西里的一个海滨小镇，法西斯分子把位于阿达诺中心教堂里的钟烧化了，用以制造抵抗盟军需要的军需品。一位充满同情心的意大利裔美国军官，维克多·约波洛少校（基于弗兰克·E·托斯卡尼⑤少校的真实故事）成为这个村子的军事长官，当他得知镇上的人最大的心愿是让这口钟回到教堂以后，他想办

---

① 《钟归阿达诺》，约翰·赫西1944年出版的小说，1945年凭此书获普利策奖。

② 保罗·奥斯本，美国剧作家，电影剧本作家。

③ 弗雷德里克·马奇，美国电影演员，曾经两度获得奥斯卡最佳男主角奖与东尼奖最佳男主角奖，也是历史上唯一一位。他是当年最受欢迎和最有才华的演员之一。

④ 吉恩·蒂尔妮，美国大银幕及舞台剧演员，以出众的美貌著称。

⑤ 维克多·约波洛，小说《钟归阿达诺》主要人物。弗兰克·E.托斯卡尼，二战时期西西里小镇的美军临时军事长官，《钟归阿达诺》主人公原型。

法从一艘海军驱逐舰上找到了一个替代品。

尽管《钟归阿达诺》售出了17.05万册，但是戴安娜·特里林[①]的批评却让他不能释怀，尽管特里林总的来说肯定了这是一部令人佩服的小说，但她感觉到了其中的多愁善感气息。作者直抒胸臆的风格，以及对细节的观察能力令特里林和大多数读者印象深刻，然而也有评论家认为作为虚构写作，里头有太多他作为记者这一个身份的痕迹，而缺乏他正在努力成为的小说家的品质。

* * *

尽管克瑙夫眼下财务健康，营收稳健攀升，这段时间门肯只要在布兰奇身边，他好像总是不同于惯常，显得愤愤不平，态度消极。要让他装作看不见她那再明显不过的情人似乎很难，过去他一直很欣赏布兰奇总能够把自己的恋情保持在私下不碍眼的状况，如今她这么明目张胆显然惹恼了他。然而于贝尔·欧艾的名字从来没有被门肯在自己的日记或者写作中提及过，欧艾始终被隐身处理了。

直到1944年，门肯才第一次去到布兰奇位于西55街24号的“新”公寓，事实上一年半以前就已经装修完工。在帕特的记忆中，那个地方可比门肯的记载要漂亮些：“左边有个挂外套的衣橱，右边不是窗户，而是一扇小门通往厨房。穿过那个厨房门，便进入一个带有临街窗户的圆形区域，那是一个圆形的餐厅，与起居室连在一起，完全开放，中间没有门。过了厨房再进去，右边是一间很大的厅，墙上挂着一幅很大的杜布菲[②]（后来加上的）”（一个表达藐视的姿态，对她所崇拜的1913年军械库展览的致敬，同

① 戴安娜·特里林，美国文艺批评家、作家、纽约著名知识分子。
② 杜布菲，法国画家、雕刻家和版画家，二战后巴黎派主要画家之一。

时也是违背阿尔弗雷德的意见）。布兰奇对一种叫作低艺术的审美风格有强烈的认同，抛弃传统审美而倾向于她相信更人文的方式来制造图像。

星期天去布兰奇公寓前，他们在伏瓦生等位等了一个小时，门肯变得很不耐烦。一天结束后，晚上回到酒店，他在日记里写下："房子在一幢极其摩登风格的新建筑里……公寓用白色和浅灰色调装饰，不时地有铜的金属感点缀。效果很骇人，并且（布兰奇）说保持干净几乎不可能。比她在54街的上一个公寓小些，却要2500美元（也许更多）一年。唯一吸引人的地方，是一个差不多餐桌大小的屋顶花园。"在接着对这"新"地方找错的过程中，他还说墙上那幅摩登主义画作"可怕"，又说家具"只合用在闺房里"。

参观过公寓之后，门肯跟布兰奇这才坐下来"唠叨"几句，而进行得并不愉快。他"被冒犯了"，他说，因为克瑙夫专为士兵出版的"那个祈祷文小册子"。他认为公司出这本由艾森豪威尔和巴顿两位将军写的祈祷文是"辱没了书目，并砸了牌子"，巴顿将军因为"拍打一个受伤的士兵"而成为近期报纸上的热门人物。门肯连珠炮一般，继续爆发，宣称这种垃圾"把过去这么多年的工作全都抵消了，让出版社品牌出了大丑"。

同样糟糕的，他继续说，还有那些"战地记者以及其他骗子的荒唐的书"。布兰奇为斯科迪·雷斯顿的《胜利序曲》和克瑙夫的其他战争书籍做出了辩护，理由是既卖得好，又有利于国家，在公民中掀起了对话。但门肯仍然坚持，这种书"让公司顺流直下"。布兰奇回避了陈述一个明显的事实：她这位朋友已经不再知道谁是最优秀的战地记者。先不说门肯的民粹主义，但他显然与当下的文化脱节了，就连那一年通过的军人权利法案也让他不满。

那年初夏，布兰奇和欧艾将去纽约州普莱西德湖[①]的白脸山旅馆。她觉得也许远离克瑙夫一段时间对他们有好处，即使把工作带上出来做呢。露丝做了一切具体安排，但假期最后还是被中途截断了。布兰奇的视力急剧下降，现在已经不光是看不见的问题，而是伴随着剧烈的刺痛。在巴尔的摩时，医生给她开了一种新的治疗眼药水，专门针对她最新的诊断——青光眼。她8月25日回家，正好赶上了巴黎解放庆祝，她在公寓里举行活动，客人有麦金利·坎托尔[②]、他妹妹，和一位朋友。那几位女士都早早地在沙发上睡着了，留下布兰奇和这位著名的情场高手客人饮香槟直至深夜。欧艾彻底不见踪影。

阿尔弗雷德和门肯在帕切斯，似乎这位记者每访问一次，那地方就变得更阴郁一层。他越来越讨厌去那乡下，坐在那儿“被黑暗包裹着”，而同时阿尔弗雷德肯定在谈论他的前列腺问题。在日记中，门肯抨击了阿尔弗雷德的“无能的医生们”，其中一位“粗暴地给他做了按摩，结果弄得他很不舒服”。他们去看了泌尿专家，专家找不到“任何无论是什么感染的征兆”，阿尔弗雷德于是开始感觉好些了——似乎他真正需要的其实只是关注。

第二天晚上，两个男人回到帕切斯，计划要在这劳累的一天之后好好放松一下。可事与愿违，管家急匆匆地出来迎接他们，“带来瑞典厨子从楼梯上摔下来的消息”。阿尔弗雷德回忆说：“我们来到厨房时，只见她被搀扶着，一只脚踝肿了，还在继续胀大。可怜的女人受了惊吓，于是被送到了医院的病床上。”门肯觉得，这家好像中了蛊，却都应验在家里的用

① 普莱西德湖，有时意译为“宁静湖”或“静湖”，是美国纽约州艾塞克斯县阿第伦达克山脉中的一个村庄，因附近的普莱西德湖而得名。该地以举办1932年冬季奥林匹克运动会、1980年冬季奥林匹克运动会而闻名，1972年冬季世界大学生运动会也在此举行。

② 麦金利·坎托尔，美国记者、小说家、剧作家。写过超过30部小说，其中几部以美国内战为背景，1956年获普利策虚构奖。

人身上。大概一年前，园丁把车库里的供暖锅炉点爆了，他受了重伤，在医院里住了八九个月。那之前没多久，管家——那个面容悲伤的阿尔萨斯人也因故受伤，好几个星期不能动。

到了12月例会的时间，门肯太忙，正在为他字典的最新版做最后的修正，以便能及时送去纽约。“我当然希望（每个人）都顺利通过，不会出现任何流血或残肢，”他给布兰奇写信说，“如果有人不幸被干掉，请以我的名义献上一个花环。”他很开心，因为自己手里的工作进展很好：“两个索引都进展顺利，希望圣诞节前能够完工。”自从克瑙夫首次推出《美国语言》第一版后，公司又出了三个版本，每一版都有更新。这一次，门肯断言，是美国英语而不是英国英语占据优势。目前，他正致力于为该书补充两个索引，其中一个将于1945年推出，另一个则一直等到1948年，在那一年他永远结束了写作。

* * *

新年伊始，布兰奇的眼疾继续恶化，眼睛时而干燥以至于需要不停眨眼，只有眯缝着才能勉强让眼睛睁开。而且可以肯定的是，接下来几个月她继续去西边，辛勤耕耘于雷蒙德·钱德勒的最新想法，他住在圣塔莫尼卡的山上，其需求——作家的不安全感以及他的恐惧——似乎无休无止。她把自己逼得很紧，期待庆祝欧洲战争的结束。可就在5月8日之前，当布兰奇回到办公室，胜利的钟声在曼哈顿上空敲响，她的计划落空了。帕特出乎意料地提早从部队返回，而他踏入母亲办公室那一刻，被眼前的情景惊呆了，布兰奇与欧艾正在热烈地亲吻。盛怒之下，他去了帕切斯跟父亲住在一起，至少在他母亲去世后关于这一段他是这么说的。然而根据传记作家彼得·普利斯科特与米尔德丽德·克瑙夫在她晚年时期的一段采访记录，她和埃德温在帕特从部队解散后，在回纽约之前去看他们时，就这段婚外恋情警告过帕特。

究竟布兰奇和欧艾有没有如帕特所回忆的这般，用一幕热恋场景迎接他我们不得而知，但他为母亲在父亲眼皮底下出轨感到恼怒是真的。布兰奇似乎预料到帕特会在欧艾这件事上最终让步，她开始计划自从战争开始后的第一趟欧洲大陆之旅。在写给珍妮·布莱德利的信中说："一定有很多新作家，正在创作一些对我们而言价值无可估量的作品……我听说让-保罗·萨特非常不错。"1945年初，她可能就给布莱德利提到过："当今法国的无论什么好作品，我都自然而然地非常渴望得到，而且很可能有很多甚至都不知道。"德国投降以后三个星期零几天，6月里，布兰奇设法得到了一份战争部职员的工作，其文件中将她列为顾问，每天挣25美元。从法国出发，她去了九个德国城市，也许出于她那"仅在被敌军俘虏时有效"的军队身份证件代表着美国政府（与她之前去南美那一趟很有些类似）。"当布兰奇出现在巴黎，我就知道（欧洲）战争已经结束了。"一个记者说。仿佛要从她和她的作者们战前断裂的地方，把一切重新拾起来一样，她又住进丽兹的套房，跟以往一样面朝旺多姆广场那壮丽的花园。

她就在这里与那些渴望读者的作者们见面。萨特的存在主义剧作《禁闭》[①]是她在1945年里最迫不及待的收购中的一项，并许诺了更多的好几篇，都经由斯图尔特·吉尔伯特[②]的完美翻译由克瑙夫于1947年出版，独幕剧《禁闭》书名为"No Exit"，三幕剧《苍蝇》[③]书名为"The Flies"。

直到今天仍在上演，《禁闭》集中在三个主要角色身上——两个女人和

---

① 《禁闭》，萨特1944年创作的存在主义剧作。

② 斯图尔特·吉尔伯特，英国文学学者、翻译家。将包括亚历西斯·德托克维尔、爱杜华·杜亚丹、安德烈·马尔罗、安东尼·德·圣埃克苏佩里、乔治·西默农、让·考克多、阿尔贝·加缪，以及让-保罗·萨特在内的大量法语作家的作品翻译成英文。并协助将詹姆斯·乔伊斯的《尤利西斯》译成法语。

③ 《苍蝇》，保罗·萨特1943年创作的话剧，一部根据古希腊神话故事改编的存在主义悲剧。

一个男人——一起被关在地狱里，它假定精神上的折磨比身体上的摧残更难熬。尽管布兰奇相信这部作品在知识阶层足够引起争议，但能够引起她个人情感上深刻共鸣的近期作品却是阿尔贝·加缪的《局外人》[①]，这部书也将于1946年4月由克瑙夫推出。她期待见到加缪，跟布兰奇（以及她的世界里的大多数人）一样，他坚决地反对极权。他的书写从几年前珍妮·布莱德利说服她阅读法文版《局外人》开始就迷住了她。这个小说讲述了一个独居的阿尔及利亚人默尔索[②]，在与外界鲜有联系的状态下生活。无论生死似乎都没有什么意义。其书名本身就激发出隔绝和疏离的意味，由故事主角的一句“母亲昨天死了”引出叙述性的开头。跟所有其他事情一样，她的死只给默尔索留下了冷漠，这是他周围的人列在他缺点中的一项。作为一个出生在法国的北非殖民地阿尔及利亚的白种法国人后裔，默尔索既本土又外来——这正是人的状态，小说所暗示的正是这点。一部榨取权力的悬疑故事，这本书里杀人的情节以及随之而来的惩罚在凶犯的意识里就像一个梦。主角既不接受也不反抗给他的惩罚——处死——《局外人》强调了被我们认作平凡的在这里是被否认的。当默尔索被判处死刑时，他最终体会到了恐惧，尽管仍无悔意。

在他们1945年第一次见面时，布兰奇立即被作家所倾倒。这次旅行中，她和加缪又见过好几次，谈论了“他的写作，他的未来，他的过去，他的规划，法国青年作家，帕斯捷尔纳克[③]，英国作家，美国作家，我们自己，等等一切，在我们进行的那几次极有意思的交流中”。布兰奇还说

① 《局外人》，阿尔贝·加缪1942年创作的小说，被认为体现了典型的加缪式荒诞加存在主义哲学思想。

② 默尔索，阿尔贝·加缪小说《局外人》主人公。

③ 帕斯捷尔纳克，全名鲍里斯·列昂尼多维奇·帕斯捷尔纳克，出身于一个犹太“艺术家庭”，父亲雷奥尼是名画家，母亲罗莎是钢琴家，自幼能作曲、写诗。莫斯科文学院毕业，留学德国马尔堡大学，攻读哲学，又在欧洲各国游历，以小说《日瓦戈医生》闻名于世，但此书因批判了苏联体制，长期被列为禁书。后来以意大利以及其他20多国译本，在欧洲广为流行。1958年获诺贝尔文学奖，获奖原因是“在现代抒情诗和伟大的俄罗斯叙事文学领域中所取得的杰出成就”。

动他谈到作为法兰西－阿尔萨斯记者在抵抗运动中所从事的工作，以及被维希法国所激发的写作。当德国占领巴黎时，加缪只有27岁，她激发起了布兰奇身上强烈的母性，同时还有一丝浪漫的感觉。然而在接下来的十年间，尽管她慷慨赠予了他无数礼物，并将他浸泡在自己的信件中，却只带有轻微的亲密暗示。比尔·考希兰德在一次采访中，对采访者认为她和加缪之间有过一段恋情的说法予以否认，他只是说她很显然被他打动。从她开始阅读《局外人》起——关注于个体的自由，以及即便当我们在现实面前毫无主控权时，我们选择怎样去感受——布兰奇早已知道她会签下这个作家。

但她没有意识到的是，在巴黎丽兹那次午饭前，她将遇见的是一个与她的世界观前所未见地接近的人。“谁会猜得到你是我一生寻找的那个人呢？”她给加缪的信中说。从他们1945年第一次见面起，之后至少一年两次，通常是在丽兹喝茶或者咖啡，往往是在下午正当中，那时更容易确保见面的私密。在几个小时的交流中，作家总是给予她的观点以她所罕见的尊重和兴趣。在他们的咖啡桌上，话题从存在主义到“荒诞主义”，赋予了他们的谈话以智识层面的刺激。

布兰奇很快了解到加缪妻子的不快乐，以及他各式各样的婚外恋情。二战及其带来的夫妻间长期分离对加缪的婚姻造成了重创，这使得阿尔贝考虑离婚。英国加缪协会的理事西蒙·李相信，加缪对他的妻子弗朗茜茵[1]一直像对待姐妹一样，他渴望与情人——演员玛丽娅·卡萨雷斯[2]结婚。经历严重抑郁的弗朗茜茵从窗户跳下去，企图自杀却没有成功，被送进医院接受治疗。据李说，加缪对此十分惶恐，感到无所适从，这个情景在他

① 弗朗茜茵，阿尔贝·加缪之妻。
② 玛丽娅·卡萨雷斯，西班牙裔法国演员，法国舞台上最有名声的演员之一。

的《堕落》[①] 中得以重现，一个迅疾下坠的妇女，主人公未能得以及时抢救。布兰奇知道自己的朋友相信，是他的不忠导致了妻子的抑郁——在弗朗茜茵崩溃初期，她反复念叨“玛丽娅·卡萨雷斯”——这一推论在他这一方引起了极大的负罪感。布兰奇对加缪十分投入，她也就允许他承受了这样的责任，同时安抚他，当人遭遇抑郁时，只有时间，伴随着幸运，方能治愈。

并非每个人都很欣赏布兰奇对她的作家们所做出的奉献。她的帕切斯邻居佩吉·卡尔曼，空军情报机构以及公关部门的志愿者，对于布兰奇作为“最早去（欧洲）的平民之一”这一事实感到“震惊而且恐惧得呆住了”——她说，帕特也跟她一样。在海外而并未辅助军方，布兰奇的出现表现出“彻底的不得体，她自私地去为自己签约作家。除了克瑙夫出版社和布兰奇自己以外，无人能够从中受益”。佩吉还认为，这种事阿尔弗雷德就“永远也干不出来”。尽管她也愤愤地承认，他对自己妻子的所作所为给予一种“很奇怪的”尊重。佩吉是个喜欢出众的年轻女人，在不止一幅照片中她崇拜地对着正挥舞着雪茄的阿尔弗雷德仰脸笑，不时地听起来仿佛嫉妒布兰奇——错过了很多次她在帕切斯举行的晚餐派对，战争期间赢得了许多不佳的名声。她无法懂得布兰奇曾多少次为那些日子里被迫背井离乡的作者们充当保姆一样的角色，而照顾作家，正是出版人赋予自身的使命。

1945年夏天，布兰奇忙于照顾托马斯·曼，他当时在纽约庆祝其70岁生日，为此在亨特学院[②] 发表演讲。当时纽约人正被一浪酷暑所困，他来到圣·瑞吉酒店，房间里布满鲜花，大多是布兰奇送来的。曼和妻子凯

---

① 《堕落》，阿尔贝·加缪的一部小说作品，发表于1956年。

② 亨特学院，是美国纽约城市大学下属的一所公立学院，始建于1870年。坐落于曼哈顿上东区的莱克诺斯山地段。

蒂娅，以及女儿莫妮卡接下来又前往卡兹奇山脉边缘的莫宏克山庄①度过了6月13日到24日的时光。直到今天酒店的门房还会说起这件事，他们住在468和470房间。当时曼正在写《浮士德博士》②，莫宏克的场景便被用到了小说当中。“这座按照瑞士风格修建，并由贵格会管理的尊贵酒店，坐落在起伏的山坡上，风景如画，是一处维多利亚时代的天然圣地，”他写道，“正是你休息所需要的地方，而一年里的这个时候，空气比起酷热拥挤的纽约来，要清凉得多。”

有时，阿尔弗雷德和布兰奇会去加入曼一家，一起欣赏大厅里演奏的室内音乐，但是布兰奇渴望去阿尔卑斯山，而不是卡兹奇。一旦她确定了曼一家人已经适应那里后，目光立刻转向伊丽莎白·鲍恩，这位给她来信说没有一双合脚的鞋。布兰奇知道她有一双奇长的脚，很难找到合适的鞋，于是她去萨克斯给她买了三双，“令她特别开心”。伊丽莎白令人愉悦但柏拉图式的婚姻，以及并肩而行的一场长久而充满性享受的恋情，正是那个阶段的布兰奇所向往的。这时鲍恩用开玩笑来感谢布兰奇，说：“艾伦（她丈夫）也喜欢那些鞋，差一点就因此变成了恋物癖。”定期买鞋给她对布兰奇来说一点也不困难，如果这能让一个作家——或者一个亲密的朋友——快乐的话。战争带来的物资短缺使她能够很有用地照顾到作者们的需求，能提供这样的服务也是她的乐趣，亦是别人未来的忠诚的基础。

那个夏末，布兰奇回到帕切斯，继续报复阿尔弗雷德在办公室给她的不公对待。9月里一个炎热的下午，在卡尔曼家儿子的婚礼上，当她脱掉黑色的丝外套，穿着同样颜色的类似吊带衣与牧师跳舞时，对方被吓了一跳。“克瑙夫太太的穿着很有意思。在很恐怖的一个瞬间，我感觉她穿着

---

① 卡兹奇山脉，美国纽约州奥本尼西南方的一处高原，为阿利根尼高原的最东部。
莫宏克山庄，位于纽约州新帕尔茨镇，美国国家历史地标兼旅游胜地。位于卡兹奇山之南，哈德逊河之西。山顶有一湖，印第安人称其为“莫宏克”，英语中的意思是“天池”。

② 《浮士德博士》，托马斯·曼于1943年至1947年间写成的德文小说。

内衣。”牧师对佩吉说。一开始，新郎的母亲试图为布兰奇开脱。“那是巴黎现在最流行的衣服。”她说。但牧师坚持说：“可那看上去难道不像内衣吗?”佩吉回答说：“我很理解你觉得那就是。”其他客人都记得在“那个炎热的婚礼上，轮到布兰奇时，她脱掉外衣与神父跳舞，震惊并娱乐了所有客人。”很显然，牧师也并没有彻底拒绝布兰奇。

卡尔曼夫妇在帕切斯见到阿尔弗雷德的时候比见到他妻子多得多，“她从来都不在”。而每当布兰奇时不时地确实出现在晚餐时，佩吉又不喜欢她那“虚伪的”做派，好像意识不到她的邻居其实是在对主人明显的鄙视所做出的回应。“她会取三根芦笋到她盘子里然后说：‘这毫无疑问是我品尝过的最好的芦笋，你一定要告诉我你的厨子是怎么做的。’”或者说：“阿尔弗雷德，亲爱的，这是什么酒？帮我写下来。”略有些犹豫地，卡尔曼也承认，阿尔弗雷德也并不容易相处，至少可以说反复无常。即使布兰奇试图想要缓和，他也从不领情。“布兰奇说：‘天气不错。’阿尔弗雷德会答复说：‘如果你喜欢这种天，我想那就是不错咯；你反正总是喜欢奇怪的天气，布兰奇。’他们100次里有99次在争吵。”

* * *

1945年年底，新年前夜，人群在欢呼：有至少75万人聚集在时代广场，这时《纽约时报》大厦楼顶那著名的水晶球出现了。这是经历了两年的黑暗之后，这个球体第一次缓慢而坚定地下降，来迎接新年。这绝对没错了：战争真的结束了。布兰奇可能正透过她公寓的玻璃窗看出去，看着纽约的人群向中城移去，不少已如她自己一样，已经满脸是泪。她深深地担心过她的儿子，现在，尽管仍然有紧张有对立，但他回来了，作为幸运的一员。

1946年1月1日，克瑙夫推出了詹姆斯·M.凯恩的《无耻者无畏》[①]，这是布兰奇鼓励他写的一本书。这部历史谋杀悬疑小说有着较为复杂的主题，不一样的忠诚交织在一起，有时就像是罗密欧与朱丽叶的另一个翻版。成功首发后几个星期，销售稳健，布兰奇精神饱满地又启程去英国短暂访友。在伦敦，看见这个国家陷入持续的挣扎中，令她万分惊愕不安；在布朗酒店[②]，茶也要半克朗。对英国的现实有了概念，她一回到曼哈顿便立即给伦敦的朋友们发去了慷慨的礼品盒：女士的丝袜，加上给每个人的奢侈食品，包括菲力牛排——随牛排寄去的还有她厨师写的烹饪方法。

在办公室里，布兰奇正拟定最初的客人名单，她要为阿尔贝·加缪举行好几场奢华派对，加缪将在4月11日访问纽约，出席由英国学者（以及詹姆斯·乔伊斯的朋友，正如出版人们常常提及的）斯图尔特·吉尔伯特翻译的《局外人》英文版美国首发。乘坐俄勒冈号从勒阿弗尔[③]启程，作家于3月25日到达曼哈顿。三天时间里，加缪已经开启了这趟行程紧凑的巡回讨论，从哥伦比亚大学麦克米伦剧院[④]的一场演讲开始。四月初，布兰奇为他举行了最华丽的一场晚宴，客人包括勒内·朱利亚尔[⑤]先生及夫人、雷蒙·伽利玛[⑥]先生及夫人、戴维·布鲁斯[⑦]大使及夫人、伊丽莎白·鲍恩以及其他。但是加缪最看重的一场相识却发生在4月16日的法文学院，这

---

① 《无耻者无畏》，詹姆斯·凯恩1946年发表的悬疑小说。

② 布朗酒店，伦敦著名历史酒店，创建于1837年。

③ 勒阿弗尔，法国北部诺曼底地区继鲁昂之后的第二大城市，位于塞纳河河口，濒临英吉利海峡，以其作为“巴黎外港”的重要的航运地位而著称。勒阿弗尔是法国海岸线上横渡大西洋航线的远洋船舶到欧洲的第一个挂靠港，也是离开欧洲前的最后经停港。

④ 麦克米伦剧院，现名为米勒剧院，位于哥伦比亚大学晨边高地校区。1988年重新装修后更为现名。

⑤ 勒内·朱利亚尔，法国出版商。

⑥ 雷蒙·伽利玛，伽利玛出版社商业及财务官，创始人加斯东·伽利玛的弟弟。该出版社于1911年在巴黎创立，最早的名字为新法语杂志出版社，出版物以文学作品为主。

⑦ 戴维·布鲁斯，美国外交家、情报官员、政治家。担任过美国驻法国、联邦德国，以及英国的大使。

位32岁的作家与19岁的学生帕特里夏·布莱克[①]，一见倾心，她最终成为他诸多情人之一。（十多年以后她仍然在法国与他在一起。）

在布兰奇的出色调度下，加缪这一纽约之行大为成功。《党派评论》[②]编辑威廉·菲利普斯[③]称他为"我见过的最迷人的男子"。记者亚当·高普尼克[④]在半个多世纪后写道，加缪对纽约之行收到的热情之满意，以至于他写信回家给她的法国出版商说："你知道吗，只要我愿意，我随时可以签一个电影合同。"正如高普尼克提醒我们的："你看亨利·卡蒂埃－布列松[⑤]为加缪留下的那些经典肖像——竖着领子的风衣，头发后掠，嘴里叼着香烟，长而线条迷人的脸，调皮温和的眼睛——就能知道人们为什么将他当作明星，而不仅仅是位智者，你还能看出他显然知道自己造出的这一效果。"

在他这趟1946年之旅中，见到他的《纽约客》作家们没有被他的明星风采击中。在加缪去世后的一篇悼念文章中，A.J.李伯苓[⑥]满含伤感地回忆了他唯一的那一趟美国之行："他那时32岁，可看上去不过20岁，由于肺结核，也由于职业需要造成的不规律饮食，他看上去苍白而瘦削。他的服装既不成熟，又有些过时，那都是他早年买的。"而路易斯·汤普森[⑦]，关

---

① 帕特里夏·布莱克，阿尔贝·加缪的情人，19岁与加缪第一次相见，当时是一名学生，同时在《时尚》杂志担任助理。

② 《党派评论》，是一份纽约发行的小流通量季刊，俗称"小杂志"，主要讨论文学、政治、文化评论等话题。最初由共产党的美国分支纽约约翰·瑞德俱乐部于1934年发起，作为共产党宣传刊物。1936年秋季停刊，1937年末复刊后，新编委和新作者们开始对斯大林的苏联持深刻的批判态度。

③ 威廉·菲利普斯，美国编辑、作家、公共知识分子，《党派评论》创始人之一。

④ 亚当·高普尼克，出生于1956年8月24日，美国作家、散文家，《纽约客》职业撰稿人。从1986年至今，他为《纽约客》写作非虚构、虚构、回忆录、评论等多种类型文章。其散文集《巴黎到月亮》记载了高普尼克和妻子玛莎、儿子卢克在法国首都巴黎的五年生活，在中文读者中颇有影响。

⑤ 亨利·卡蒂埃－布列松，法国著名的摄影家，年少时学习绘画，1930年开始加入摄影创作，1931年广泛游历各地，作品也开始在报纸、杂志、书籍上陆续发表。偏爱黑白摄影，被誉为20世纪最伟大的摄影家之一及现代新闻摄影的创立人。同时也是知名的玛格南图片社创办者，其"决定性瞬间"摄影理论影响了无数后继的摄影人。

⑥ A.J.李伯苓，美国记者，自1935年起，直至去世，主要为《纽约客》撰稿。

⑦ 路易斯·汤普森，1940年代《纽约客》专栏作家。

于1946年那次访问写过一篇《城里的话题》，提到过加缪的外表“类型”，“光溜的发型，带图案的毛衣和肥大的裤子”。

《局外人》最初售出12000多册，对于大多数小说而言这是个很不错的数字，而对于翻译作品来说，这算得上极好了（如今已被公认为当代经典）。在加缪访问过程中，布兰奇说服了他，在推出他早期的戏剧和哲学著作之前，由克瑙夫先出版他的第二本小说《鼠疫》①(1947年在法国推出)。她促使克瑙夫董事会批准了一笔超常规的广告预算，促成了如此强势的销售（超过《局外人》），使得加缪很快就为自己购置了一辆他梦寐以求的摩托车。

---

① 《鼠疫》，是诺贝尔文学奖得主，法国作家阿尔贝·加缪的小说，1947年出版，被视作加缪的代表作之一。

第四部

19. 战争终究还有更多

加缪离开纽约前，布兰奇把自己对好几年来第一个没有战争的夏天所做的计划告诉了他：1946年7月，跟阿尔弗雷德一起在伦敦短暂停留后，她将在10月份第一轮对纳粹的纽伦堡审判结束前两三个月前往德国。那年初，克瑙夫出版了罗伯特·H.杰克逊的《指控纳粹战犯的案件》[①]，于是收到来自首席大法官及美国公诉人杰克逊的邀请，请布兰奇和阿尔弗雷德作为他的客人出席审判。审判从头一年的11月（战争刚结束不久）就开始了，接下来的阶段要面对的是重要战犯，需要审判23个第三帝国最重要的政治及军事领袖，仲裁过程中频繁地出现令人感到冲击和阵痛的经历，证词里充满了非人性的故事，如此残酷以至于布兰奇后来从不对人讲她都听到了些什么。阿尔弗雷德选择了从伦敦回家，宣称他妻子比他体质强壮。“我的胃口经受不住那，也许应该承认，算得上神奇的经历。”

很快布兰奇将出版约翰·赫西的《广岛》[②]，一份关于1945年8月6日以后原子弹对日本社会所产生影响的开创性报道和分析。克瑙夫之前已经同意赫西的书将首次于1946年8月31日的《纽约客》上亮相，整整这一

---

① 罗伯特·H.杰克逊，美国律师，担任过美国最高法院大法官。他同时以美国首席公诉人的身份参与了二战后对纳粹战犯的纽伦堡审判。

《指控纳粹战犯的案件》，一部重要文献集，包括杰克逊大法官在纽伦堡审判上代表美国做出的开案陈述，对纳粹战犯的公诉书全文本，以及本案审理的基准《四强协定》全文。

② 《广岛》，普利策奖得主约翰·赫西关于广岛原子弹爆炸的新闻报道作品，讲述了六位幸存者的故事，最初发表于《纽约客》。本书被视为新新闻运动的开端。

期都完全献给了他的这部作品。这份杂志在其历史上从未有过用整整一期来只报道一件作品的事，并且瞬间售罄。阿尔伯特·爱因斯坦一个人就买了1000份，伯纳德·巴鲁克500份。紧接着，克瑙夫于10月份推出此书，最终销售了350万册。每月一书俱乐部将《广岛》以“特别礼品书”的形式推销。

《广岛》被认为是六七十年代新新闻运动的前身，它记录了世界首次原子弹轰炸前后的六个人的生活。赫西那些一丝不苟的细节描述，详细展示了这个城市所经历的轰炸以及事后的情景，使得这场悲剧以深刻的人道主义叙述方式展开，读者宛若亲身经历了一般。关于一个年轻的在爆炸中被炸裂了身体的店员，她身上压着一个书架，赫西写道：“在原子弹时代的第一个瞬间，一个人类的身体被书压碎。”几十年以后，当年赫西采访过的一名受害者告诉他，最难忍受的悲苦遗憾是他不能够将死去的人一一埋葬或者记下那些被拖去大批量火化的尸体。1999年3月，纽约大学新闻部宣布了20世纪美国最佳百大新闻竞赛的获胜者（由35位评委会成员裁定），赫西的书位列第一。

布兰奇对《广岛》的成功非常兴奋：她一直相信，没有比出版一本能够改变人们看待世界角度的书更让人满足的了，而赫西这一叫人目不转睛的记录迫使读者去思考关于战争的哲学问题。从克瑙夫的起步开始，布兰奇就意识到自己的职业使这样的启发成为可能。而现在阅读的人群更为此提供了新的机会。战前高等教育是属于特权阶层的，然而1947年，将近50万美国人从大学毕业，相比之下，1939年的这一数据为16万。这些大学毕业生就是热切的读者，渴望找到那些讲述他们人生经历的书，或者至少，他们在海外听说过的经历的书。

然而接近年底时，布兰奇却不得不面对一桩个人危机。在没有任何警告的情况下，于贝尔·欧艾离开了她。

* * *

一天晚上，比尔·考希兰德陪布兰奇去歌剧院，在那儿他们看见欧艾待在歌手伊丽莎白·舒瓦兹科普夫①的包厢里——欧艾显然没有任何要为这段新罗曼史保密的企图。据露丝说，布兰奇彻底被击垮了，哭了好些天。最可怕的是，欧艾坚持在隔壁公寓里与其新情人大声而狂野地做爱，公寓有意做成的薄墙是为了方便欧艾和布兰奇之间的互访。

也许欧艾厌倦了做一个被布兰奇召之即来挥之即去的情人。露丝回忆说，不管是什么原因，他变得十分残忍，仍然住在这个双套房的公寓里，正如考希兰德说过的："有意地折磨布兰奇……在他们中间那道共用的门上释放激情，这样好让她听见。"终于布兰奇从痛苦中恢复过来一些，开始担心一些琐事了：欧艾从她那里"借了很多金餐具——昂贵的铜铝合金——以及餐盘等物，都还在他公寓里，现在他有了新女友，她不知怎么把这些东西拿回来"。在那些年十分投入而不无要求苛刻的工作之上，这些跟欧艾之间的剧情和谋略已经完全超过了露丝能够应付的限度，一旦她的老板看似足够平静，她就辞职了。

克瑙夫董事会以及家庭成员在她去世后都暗示过布兰奇尝试过数次自杀，这一时期是否其中之一，不得而知。关于布兰奇与欧艾恋情结束以后的有限信息基本上来自她写给朋友的信中，那些模糊暧昧的不快表达，这些朋友中包括巴黎的代理珍妮·布莱德利以及纽约的卡洛儿·勃兰特。卡洛儿一直与利特尔和布朗出版社的作者约翰·马宽德②长期保持关系（她丈

① 伊丽莎白·舒瓦兹科普夫，德国歌剧歌曲演员。被视为20世纪后半叶女高音领域的领军人物之一，尤擅长莫扎特和理查德·施特劳斯的歌剧演绎。于1953年与瓦尔特·莱格结婚，归入英国国籍。

② 约翰·马宽德，美国作家。最初以间谍故事《墨脱先生》成名，后以讽刺小说赢得评论界的认可，获得职业生涯的成功。1938年获普利策奖。

夫，卡尔·勃兰特对此毫无芥蒂，他们仨还经常一起吃晚饭），卡洛儿就曾建议自己的朋友像她这样生活，寻找一个能让阿尔弗雷德也感到舒服的新情人，这样他们的见面会令每个人都更容易。布兰奇的丈夫可不像卡洛儿的那样易于摆布，而尽管布兰奇尝试过摆平自己的三角关系，把丈夫和情人分开，但在某一些瞬间，她一定感到自己将两个男人都失去了。

不过，六个月之内，布兰奇不仅完全恢复了，还已经开始了将婚姻重置于轨道上的再次尝试，努力想要建立一个可以忍受的平衡状态。7月18日，好像被忘忧草征服了一般，她给阿尔弗雷德写信，还附上一个笑脸：

很晚了

亲爱的——今天收到一封你亲笔写来的长信，我又感激又喜爱，我会将它珍藏起来。你反对我从英国写来的信——亲爱的我在三个星期内大约见了200个人——去那儿一趟，见这些人还是值得的，当然了任何个人的事无疑应该摆在首位，不应该被其他事约束而屈居次位。手写长信在这种时候，是一个人所能做的最好的事了……

我怀疑我大概不会去米兰了——太复杂了——我有趟8月3日从圭亚那飞伦敦的航班，如果可能的话打算延期几天：26号飞苏黎世，如果不去米兰就可以在30号去日内瓦，将住在堡利维酒店[①]——去兰蔻，等等，直到3号离开。也怀疑6号飞纽约的飞机——更有可能是8号或10号——这些都取决于米兰和伦敦要花多少天——4号是银行公共假期，没人会在5号午饭前回来上班。

好，如果这封信听起来有点疯，别在意——此刻是凌晨2点……我还没见到加缪、萨特、朗贝尔或者加斯东·伽利玛，所有人都不在，

① 堡利维酒店，日内瓦的一座五星级豪华酒店，1865年由迈尔家族创立。

不过我会祈祷！但是我昨天与纪德见了两个小时，他真的是个了不起的人——太棒了。

照顾好你自己——法国这时很有意思，不过我想应该也没事：它让我联想到了我们！他们花的比挣的多，我也喜欢他们的舒适和奢华——酒——食品，在德拉维的午餐一如既往。

出版业生意不景气，老实说，我一点也不吃惊——这是必须要经历的：你也已经说了好几个月了。

你好好的——认识你并成为你的一部分是件有趣的事……

忠诚的［微笑］

那个春天很是有些艰难，布兰奇平生第一次错过了库塞维兹基的音乐会。她给娜托娅写信，说起她鼻窦的问题“加上被称作妥瑞症的病，实在让我受不了”。妥瑞症发作时的典型特征是脸颊两侧持续好几分钟的剧痛，贯穿负责脸部感知以及咀嚼的三叉神经。布兰奇一生中有过好几次这样的症状发作，其诱因直到最近才得以解释，而它引起的痛可能是她通常吃得很少的另一个原因。

1947年4月24日，73岁的薇拉·凯瑟脑出血死于公园大道570号的家中。她已经于1940年完成了最后一部作品《莎菲拉和女奴》[①]，向克瑙夫夫妻坦承了她的一个阴暗信念，那就是这个世界正在自我毁灭。她被葬于新罕布什尔州切希尔的老墓地。

7月17日，布兰奇损失了另一名作者：麦金利·坎托尔选择了兰登书屋（比克瑙夫的报酬高得多）出版他的下一部书。这位出身中西部的作家，以及驻伦敦的战地记者，曾经在布兰奇的纽约公寓一起庆祝过巴黎解放，

① 《莎菲拉和女奴》，薇拉·凯瑟的最后一部小说，发表于1940年。

在信中对她说，他相信自己能与贝内特·瑟夫合作愉快，而很可能与阿尔弗雷德合不来。

那年冬天，在克瑙夫的拉锯式婚姻中出现了一段和解，阿尔弗雷德因为一场下班后突如而至的风暴而被困在了布兰奇的公寓里。保持着到那时为止纽时市历史上最严重的暴风雪纪录，1947年的那场雪暴在12月的最后几天给中央公园留下了26.4英寸的雪。风暴横扫了整个曼哈顿，使得汽车、公交车受困，地铁线路停运，并夺走了72条生命。第二天，下决心要在中央火车站赶上火车去克利夫兰开会，阿尔弗雷德从公寓出发了。当他发现所有的公共服务都停摆以后，住进了酒店，在妻子的私有领地上过了一夜，对他们两人来说都达到了上限。帕特相信他父亲“怕在那里见到什么人”。但是几十年后他自己讲起这件事时，阿尔弗雷德只强调了布兰奇对他的“热情款待”，说道布兰奇确实“在开派对，而她说的天气没错，所以他自己不好意思再回去了”。

1948年新年第一天，克瑙夫正式发布了《E.M.福斯特故事集》①(之前先送给了书评家)，同期推出的还有西蒙娜·德·波伏娃的小说《他人的血》。福斯特的短篇小说集集中了他从1911年起至1928年所写的作品，而《他人的血》则写于战争期间。波伏娃自己在1960年对她的书就自由的矛盾本性，以及她的偏见做出了批评。

随即布兰奇去了圣地亚哥郊区拉荷雅②，雷蒙德·钱德勒如今住在那里，而布兰奇依然需要去照料他不时受到冲击的“神经”。那之后她去伦敦、巴黎、罗马三地进行了一次短暂的春天之旅。在这些地方，她对适宜的书目保持了高度敏感，跟不同官员讨论了在柏林的俄国人造成的令人担

① 《E.M.福斯特故事集》，19世纪英国小说家福斯特从他过去两本书——《圣神集》以及《永恒的时刻》中精选而成的一部虚构作品集，1947年出版。

② 拉荷雅，是一个富裕、多山的海滨度假胜地，位于南加州圣地亚哥市北部。

心的局面。回家后，应她的作者，朋友以及熟人的要求，又寄了好几箱的物资去欧洲。

像以往一样，在布兰奇到达纽约时，阿尔弗雷德总是热情地欢迎她，尽管愤怒在两位克瑙夫互道“你好”之后的几分钟就开始回旋在空气中。布兰奇给珍妮·布莱德利的信中说：“几个小时之内，一切恢复常态。”然而在达拉斯全国书展上，当她和阿尔弗雷德获得重要出版商及参展商的荣誉时，另外一种情绪很快萌生了。在一种乐观的气氛里，布兰奇同意6月份跟丈夫一起进行一趟越野之旅。尽管他的热情后来被证明是他们婚姻中的另一个障碍，他们俩谁也未能预见这趟旅行对阿尔弗雷德未来的巨大影响。阿尔弗雷德深深领略到西部的粗犷之美，而布兰奇对此丝毫无感，她的视力以及她的身体承受力与阿尔弗雷德所享受的严峻徒步旅行完全不匹配。当他们进入黄石时，阿尔弗雷德面对令他赞叹的自然景观，站在那里惊呆了，而布兰奇充满了恐惧。

“西部在我的血液里混进了什么可怕的东西。”阿尔弗雷德后来在同华勒斯·史达格纳[①]一起编撰关于黄石恐龙公园的一本散文集时对他说。也许他自己也没有意识到，这些日子以来对克瑙夫所投入的热情远远少于布兰奇的阿尔弗雷德，找到了真正属于他的东西。“我得再去一次，我得确定那是真的。”从1948年的旅行开始，阿尔弗雷德从此计划每个夏天都去那里度过他长长的工休假，还不包括两次长假之间的多次短期旅行。而令人吃惊的，他对保护区最显著的贡献还不是通过出版，而是通过他在20世纪50年代和60年代投入到保护组织中的努力——这一热情当然又加重了布兰奇在纽约的责任和压力。

8月11日，门肯自报道了费城的总统提名会后首次来到曼哈顿，他带

① 华勒斯·史达格纳，美国历史学家、小说家、短篇小说作家、环保人士。1972年赢得普利策小说奖，1977年赢得美国国家图书奖。

布兰奇去21餐厅用午餐，先去办公室接她，后来他在日记中记下了当他看见她用一只巨大的放大镜在读报时的震撼。当她还是无法看清她正在读的东西时，以为周围无人看见了这一幕，她把报纸递给秘书请她大声读给她听。到10月份之前，部分由于她虚弱的身体状况和眼病，布兰奇给战后匮乏的欧洲寄物资的习惯这时反过来了。她给珍妮·布莱德利写过几次信，请她帮忙。裙装、外套、首饰、手袋、玻璃制品、餐巾、床品——都由珍妮按照布兰奇的要求打包寄来。

只有一次让这代理恼火了：克瑙夫的邮寄标签上标注的是“书”，而如果有人打开包裹检查，她和布兰奇极可能被以诈骗定罪。后来知道了海关审查的烦琐，布兰奇希望一切都符合法律规范，她请珍妮正确填写标签。可邮件并未回归正常，尤其是海外邮件，在这两个女人试图弄明白这些新规定的过程中，来回往复好几次，延期了好几次。两人都对过去如此简单的一件事如今变得这么琐碎而大吃一惊。

布兰奇近来的兴趣从法国转到了意大利，这一注意力将她引向了伯纳德·贝伦森①，文艺复兴艺术品鉴赏家，以及他位于佛罗伦萨郊区的家——塔蒂别墅②。她在海外时曾经通过共同的朋友娜塔莉·巴尼见过他，布兰奇希望说服贝伦森为克瑙夫写一本书，她精明地在给他的信中吹捧他，显得像一位15世纪文艺复兴初期的少女写给仰慕的恋人。“我刚刚读到您在《哈珀斯·芭莎》上的文章，”她说，“以及一幅你的华美相片，如果您有多出来的，我很想讨一张来珍藏。我可以肯定地对您说，与您见面是我那一趟旅行中的高峰，我想自己是不会忘掉我们在一起的那几个瞬间的。”被大肆恭维的贝伦森，在回复中用天主教徒领圣餐之前说的一句拉丁成语开

---

① 伯纳德·贝伦森，精研文艺复兴的美国艺术史家。

② 塔蒂别墅，现哈佛意大利文艺复兴研究中心，又称“塔蒂中心”。是位于意大利佛罗伦萨的压缩高级人文研究机构，属于哈佛大学。内有图书馆及艺术收藏，包括意式和英式庭院，橄榄园，葡萄园。

头："Domine non sum dignus."（"主啊，我不配。"）接着写下去："从没有其他出版商对我如此盛情，我该怎样报答你！"

* * *

布兰奇迫不及待地想看到乔弗瑞·海尔曼[①]为《纽约客》写的关于克瑙夫的三篇连载文的第一篇出现在报刊亭，按常规，比刊印的正式出版日期1948年11月20日早了一个星期。可是文章标题——"出版人"，这一单数名词，暗示了文中将有些什么，布兰奇被大量隐藏。按照海尔曼文中的说法，阿尔弗雷德是比过去30年来任何出版人都"更加持久的一个话题"，在所列的大约四千个出版书目中，克瑙夫每年推出的大约有一百个。这位先生"集奥林匹亚风与衣装考究于一体，少有文学人物能够小瞧他。他看上去大胆不羁，眉毛浓密，曾经墨黑的胡须如今变成了灰色"。海尔曼又引用对布兰奇极其忠实的作家罗伯特·纳森的话："他和布兰奇就像朱比特和朱诺，他是极致，她紧挨着极致，但对她自己而言，这就是极致。"是布兰奇买下并出版了纳森1940年的畅销书《珍妮的肖像》，一部大萧条期间引发幻象的罗曼史小说。记者又解释说，是克瑙夫二人自己引入了大约三分之二的书目，其他所有编辑一共引入了其余三分之一。

布兰奇再一次傻眼了：海尔曼采访了他们两人，这让她以为这篇长文将会是关于夫妻俩，关注重心二人平分。很显然海尔曼试图暗示了布兰奇的重要性，甚至提及了几个她的作家的名字——但是整篇文章非常清楚，克瑙夫事实上就是阿尔弗雷德，他妻子是助手。布兰奇向门肯抱怨了此事，他在给《时髦人士》和《美国信使》时期的老朋友乔治·琴·纳森的信

① 乔弗瑞·海尔曼，纽约德国犹太人精英社区家族成员。耶鲁毕业后，1929年成为《纽约客》记者，主要为《城里的话题》栏目写稿。

中提到她的愤怒。一边让布兰奇发泄怒火，门肯一边也建议她把这篇文章置于脑后，尽管他说他同意海尔曼写克瑙夫做的是一年200万美元的生意是很不慎重的。

这是她最后一次向自己这位聪明的老伙计寻求意见。那年11月，克瑙夫二人失去了他们最好的朋友。就在他们去费城听他讲座后几个星期，亨利·门肯遭遇了严重的中风。他们在讲座后的晚餐上，这时终于有机会聊到他对费城共和党和民主党大会的报道时，大家盛赞了他的雄辩。这次中风永久性地损伤了大脑的几个部位，使得记者永远不能读写。尽管那之后他又活了七年，克瑙夫夫妻却几乎认不出这曾经是那位他们俩都崇拜喜爱的人来。

布兰奇心烦意乱。亨利变成这个样子的事实，在她亲自去巴尔的摩见到他之前，她无法接受。无论怎样，亨利一直是她和阿尔弗雷德之间唯一的可靠联系，是公司背后的驱动力。她很高兴，他还有弟弟奥古斯特在霍林斯大街1524号的老宅里照看他。一瞬间，在她亲爱的门肯如此明明白白的衰败面前，乔弗瑞·海尔曼的后两篇《纽约客》文章对她不再重要了。

为了把注意力从朋友身上转移开，布兰奇十分仔细地将她去德国的社交之旅计划当成了头等大事。她后来对此有详细记录："去年，1948年7月，我认为克莱将军[①]为柏林的空运做了一件很重要的事，应该被永久记录下来。我当时给他写信建议他写一本书，我们持续了好几个月通信，他让我下次再去欧洲时去他战区看看……后来，8月初我又去的时候告诉了他，他于是邀请我去见他。"

她称赞柏林空运，在美国及盟国通过马歇尔计划避免德国人忍饥挨饿时，协助将食品和饮水运到成百万需要的人手中。卢修斯·克莱将军认为

① 克莱将军，即卢修斯·克莱将军，美军高级军官，以二战后管理被占领的德国而闻名。

美国人并不理解他们的军队都做了些什么，所以他希望通过布兰奇把这话传递到美国去。他还想要讨论一个可能的协议，他退休后也许会给克瑙夫写一本书。1949年初，乘坐一架军事运输机，布兰奇从麻州的斯普林菲尔德出发，她在一个小日记本上写下了飞行途中的所有细节。这项运输被美国人称作“维生行动”，而其他人称之为“柏林空运”。这一最终进行了11个月的努力，当布兰奇到达法兰克福时已持续了六个半月，她将于几天之后在这里登上一架C-57飞往柏林滕珀尔霍夫机场①。

飞机在雾中的法兰克福上空盘旋了一个小时才降落，此时此地被布兰奇描述为：“我所经历过最冷最难以忍受的地方，比达喀尔还糟。有两团小小的炭火，没有灯，我们所有人都冻僵了，降落伞、大衣、帽子全都用上了。”三个小时以后降落，“令我惊讶的是，克莱和空军两方的军官都在那里接我，5分钟之内就帮我清关出来了”。

现在她只需飞去三百英里外的柏林了。她登上一架C-54，等每个人都坐好以后分发了降落伞。与此同时，不多的几个机组成员正在勉力将一些大口袋面粉装上飞机，饥饿中的德国人正在等着。最后关头，空运的总指挥威廉·图纳少将②来做飞行员（他的降落伞已经放到位）。一出法兰克福，冬天的风暴意味着他只能低飞，大约6500英尺，负重约1万磅，远超常规的6000限制。滕珀尔霍夫机场每5分钟就有飞机在两个跑道上起飞或降落——第二条跑道是最近新修的，供盟军的这一任务使用。

从四千英尺开始，图纳在耳机里传来的塔台指挥下精准降落。下降速度十分陡，大约每分钟一千英尺，差一点就错过了柏林简易机场。布兰奇

---

① 滕珀尔霍夫机场，坐落于德国柏林的商用国际机场，位于滕珀尔霍夫－舍嫩贝格区内，曾是柏林三个主要机场之一，也是欧洲三个战前最具代表性的机场之一，它在1948—1949年柏林空运中扮演了重要的角色，另外两个包括伦敦的克罗伊登机场（现已关闭），以及巴黎的勒布尔热机场。

② 威廉·图纳，美国空军少将军官。以善于指挥大规模军事运输而闻名，指挥了1949—1951年的柏林空运，最终升为中将。

后来一直记得一个中西部来的小男孩告诉每个人做好紧急降落的准备。“我们都特别紧张，”她回忆说，“但我们过来了。”

布兰奇被安排在克莱将军哈纳可公馆的客房里。德国马克对美元的市场价为3:1，而黑市却已经到了2:1。她到的那天晚上，邀请了8位报业的男女来吃晚饭，然后“再回到CBS广播记者的比尔·道恩斯①的房子——没有灯，没有蜡烛，每个人都打着手电”。第二天上午去了克莱将军的办公室，这里过去是纳粹德国空军的第二总部，有“黑白大理石地板，大理石墙面，花园，等等”，她与将军进行了长谈，“从9点到将近12点”。他们彼此欣赏，布兰奇在自己的柏林日记中写道，被“克莱留下了深刻的印象，很好的个性，对德国人并不同情，但懂得除非我们与他们协同工作，让他们脚踏实地，否则很快就会被俄国占领……将军签下了承诺，同意一旦退伍就给我写书，他相信不过几个月的时间”。

布兰奇跟《时代生活》②的负责人艾米特·休斯③共进午餐，休斯“在大选前的柏林以及被占领的德国曾写过好几篇关于希特勒的文章”，他希望布兰奇能出版他的下一本书。接下来“又见了两个德国出版商。纸张仍然是个大问题……那时差不多快3点了，喝了咖啡再去见更多的出版商。柏林的天4点就黑了，但直到6点才来电，除了军事政府大楼外，其余地方内外一片黑”。即便如此，她最后还是对德国出版商们不停的抱怨表现出非同寻常的不耐烦：“我终于跟其中一个发了脾气，解释说，英国和法国也只有很少的供电。”

去媒体俱乐部存放第二天要带着离开的行李，布兰奇惊奇地发现这里的气氛还像“战时……没有灯，消息刚刚传来，一架C-54在英国坠毁，

---

① 比尔·道恩斯，美国广播记者、战地记者。从1942年至1962年为CBS新闻服务，自1963年起供职于ABC新闻。他最为知名的职业经历是“默罗男孩”之一。

② 《时代生活》，这里应是指《生活》周刊。

③ 艾米特·休斯，是《时代生活》驻外负责人及内容编辑，同时也是艾森豪威尔总统的讲稿作者。

机上六个男孩儿都已遇难。没有进一步消息表明他们的身份——人人都在等名字和具体信息。我想要什么样的音乐呢？——伤感的。（人人）都唱着跳着（直到）关于飞机的消息传来，已经被烧毁，机上的男孩儿们都被烧了。有一种灾难感觉，活不过天明，为这一刻而活，正如人们在战争中，以及英国被轰炸时的感受一样”。

返回法兰克福的飞机通常比先前来柏林时的要好一些：“我第二天早上找到一架有降落伞的飞机后起飞。这架飞机先前倒过煤灰，是最易燃也是最糟糕的空驶飞机，所以他们尽最大可能地扫过了。”极差的能见度，机翼和挡风玻璃上又都结了冰，更增加了问题的严重性。“副驾驶靠打开舱门探头出去将飞机降落。我们是当天进入法兰克福的最后一架飞机。”

最后，尽管与布兰奇有原始约定，克莱选择在格林伍德[①]出版了他的书，这家独立出版社付出了克瑙夫四倍的稿酬。格林伍德并且同意按故事“原貌”出版，不加任何编辑——这种事，这位战士知道，永远不可能在布兰奇身上发生。

---

① 此处原作表述错误，克莱将军的“Decision In Germany”于1950年在英国由威廉·海涅曼出版，同时在美国由道布尔戴出版。格林伍德1967年成立，1970年出了该书的再版。

20. 第二性

回到纽约，布兰奇迫切地想让人知道她在柏林之行所观察到的普通美国士兵无处不在的援助之手，她给好几位政客写信讲述了正在进行中的空运。然后就投入到伊丽莎白·鲍恩的新书《炎日》[①] 的一月发布这件事上去了。故事发生在伦敦轰炸之后的几年里，围绕一对情侣，史黛拉和罗伯特的关系展开。一名英国情报局官员相信罗伯特是名间谍，于是开始怀疑史黛拉也是。小说突出了“个体与民族，个人与政治之间的纠缠交织”。这本书对鲍恩自己，是完成得最艰难的一部，她直担心它会直截了当地失败。一年前的1948年，在英国经乔纳森·凯普出版公司[②] 推出，销量很好，售出45000千册。它深深地打动了小说家罗莎蒙德·莱曼[③]，以至于称之为一部伟大的悲剧。然而在美国，鲍恩这部满是间谍活动和自由爱情的小说，被证明让不少读者难以消化，《炎日》所收获的评论听上去有些敬而远之的感觉。《纽约时报》上，奥维尔·普利斯科特[④]（作家彼得·普利斯科特之父）抱怨说，鲍恩的语调对于美国人的口味而言，显然太冷了些。最终令布兰奇放下心来的，是该书入选了美国文学协会的书目。

---

① 《炎日》，伊丽莎白·鲍恩的小说，1948年在英国出版，1949年在美国出版。

② 乔纳森·凯普出版公司，赫伯特·乔纳森·凯普于1921年创建的伦敦出版社。

③ 罗莎蒙德·莱曼，英国小说家。1927年第一部小说问世并获得成功后，很快在文坛立足，并成为布卢姆茨伯里派一员。

④ 奥维尔·普利斯科特，《纽约时报》长达24年的主要书评作家，其书评对横跨全美的书籍销量均有较大影响力。偏重传统风格小说，1958年评纳博科夫《洛丽塔》时，对其大加挞伐。

布兰奇对伊丽莎白早已非常喜爱了，作为鲍恩的美国出版商，她感到一种对《炎日》的保护欲。其女主人公，恣意地既跟男人睡，也跟女人睡——尽管极少有人怀疑她对丈夫的爱——这几乎就像是基于布兰奇本人的故事，她也觉得两种性别对她都有诱惑。甚至小说的次要情节，主人公秘密为情报机构工作，也仿佛跟她那一趟南美洲之行有点相似。

在随后接受《美丽住宅》[①] 采访时，布兰奇声称，她生活中的满足感来自于她参与到了书的世界里。"拿什么我也不肯换，不过要是假装说在出版业工作不是持续克服障碍和令人沮丧的难题这也不真实。"克瑙夫当时正在推出肯尼斯·米拉用笔名罗斯·麦唐诺发表的第一本书。《移动飞靶》[②] 围绕刘亚契 [③] 展开，他后来成为密探世界里的长期角色。在《移动飞靶》中，亚契受雇于一名失踪的神秘石油大亨之妻，这位大亨是侦探想要解开疑团时手上那一串长长的洛杉矶罪犯名单中的焦点。评论家立刻将他放到了同类小说的前列当中，被认为是雷蒙德·钱德勒以及达希尔·哈米特的合法继承人。而令布兰奇感到轻松的是，与麦唐诺一起工作要容易得多，也能获得更大的成就感，他的用词，比起其他悬疑作家而言，更讲究心理层面的细微差别。(麦唐诺后来告诉慈善家也是克瑙夫的朋友 W.H. "平"·费里 [④]，他认为"阿尔弗雷德从没读过"他的任何一本，包括所有书在内，从那以后直到去世，他都一直在克瑙夫出版自己的书。)

然而侦探故事让读者入迷的程度始终次于性，布兰奇一直等着成为凶猛的风化纠察队的下一个目标，如果真这样，公司可有得受了。尤其让克

---

① 《美丽住宅》，系室内装饰杂志。创办于 1896 年。

② 《移动飞靶》，罗斯·麦唐诺 1949 年出版的悬疑小说，这本书发表时他使用的笔名为约翰·麦唐诺，这是第一部以刘亚契为主角的小说。1966 年被保罗·纽曼搬上大银幕。

③ 刘亚契，罗斯·麦唐诺所塑造的虚构人物。亚契是南加州的一名私家侦探，在 20 世纪 40 年代末至 70 年代初之间，这个角色先后在 18 部小说及其他短作品和一些影视剧中出现。

④ W.H. "平"·费里，帕卡德汽车公司总裁兼董事长休·约瑟夫·费里之子。1932 年达特茅斯学院毕业后，当过英文及拉丁文老师，其后开始记者生涯，并在诸多社会组织中担任职务。

瑙夫二人感到紧张的是哈罗德·罗宾的《莫爱陌生人》[①]，担心因这本书遭到指控（连布兰奇和阿尔弗雷德都觉得写得有点龌龊）。他们担心的没错：3月18日，在宾夕法尼亚立案针对好几家出版社所出版的一共9本淫秽作品提起诉讼，包括福克纳的《圣殿》[②]，詹姆斯·T.法雷尔的《斯塔兹朗尼根三部曲》[③]，以及罗宾的小说。克瑙夫二人的朋友柯蒂斯·博克[④]大法官引用早年对《尤利西斯》的判决结束了审理，在那场审理中，另一位朋友，美国联邦法官约翰·伍尔西宣判乔伊斯胜诉。那一次，在上诉阶段，纽约法官勒恩德·汉德[⑤]肯定地说，由于乔伊斯"忠实于自己的技巧"，《尤利西斯》并不能算作淫秽。伍尔西早些年的那一决定十分及时，成为美国法律判定淫秽的一项重要参照，清晰无误地坚称，"可被起诉的淫秽必须是'为了肮脏而肮脏。'"

阿尔弗雷德将那57页的判决书作为圣诞礼物寄给朋友、其他出版商，以及克瑙夫的作家们，并在扉页上说："500份拷贝，由格拉布霍恩出版社为布兰奇和阿尔弗雷德·克瑙夫印制。1949年圣诞。"——有史以来第一次，布兰奇的名字排在了前面。

4月末，阿尔弗雷德给克瑙夫夫妻二人的朋友玛丽·班克拉夫特写信。班克拉夫特的波士顿家族集成了《华尔街日报》[⑥]，战争期间，玛丽在瑞士

---

① 哈罗德·罗宾，美国畅销小说作家，有史以来销量最好的作家之一，一共写了25部畅销书，共被译成32种语言，售出7.5亿册。

《莫爱陌生人》，1948年罗宾犯罪及黑帮小说，1958年同名搬上大银幕。

② 《圣殿》，福克纳1931年出版的小说，是他所有长篇中唯一从一开始就获得商业成功的作品，但也是一部广受批评的作品。

③ 詹姆斯·T.法雷尔，美国作家。代表作是《斯塔兹朗尼根三部曲》，曾入选20世纪百大英文小说。

④ 柯蒂斯·博克，宾夕法尼亚高等法院法官，同时也是一名慈善家、作家。

⑤ 勒恩德·汉德，美国著名法官，其重要成就为把经济分析的方法运用到了美国侵权法中。尽管未曾担任最高法院大法官，但他被公认为美国最高法院三位大法官约翰·马歇尔、小奥利弗·温德尔·霍姆斯、本杰明·卡多佐之外最有影响力的法官。

⑥ 《华尔街日报》，一份专注于商业领域，由查尔斯·道、爱德华·琼斯，以及查尔斯·博格斯特莱斯于1889年7月8日创立，在纽约面向全球发行的英文日报。从发行量来看，它是全美最大的报纸。截至2017年曾获得过40项普利策奖。

为美国情报机构工作。阿尔弗雷德在信中告诉她自己已经成为一名“纯血”美国人。

> 我过去一直跟克瑙夫太太轮流去欧洲，可自从1939年开始，我只去过一次，而且就只在伦敦待了三个星期就回了。不知什么原因，自打战争起我就丧失了对欧洲的兴趣。作为一个美国人，我就是不再喜欢那儿的样子。而与此同时，我见识了西部，并且开始真正地去发现我们自己土地上丰厚的宝藏。于是，常常在逗朋友们笑时，我会说：“巴黎是你们的，我就要蒙大拿好了。”

布兰奇忧心忡忡地加入阿尔弗雷德，去怀俄明州杰克逊洞度假，他们在一家观光牧场住了两个星期。这一趟旅行对这个越来越虚弱的女人来说，是又一场挑战，眼睛正如约翰·霍普金斯医院门肯的眼科大夫所警告过的，因为节食药物DNP的原因还在继续衰退。她现在在办公室里戴着戏剧性的夸张超大眼镜，通过外表的魅力来掩饰其真实用途，然而在家，她的镜片厚得就像可乐瓶底。下一次，6月份的西部之旅，阿尔弗雷德将独自去了。

* * *

布兰奇意识到，最近只要一待在办公室，就频繁地打电话给加缪，鼓励他。他很快要去南美，那个给了布兰奇很大提升的地方。可加缪显得很紧张，濒临崩溃。他说，他被一种死亡将至的恐惧感占据。一到南美，他立刻感觉到“空气中的邪恶”——也许因为他的剧作《误会》① 在阿根廷被禁演的原因吧。因此他拒绝了就审查制度以外的任何其他话题做讲演。仅仅两个星期，又在智利做了几场讲座后（与此同时经受着未确诊的结核病的折磨），他准备回家了。

布兰奇已经开始后悔，当她得知自己被授予巴西联邦南十字勋章时（奖励她1942年的那趟旅行）没有跟加缪一起去，这个奖项专门授予以各种方式为巴西文化做出突出贡献的外国和本国人士，还有一个图书馆以这位出版人的名字命名，以表彰她的成就。当然布兰奇知道，自己的作者吉尔贝托·弗雷雷肯定是这件事幕后的主要推力，他几年前已经占据了文化舞台的中心位置，而正是布兰奇安排将这位伟大的拉美学者的重要作品《华屋与棚户》② 译成了英文，这一部三卷是了解巴西黑人传统的权威途径，第一部《主人与奴隶》于1933年问世，接着是1938年的《华屋与棚户》，以及后来1957年的《秩序与进步》。

到1949年8月底前，布兰奇又已重启了她的秋季探星之旅。就着伦敦克拉里奇的下午茶，布兰奇一个个地与手上正进行的书可能适合克瑙夫的作者们见面。她拒绝了薇塔·萨克维尔·韦斯特③ 的《童谣》，却拿下了艾维·康普顿·伯内特④ 的《夜与昼》，后来证明这是作者最弱的一部小说。也许康普顿·伯内特在书中明显展现出受到奥斯卡·王尔德⑤ 影响让布兰奇

① 《误会》，加缪的一部短戏剧，尝试重现希腊悲剧的宿命。与其他几部短剧结集出版。

② 《华屋与棚户》，吉尔贝托·弗雷雷社会学重要著作三部曲。

③ 薇塔·萨克维尔·韦斯，英国作家、诗人、园艺家，1927年和1933年连续获得两届霍桑登奖。因其多彩的贵族生活、与小说家弗吉尼亚·伍尔芙的恋情传闻，以及和丈夫哈罗德·尼科尔森修建的西辛赫斯特城堡而闻名。

④ 艾维·康普顿·伯内特，英国小说家。1955年以小说《母与子》获英国最古老的文学奖：詹姆斯·泰特·布莱克纪念奖。她的作品中对话丰富，关注维多利亚及爱德华年代晚期的中上阶层家庭生活。《仆婢》被通常认为是她的最佳作品之一。

⑤ 奥斯卡·王尔德，爱尔兰作家、诗人、剧作家，英国唯美主义艺术运动的倡导者。他于19世纪80年代创作了多种形式的作品，其后成了19世纪90年代早期伦敦最受欢迎的剧作家之一。如今他以其短诗、小说《道林·格雷的画像》及戏剧作品闻名，他的牢狱生涯和早逝也是人们关注的话题。

兴奋，全书几乎完全用（邪恶的）对话写成。完成了探星人物之后，她邀请所有与克瑙夫签下美国版权的作家用餐：应酬性的，比如与 V.S. 普里希特[①]，共进午餐；而她喜爱的，比如与埃里克·安卜勒、伊丽莎白·泰勒（小说家），则共进晚餐。

布兰奇被这里仍然在执行的定量供应给惊呆了，她立刻写信回去给克瑙夫的办公室助理，请她寄培根、大米、奶酪过来，外加给她在英国的司机太太的内衣和肥皂。给她的伦敦代理，格蕾丝·达德[②]，她安排了"包装得极其漂亮的论加仑计的橄榄油，一听七磅重的火腿"，而给格蕾丝的孩子们"一罐一罐的奶粉，水果罐头，夏威夷菠萝——都是通过布鲁明戴尔[③]或者 CARE[④]购买的"。她还从巴黎带了更多的尼龙袜和牛肉过来，当然还是附带了详细的烹饪说明。给英国、法国、丹麦以及挪威的其他出版商，她则寄去了一箱一箱美国来的卷烟。她当然没有忽略珍妮·布莱德利，给她寄了舒洁、咖啡、香皂等物。布兰奇一直帮助她的这些欧洲朋友，直到1953年大部分物资都不再凭票供应后，不过伦敦例外，那里黄油、肉类和尼龙袜稀缺了很长时间。

在巴黎期间，她住在贝郡堤道[⑤]18号（一座曾经为红衣主教黎塞留所拥有的建筑）珍妮的公寓里——在那儿她才听这位代理谈起城里最流行的话题是西蒙娜·德·波伏娃的革命性新作《第二性》。两个女人一直聊到深夜，争论这部书是否合适克瑙夫：美国人会怎样看待法国哲学家的观点？直到她离开巴黎，布兰奇还是没有拿定主意。

---

① V.S. 普里希特，英国作家、文艺批评家。以短篇小说著称。

② 格蕾丝·达德，克瑙夫出版社在伦敦的代理。

③ 布鲁明戴尔，美国著名的百货商店品牌，成立于 1861 年，是美国梅西百货旗下的连锁商店，在美国有 36 家分店。其旗舰店位于曼哈顿列克星敦大街和 59 街的交会路口，是纽约客和观光客的购物必去场所。

④ CARE，救助救济合作社，国际主要人道紧急救济组织，创建于 1945 年，是最早也是最大的人道救助组织。

⑤ 贝郡堤道，位于巴黎 4 区的一条街道，为巴黎最昂贵地段之一。

回到纽约时，来自法国代理的好消息已经令人欣喜地在那儿等着她了。“珍妮我亲爱的，”她立即回信，“昨天上午我不经意地查看邮件，全都因为你，有一份通知我被授予了荣誉军团（勋章）的信；当然了，这是件很令人高兴的事，但我完全知道，这件事全是你在促成。”她因为发展及推广法国文学，而获授骑士勋位。随后她立即将话题转回到她刚刚结束的这趟旅行：“你对我真是太好了，跟你在一起获得的快乐是十分特别的——正如你所描述的——我们懂得彼此[①]。”

珍妮是同性恋者，相貌平淡，给人一种慈母一般的感觉，她在法国代理包括杜鲁门·卡波特[②]在内的一众美国文学明星。珍妮从不吝惜把自己最有趣的朋友分享介绍给布兰奇，这两位之间也建立起十分强烈的姐妹之情。“珍妮，一位十分严谨的女子，爱着布兰奇，她真的爱。”彼迪·乐梅说过。

还在反复想着《第二性》，这时猝不及防地被由阿尔弗雷德再次点燃的将公司搬去帕切斯的激情拽住了。甚至当她与珍妮通信讨论此行在法国买下的一本书时，也只能全权委托珍妮去处理后续的事宜，明白无误地说起她的家务事又变得一团糟：布兰奇本来给阿尔弗雷德那张八尺长的餐桌订法国餐巾，可这时她忽然态度180度大转弯，告诉珍妮等一下：“我目前处于不太希望为阿尔弗雷德做任何事的状态中……事情简直不能比眼下的一切更糟了，我只希望我在外面能够待得更久一些……回来的路上挺好的——你也知道他们一般是怎样的——刚到时阿尔弗雷德很可爱，可这会儿一切都过去了—— 一旦我表现出自信，就一定会发生争吵。”由于帕特、阿尔弗雷德、考希兰德，还有莱瑟纷纷表达他们想把办公室搬去帕切斯的

① 这个短语原文中用法语表述，一来是表明那是珍妮的原话，二来更增进一层朦胧亲昵的理解之谊。

② 杜鲁门·卡波特，原名杜鲁门·珀森斯，美国小说家、电影剧作家、戏剧作家、演员。其大量作品如今被认为是文学经典，包括《蒂凡尼的早餐》(1958)、《冷血》(1966)。至今已有至少20部电影和戏剧来源于卡波特的小说、短篇以及剧本。

意见，争吵是无可避免的，布兰奇所想的，就是要把克瑙夫留在曼哈顿。

11月初珍妮回信了，聚焦在波伏娃身上："亲爱的，我可能没做到好好去回复你那些甜蜜的来信，但我比以往任何时候都忙，尽管我也确实努力想要留出一些时间来照顾一下人类的细微感情！不过让我们严肃对待眼前的事。"珍妮觉得是时候出手拿下《第二性》了，经历问世之初的嘲笑和谩骂之后，忽然开始一天销售600至700本。而且她还听说，关于美国妇女的《金赛报告》[①]也将要出版（而事实上，一直等到1953年才问世），在这样的情况下，布兰奇还是采取了再等等看的态度。她知道波伏娃这本书，超过800页，需要翻译很长时间后，美国版方能成型。

然而，就在布兰奇终于拿定主意她要买下这部两卷的著作时，波伏娃的代理却决定转向他人了——除非，布兰奇同意为每一卷支付750美元。在珍妮的帮助下，11月9日，布兰奇拿下了美国版权。她马不停蹄立刻请了门肯的朋友霍华德·M. 帕希里[②]来读第一卷。布莱德利同意布兰奇的意见，他们得进行一些删减，这是出版商与波伏娃双方都同意的一点说明：《第二性》对美国读者而言，就是太长，也太深奥。的确，事实证明这本书的文字有时连法国人读着也头疼。

感恩节后，布兰奇又摔了一跤。1949年里剩下的这段时间，在布兰奇日趋严重的视力衰退和日渐脆弱的身体情况下，她坚决反对搬去乡下，于是这件事又遥遥无期地推迟了。也许是她习惯性地讨厌圣诞节——珍妮邀请她去昂蒂布角的家里度假，而布兰奇却说这假期太短了—— 这给了她留在原地的借口，尤其是还要应付即将到来的，在曼哈顿举行的法国奖章

---

① 《金赛报告》，由美国学者阿尔弗雷德·金赛、保罗·格布哈特及华地·帕姆洛依等人所写的关于人类性行为的两本书，分别是《男性性行为》及《女性性行为》，以上两者皆由美国桑德斯出版公司负责出版。金赛是一位在印第安纳大学工作的动物学家，兼是金赛性、性别与生殖研究中心的创立者。

② 霍华德·M. 帕希里，美国动物学家，在基因、繁殖以及人类的性倾向等问题上有丰富著述，他也是第一版《第二性》的英文译者。

授勋仪式。她随之而来的购物狂潮由珍妮在远方配合，包括了来自布瓦大街32号维奥莉特·科尔尼耶手包店[①]的账单：3只手袋，共360法郎（大约合当时的100美元）；一条500法郎的迪奥裙装，大约140美元（等同于2015年的3800美元）。她又打发珍妮再去巴黎世家[②]看她感兴趣的一条裙子上条纹的走向。

从丽兹附近的精美餐具店让·留斯订购一些瓷杯和磁盘，她发现战后的价格惊人地低廉。但令她烦恼的是，一件她等了很久想要的外套，却被戴维·布鲁斯太太买走了。

12月，在法国授勋仪式上，布兰奇被戴上了一枚精美的胸针和一条骑士荣誉绶带。她的自豪令她光彩照人，阿尔弗雷德也一样，不止一位客人观察到了这点。在布兰奇死后一次关于她的采访中，前克瑙夫编辑，同时也是布兰奇朋友的弗朗西斯·林德利说："当她获得（荣誉勋章）时，我们几十个人那天都被邀请去观礼。她看上去绝对美极了。穿了一件棕色的巴黎世家针织裙，（接受奖章时）站在那里像一个极有教养的年轻女孩。我还记得结束以后，我们围在一起喝香槟，我上前去同阿尔弗雷德说话，阿尔弗雷德说：'我只需要沐浴在布兰奇折射出来的光辉中就可以了。'毫无恶意，非常温柔而自豪的一句陈词。"尽管夫妻俩甚至在公共庆祝活动中也常常陷入争吵，可这时阿尔弗雷德声称："如果有任何一个人能做到这一点，那个人只能是布兰奇。"

她去世后20年，《美国学人》[③]刊登了一篇文章，影评人史丹利·考夫

① 维奥莉特·科尔尼耶手包店，20世纪早期及中期巴黎手袋精品品牌，如今已不存在，在奢侈古着商品网站上能够看见。

② 巴黎世家，由克里斯托瓦尔·巴伦西亚加于1918年创立于西班牙圣塞巴斯提安的奢侈时装品牌。有时也翻译成巴隆夏加、巴伦西亚加。

③ 《美国学人》，美国大学优等生协会于1932年创办的文学季刊。

曼[1]回忆那期间的布兰奇“是一位她小小的框架能够容纳得下的伟大女子。她矮而且瘦，她的瘦与她时髦的染过而且精心梳理过的发型不太相称。她身上时髦的裙子，戴着镯子的手臂都让她看上去像一个昂贵着装的挨饿人”。《纽约客》的珍娜·福兰纳[2]记得，在那些年里她逐渐对布兰奇了解得多起来（珍妮·布莱德利曾声称福兰纳同出版人之间有过一段恋情），她说：“我喜欢布兰奇。我认为她有着惊人的智慧，永远对自己和克瑙夫出版社抱有一种骄傲的态度，而她确实配得上啊。她十分优雅，在行业里出类拔萃。谦虚不是她。”有一次，这位作家请出版人给她提供一份她所出版过的书目清单，布兰奇愉快地照办了。尤其让福兰纳佩服的，是布兰奇买下安德烈·纪德的战后日记，他“没有浪费任何一点时间在犯错误上”。

* * *

在她出发去海外开始她的一月采购之旅前，布兰奇下决心要和帕特一起上舞蹈课，她要在他择偶这件事上扮演一个活跃的角色。弗朗西斯·林德利回忆道，布兰奇最终像对待自己的男友一样对帕特，这可不是“跟儿子之间相处的最好方式”。当她不得不忽然取消1950年的第一趟行程时，布兰奇甚至得到了更多与帕特待在一起的时间。她已经看过一位巴尔的摩的医生了，那位医生给她的建议是让新近开始僵硬的脖子增加运动，那时她已经买好了法航的机票，也让珍妮在丽兹订好了房间，安排了司机和车在勒布尔热机场接她。万事俱备，可以走了，这时所有的事都被搁置了下来。

阿尔弗雷德在布兰奇不知道的情况下，暗中安排召开了一次董事会，

---

① 史丹利·考夫曼，美国作家、编辑、电影及戏剧评论家。

② 珍娜·福兰纳，美国作家和记者，从1925年担任巴黎《纽约客》杂志的记者，直到她于1975年退休。

讨论将公司搬去帕切斯的事。她的秘书很快在阿尔弗雷德假装忘记了她到时已经走了的情况下确保了她能到场。布兰奇直奔主题：她同意麦迪逊大道501号的办公空间给公司带来了压力，也同意“纽约越来越难以生存”。但即便这样，她“仍然不认同将一个我们这么小的生意搬出中心是一个明智的决定，相反，我认为很不明智”。一个星期后进行了投票，公司留在了曼哈顿，直到今天，他们仍然在那里以每年大约100种书的规模在运转（相对应的，例如道布尔戴，一年大约400种）。

1950年的大部分时间都用于策划《第二性》的出版。买到这样一本知道将变得十分重要，尤其对女性而言的书，布兰奇非常兴奋，她一刻也没耽误，在出版之前很久就已拿出了很多推广的想法。年初，她建议作者波伏娃与人类学者玛格丽特·米德[①]通过采访进行对谈，要么在巴黎，要么在纽约。没有得到答复，布兰奇于是去找波伏娃的法国出版商伽利玛，这时得知米德此时正在海外。安排妥当之后，波伏娃却感到自己被调遣支配，她做了一切可能的事来让布兰奇为这场策划感到后悔。计划进展到最后关头忽然撤销，波伏娃最终同意与米德共进午餐，同时请了法语和英语翻译到场。

布兰奇本来以为这样的活动对两位先锋都是好事，她们进行一场对话，或许还会激发起一系列的后续对话，并用以发表。然而波伏娃对米德特别无礼，有可能是出于面对成名人类学家所产生的某种不安全感。在简短的午餐前讨论中，当着越来越糊涂的米德的面，波伏娃一直不停地与“更漂亮的女人”助理们调情，而不与这位著名的美国人交谈。布兰奇狂怒，认为这种行为完全无法原谅，从那一刻起，她与波伏娃始终彼此憎恶。

---

① 玛格丽特·米德，美国人类学家，美国现代人类学成形过程中的重要的学者。1978年逝世后随即获授总统自由勋章。米德出身于中产家庭，父亲是大学教授，母亲则为争取妇女权益、黑人获移民待遇而四处奔走。23岁即取得心理学硕士学位，后在研读人类学博士学位五年后，决定走出教室去从事田野工作。

但是很显然地，波伏娃并不反感“布兰奇的个性”；她只是对布兰奇的“强烈反共”信仰不赞同。接下来这一年，1951年，与出版商在巴黎见过一面之后，波伏娃给她的芝加哥情人尼尔森·艾格林[①]写信，“可能（布兰奇的飞机）会坠毁”在回家的路上。

1950年4月，去爱尔兰拜访了伊丽莎白·鲍恩之后（鲍恩那年8月回访，住在布兰奇西55街的公寓），布兰奇希望求得小说家的帮助，劝说卡森·麦卡勒斯[②]离开霍顿·米夫林，而麦卡勒斯很显然对她的出版商并不满意。这与偷猎还不一样，从新闻上跟踪到不开心的作者是完全符合职业道德的，布兰奇这么告诉自己。一回到美国，她就给鲍恩写信，她知道麦卡勒斯对鲍恩的崇拜：“一旦她彻底与他们脱离关系，我们非常想要出版她的作品……如果你能在她这件事上帮我一把，我将非常感谢。我觉得她的书写十分优美，而且我也真诚地认为她会愿意与我们一起，她应该在我们的名单上。无论如何，我把这件事交给你了。”无论鲍恩是否参与了，麦卡勒斯一直留在了霍顿·米夫林。

与此相似的还有科莱特，布兰奇热切地希望接触她，布兰奇非常欣赏她的作品，而且她们在巴黎也交上了朋友，她一直在等一个最好的时机来开始对这位法国女郎的追求，终于等到法勒·斯特劳斯似乎无意与科莱特续约。但这时阿尔弗雷德介入了，告诉布兰奇，鉴于另外一家竞争与科莱特签约的保密出版社（阿尔弗雷德没有透露是谁）是他的朋友，他坚持要克瑙夫终止这件事。最后大家都瞎忙一气：作家终究留在了法勒·斯特劳斯——布兰奇失望至极——阿尔弗雷德也不得不承认他不应该插手。（1954

---

① 尼尔森·艾格林，美国作家。最著名的作品为1949年出版的小说《金臂人》，此书获1949年国家图书奖，1955年被同名改编搬上大银幕。他另一个为人熟知的身份是法国作家西蒙娜·德·波伏娃的情人，并被她写进小说《名士风流》。

② 卡森·麦卡勒斯，生于美国乔治亚州，美国著名女性作家，有长篇小说、短篇小说、戏剧、散文、诗歌等作品多部。在中国也拥有众多读者。

年他又干了一次，不顾布兰奇对作家所做出的热烈争取，他拒绝了诺曼·梅勒的《鹿园》[①]。）

6月克瑙夫推出了约翰·赫西的600页小说《墙》[②]，售出97860册，外加每月一书俱乐部的23万册分销。《墙》的关注点是华沙贫民窟的犹太人命运，就像《广岛》一样，这本书浸透着强有力的人性感受，成为一本主流畅销书。

到9月前，布兰奇又回到了克拉里奇。她在伦敦没有见到埃德·默罗，这时她给这位记者写信，请他将朝鲜战争的报道整理成一本书给她。终于回到家的默罗，累坏了，却只想翻一堆旧文出来重新利用。由于布兰奇这时还在海外，默罗便与克瑙夫的编辑哈罗德·斯特劳斯[③]进行沟通，布兰奇希望斯特劳斯（克瑙夫最好的编辑之一）能够把这事办好。斯特劳斯写道：

亲爱的默罗先生：

正如您所知，布兰奇还在欧洲，我匆忙中拜读了您应她的请求所寄来的七篇朝鲜广播稿。

其中三篇我在广告里听到过，我非常高兴地说，他们读起来跟听起来一样地好。

尽管如此，他委婉地解释道：

---

① 诺曼·梅勒，美国小说家、记者、散文家、剧作家、电影制片人、演员、政治活动家。1948年因小说《裸者与死者》成名，1979年因《刽子手之歌》获普利策虚构奖，《夜间的军队》获普利策非虚构奖以及国家图书奖。《鹿园》，诺曼·梅勒1955年出版的小说。

② 《墙》，约翰·赫西1950年出版的战争小说。

③ 哈罗德·斯特劳斯，克瑙夫出版社重要编辑之一。

（我很难同意）重印旧的广播稿来做成一本足够厚重的书，尽管它们确实十分精彩。我知道您寄这些手稿过来，是因为布兰奇向您索取书稿，而且这也并不一定表示您自己认为一定会出一本书。在这点上，我敢肯定布兰奇仍然这么想，并且将一直这么想，正如她7月24日写给您的信中所说："只要您写本书，我就会想要出版，一直都这样……"布兰奇回来以后会看到所有这些材料。但与此同时，如果您还有其他希望我做的，或者您另有我所不知道的写一本书的具体计划，请告诉我。

鉴于布兰奇日渐衰退的视力，她会亲自读到这些材料的可能性是很小的。正如一位助理所言："我们常常提心吊胆地看着她穿过麦迪逊大道去吃午餐，一半时间靠主保佑。她直接走到大街中间，从不上下看（或左右看）——总是径直朝前。"为治好她"烧坏"的眼球和白内障，各种治疗方案都试过了，然而眼睛只是变得越来越糟。好像是在反抗，她假装自己一如既往地什么都能看见，始终铭记母亲的教诲，外观是成功的重要部分。

21. 一场婚礼以及更多绶带

因为她在美洲的不同文化之间成功地培养跨文化关系，布兰奇于1950年11月2日，星期四，被授予南十字勋章。颁奖词说，因为她通过翻译“优秀的巴西文学作品”，“在编辑领域向美国大众推广对巴西文化的更好了解所做出的杰出工作”。这位出版人成为一个极其显赫的获奖名单中的一员，这些年里，这个名单包括了德怀特·艾森豪威尔①、国会图书馆馆长詹姆斯·贝灵顿②、铁托元帅③、瓦茨拉夫·哈维尔④，以及切·格瓦拉⑤——这是对于一个出身上西区，爱读书的女孩儿而言，多威武的一支伙伴啊。华盛顿的仪式结束后，毛里齐奥·拿布果大使在巴西大使馆为布兰奇设宴祝贺。很奇怪的是，尽管《国际先驱论坛报》对这件事进行了报道，但文章标题却是《巴西表彰克瑙夫太太：授予这位出版人的妻子以南十字骑士勋章》。

回到纽约，布兰奇试着想要决定波伏娃的书是按一卷还是两卷来出。这个问题在销售和推广两个部门之间已经来来去去好几轮了，吃掉了布兰

---

① 德怀特·艾森豪威尔，美国政治人物和陆军将领。他曾在1953至1961年间任美国第34任总统，亦是美国历史上的九位五星上将之一。

② 詹姆斯·贝灵顿，美国历史学者、美国国会图书馆第13任馆长（1987—2015年）。

③ 铁托元帅，南斯拉夫共产主义革命者、政治领袖，1943年直至1980年去世期间担任过不同角色。

④ 瓦茨拉夫·哈维尔，捷克作家及剧作家，著名的持不同政见者、天鹅绒革命的思想家之一。于1993年到2003年间担任捷克共和国总统。

⑤ 切·格瓦拉，阿根廷马克思主义革命者、医生、作家、游击队领袖、军事理论家。古巴革命主要人物，他的被风格化的脸部特写成为无所不在的一个反文化符号，以及流行文化的全球性标志。

奇大把的时间。当伊丽莎白·鲍恩在纽约短期停留来看望她的出版人和老朋友时，布兰奇高兴极了，能跟她在一起放松一会儿。鲍恩住在布兰奇的公寓里，对其外观大加赞赏。小说家回家后，布兰奇写信给她："我无法描述你的离开给西24号留下的空白，我完完全全陷入孤寂当中。"

公寓的装饰也许让鲍恩印象深刻，但肯定不对这位英国作家的品味，她自己的家将布兰奇和其他所有的客人包裹在温暖当中。而布兰奇位于西55街24号的公寓则是为社交而设计，最常见的情景是同"法国出版商以及其他特定的业界人物，包括她最喜欢的《纽约客》虚构作品编辑威廉·麦克斯韦尔[①]及妻子艾米丽"饮酒或用晚餐，几年后受雇于克瑙夫的彼迪·乐梅记得。"是很宜人，并且极有品味地装饰过的一个挺大的房间，用来谈话和讨论书，再舒服不过了。"这位公关专家和他妻子也多次在帕切斯享用午餐，那里"不如布兰奇的公寓那样让人放松"，也许通常是因为阿尔弗雷德为交流所带来的紧张空气。无论客人有谁，"阿尔弗雷德……在家也都跟在办公室一样，很少容许对话从他自己身上走开……我偶尔去楼上看见他的书房，一点也不比这栋让人害怕的大厦的其他部分更让人轻松。我还得再加一句，我们也从来都没喜欢过阿尔弗雷德那里的餐食，而总是非常享受布兰奇的礼貌和蔼，以及她对待作者和同事的娴熟流利，经常盼望收到她的邀请"。

1951年6月过了一半，76岁的谢尔盖·库塞维兹基在波士顿去世，离开了他所创造的马萨诸塞州能诺克斯的唐格伍德音乐节。布兰奇并不吃惊——她上一季就已做了告别，那时很显然他已有病在身——但她肯定怀念他们曾经共同拥有的过去。罗伯特·纳森记得"库塞维兹基就像她穿在

---

① 威廉·麦克斯韦尔，美国编辑、小说家、短篇小说作家、散文家、儿童文学作者，以及传记作家。1936年至1975年，在《纽约客》担任虚构作品编辑。由于对其作者的投入，麦克斯韦尔成为一名富有传奇色彩的导师，以及与他同时代很多著名作家的密友。

身上的胸衣，从不离身”。但布兰奇从来不是一个会沉湎于悲痛中的人；她在失去时感到深深的痛，然后毅然决然地重新开启自己的生活。

7月，一份热情洋溢的信寄到了麦迪逊大道501号，寄信人是德怀特·艾森豪威尔，他是欧洲战区的盟军最高司令，特意致信布兰奇，感谢她最近捐赠给军事指挥官们的那几箱书。她精心挑选出她认为可能会令他们感兴趣的，可能还包括了几册8月新书的预印样本，再版的福特·马多克斯·福特的一战小说《好兵》[①]，以及尼古拉·蒙萨拉特的二战小说《残酷的海》[②]，后者后来售出了169000册，并于几年之后被拍成了电影。《残酷的海》跟踪了一群皇家海军水手在大西洋战役中的生活，一共七章，每一章描写一年。

这两本书证明，市场对战争故事的需求尚未饱和。艾森豪威尔将军给布兰奇的信中这样说：

> 劳伦斯上校[③]向我说起您向SHAPE[④]图书馆所做出的慷慨捐赠，您所挑选的图书中的一部分将给我们从十个国家中抽调来的员工带来无可估量的价值。让总部成为国际间互相理解的模范正是我的希望，而我认为优秀的书籍是通往这个目标的一条重要途径。
>
> 我代表SHAPE感谢您为我们的努力所做出的贡献。

那个秋天，她的精力回到波伏娃的文字中来，她决心一定要在法语版依然畅销时推出。与珍妮讨论一通波伏娃的预期后，布兰奇与这位朋友一

---

① 福特·马多克斯·福特，英国小说家、诗人、评论家、编辑。其最著名的著作是《好兵》等。
② 尼古拉·蒙萨拉特，英国小说家，如今以其大海的故事为人所记，尤其是1951年的《残酷的海》。
③ 劳伦斯上校，Colonel Lawrence。此处名字和军衔易与著名的T. E. Lawrence，又称阿拉伯的劳伦斯混淆，但他是一战中，带领阿拉伯起义的英国军官，与这里的劳伦斯上校（具体不可考）只是名字和军衔的巧合。
④ SHAPE，欧洲盟军最高司令部（Supreme Headquarters Allied Powers Europe）的简称。

起来到蔚蓝海岸，两人在这位代理的昂蒂布家中轻松度过了几个星期的假期。等布兰奇回到纽约，阿尔弗雷德还在西部观光。

她给珍妮写信说："我不知道为什么要回来，我实在宁可待在丽兹的71号公寓，你记得吧，我离开时就是这么说的……说不出我有多想你，这太荒唐了，可我想要做的就是，一旦我能安排得过来，我就会如我答应的，到尼斯来。"在昂蒂布"梦幻般"，"被周到、友好、热情所包围"的假期过后，她将自己投入到既孤独又忙碌的矛盾生活中，还加上一层"不知道为什么"感觉在曼哈顿比在"旺多姆广场"更容易迷失。

很显然眼睛的问题使她非常抑郁，她现在发现自己几乎已经完全要依靠助理们的帮助，如论是旅行还是在办公室，哪怕是在家里工作。当她不用放大镜时，她就得让助理做她的眼睛。"她信任我，也依赖我。"她的秘书（后来的文案编辑）雪莉·西德尼[①]回忆说。

> 我为她保存文件，跑腿，给一万个人打电话……我还得读所有的信——先自己读，再读给她听。每封信都大声读出来。她用不同颜色的文件夹，这样不用读她也能知道是什么。我会讲法语，有次她告诉别人她知道她那栋大楼里有一套空公寓，因为那天上午她看见有人从那儿抬了一副棺材出来，用法语说的，她很吃惊我也听懂了，还觉得这事太逗了。
>
> 当有秘书能够做自己喜欢的工作时，就会留下来做上10年。只有我们两个人一共做了20年。有些就待了几天或者几周——受不了这份工作的苛刻要求。

① 雪莉·西德尼，克瑙夫出版社秘书、文案宣传编辑。

雪莉觉得布兰奇对她很平等，她不在时就让雪莉负责——如同她对露丝一样。这位秘书还感觉布兰奇人很有趣，而且大方，但她完全意识不到自己的一些怪癖给他人的工作带来了更多的麻烦。比如，布兰奇“在书桌里放着一个印有塔比奥拉[①]爪印的橡皮图章”，经常叫雪莉在给朋友的信件落款处盖上。她这只心爱的宠物被阿尔弗雷德的一只狗给弄死了，令她双倍地悲痛，因为她当时不在场，未能阻止。从那时起，她就开始带着她训练有素的更犬或贵宾犬来上班。

她准许自己在雪莉面前表现出软弱无助——这又跟她同露丝在一起的情形一样，偶尔会在家里开怀痛哭，尤其是当她感觉自己在办公室被忽略时。战后帕特做了阿尔弗雷德的秘书，兼图书贸易经理，遇到办公室有不同意见时，他总是激烈地站在阿尔弗雷德一边——这使得布兰奇会向她所信任的雪莉表露出自己的感情。有时这位助理甚至发现自己的老板很好玩，比如她让雪莉“去亚伯克朗比[②]买些狗糖果。把这些当圣诞礼物寄出去，显示她知道有人背后管她叫母狗”。

雪莉很感激地收下了布兰奇给她的，只轻微穿过的迪奥和巴尔曼[③]套装，20年后她还保留着。她尤其欣赏布兰奇的周到，小心翼翼地避免因慷慨而带来的冒犯。英国代理格蕾丝·达德同样也很赞叹布兰奇的这种体贴：“（布兰奇）非常非常慷慨。衣服是她生命的一部分，她得不停地换。我知道她卖过一些（设计师时装），她告诉过我。我是一个图书代理，我（通常）不可能穿戴皮基耶或者巴黎世家……但我衣橱里有10套巴黎套装，以及一些美丽的晚装，我从没告诉过别人我从哪里得来的。”

尽管始终被波伏娃艺术的翻译中持续出现的困难所占据，布兰奇决定

① 塔比奥拉，布兰奇的一只小狗的名字。
② 亚伯克朗比，全称“亚伯克朗比及费”，简称A&F，美国零售商，贩售针对18岁至22岁的顾客所设计的休闲服装和配件，1892年由大卫·亚伯克朗比于曼哈顿创立，而后律师埃兹拉·费区加入经营。
③ 巴尔曼，法国奢侈时装品牌，1946年由皮埃尔·巴尔曼创立于巴黎。

花更多的时间跟儿子在一起，希望重新走近，就像战前那样——当然在欧艾出现之前那样。对她来说，帕特很明显地学着公司里其他男人，站在阿尔弗雷德一边与她作对，因为这很显然更安全。到1951年12月底之前，她已经决定重新开始她和帕特的舞蹈课：她希望见到儿子结婚，她知道得费大力气说服他听从自己的建议。新年开始之前，帕特向她保证，事实上婚姻也在他自己的计划当中。然后，1952年新年伊始，帕特便向他在克瑙夫的秘书爱丽丝·莱恩①求婚，她同意了。被帕特的这一决定惊呆了，布兰奇后来从弗朗西斯·林德利那里了解到，帕特几个月前和她一起吃饭时，他滔滔不绝地进行了一番演说，告诉弗朗西斯他之所以“决定（与爱丽丝）结婚的原因之一是，她没有一丁点见鬼的跟我母亲的相似之处”。弗朗西斯永远也想不明白是什么让“他变成了”一个“满脑子装了一串对母亲罪状的控诉”的年轻人。（显然她并不知道帕特撞见了布兰奇和欧艾。）

尽管阿尔弗雷德并不认为妻子的人选是多么重要的一件事，但帕特要娶一个退休警察的女儿，而且她自己看上去还并不怎么友好，这件事对布兰奇肯定是个致命的打击。她最终决定取消1月的欧洲之旅，转而陪阿尔弗雷德去西部，国家公园的总监亲自安排了克瑙夫夫妇在黄石公园的一切。卡尔斯巴德洞窟②的相片上，布兰奇虚弱地笑着，身上裹着一层一层的羊毛衣，而阿尔弗雷德在这个冬天里，穿得好像正处于明媚的春日。

知道帕特希望将妻子和母亲在他的生活中彻底分开来，布兰奇设想随着时间推移，自己与这对年轻夫妻的关系会得到改善。当帕特坚持双方父母在婚礼前不见面时，布兰奇和阿尔弗雷德都不同意，觉得这样很失礼。阿尔弗雷德建议他们仨请莱恩一家三口外出就餐。事实证明这一举动往最好了说，人人都无精打采，由于莱恩先生的职业，导致了他习惯性的不交

① 爱丽丝·莱恩，帕特·克瑙夫之妻。

② 卡尔斯巴德洞窟，新墨西哥州南部奇瓦瓦沙漠中的洞窟群，共有超过100个洞窟。

流，阿尔弗雷德事后说：“布兰奇和莱恩太太也没有找到任何共同语言。”而阿尔弗雷德自己本来就缺少闲聊的技能，布兰奇全凭自学掌握了与各种人社交的本事，但可能终究也分场合。阿尔弗雷德后来回忆那次晚餐时带着某种优越感：“事实上，那些年轻人在这个问题（等级差别）上考虑得特别周到，我相信那以后我们再也没见过莱恩一家，当然婚礼当天除外。他们都是很好的人，帮了爱丽丝和帕特很大的忙，长期帮他们照看小孩。”几年之内他们生了三个孩子——艾莉森、苏珊和大卫。比尔·考希兰德的记忆中，爱丽丝“略显黯淡”不过感觉她“有她自己的优点”，而且她并没有完全被帕特所占据。

1952年7月27日，婚礼在纽约州卡梅尔镇上一个小天主教堂举行，距曼哈顿北面约一个半小时车程。在女人们谈论布兰奇时经常会采用的猫样的阴毒气氛中，他们家的一个朋友贝奇·约翰逊1990年接受了采访，宣称：“布兰奇在婚礼上穿了一条黑裙子，当婚礼誓词正在进行当中时，她转来转去晃动手指跟朋友打招呼（你好），削弱了婚礼的庄严。”社交名媛乔治雅·葛琳也证实了这个故事的真实性，布兰奇穿着“一条黑色的巴黎世家裙子去参加帕特的婚礼——最典型的表达恶意的方式。在一个乡村婚礼上穿一条出席巴黎某大使官邸下午茶的裙子，只是想在爱丽丝面前炫耀她的时髦，爱丽丝事实上有很多其他的优秀品质”。然而爱丽丝十分肯定：布兰奇作为新郎母亲，穿着一条松石色的裙子，戴着一顶“大大的绿色帽子”。帕特也同意这个说法。他告诉彼得·普利斯科特，他母亲穿的不是绿色就是松石色。“而贝奇·约翰逊压根就没参加婚礼！”

如果婆媳关系通常是令人忧虑的，布兰奇很显然尝试着要与爱丽丝好好相处的。然而帕特对母亲的矛盾心态，令爱丽丝对自己的婆婆十分警惕。布兰奇不屈不挠地给爱丽丝推荐该读的书，想买设计师服装，或者把她的衣服送给她，在此之前她一直送给别人。但爱丽丝拒绝了这些礼物，她宁愿读自己选的书，去最普通的“派克和派克”[①]购物。但小两口的孩子们出生后，布兰奇送了华丽的巴黎服装，爱丽丝从来没给孩子们穿过，哪怕穿给布兰奇看一眼有多可爱也没有。一次她从法国买回一条漂亮的刺绣褶裙给他们的第一个孩子艾莉森，却因为一个什么借口给扔在了一边。艾莉森两岁时，布兰奇很想送一个让每个人都喜欢的礼物，于是她从巴黎给她带回一个“贵得吓人的娃娃”，帕特后来回忆说，适合六岁小孩，“艾莉森不知道拿它怎么办，一眼看见吓得尖叫”。

帕特承认，布兰奇去世后，爱丽丝觉得自己从未被自己的婆婆不好地对待过，尽管她从不喜欢布兰奇很不妥当地总是想教她怎么穿衣。“打消了我、爱丽丝和布兰奇之间建立融洽关系的任何希望”的一件事，帕特回忆说，是夫妇俩对帕切斯的一次造访。据说布兰奇把爱丽丝带到一边，打听帕特是怎么说她的，还加了一句“那些都是谎话”。当爱丽丝告诉帕特时，他“气极。用这种方式欢迎你的新儿媳简直糟透了”。婚后头四年，爱丽丝和帕特在曼哈顿租了一套公寓，直到1956年，没有向父母求助，帕特莫名其妙地从多年的熟人，兰登书屋的贝内特·瑟夫和唐纳德·克洛普弗[②]那里借了5000美元，在康涅狄格的韦斯特波特盖了一个房子，令布兰奇难堪，而令阿尔弗雷德盛怒。

1952年9月8日，克瑙夫一家出席了一次与他们近期的其他聚会相比不那么紧张的活动。二战间谍，同时也是克瑙夫夫妇俩的朋友玛丽·班克拉夫特的女儿玛丽·珍·巴杰，这一天嫁给前总统威廉·塔夫脱[③]的孙子，罗伯特·塔夫脱[④]的儿子侯瑞斯。艾琳·杰克逊和丈夫最高法院大法官罗

---

① 派克和派克，总部在纽约的女装零售商，有自己标牌，1888年埃德加·华莱士·派克与兄弟乔治·H.派克创立。

② 唐纳德·克洛普弗，美国出版商，兰登书屋创始人之一。

③ 威廉·塔夫脱，第27任美国总统。曾当过律师、美国首席大法官和战争部长。

④ 罗伯特·塔夫脱，美国保守党政治家、律师，塔夫脱家族后裔。

伯特·H.杰克逊邀请克瑙夫夫妇前往华盛顿，参加在杰克逊夫妇酒店套房里举行的一个庆祝晚宴。其他客人有中央情报局副局长艾伦·杜勒斯（新娘母亲的前情人），是他在仪式上将新娘交到新郎手里，还有法国大使亨利·波奈[1]，两位都带着夫人，按常规被提及但未指名。

这是布兰奇喜欢的场合。正如弗朗西斯·林德利多年后所言："她是这个世界上最好的聆听者之一。观察她聆听她希望从其获得信息的人谈话是一种享受。听男人谈公务时，你可以看出她的脑子在这样动……她不是一个能轻易在理智上或对话中被人糊弄的女人。"从布兰奇的习惯于近距离观察开始，林德利认为这位出版人本身也成了一位值得别人去倾听的人："她不主动给予建议，一旦给，往往是非常智慧而且现实可行的。"

* * *

公司这边，人人都在热切地等待着《第二性》的清样本。前一年，好几位克瑙夫编辑争论过要出两卷本，因为这能带来更多的营收。然而出版人最后决定定价10美元（相当于60年后的80美元），出一本单卷大书，这样成本会降低。这时布兰奇给波伏娃写信，友善地提到作者的持续缺位，并建议波伏娃为美国版的发布来一趟，计划做一场"大活动"。一如既往，她没有收到任何回音。

尽管1953年1月克瑙夫推出了一本由薇拉·凯瑟的长期伴侣伊迪丝·路易斯所撰写的薇拉·凯瑟小型传记，但《第二性》占据了所有的精力。在力争强调本书的学术本性的同时，也要给暗示它与性有关的广告和小册子留出空间和余地，在它问世前，克瑙夫进行了几个星期的连续媒体轰炸。

---

① 亨利·波奈，法国政治家、外交官，1944年至1954年期间担任法国驻美国大使。

终于，1953年2月24日，《第二性》英文版进驻书店，这本厚重的10美元巨卷瞬间获得了学术领域和商业领域的双重成功。

仍然，这部书因其晦涩而饱受批评；尽管其法文原著也被认为艰深难于理解，然而大多数指责都针对翻译而去。布兰奇对译者是有信心的，霍华德·帕希里是史密斯学院一位很受尊重的人类学教授，他反复去信询问波伏娃的偏好和澄清。（她通常没有答复，有时显得故意，甚至是恶意的不合作，只为了给这位美国出版人使绊子。帕希里1950年遭遇了一次心脏病突发，但很快又恢复到《第二性》的工作中来。）在这个项目结束前获得了荣誉退休教授职位，这位学者最终被认定为一本后来学界公认有瑕疵译本的罪人。其错误，至少要部分归咎于这是在同一个乖戾善变的作者合作。以及克瑙夫的好几位不同编辑、顾问，等等，都进一步搅和了一个原本已经十分复杂的文本。

正如布兰奇所预料的一样，这本书的重要性所持续的时间远远超过了《金赛妇女报告》，它紧跟在波伏娃著作后面一步的出版让布兰奇很是担心，她怕会被抢走女性市场。然而《第二性》绝不仅仅是一篇关于妇女性倾向的论文：它从社会学、文化、生理学、心理分析、人类学以及诸多方面入手。

无论翻译成“你并非天生，而是成为，一名女性”，还是“你并非天生，而是成为，女性”——去掉“一名”，让“女性”一词更加普世——波伏娃的信号都是燃烧弹，立即点燃了女性主义的浪潮。梵蒂冈禁了这本书。人类学家阿什利·蒙塔古[①]在一份出版前推介中宣称：“《第二性》是迄今为止关于女性的书写中最健康、最丰富也最智慧的，因此，这个说法同样适用于人。可以预计，它将作为我们文化中对人类精神的伟大表达，被一代

① 阿什利·蒙塔古，英国裔美国人类学家、人文学者，有犹太血统，他普及了血统和性别的概念以及它们与政治及发展的影响。1950年曾任联合国教科文组织《种族问题》特别报告员。

又一代人一直阅读。”他接着写道：“这是一部伟大的著作……（排名仅次于）约翰·斯图尔特·密尔[①]的《女性的屈从地位》。”但他在这篇发表于1953年2月21日《星期六评论》中的观点也承认，他对波伏娃有时对美国女性的刻板形象的接受有些失望。卡尔·门林格尔[②]认为《第二性》重复啰唆，而且低估了男性在两性关系中的位置。以抨击整个20世纪40年代美国文化，尤其是以中年美国妇女的《邪恶的世代》而闻名的菲利普·怀利[③]说，“《第二性》是我们时代少有的伟大作品”——来自于“一个通常对妇女持否定态度的高品质男子：天才之作”。

终于，玛格丽特·米德直率但很尊重地表达了自己的看法：波伏娃的论文应当获得更高的认可。但是作者在质疑美国和法国两个社会在对待妇女的态度上的巨大差别这一点上有欠缺，尽管法国的堕胎率与出生率等同，但他们依然拒绝赋予女性生育计划的权利，是文化让其中的妇女传统地将自己的权利藏在男人身后。不管怎么说，《第二性》是一部“不多见的，让人困扰，却始终不乏有趣的体验……倾盆大雨般，才华横溢的，精彩的愤怒”。几十年后，到了女权主义盛行的20世纪80年代，文学评论家珍·盖洛普[④]说：“她是通过读《第二性》学会了手淫。”

霍华德·帕希里作为《第二性》译者和编辑的名字，被不经意地从书的封皮上略去了，深深地令他失望。至少他最后用努力挣来的版税给自己

---

① 约翰·斯图尔特·密尔，或译约翰·斯图亚特·穆勒，英国著名哲学家、心理学家和经济学家，19世纪影响力很大的古典自由主义思想家，支持边沁的功利主义。

约翰·密尔是詹姆士·密尔的儿子，受过其父的严格教育，在17岁时进入不列颠东印度公司，一直到1858年。他一生以新闻记者和作家的身份写了不少著作。约翰·密尔是孔德的实证主义哲学的后继者。他把实证主义思想最早从欧洲大陆传播到英国，并与英国经验主义传统相结合。在哲学方面的主要著作有《论自由》《女性的屈从地位》等。

② 卡尔·门林格尔，美国精神病专家。

③ 菲利普·怀利，美国作家，其作品涵盖面非常广，从大众科幻，到悬疑、社会抨击以及讽刺。

《邪恶的世代》，菲利普·怀利1943年著作。怀利在该书中对美国当代社会包括基督教在内的多方面进行了批判，批判对象还包括著名政治家、教师、医生。

④ 珍·盖洛普，美国学者，自1992年前在威斯康星大学密尔沃基分校担任英语及比较文学教授。

买了一辆新别克：在几乎得不到波伏娃任何帮助的情况下将这本书翻译出来，无异于一场考验。令人伤心的是，这辆新车退休教授仅仅享受了四个月，1953年5月19日他就去世了。想到波伏娃大概没有听说这一噩耗，布兰奇她寄去了《时代》周刊的讣闻，并说："我想你也许应该知道霍华德·帕希里的死讯。"作家显然并没有回复，她觉得布兰奇很琐碎。

如此热烈的书评引发了大量的读者，布兰奇这时开始担心她的其他几位作者，都在家门口，要求在众议院非美活动调查委员会①作证。兰斯顿·休斯和达希尔·哈米特将于3月24日到场。既雄辩又受人尊敬的休斯面对罗伊·科恩②以及其他约瑟夫·麦卡锡③党羽应付自如。说明为什么几年前他否认自己早年对苏联的理念和目标表示过同情，休斯得体地解释道，他早已不再信任[捂脸]——尽管一位传记作家曾经记录，"他从未有过一次毫不含糊地抨击"其政府形式。

休斯后来对一个朋友说，在听证会结束时，他被约瑟夫·麦卡锡对他一眨眼给搞糊涂了。如果麦卡锡这时真的相信了他和休斯已经观点一致的话，他就彻底被这位作家的"绝技"给迷惑了，传记作者阿诺德·兰佩萨德④对休斯的这一点专门有过描述，他凭此消除了整个委员会的"敌意，保留了自己的尊严"。那天休斯陈述之后，1951年曾在监狱服刑五个月的

① 众议院非美活动调查委员会，简称HUAC，是美国众议院的调查委员会，1938年创立，以监察美国纳粹地下活动为主要目的。然而，它的出名却是因为调查与共产主义活动有关的嫌疑个人、公共雇员和组织，调查不忠与颠覆行为。1969年，众议院将委员会更名为"众议院内部安全委员会"。众议院于1975年废除该委员会，其职能由众议院司法委员会接任。

② 罗伊·科恩，美国律师。在参议院约瑟夫·麦卡锡在美国对共产主义运动开展调查期间，科恩是麦卡锡的主要顾问。他同时因为在唐纳德·特朗普早期商业生涯中，作为其律师和顾问而闻名。

③ 约瑟夫·麦卡锡，美国政治家，从1947年起，直至1957年去世，为威斯康辛州联邦参议员。自1950年开始，麦卡锡是冷战中最引人注目的角色，在公众激发了对共产主义颠覆的恐怖。以指控数名共产党员以及在美国联邦政府、大学、电影业等工作的苏联间谍而闻名。最终，他这种以诽谤为主要手段的工作方式被美国参议院谴责，"麦克锡主义"这一名词出现于1950年，用以指代他的实践，并很快被用于类似的反共活动。

④ 阿诺德·兰佩萨德，传记作家、文艺评论家。其第一卷《兰斯顿·休斯的一生》（1986）入围普利策奖。作为学者，兰佩萨德目前是斯坦福大学英语教授，还曾在哥伦比亚和普林斯顿执教。

哈米特再次被召回面对HUAC，而他又一次拒绝回答任何，哪怕是善意的提问（例如他现今的住址），这使得布兰奇不禁因为他终于不再是自己的麻烦而感到开心。爱德华·R.默罗，又是一名跟克瑙夫有关系的人，最终成为领导“反击麦卡锡”的力量。那年初，就在《纽约时报》暗示托马斯·曼，通过他与保罗·罗布森的关系也与共产主义有关联时，曼就给《时报》写了一封十分生气的信，最终在阿尔弗雷德的劝解下没有发出去。目睹美国现阶段所展示出的令他失望和恶心的“歇斯底里”，导致了曼的离开，他于1952年搬到了苏黎世。

在这种气候下，阿尔弗雷德和布兰奇可能会猜想（正确地）他们也处在某种级别较低的反共监视当中。FBI[①]文件显示，曾有并不十分上心的安排，要跟踪阿尔弗雷德行迹，粗粗浏览了他写给一些议员谴责麦卡锡的几百封信。最后，阿尔弗雷德被认定为达希尔·哈米特的出版人，而布兰奇被评定为“副总裁”并“在商业事务中不积极参与”。尤其是在克瑙夫1957年出版了一本被指控为共产党间谍的阿尔杰·希斯[②]所著的书《在舆论的法庭里》[③]之后，FBI对这一对出版商的关注增加了。几年以后，在一份1964年的报告中，称布兰奇“支持过不同的好几个前线组织”——其中最重要的为ACLU——这一组织当时“严重地与共产主义分子相互渗透”。

4月，就在HUAC听证会所引起的紧张略微减弱时，布兰奇读到一篇关于亚莎·海菲兹近期在以色列的一个音乐会出了岔子的报道，以色列国刚于1948年5月正式宣告成立。这是他第三次访问这个仍然充满了犹太激情的国家，海菲兹在他的节目单里包括了一首理查德·斯特劳斯的降E大调小提琴奏鸣曲。理查德·斯特劳斯在大多数以色列人眼里被认为是一名

① FBI，联邦调查局的简称，是美国司法部的主要执法及调查单位，也是美国联邦政府最大的反间谍机构。

② 阿尔杰·希斯，美国政府公务员，曾于1948年被指控为苏联间谍。在被审讯和定罪前，他参与了联合国的组建。后半生以演讲和写作为职业。

③ 《在舆论的法庭里》，阿尔杰·希斯1957年出版的一本书，披露了在一桩针对他的案件的审理中的细节。

纳粹作曲家，其作品与理查德·瓦格纳作品一起，非正式地在这个国家被禁演。大屠杀发生在仅仅十年刚出头之前，不过海菲兹有他的立场：音乐本身具有纯洁性，与任何政治无关。尽管以色列教育部长恳求海菲兹尊重当地人的感情，他拒绝了，称“音乐存在于这一切因素之上……我不会改变我的节目单。我有权决定我的节目”。他在六个城市举行了表演，每一次斯特劳斯的奏鸣曲都遭遇了沉默，直到在特拉维夫的第二场，一位示威者扔了一个东西正好砸中海菲兹的手，并让他受了伤，使得小提琴家不得不取消次日晚上的演出。这一新闻出现在美国所有主要的报纸上，布兰奇立即给她写信，表示了自己的震惊和担忧。

显然是对包括《第二性》的出版在内的近期系列政治风波的缓和，克瑙夫很快推出了一本完全不一样的书，诺曼·卡科夫关于一位摩登女性的传记《伟大的芬妮：芬妮·布莱斯的故事》[①]。（这本当时刚刚离世的娱乐明星的传记，后来成为20世纪60年代百老汇音乐剧及好莱坞电影《滑稽女郎》的基础。）此外，克瑙夫还出版了罗斯·麦唐诺的《停尸间见》[②]。布兰奇知道麦唐诺尽管有起伏，但他是一名一流的作家。在大多数评论都不温不火的情况下，《纽约时报》称赞这部小说是一部保持了“麦唐诺早期作品所有的节奏和兴奋”的复杂绑架研究，塑造了一位“冷静而有人性的侦探”。《星期六评论》没有这么感冒，称其写作“能力够了”，但是其中的“喋喋不休有时对行动是一种阻碍”。布兰奇对麦唐诺很有信心，她坚信他终将获得巨大的认可。

然而她被雷蒙德·钱德勒决定潜逃去霍顿·米夫林的决定深深地刺痛

① 诺曼·卡科夫，作家、剧作家。自1940年代晚期起至1980年代早期，写作了大量受欢迎的电视系列剧。《伟大的芬妮：芬妮·布莱斯的故事》，卡科夫为演员、喜剧明星芬妮·布莱斯所著的传记，1953年克瑙夫出版。

《滑稽女郎》，根据芬妮·布莱斯传记改编的音乐剧及电影。

② 《停尸间见》，罗斯·麦唐诺1953年发表的悬疑硬汉类小说。

了。这位紧张的作家需要更高的销量，他对她说，带着些歉意。她一直看好《漫长的告别》[①]，这部书花了他很长时间完成，很快在伦敦由哈米什·汉密尔顿[②]出版，获得了布兰奇预期的所有盛赞。至少她可以集中精力来应对詹姆斯·鲍德温了，他固执地认为捍卫自己认为适合他新书的粗鲁语言。布兰奇和好几位克瑙夫编辑一直在争辩且反对鲍德温坚持要在《高山上的呼喊》[③]里用上的挑衅词语和句式。坚守自己立场的作家说服了布兰奇他是对的，于是他把手稿交给了编辑菲利普·瓦德伦[④]。她和鲍德温一起同意了瓦德伦的编辑建议，三人的合作非常顺利。鲍德温重写了开头，创造了更有冲击力的角色，修改了结尾，这时瓦德伦建议在750美元的预付金中拿出250美元立即支付，而当布兰奇写信告诉鲍德温这一决定时，她将预付金提至1000美元。

可《高山上的呼喊》即将出版前那几个月并不容易，瓦德伦向鲍德温解释，他和布兰奇根据需要做了些修改：

> 你会看到，没有什么重大修改，都是从审查角度出发……那句“在耶稣眼皮底下，他的手就在鸡巴上揉了起来”改成了“在耶稣眼皮底下，他做起一些淫秽动作来”……在描绘加布里埃尔的受洗场景中，我们得去掉最后那六个词：“他浑身湿透了，薄薄的白衣服像另一层皮肤一样紧贴着他黑色的身体，他那话儿竖着。”我希望你能同意，

---

① 《漫长的告别》，雷蒙德·钱德勒小说，发表于1953年，是他第六部以私家侦探菲利普·马洛为主要人物的小说。这部书被认为是以硬汉侦探故事为载体，进行社会批判，并结合了钱德勒自己的生活，有自传元素。1955年获得埃德加最佳小说奖。1973年被改编为同名电影。

② 哈米什·汉密尔顿，英国出版社，1931年由杰米·汉密尔顿创建。最初专注于出版虚构作品，为不少美国作家在英国出版他们的作品，包括塞林格的《麦田里的守望者》。

③ 《高山上的呼喊》，詹姆斯·鲍德温1953年半自传体小说。讲述了一个1930年代哈莱姆地区一个叫约翰·格兰姆斯的聪慧的少年的故事，以及他与家庭和所在教会的关系。同时也揭露了他母亲、生父，以及十分暴力而充满宗教狂热的继父的故事。

④ 菲利普·瓦德伦，克瑙夫出版社重要编辑。

六个词也不会对整本书的感染力造成影响……

不过还有呢，一个白人警察对一位非裔妇女说："哦，它不是黑的，宝贝儿，但它特别长特别硬。"瓦德伦说这一句有人建议整个删除。

鲍德温从巴黎写来回信，说书中没有任何淫秽的内容。至于"鸡巴"这个词，莎士比亚用就没人有意见——对于这个回复，显然是得到了布兰奇的支持，瓦德伦很礼貌地指出，莎士比亚不会因此被拉上法庭。最终，鲍德温只同意去掉"它不是黑的"，却不能删"他那话儿竖着"几个字，不厌其烦地解释，这个句子与故事意义之间的关键联系。于是瓦德伦说众议院调查委员会目前正在对平装本小说进行道德审查——"这些自封的公共道德保护神……为什么要给他们任何机会呢？"——坚持要维持那些改动。

当1953年5月公开发行时，《高山上的呼喊》只预售了3000册，但收到的好评却非常强烈。这是一部关于少年成人的小说，影射了钦定版《圣经》故事，也结合了鲍德温自己在一个严厉的五旬节派继父身边长大的亲身经历。《纽约时报》说它是一部"美丽而狂怒的第一部小说"，而科克斯[①]则称《高山上的呼喊》为"第一部有显著差别以及感情的小说"。鲍德温提交给克瑙夫的下一部作品是《乔万尼的房间》[②]，最早的几部有公开同性恋场景的小说之一。编委会不认为这部书的描写好到足以抵消为出版所带来的风险。鲍德温拒绝修改任何有关"舔鸡巴"的段落，对于布兰奇的提醒——纪德和范·韦克滕都写过同性恋，阿尔弗雷德回应道："不过他们不管怎样处理妥了，而吉米并没有。"编委会投票否决了收购此书，留给

① 《科克斯书评》，1933年由弗吉尼亚·科克斯创办的美国书评杂志，总部位于纽约市。

② 《乔万尼的房间》，詹姆斯·鲍德温1956年发表的小说。故事聚焦于一个居住在巴黎的美国人，描写他与另一个男人，他在巴黎一个同性恋酒吧遇到的一位叫乔万尼的意大利调酒师之间的生活、感情和烦恼。

阿尔弗雷德和布兰奇做决定，鲍德温离开克瑙夫，转而投向了戴尔出版[①]。

布兰奇失望极了。鲍德温完全属于那个她从1915年开启职业生涯时就设想的文学世界。她一直希望挑战传统，推动边界，正如她1948年对《纽约客》所说，通常基于她的政治直觉。由非裔美国作家，或者战地记者，或者像波伏娃这样的大胆的政治哲学家所关注的话题的书，似乎对她是重要，甚至必需的，她下定决心要一直推动下去。

* * *

当整个国家正在为《第二性》讨论不休时，克瑙夫又推出日后的诺贝尔奖获得者——波兰作家切斯瓦夫·米沃什[②] 日后被证明是最过硬的、最勇敢的非虚构作品。《被禁锢的头脑》[③] 探索了无分左右，也无论共产主义还是纳粹主义，任何形式的极权统治下的人，他们所面临的知识层面的冲突。这本书在评论界收获了成功，吸引了最高级别的评论员：斯蒂芬·斯彭德[④] 称其为“大师之作……在一百年内”将被作为和平的“热情辩护”来阅读。出版几年后，杰西·科辛斯基[⑤] 说它是“一部对我们所有人所面对的道德和历史困境，无可挑剔的，有敏锐洞察力的分析……在今天看来就如它被写成时一样及时”。让《被禁锢的头脑》得到的这些关注弄得有

---

① 戴尔出版，1923 年由林肯·麦克维创建的出版社。

② 切斯瓦夫·米沃什，波兰著名诗人、翻译家、散文家和外交官，1980 年获诺贝尔文学奖。他也曾是波兰社会主义时期的持不同政见者。2004 年逝于克拉科夫。

③ 《被禁锢的头脑》，波兰作家、学者、诺贝尔奖获得者切斯瓦夫·米沃什 1953 年非虚构重要著作。原著以波兰语写成，英文译本最初由塞克和沃伯格出版社出版。此书于作者与波兰共产主义政府分裂，并在巴黎获得政治避免后写成。取材于二战期间他的地下写作经历，以及他在战后波兰的政治文化精英位置。对战后中欧、东欧在斯大林统治下的知识和文化冲突进行了深刻全面的分析。

④ 斯蒂芬·斯彭德，英国诗人、小说家、散文家，作品致力于社会不公、阶级抗争等题材。1965 年被命名为美国国会图书馆桂冠诗人顾问。

⑤ 杰西·科辛斯基，本名约瑟夫·卢因柯普夫（Józef Lewinkopf），波兰裔美国小说，两任美国笔会会长。出生于波兰，在二战中幸存后移民美国。

些飘飘然，布兰奇7月份回到巴黎时，她用丽兹的文具信笺给阿尔弗雷德写道："亲爱的，我非常想你，比以前任何时候都想，实在等不及了，希望8月11号快点到，你就来了：无论在哪里，总是跟你在一起才更好！"克瑙夫二人正处于他们婚姻生活中无数个摇摆不定当中，甚至可以认为他们正在回到最初：四天后布兰奇又给阿尔弗雷德写了一封信，讨论起建立一个"唯一的家和社交生活"的可能性。不幸的是，他们永远没有建立起过布兰奇眼下想要的那种婚姻家庭，就几个小时，她想要。

1953年底，他们确实一起在洛杉矶待了几个星期。布兰奇先去见了几位她的作家，然后才去与阿尔弗雷德会合，一同去看望埃德温和米尔德丽德，在他们的家里，夫妻俩见到了很多他们电影圈的朋友。埃德温"漂亮地坐着"，这是按他自己的说法，那一年成功地制作了获奖音乐剧《孤凤奇缘》[①]，而布兰奇也很高兴换一个节奏，在埃德温和米尔德丽德的观影室很开心地观看了这部由莱斯利·卡伦[②]、梅尔·弗尔[③]，以及莎莎·嘉宝[④]主演的电影。当米尔德丽德为阿尔弗雷德和布兰奇邀请了"很多好莱坞明星"举办晚宴时，她问她大伯想挨着谁坐。阿尔弗雷德回答说："你知道这个世界上，我眼里只有一个女人。"正如米尔德丽德几年前所猜测的："还是那个老故事，他不能跟她一起生活，离了她他又活不下去。"

但布兰奇发现阿尔弗雷德的爱太过变化无常。当她在帕切斯时，她总会恳求他给木饰板墙的客厅壁炉里多加些柴。他总是拒绝，说温度挺好

---

① 《孤凤奇缘》，1953年上映的一部剧情片，由查尔斯·沃尔特斯执导，莱丝莉·卡伦等主演。讲述了16岁的莉莉从家乡来投奔面包师，不料此人已经去世，走投无路的她跟随偶遇的魔术师马克来到他的演艺团。莉莉和木偶的表演大获成功，她演唱的《莉莉，你好》也成为经典保留节目。

② 莱斯利·卡伦，法裔美国演员、舞蹈家，在1951年至2003年间，出演过45部影片。其自传《感谢上天》2010年在英国和美国出版，2011年法文版面世。2016年6月28日，著名的纪录片导演拉里·韦恩斯坦在多伦多国际电影节上推出传记纪录片《莱斯利·卡伦：不情愿成为明星》。

③ 梅尔·弗尔，美国舞台及大银幕演员、导演、电影制作人，奥黛丽·赫本的第一任丈夫。

④ 莎莎·嘉宝，匈牙利裔美国演员，社交明星，其两个妹妹爱娃及玛格达·嘉宝也都是演员。

了，哪怕他意识到她身上没有什么脂肪。于是他们会一直争论，直到阿尔弗雷德投降，把温度升高，然后穿上沙滩装。总的来说，阿尔弗雷德现在比过去任何时候都更多地冷酷无情地嘲笑布兰奇，往往是在办公室里当着其他人的面，比如批评她把钞票折叠起来放进钱包的方式，或者是她给一只狗剃出的造型样式。似乎没有什么能避开他的苛责。

不管怎样，那个春天克瑙夫二人设法去向多萝西·赫格希姆[①]表达了慰问，她丈夫约瑟夫于4月份在新泽西开普梅[②]去世，曾经是20年代及30年代早期克瑙夫最受欢迎的作家之一。几个月后，布兰奇和阿尔弗雷德同意一起飞去法国，但一旦到达就各走各的，布兰奇同珍妮一起去法国南部，阿尔弗雷德与葡萄酒鉴赏家亚历克西斯·凌致[③] 一起去法国教皇新堡[④]，距离阿维尼翁[⑤] 6英里，靠近普罗旺斯[⑥]。阿尔弗雷德雇请凌致全程陪他游览法国酒庄，并教他“关于罗纳河谷的红酒的一切”。从隔壁房间，透过薄墙（这个名称是凌致后来给他们所下榻的五星级酒店房间的一个圆滑用词），这位葡萄酒专家可以听见阿尔弗雷德在电话里向布兰奇咆哮，“强迫她来加入他们，尽管她并不想来”。

10月1日，布兰奇在纽约第二古老的私人会所——和谐会所[⑦]为华莱士·史蒂文斯举办了一个派对，和谐会所最早由一群德裔犹太人专为曾被

① 多萝西·赫格希姆，作家约瑟夫·赫格希姆的妻子。

② 新泽西开普梅，位于新泽西开普梅半岛上的海滨度假城市，以华丽宽敞的维多利亚式住宅闻名。

③ 亚历克西斯·凌致，俄罗斯葡萄酒作家及企业家。在推广葡萄酒的品种酒标上扮演了关键角色，是一位出色的葡萄酒商人，拥有荔仙酒庄以及位于梅多克的力士金城堡的股份。

④ 法国教皇新堡，位于法国罗纳河谷（又称隆河谷 Cotes du Rhone）葡萄酒产区的南部，是法国第一个获得AOC认证的法定产区。

⑤ 阿维尼翁，位于法国南部普罗旺斯-阿尔卑斯-蓝色海岸大区沃克吕兹省，隆河左岸的一座城市，始建于罗马时期。

⑥ 普罗旺斯，法国东南部的一个省。

⑦ 和谐会所，纽约市的一个私人会所，创建于1852年，纽约市第二古老的私人会所。现位于东60街4号的一幢建筑内。

联合[①]或者大都会[②]一类会所拒之门外的他们而创建。(和谐会所在二战结束时开始向非犹太人开放。)史蒂文斯的诗集按计划将于第二天，诗人的75岁生日这天，由克瑙夫推出。《纽约时报》报道说："最近发生在纽约一个午餐会，是你所见过的最大一次重要诗人聚会，他们聚在一起为他们中的一员表达敬意。嘉宾(一个安静的男人)1949年已经获得过博林根奖[③]，1950年国家图书奖，难道这一年是要得普利策奖吗？"是的，就在这年4月，在他8月死于胃癌之前。布兰奇对史蒂文斯的感情很复杂，她崇拜他的作品，也明显能感到自己对他的同情。史蒂文斯与一个他父母认为不如他的女子结了婚，结果他便与他们断绝了关系，直到妻子去世。但是史蒂文斯的种族歧视却从不缺席，总能让布兰奇震撼惊愕，比如他在国家图书奖做评委时，用"黑熊"来指代格温多林·布鲁克斯[④]。

1954年年底前，帕特·克瑙夫正式成为这个家族企业的一部分，而且(尽管阿尔弗雷德会归功于自己)他促成了克瑙夫的平装书"古旧丛书"[⑤]新品牌的推出，这个系列以高质量平装版的形式再版克瑙夫早期的精装书。阿尔弗雷德后来说："这个老书实验其实没有多少可说的，在这个问题上我们完全是模仿者，真正唯一的奠基人是杰森·艾普斯坦[⑥]，这位年轻人为道布尔戴开发了'铁锚丛书'[⑦](头一年)。我们唯一值得一说的是，我们

---

① 联合会所，全称纽约市联合会所，创建于1836年的纽约高档私人会所。目前位于东69街和公园大道交会处的一幢地标性建筑内，它是纽约市最古老的私人会所，也是全美第三老的私人会所，被认为是纽约市最有声望的会所之一。

② 大都会会所，纽约曼哈顿的一个私人社交会所，创建于1891年，创建时仅接收男性会员。

③ 博林根奖，全称博林根诗歌奖，是用以奖励每两年里新出现的美国诗歌中最优秀作品的文学荣誉。由耶鲁大学拜内克古籍善本图书馆每两年颁发一次。

④ 格温多林·布鲁克斯，美国诗人、作家、教师。其作品通常面对她所在的社区里的普通人个人生活中的高潮和低谷。1950年5月1日获普利策诗歌奖，是第一位获得普利策奖的黑人妇女。

⑤ "古旧丛书"，1954年克瑙夫推出的平装书子品牌。

⑥ 杰森·艾普斯坦，美国编辑、出版商，以推出著名的高品质平装书"铁锚丛书"而闻名。

⑦ "铁锚丛书"，创建于1953年，是美国最早的专出平装书的出版品牌，目的是为了让更多大学生、普通市民能够享受到现代经典著作。

还算聪明，也有些骄傲，没有马上跟着学，但也没有拖得太久。”帕特为“古旧丛书”做出了风格和门类上的细节规划，而阿尔弗雷德坚持认为这是某种程度上的一个神秘的出版操作，“也就是说，我从来没能想明白是什么来决定某一本书的正确选项”，是印平装还是别的。

与此同时，布兰奇正在努力劝说编委会，尤其是阿尔弗雷德从莱因哈特出版公司手里把诺曼·梅勒的《鹿园》买过来，他们已经出版了《裸者与死者》。按照乔·莱瑟的说法，“当阿尔弗雷德有时干预布兰奇的选择时，基本上总是有损公司利益的。她有着惊人的优秀判断力”。但阿尔弗雷德在梅勒那里多年被冷落，至少他是这么认为的，结果就是这位出版商不喜欢他。所以他这时宣称，这部小说过度的性描写便是足够的拒绝理由，他还调侃说，这本书唯一与性无涉的是书名。他动用合伙人在收购事宜上的否决权，拒绝了布兰奇要求出价竞争《鹿园》版权的请求，还拿出其他编委会成员的意见来，编委们大多是出于害怕得罪他们的（主要）老板，每当需要投票时，总是站在阿尔弗雷德这一边。

可以这么说，诺曼·梅勒用1948年的《裸者与死者》引领了战后的文学革命。汤姆·沃尔夫[①]将很快开启混合事实与虚构的风格实验，就像薇拉·凯瑟曾经将历史人物插进《死神来迎接大主教》一样。布兰奇可以看得出，50年代中期出现了一个新的年代，仿佛20年代末。1955年她不懈地努力，想要拿到梅勒的《鹿园》，但帕特和阿尔弗雷德设置重重路障。最终，在被六七个出版商拒绝之后，《鹿园》去了普特南[②]（付出了历史上

---

① 汤姆·沃尔夫，美国作家、记者，以参与并影响新新闻运动而最为人所知，在新闻报道中大量使用文学技巧。

② 普特南，位于纽约市的美国图书出版商，全称“G. P. Putnam's Sons”，最初于1838年由乔治·帕尔默·普特南与约翰·怀利合伙创建，名为怀利与普特南（Wiley & Putnam）。1841年，普特南去伦敦设立了办事处，这是第一家这么做的美国公司。1848年回到纽约，解散了与怀利的合伙关系，创建了G.普特南·百老汇，出版多种多样的作品。从1996年起，它成为企鹅集团的一个子品牌。

最高的预付金）。

帕特记得放弃《鹿园》这一决定都是他的错。在一次行业里的“销售研讨会之前，有个人上前来对我说：‘我听说你们拿到了诺曼·梅勒的一部手稿叫《鹿园》，如果你父亲不了解的话你得告诉他，那绝对是一本可怕的书，不能被出版。’就这样，我其实也什么都不知道，于是给父亲送了个信”——这个决定让布兰奇大为恼怒，因为通常是她在处理虚构作品。至少阿尔弗雷德给帕特回了个信，说：“如果有人跟你说这事，你让他去对你母亲说。”于是帕特“对此事的干预给布兰奇闯了祸”。

类似的，乔·莱瑟后来还公开了另一件事，当辛克莱·路易斯离开哈考特·布瑞斯时，阿尔弗雷德拒绝去竞价争取他的加入，因为那些书正在被拍卖而“AAK 拒绝竞争，无论是路易斯的还是其他什么人的”。好几十年前，克瑙夫也丧失了得到布兰奇非常想出版的托马斯·沃尔夫的作品的机会。沃尔夫告诉过她，他不喜欢斯克里布纳这个名门望族公司，做好了准备离开他们。但阿尔弗雷德觉得这不是一个很好的跳到克瑙夫来的理由，他希望克瑙夫在作家们眼里是比其他出版社更上等，更纯粹，更简单。他告诉布兰奇，如果她吸纳沃尔夫，他，阿尔弗雷德就离开公司。“布兰奇在做判断时通常更多的是凭直觉。”阿尔弗雷德后来这么认为，“我有时也靠直觉。但不能任何时候都信赖它，随随便便出版，可以这么说。”

22. 新疆域

1955年初，布兰奇和阿尔弗雷德的照片出现在美联社[1]的一则新闻上，照片上他们正在“纽约（爱德怀德[2]）国际机场欢迎他们刚刚乘坐泛美航空“飞剪船”从巴黎抵达的两只贵宾犬”。四个月大的狗是在“尚蒂伊[3]的阿梅德·德布罗意公爵夫人的狗场里配的种”。是一位新来的秘书埃莉诺·弗伦奇安排了这次媒体曝光。身高超出老板足足一英尺的弗伦奇，此后在布兰奇身边待了一辈子。约翰·赫西回忆道：“那两只贵宾犬……看上去简直像极了（克瑙夫夫妻）。几个月后，阿尔弗雷德那一只，恩吉尔，留了长长的唇髭，走路大摇大摆，脾气也很坏。而布兰奇那一只，ZZ，则是个饿得只剩一丁点的小东西，蜷在椅子靠垫上。”《时代》的戏剧评论家路易斯·柯能伯格[4]还记得那些狗“在圣诞节得到了从亚伯克朗比及费买来的全套梳洗用具”。

布兰奇为那年夏天的欧洲之旅做了充足的计划。《出版人周刊》是这么说的：

---

① 美联社，本意为联合通讯社，为将其和其他国家的联合通讯社区分开来，通常加注国名为“美国联合通讯社”，简称美联社，为美国乃至于世界最大的通讯社，总部设在美国纽约。成立于1846年5月，由《纽约先驱报》《纽约太阳报》《纽约论坛报》《纽约商业日报》《快报》《纽约信使及问询报》联合组建。

② 爱德怀德，即肯尼迪国际机场，于1942年始建，1948年7月1日首次有商业航班，有时也被称作“爱德怀德机场”。

③ 尚蒂伊，法国瓦兹省的一个市镇，属于桑利区尚蒂伊县。

④ 路易斯·柯能伯格，美国文艺评论家，长期与《时代》合作（1938—1961），小说家、专栏作家，写了大量关于戏剧以及18世纪的文章。

> 她将要拜访出版商，以及许多欧洲作家……在法国，除了其他人，她将见到阿尔贝·加缪、《汤普森少校的笔记本》作者皮埃尔·达尼诺斯[①]，以及《领航员》作者儒勒·鲁瓦[②]。在瑞士，她将去探望托马斯·曼，他的《骗子菲利克斯·克鲁尔的自白》将于9月19日面世；还有亚瑟·米克尔，他的《芝加哥，怀着爱》[③]像是献给（这个城市）的情人节贺卡。（她还要）拜访《柏木信仰上帝》的作者何塞·马利亚·希龙内利亚[④]。在意大利，她会见到前不久还在美国的著名意大利出版人华伦蒂诺·邦皮亚尼伯爵[⑤]，还将访问罗马和米兰，波恩及法兰克福，然后在英国停留几个星期，包括去一趟爱尔兰看望伊丽莎白·鲍恩。

所有计划中的行动都进展得很好，尤其是去鲍恩庄园的那一趟，她在那里得以彻底放松。然而凯蒂娅·曼并没有如几个月前的信中建议的那样，邀请布兰奇到家里午餐，而是领她去了自己丈夫的墓地，布兰奇留下了鲜花。托马斯·曼已于8月12日因肺栓塞去世——在克瑙夫推出《菲利克斯·克鲁尔》第一部分的前一个月。延展自曼早期故事里一位迷人的神秘男子菲

---

① 皮埃尔·达尼诺斯，法国作家、幽默艺术家。
1954年出版《汤普森少校的笔记本》，随后出版系列续集，假装从一个住在法国的退休英国军官的视角，比较英法社会。

② 儒勒·鲁瓦，法国作家，被称为“高产而好辩的”鲁瓦，出生在法属阿尔及利亚，被送进罗马天主教神学院学习。他的写作基本上基于他在法属殖民地的经历，以及二战时在皇家空军服役的经历。他是一位对法国殖民主义和阿尔及利亚战争的坦率批评者。
《领航员》，鲁瓦二战小说，英译本由克瑙夫1955年出版。

③ 亚瑟·米克尔，美国小说家、记者。
《芝加哥，怀着爱》，由克瑙夫1955年出版的米克尔对芝加哥20世纪初的图文并茂的记录。

④ 何塞·马利亚·希龙内利亚，西班牙作家，以小说《柏木信仰上帝》闻名，该书1953年在西班牙发表，1955年被译成英文出版。

⑤ 华伦蒂诺·邦皮亚尼伯爵，意大利出版商、作家、剧作家。1929年创办与自己同名的出版社，后成为意大利最重要出版社之一。

利克斯·克鲁尔的经历，这极有可能是曼本人的双重生活的反映，一方面是他的家庭，另一方面是他对同性恋的渴望。

布兰奇还沉浸在对丢掉《鹿园》一事的不平当中，尤其是了解到克瑙夫第三季度的销售达到公司历史上最高以后，如果再加上梅勒，只会更加出色。1955年10月，小说出版后不久，她举办了一个鸡尾酒会，大胆地邀请了梅勒来参加。“我觉得梅勒太太是个墨西哥人。”阿尔弗雷德说，莫名其妙地。“派对快结束时，我忽然觉得自己是个不礼貌的主人，于是在门口跟梅勒夫妇握手，并同他交谈起来。”梅勒告诉阿尔弗雷德，他会为自己没有买下《鹿园》的决定而后悔的，因为他肯定这本书会卖出超过10万册。阿尔弗雷德答复说，他打赌那不可能。后来他收到梅勒写来的一封恶毒的信，那时梅勒正在协助创办《村声》[①]，邀请阿尔弗雷德去“舔他的鸟。”而帕特·克瑙夫记忆中他母亲的那次派对却不是这样的。“当时有50到75个人，诺曼·梅勒走了进来。我父亲大概那之后20分钟才到，看了一眼（梅勒），戴上帽子穿上外套就离开了。”

1955年是截止到那时为止克瑙夫最盈利的一年，几乎赶上了美国出版商就总体而言的纪录。克瑙夫推出了加缪的《西绪弗斯神话》[②]、兰德尔·贾雷尔的《诗选》[③]、托马斯·曼（未完成的）《骗子菲利克斯·克鲁尔的

① 《村声》，一份美国新闻及文化报纸，作为全国第一份另类周刊而闻名。丹·伍尔夫，艾德·范切尔和诺曼·梅勒于1955年创办，为纽约市的文学艺术创意社区平台。自创建起，获得过3次普利策奖，及国家新闻基础奖、乔治·波尔卡新闻奖。现每天出版网络版，以及每周出版在纽约市发行的纸质周刊，以及数字周刊。

② 《西绪弗斯神话》，加缪的哲学散文，法语版于1942年出版，1955年发表英文版，由贾斯汀·欧伯令翻译。文章题目来自希腊神话中的一则故事，加缪在文中用西西弗斯神话来比喻生命本身，探讨了自杀的问题及生命的价值，并借此引入了荒诞主义哲学，此哲学认为生命没有意义，除了我们构建出的价值外没有价值。他向人们发问，在这样一个琐细的世界上，除了自杀还能做什么？西西弗斯是希腊神话中的一个人物，他因为卓尔不凡的智慧惹恼了众神。作为惩罚，他双目失明并被判永久地将一块大石头推上山顶，但最终都不可避免地要承受着大石头滚进山谷的结局。对真理的找寻在加缪看来是无益的，因为科学会不断推翻曾经被认为坚不可摧的信条。他广泛地从文学哲学中寻求素材，描述了荒诞意识的历史发展并认为西西弗斯是终极荒诞英雄。

③ 兰德尔·贾雷尔，美国诗人、文艺评论家、儿童文学作家、散文家、小说家，第11届桂冠诗人。

自白》、伊丽莎白·鲍恩的《爱的世界》[①]，以及他们朋友理查德·霍夫施塔特的普利策得奖作品《改革的时代》[②]——这是一部对19世纪90年代美国民粹主义运动及20世纪早期进步运动的细致观察和精湛分析。不过到这个时候，布兰奇已经能够看出来，阿尔弗雷德对西部的兴趣，如同他对出版生意的兴趣一样浓。就在圣诞节前几天，他给美国国家公园管理局写信，好像是关于"国家公园管理局员工不合格的住宿条件"。在信的末尾，他说由于国家公园的员工们在他每次访问时，总是十分慷慨地让他用公园的飞机，自己对他们有多感激。他在办公室里有多难相处，他在自己倾心的风景里就有多怡人。

1956年1月29日，H.L.门肯，那位从1915年起一直为克瑙夫夫妇在公司发展问题上充当顾问的人，那位同时被布兰奇和阿尔弗雷德爱着的人，告别人世，去到他开玩笑说更好的生活中去了。报纸对简短葬礼做了报道，仪式在距离门肯家一个街区之外的郝林斯与吉尔莫夹角处维茨克殡仪馆里举行，来宾有代表了文学界的阿尔弗雷德·克瑙夫（布兰奇在海外）和詹姆斯·M.凯恩，以及约翰·霍普金斯的病理学家阿诺德·里奇[③]——诗人艾德丽安·里奇[④]的父亲。门肯的骨灰葬在巴尔的摩劳登园墓地，紧挨着他深爱的萨拉。几个月以后，阿尔弗雷德在《猎犬季刊》(一份不定期出版，设计精美的小册子，预告克瑙夫即将出版的书）上称门肯是一位他"非常珍爱的密友，对两个出版书刊的克瑙夫的影响力，超过他们生命中的任何人"。

2月，阿尔弗雷德和布兰奇在哥伦比亚大学创立了一个关于克瑙夫早年的口述史项目。尽管布兰奇对于录制有关他们起步时种种逸事很感兴

---

① 《爱的世界》，伊丽莎白·鲍恩1954年发表的小说。

② 《改革的时代》，The Age of Reform。

③ 阿诺德·里奇，美国病理学家。

④ 艾德丽安·里奇，美国诗人、散文家和女权主义者。著名病理学家阿诺德·里奇的女儿。

趣，但她更加专注于当前的状况，而事实证明埃莉诺·弗伦奇是眼下情形里字面意义上的救命恩人。在这之前，布兰奇的视力已经恶化到她的助理要编出理由来陪她过街：弗伦奇会忽然想起她得去办什么事，然后与布兰奇手挽手，两个女人一同离开办公室。

当她自己越来越脆弱不堪一击时，她对员工需求的意识却在与日俱增。彼迪·乐梅对布兰奇的记忆是“非常彬彬有礼”。她对他妻子的友善甚至包括，“在他们去帕切斯赴宴时，提前替多萝西准备了一个披巾……她会尽力保证每个人都舒舒服服，没有被忽略。确实不能要求布兰奇能为一个员工的妻子考虑得再周到一些了，令这位妻子从未感到自己有丝毫的不受欢迎之处。阿尔弗雷德则会让任何人都觉得自己不受欢迎……（跟他在一起）你永远不知道何时他会上来揍你一拳。而跟布兰奇在一起，你大可放心，永远不会受到侵犯”。当彼迪因为天花休假而有一个星期没上班时，布兰奇给他送去新鲜的意大利葡萄，当他女儿生病时，她坚持让他立即回去照看女儿。“布兰奇关心你的感受，阿尔弗雷德从来不会。这就是为什么作者们都喜欢她。”

就在布兰奇得知约翰·赫西的婚姻出现问题时，《读者文摘》发表了一篇真挚动人的文章，关于作者自己的同样的问题，而作者是她的老朋友——作家保罗·葛里克。葛里克的离婚也许使得布兰奇重新思考她在自己的婚姻里付出了多少努力。葛里克（她多年前与之有过一段恋情）原本以为自己过去14年的婚姻或多或少可以说是幸福的，可他妻子忽然离开了他。在《读者文摘》的文章中，他详述了失去与一个“懂得你的每一个动作”的人共享人生是一种什么感受。尽管她对自己的婚姻有种种遗憾，但是在读了葛里克的文章后，布兰奇一定在想，没有阿尔弗雷德的生活将会是什么样。

* * *

那个秋天，感觉自己身体比过去几个月里都强壮，布兰奇又一次尝试要参与到她丈夫对西部的热恋当中。（过了很多年，阿尔弗雷德从前的女朋友埃尔希·沃斯伯格还是忍不住逮着机会要扎布兰奇一下，她说："布兰奇跟阿尔弗雷德一起去那些国家公园，因为她已经到了离不开他的地步了。"）迫切地需要一种东西来改善他们之间的关系，她和阿尔弗雷德与约翰和弗朗西斯·安·赫西一起去了亚利桑那州－犹他州州界上的纪念碑谷[①]和大峡谷[②]，大部分位于纳瓦霍保留区内。

这趟旅行特别愉快，尽管布兰奇被他们途中经过的一些尖突的景观搞得有些紧张。阿尔弗雷德和赫西两人都做了大量详尽的记录，还有一位一度与他们同行的政府公务员 A.M. 莫滕森博士也同样做着详细的笔记。在哈里·古尔丁客栈[③]（1939年约翰·韦恩[④]主演的获奖影片《关山飞渡》[⑤]拍摄处）吃过一顿家常风格的晚餐后，克瑙夫与赫西两对夫妻得到了公园提

---

① 纪念碑谷，科罗拉多高原一个由砂岩形成的巨型孤峰群区域，位于亚利桑那州北方州界和犹他州的南方州界，在纳瓦霍族保留地之内。

② 大峡谷，又称科罗拉多大峡谷，位于美国亚利桑那州西北部，是科罗拉多河经过数百万年以上的冲蚀而形成，色彩斑斓，峭壁险峻。1979 年大峡谷被列入世界遗产。在许多非权威版本的世界七大自然奇观列表上都有大峡谷的名字。目前由美国大峡谷国家公园管理。1540 年，一个名叫加西亚·洛佩兹·德·卡迪纳斯的西班牙人最先发现了大峡谷。19 世纪 70 年代，美国陆军少校约翰·威斯利·鲍威尔率领第一支科学考察队前往大峡谷。鲍威尔将谷中的沉积岩层形容为"一本巨型小说中的书页"。然而，此前已有美洲印第安人在峡谷壁上定居了。

③ 哈里·古尔丁客栈，从前是古尔丁贸易站，位于亚利桑那 - 犹他州线以北，与纪念碑谷诺瓦霍部落毗邻。因约翰·福特的多部西部片在此拍摄而名声大振，现是国家历史建筑。

④ 约翰·韦恩，美国电影演员，曾获奥斯卡最佳男主角奖。他演绎的角色极具男子气概，个人风格鲜明，说话语调、走路方式都与众不同，绰号 Duke。位列 1999 年美国电影学会评选的 20 世纪百年百大明星男演员第 13 位。他是 20 世纪 40 年代到 70 年代主要影星之一，名字和西部片和战争片紧密联系在一起。

⑤ 《关山飞渡》，一部 1939 年由约翰·福特导演的经典西部片。由克莱儿·崔华、约翰·韦恩主演。是约翰·韦恩的成名之作。它与 1946 年的《侠骨柔情》、1956 年的《搜索者》、1962 年的《双虎屠龙》并列，在约翰·福特执导的众多著名西部片中，被认为是巅峰之作。其常用的场景包括后来成为美国西部经典意象之一的纪念碑山谷，于本片首次出现。

供的一架公园管理处的飞机。最初莫滕森对布兰奇印象很差，“画着厚厚的眼妆，在餐桌上同一个科学家用法语说话，我觉得这极没有教养……她一条鱼永远也吃不完，我一点都不喜欢她直到一个半小时过后，我（忽然）就改变了”。似乎，她事实上很实在又善于自嘲，带着“人人都有的大大小小焦虑和弱点”。她对取笑自己毫不畏惧。当莫滕森和“赫西太太往洗手间方向信步走过去时，（我们）碰上了布兰奇，一只手拿着一盒契斯特菲尔德，另一只手拿着一个火柴书，嘴里已经有一支点着了的香烟……点着了三支，她还打算在双手都占满的情况下再点燃一支。‘我最好放弃这个习惯。’她说。”

阿尔弗雷德的记录则更多集中在自然奇观上。

> 我们先飞到阿尔伯克基，再驾车来到盖洛普[①]，（我们三个）中途停下来去攀登那条通往薇拉·凯瑟的死神（迎接大主教）阿科马·普韦布洛[②]的陡峭沙路——风景优美，这毫无疑问，但这地方确实有点破烂邋遢，还有那些印第安人向前来与他们合影的旅人坐地要价。他们既不吸引人，也不友好。我们下来时，布兰奇很舒服地坐在一幢小屋子外的阴凉处，抽着一支契斯特菲尔德，一边和一个上了岁数的印第安妇女聊天。她说有两三个经过的男人，都说如果她愿意的话，可以把她抬到顶上去看看。

在盖洛浦和谢伊峡谷[③]之间，他们四个在路上遇到几个爆了胎的印第

① 盖洛普，新墨西哥州城市，其人口中美国原住民占很大比例。

② 阿科马·普韦布洛，美国原住居民点，国家历史纪念区，位于新墨西哥州阿尔伯克基以西60英里，由4个村庄组成。

③ 谢伊峡谷，全称谢伊峡谷国家纪念区，纪念区创建于1931年4月1日，位于亚利桑那州东北部，纳瓦霍保留区内。

安妇女，赫西留下来帮他们补胎，其他人继续前行。最终所有人在谢伊会合，住进了“原始住所”雷鸟客栈[①]。“一位雇来的导游在峡谷变幻莫测的路面上开着一辆公园管理处的四轮驱动小货车，任何不具备四轮驱动的车辆都可能陷进沙里，再也见不到。”阿尔弗雷德的记录中说。打包了午餐，四个朋友第二天用一个上午蜿蜒穿越了死人谷[②]，在木乃伊洞[③]吃带来的午餐。下午，一位森林管理处导游领他们驾车缘峡谷边路而去，保证他们将要看到的“峡谷景观，以及随后的日落景象，绝对一流”，阿尔弗雷德记载说。最后，按她丈夫的说法，布兰奇找到了办法让自己放松。在去纪念碑谷之前，“我们一行在峡谷里又待了一天”。“带着锄头、铲子和粗绳子，以在必要时拖拽。”

在纪念碑谷里的一个观光巴士上，一开始是弗朗西斯·安，后来布兰奇也加入进去，对同车其他游客以及他们身上的相机说三道四，让两个男人极不自在——不过，阿尔弗雷德日记中说：“没人被冒犯了。”正当克瑙夫夫妻二人准备登顶哈希肯尼－梅萨[④]时，布兰奇丢了一只耳环，这下一切都终止了。“典型地，”阿尔弗雷德回忆道，“她在这人迹罕至的荒野，偏挑了曼哈顿珠宝师希曼·谢普斯给她做的首饰来戴。(我们)不得不往回走，把(印第安人)篝火边的地扒了一遍，刨出了那只耳环。”

然后，他们被公园用单引擎飞机送到大峡谷南缘路。住在橡树溪峡谷[⑤]的一间小木屋里，赫西沉浸在钓鱼者的天堂，弗朗西斯·安和布兰奇抱

---

① 雷鸟客栈，位于谢伊峡谷谷口，是距离该国家纪念区最近的住宿地，改建于最初修建于1896年的贸易站。

② 死人谷，组成谢伊峡谷国家纪念区的三大峡谷之一。

③ 木乃伊洞，位于谢伊峡谷国家纪念区内腹地深处，有不同年代的建筑遗址。

④ 哈希肯尼－梅萨，大致位于纪念碑谷与凯恩塔之间，哈希肯尼得名于一位出生于纪念碑谷地区的著名纳瓦霍领袖，他带领同族人步行300英里避开了被驱赶至新墨西哥州东部印第安人集中营地的命运。

⑤ 橡树溪峡谷，亚利桑那州北部介于弗拉格斯塔夫和塞多纳之间的河流峡谷。由于风光秀美，通常被称为大峡谷的小表妹。

怨着住宿条件的原始。沿着峡谷开得再远些，去参观日落火山口[①]和蒙特苏马堡[②]的路上，掌着方向盘的阿尔弗雷德被一个指向高尔夫球会所的路标分了神，撞到一个大岩石上，“使得余下来的整个旅途手刹都是坏的”。

接下来的那些天，他们四个访问了亚利桑那和新墨西哥部分的彩绘沙漠[③]和石化森林[④]，然后从埃尔帕索[⑤]跨过边境去华雷斯[⑥]吃晚饭。有好一些布兰奇寄给朋友的手写信笺说明那长长的三个星期她撑过来了。阿尔弗雷德只是回忆说：“我们在西南部过了很有意思的三个星期，尽管布兰奇回来时好像脱了形，因为她咽不下那里的食物，基本上是在挨饿。”不过阿尔弗雷德和布兰奇两人都同意，赫西夫妇是好旅伴。约翰·赫西后来回忆起这次旅行也充满怀念，记得当他们被困在一个穿越沙漠的旅游巴士上时，布兰奇和阿尔弗雷德怎样一直在“吹口哨和哼唱”，从舒伯特的《鳟鱼》五重奏，到贝多芬晚期的四重奏换着来，以免令对方乏味。

* * *

回来以后，1957年初，布兰奇开始发力，为阿尔贝·加缪争取诺贝尔文学奖呼吁奔走。她在外国出版商中调用了所有的可用资源，请他们写信支持和推荐自己所钟爱的欧陆作家。10月，布兰奇得知他获奖的消息，人

---

① 日落火山口，位于亚利桑那州弗拉格斯塔夫北部的火山渣锥。

② 蒙特苏马堡，位于亚利桑那州坎普维德，这一国家纪念区保护了一套保存完好的西纳瓜人居住区，西纳瓜是前哥伦布时代的文明，与美国西南部其他印第安人类似。

③ 彩绘沙漠，美国四角地区的一片不毛之地沙漠，从大峡谷东端起，向东南延伸至石化森林。以鲜艳丰富的色彩著称。

④ 石化森林，亚利桑那州东北部的一个国家公园。以其大片的积淀石化木而得名。

⑤ 埃尔帕索，西班牙语中通道的意思，得克萨斯州艾尔帕索的一个城市。

⑥ 华雷斯，墨西哥奇瓦瓦州的一座城市，位于格兰德河南岸，对面是美国的埃尔帕索。这两个城市都在西班牙帝国皇家内陆大道上。1659年开埠，称为“北方关口”。1888年改名以纪念墨西哥总统贝尼托·华雷斯。2009年1月至8月21日，华雷斯有1362人被谋杀，是世界最高谋杀率的城市，毒枭为争夺控制可卡因交易，此地已经成为墨西哥的谋杀之都。

人都知道，包括作者本人，这很大程度归功于布兰奇的游说。加缪得到这个消息时正和他的美国女友帕特里夏·布莱克在玛利约斯咖啡馆[①]二楼喝着咖啡。艰苦的工作完成了，布兰奇立即着手为斯德哥尔摩的诺贝尔颁奖仪式做衣服。尽管她减少了一些去海外的旅行，但与法国时装师的联系一直没断过，为将要围绕着加缪举行的各种活动，联系了克里斯汀·迪奥和巴黎世家，给自己定制了好几身行头。在给迪奥的电报中写道："您有我的尺寸，不能花太多钱，但必须要优雅。"迪奥建议了一件"迷人的绿色调"真丝裙，"正好"，他安慰她，在促销。

尽管一心忙于跟克瑙夫最新的诺贝尔奖获得者有关的各项事务，布兰奇还是跟法勒·斯特劳斯·卡德希之间在为争夺卡罗·列维[②]的《言如石》[③]而战。一直到最后关头，结果都不明朗，谈判"依靠信鸽在他的正午传递过去"，据 FSG 的记载。结果公示"可能意味着……亲爱的布兰奇·克瑙夫最终会出版 C. 列维，不过我恐怕一切依然在神的掌管之中，难以预料，会取决于卡罗目前的胃口。"法勒和斯特劳斯以为克瑙夫的竞价超过了他们，事实恰恰相反，不是克瑙夫，而是他们，得到了这本书。珍妮·布莱德利责怪布兰奇："读书总是花了太长时间……又花好几个月来考虑……这样（不时地）你会丢掉你想要得。"可不管怎么说，那个6月，克瑙夫出版了三卷莱斯利·马向[④]的《拜伦传》[⑤]。这部书花了十年时间调研写作而成。就像纽曼·艾维·怀特的大部头《雪莱》，马向的《拜伦》成为克瑙夫重版

---

① 玛利约斯餐厅，巴黎著名餐厅，1999 年原址改为另一家高级餐馆。

② 卡罗·列维，意大利犹太画家、作家、活动家、医生。

③ 《言如石》，意大利顶级文学奖维亚雷焦文学奖 1956 年得主。它描述了一个原汁原味的西西里及其居民，与黑手党刻板印象大相径庭。并展示了新殖民时期主题：美国和战后的意大利南部。书中的文章来自多年旅行中分别写就的散文和杂文。

④ 莱斯利·马向，美国研究英国文学学者，由以对浪漫主义诗人拜伦勋爵的研究贡献而闻名，其编纂的 12 卷《拜伦书信及日记》于 1973 年至 1982 年间出版，1994 年追加增补卷，以及 1957 年的《拜伦传》。

⑤ 《拜伦传》，克瑙夫 1957 年出版，莱斯利·马向著。

书目录上的常客。

那年夏天，阿尔弗雷德和布兰奇又一起旅行了两个半星期，这次没有其他朋友。当旅行结束回来后，布兰奇写给珍妮的信中说，这趟去华盛顿、俄勒冈，以及北科罗拉多的旅途“很热但很有趣”。阿尔弗雷德在几十年之后的一次采访中，对苏珊·希恩说，布兰奇几乎不吃东西这个说法并非事实：“在那些国家公园里，（我们）把钓来的鱼（送去）酒店厨房，让他们给我们做了当晚餐，她吃那些鳟鱼吃得挺好的。我想她喝的波旁比葡萄酒要多些。”仔细想了想，他然后决定“她当然完全应该比实际吃得多得多才是……我想她已经丢掉了对食物的胃口”。

他们外出去西部时，把帕切斯的家交给了产品经理西德尼·雅各布斯和太太，知道这对没有孩子的夫妇会在他们离开城市这段时间照顾好房子。克瑙夫夫妻俩没把房子留给帕特和爱丽丝以及现在已经有的三个孩子这一举动，好似对帕特的最后一击，他给父亲写了一封长信，诉说这些年来他所遭受的委屈——从未能收到过一张感谢卡，到不常被邀请至帕切斯。

不过1957年的布兰奇，如此兴奋于加缪的成功，完全无暇顾及帕特的埋怨，这一怨愤他从13年前在办公室撞见她与欧艾那一刻起持续到现在。她向来更喜欢处理她能够施加影响的事——比如她正在争取中的伯纳德·贝伦森的下一本书。布兰奇告诉贝伦森她将要去斯德哥尔摩出席加缪的诺贝尔典礼，这位艺术鉴赏家回复说：“毫无疑问您会见到国王陛下，希望也会见到王后。到时请不要难为情，告诉他们您是我的一位亲爱的朋友。”

12月3日，布兰奇飞到巴黎，再同加缪(他的肺被结核毁了，不能飞行)及妻子弗朗茜茜，还有他们的一些朋友一起，从那里乘坐北方快车去斯德哥尔摩。据英国加缪协会的理事西蒙·李所言，加缪那些日子里活在一种“半窒息”的状态，必须“频繁去医生那里吸氧”，否则就会出现严重的恐慌症。1957年的最后一个月，他几乎在持续不断的焦虑状态中度过。

当他们在维尼西厄车站相见时，加缪穿着布兰奇过去买给他的布克兄弟大衣，而一旁不止一个旅客却被她的绿指甲油所震撼。阿尔弗雷德12月9日乘纽约直飞的航班到达斯德哥尔摩。第二天，在斯德哥尔摩市政大厅，当加缪被授予诺贝尔文学奖时，布兰奇也被邀请上了讲台。从照片上可以看到，她穿着一件简洁的白色羊毛巴黎世家裙式大衣，裁剪华美，当她走动起来，微微贴身，仿佛用雪纺制成的一样。

在获奖致辞中，加缪力图将自己放在普通公民的角度，首先指出作家身份本身所具有的特权，以及这样的特权所引发的责任："它迫使艺术家不可以将自己疏离开来，并使之臣服于最谦卑最普世的事实。以及，那些因为觉得自己与众不同而选择了做一个艺术家来完成自己使命的人，很快就会发现，他既不再能够维系他的艺术，也不能保持他的独特，直到他承认自己跟别人无异。"

1958年初，加缪写信给布兰奇，告诉她，他已经开始了自传体小说《第一人》① 的努力工作，这本书他自己和出版商都相信将会成为他的杰作，比过往任何作品都更让他充满激情和灵感。（最终在其出版人和作者去世多年以后，由作者的女儿编辑成书。）

也是大约在这个时候，克瑙夫小而精的编委会增加了第二位全职女性编辑，一位20多岁充满魅力的才女——朱迪思·琼斯② 。（到20世纪60年代之前，编辑名单里还有安格斯·卡麦伦、艾什·格林、赫伯特·韦恩斯托

① 《第一人》，阿尔贝·加缪未完成的遗作。1960年1月4日，46岁的加缪在车祸中丧生，这部当时正在写作当中的未完成的自传小说手稿，在车祸现场的泥泞中被发现。加缪的女儿凯瑟琳·加缪后来将手稿用打字机录入，并于1994年出版。加缪希望这将成为他的杰作，一些评论家基于其不完整状态，也赞同这一观点。

② 朱迪思·琼斯，美国作家、编辑，因从拒稿堆中发掘挽救《安妮·弗兰克：一个年轻女孩儿的日记》而闻名。她同时还是朱莉娅·柴尔德名著《掌握法式烹饪艺术》的代言人。2011年从克瑙夫出版社高级编辑及副总裁位置上退休。琼斯本人写作烹饪及回忆录书籍，获得过多项终身成就奖。

克、哈罗德·斯特劳斯，以及帕特里克·格里格雷）。直到今天，琼斯仍然被认为是该公司历史上最伟大的编辑之一，是她滋养保护了包括年轻的约翰·厄普代克[①]以及安妮·泰勒[②]在内的一众作家的天才。从一堆投稿信件中慧眼选中《安妮·弗兰克：一个年轻女孩儿的日记》[③]（为她当时效力的道布尔戴出版社）的洞察力，是克瑙夫的比尔·考希兰德和赫伯特·韦恩斯托克建议雇佣她的主要原因，她这时在为克瑙夫争取朱莉娅·柴尔德的标杆性烹饪著作《掌握法式烹饪艺术》。彼迪·乐梅是在朱迪思来到克瑙夫之前不久被雇请来作为公关总监一职的，据他所言，布兰奇对琼斯的年轻很是有些羡慕的，意识到她终将会接管她最喜爱的那些作家，例如约翰·赫西、伊丽莎白·鲍恩，以及兰斯顿·休斯。

一如既往地，布兰奇在与她的几只狗的关系上也表现出强烈的感情依赖。她那只贵宾犬ZZ，远不如阿尔弗雷德那只状况稳定。1959年9月14日，这时距离她从机场把它接回来已经过去了四年半，布兰奇在给珍妮·布莱德利的信中说：

> ZZ6月份为痉挛所累，肯尼医生说这一状况会持续一生。目睹你爱的小狗腿一边抽搐，一边口吐白沫，疼得直咬自己的舌头，真的是件很艰难的事。我不能再忍受了，弗吉（布兰奇的新女佣）也不行了，所以我迅速把它交给了住在宾夕法尼亚斯特劳兹堡的塞西尔（上一个

---

① 约翰·厄普代克，美国长篇小说、短篇小说作家，诗人。著作《兔子富了》和《兔子安息》分别在1982年和1991年荣获普利策奖。

② 安妮·泰勒，美国小说家。多次进入普利策奖最终入围，一次获奖。多部小说被改编为电影。当代最值得关注的小说家之一，但泰勒拒绝公开露面。

③ 《安妮·弗兰克：一个年轻女孩儿的日记》，又名《安妮日记》，一部由安妮·弗兰克用荷兰文写下的日记，记录了纳粹占领荷兰期间，她和一家人躲藏两年期间的经历。他们一家1944年被抓住，安妮1945年在伯根-贝尔森集中营死于斑疹伤害。日记被梅普·吉斯发现，战争一结束就交给了安妮的父亲——他们全家唯一的幸存者。

女佣)，她对它很了解，从它还是只小狗崽时就认识。眼下我们每个人都整天包着眼泪，这也太奇怪了，那样一个小东西能给我们带来这么深的影响……弗吉哭，我也哭，不过我们应该能熬过去吧。就像弗吉说的，让小狗走，总好过忍受那一切，我想她说得对。无论如何，就是这样了，我已经做了。对 ZZ 而言，我觉得这样它要好过得多，尽管我们不会。

布兰奇很快把她对 ZZ 的痴迷转移到了一只约克郡梗犬身上，她为他取名为先生。

* * *

那之后不久，她出发去洛杉矶，一方面出差，一方面看望她妯娌米尔德丽德。来机场接她的，是一位英俊迷人的兼职司机，过去常常在阿尔弗雷德来的时候负责接送。斯科蒂·鲍尔斯[①]——一个加油站帮手、司机、调酒师，以及，他如今开心地承认的，“好莱坞皮条客”——一瞬间就被这个在洛杉矶国际机场钻进他的房车的“甜蜜的小东西”迷住了。“是相互吸引。”92岁的斯科蒂回忆道，他那动人的漂亮外表——浓密的白发，蔚蓝色的眼睛，令人惊异的阳刚躯体——在这把年纪签售回忆录《全套服务》[②]时依然吸睛。在他谨慎地提出几个试探性建议后，布兰奇请他去酒

① 斯科蒂·鲍尔斯，原名乔治·阿尔伯特·“斯科蒂”·鲍尔斯，出生于1923年7月1日，曾经的海军陆战队士兵。从20世纪40年代起，至80年代，一直在好莱坞做皮条客。他的故事流传甚广，甚至被写进《好莱坞的巴比伦》等书中。鲍尔斯最终，当大部分有关的人都去世后，决定公开他的生活。2012年出版了回忆录《全套服务》，由纪录片导演莱昂内尔·弗莱德伯格根据150个小时的采访记录写成，引起包括《纽约时报》在内的主流媒体很大关注。

② 《全套服务》，参见上条。

店房间里喝一杯。他们很快成为情人关系，斯科蒂回忆“从刚一开始，一切都是那么自然”。布兰奇是“一位外表足够怡人的女子，我们之间的化学吸引特别有力”。

跟阿尔弗雷德不一样，斯科蒂强调说，布兰奇从来没有成为过他“专业领域”的客户，除了用的私家房车外。他们就是简单地享受彼此的陪伴而已。直到今天，鲍尔斯还并不肯定布兰奇是否知道他也替她丈夫做过安排。按他的理解，克瑙夫夫妻二人并不了解彼此的事，不过，他停顿了一下，想了想之后说：“也许他们知道。我没有证据，而不管什么时候，就算他们同时在这儿，也住在不同的酒店——比佛利山或者比佛利山威尔希尔。”再一次，如同与她那些音乐家一样，布兰奇又找了一位也与阿尔弗雷德有关联的人做情人。“克瑙夫先生和太太两人互补，”鲍尔斯记得，“就像白天和黑夜一样地不一样。”

按鲍尔斯的说法，布兰奇似乎同他之间有过一段也许有限，但还算真实的罗曼史。她“偶尔会找借口说看望朋友什么的从纽约过来，而事实上只是来跟我度过一段时间。”他骄傲地回忆起。每次她回到家，从不会忘记给斯科蒂寄一箱子书来，为他“专门挑选的”。

23. 儿子的背叛

1958年，在帕特·克瑙夫正要出发开启其夏季假期的前几天，他让彼迪·乐梅去读他母亲从巴黎买回来那本书的清样，并在布兰奇不知情的情况下，建议销售总监不要“浪费”太多时间去推广此书。然而，通过彼迪的努力，米歇尔·德·卡斯蒂罗[①]这本讲述了一个二战期间困于集中营的西班牙孩子的故事——《我们时代的孩子》在读者中得到了很好的反馈，称赞它的读者，从阿德莱·史蒂文森[②]，到卡尔·门林格尔，以及埃莉诺·罗斯福，并且一年又一年销售持续良好——尽管它从未能成为畅销书。

“与大部分出版社相比，克瑙夫书单上的平庸之作都要少。”乐梅指出这一点。“他们的出版品牌代表的是……文学上的品质。”他说。“他们没有取得巨大的商业成功”，因为正如乐梅所发现的，“获得过一把文学奖的书，不一定会卖得出多少”，这是克瑙夫所接受的一个现实。“道布尔戴，西蒙与舒斯特他们每年都会发行几种能售出10万册以上的书目，而猎犬的书这40年里，截至50年代中期，一共不超过12种书达到那个销量。”然而在这些书中，却有几百本销售稳健的重复印刷再版书，这使得克瑙夫的经济稳定性通过再版书清单得到保证。从一开始，夫妻俩就决心靠着卖好书来维持可持续的生计，而不是“通过为烂书制造短暂成功来捞取快钱”。

---

① 米歇尔·德·卡斯蒂罗，出生于西班牙马德里，法国作家。其主要作品为《我们时代的孩子》。

② 阿德莱·史蒂文森，美国政治家，以其辩论技巧闻名。曾于1952年和1956年两次代表美国民主党参选美国总统，但皆败选。后出任美国常驻联合国代表，在古巴导弹危机中，发挥了重要作用。

1959年的复活节周末，当她在《纽约先驱论坛报》上读到她儿子将要离开克瑙夫，与两位合伙人一同组建图书馆出版社这一惊人新闻时，布兰奇在海外。（星期天上午，3月15日，《纽约时报》又在头版刊登了关于此事的报道——这在图书出版领域是个罕见的事。）帕特不顾对父亲的承诺——在母亲从欧洲返回之前不发布这一消息。这个事故爆出来时，布兰奇并未完成这一趟冬季采购之旅。她在报道中读到她的儿子如何在战后加入公司，成为公司秘书，继而成为行业图书经理，接着销售副总裁，因为协助创建克瑙夫的平装书子品牌“古旧丛书”而获得奖励——而现在他要退出了。后来帕特将这一分裂归罪于他母亲，他告诉彼得·普利斯科特，从“古旧丛书”开始运作之初，编辑之间就在将哪些书纳入平装书一事上争执不休，布兰奇为她的书争得尤其激烈。据帕特说，在平装品牌运作上的混乱，以及与他母亲之间的纷争，是导致他离开那个以自己姓氏命名的公司的原因。

事实略有不同：几年以前，阿尔弗雷德和布兰奇，双双带着失望，小心翼翼地向彼此，也向儿子承认，他们原本一直希望的，有一天把克瑙夫交到他手上的希望看上去似乎不可行，在他们意识到他不具备管理公司必需的能力时（不像查尔斯·斯克里布纳的后代们），就已经改变了主意。感觉自己被父母所背叛，帕特于是开始背着他们筹划自己的出版公司。对于父母剥夺了他认为的与生俱来的权利，帕特怒火中烧，于是在从韦斯特波特到城里通勤的路上与同行朋友们攀谈起来。

就在1958年圣诞节前，他授权图书行业里的两位老兵，西蒙·迈克·贝西[①]和海勒姆·海顿[②]，去跟投资人商谈出资组建一个新出版社。海顿当时在兰登书屋工作稳定，动心比较慢，起初婉拒了邀约；而贝西，刚在哈

① 西蒙·迈克·贝西，图书馆出版社联合创始人，那之前是哈珀兄弟的高级编辑。
② 海勒姆·海顿，美国作家、编辑。在他参与创建图书馆出版社前是兰登书屋高级编辑。

珀与罗[①]没有得到一次晋升高级编辑的机会，正在迫切希望有个新的开端。不久，海顿忽然出现，还带着两个富有的朋友，一个是百万富翁威廉·M. 罗斯，一个是出身富家的普林斯顿教授马克·弗里德伦德尔[②]，于是万事俱备。

到1959年3月初时，帕特与贝西、海顿已经秘密设立好了图书馆出版公司，其最初书目上的三本书制造出了他们后来的畅销书三重奏：1960年的《最后的正义者》，译自法语的安德烈·施瓦茨－巴特[③]关于犹太大屠杀的突破性小说；《1960年总统的产生》[④]（1961年），西奥多·怀特标志性的总统竞选系列第一部；以及弗雷德里克·莫顿的《罗斯柴尔德家族肖像》[⑤]（1962年）。而其他书，即便没有成为畅销书，但是在出版社成立早期也都有不差的表现，包括爱德华·阿尔比的《谁害怕弗吉尼亚·伍尔芙？》[⑥](1962年)，精装和平装本共售出7000多册。

---

① 哈珀与罗，参见注释"哈珀兄弟"。

② 马克·弗里德伦德尔，普林斯顿教授，图书馆出版社最初投资人。

③ 安德烈·施瓦茨-巴特，法国小说家，波兰犹太后裔。以其小说《最后的正义者》而闻名，该书追踪一个犹太家庭，自十字军东征到奥斯威辛集中营，为他赢得1959年龚古尔文学奖。

④ 西奥多·怀特，中文名白修德，美国新闻记者、历史学家和小说家，曾作为《时代》周刊记者在抗战时期访华，以记述1960年、1964年、1968年和1972年美国总统选举而著称。1972年白修德作为尼克松的随行记者再次访华。1983年又在中国进行了为期两个月的采访活动，完成了一篇万余字的长篇报道，刊发于当年9月的《时代》周刊。

《1960年总统的产生》，关于美国总统大选的系列书籍之一，通过分析美国文化对其进行挑战，这是第一部，最为畅销，也最获得好评，赢得1962年普利策奖。至今仍然是关于约翰·肯尼迪总统诞生的最有影响的出版物。

⑤ 弗雷德里克·莫顿，出生于奥地利的美国作家。出生于维也纳，其父为一名善于打造皇室勋章的铁匠，在1938年德奥合并兴起时被捕，被释放后全家于1939年逃至英国，随后至美国纽约。从1959年起，莫顿为数家美国媒体撰写专栏，包括《纽约时报》《男人装》，以及《花花公子》。

《罗斯柴尔德家族肖像》，莫顿的第一部传记作品，1962年由图书馆出版社出版。在过去的两个世纪里，没有任何一个家族像罗斯柴尔德家族一样始终在世界任何主要事件的中心，有这么多丰富多彩的家族成员。莫顿为这个家族描绘出一幅生动的生活肖像。从家族发迹创造者，到爵士乐女男爵。

⑥ 爱德华·阿尔比，美国剧作家，最著名的作品有《谁害怕弗吉尼亚·伍尔芙？》《动物园的故事》《优美的平衡》《海景画》等。其作品设计严密，通常是关于现代状态的冷峻考察。他早期的作品是荒诞派戏剧的美国化。以 Paula Vogel 为代表的新一代美国剧作家赞赏阿尔比在20世纪60年代早期重构了战后美国喜剧——既注重演出手法，也注重辛辣的台词。《谁害怕弗吉尼亚·伍尔芙？》曾被改编成电影《灵欲春宵》，由迈克·尼科尔斯执导，伊丽莎白·泰勒及理查德·伯顿等主演。

据好几位对帕特新任联合创始人及董事会主席这一新角色情况比较了解的人说，帕特模仿了他父亲的领导方式，包括抽烟斗这种细节。不过在社交场合，他又变成了母亲的儿子：比阿尔弗雷德模样好看，他通常会承担起可亲的主人角色。合伙人海勒姆·海顿记得，帕特一刻不闲着；在他家里的各种社交活动"使他处于永动状态"。他一次"指着他自己（痛苦自嘲的样子），说：'我这是得了圣维特舞蹈症了，老天爷。'"他一旦有机会就会拼命卖弄魅力，肉麻地吹捧"从这个客人到下一个客人，喊叫：'玛丽！哦！你怎么看着这么美啊！……芭芭拉，你太漂亮了，哦，哦……海伦，真棒！'"

帕特这样的"擅离"令布兰奇深深地受了伤，弗朗西斯·林德利记得她持续不断地说自己在伦敦拿起报纸时感到了怎样的背叛。幸好当时米尔德丽德·克瑙夫跟布兰奇一起在丽兹，妯娌在身边支撑布兰奇体面地应对了此事。不过，米尔德丽德还是回忆说，"她极度地受到了冒犯——严重得吓人——最让她难过的是，这让她感觉像个傻子"，在行业里她所认识的人面前。

格蕾丝·达德回忆"这样的打击对她是不公平的……我感觉就像她被当众扇了一耳光"。作为最后一个知情的人，布兰奇受到了羞辱。

对儿子的"遗弃"以及她的公开受辱令她十分愤怒，布兰奇让人把帕特的办公室锁了，他不能进去。直到她平息下来，也没让他去拿走他的私人物品。（她去世后，阿尔弗雷德在一次采访中说，是帕特那种偷偷摸摸的方式，而非他这一决定本身，造成了这么大的裂痕。）尽管布兰奇和帕特最终从表面上看和解了，然而一直对彼此不信任，直到她生命的终结，这个感觉也传到了下一代身上。帕特和爱丽丝的女儿苏珊五六岁时，有一次在那"棚屋"里过夜，苏珊夜里起来，可一看见布兰奇站在黑暗中抽烟，赶紧又跑回床上。她觉得那是个巫婆，不是她奶奶。

《星期日泰晤士报》[①] 报道了帕特·克瑙夫的新出版公司的第二天，克瑙夫公司里的每一个员工都紧张地等待着阿尔弗雷德从得克萨斯回来，布兰奇从海外回来。星期一早上帕特来到公司，发现比尔·考希兰德、乔·莱瑟，以及西德尼·雅各布斯个个都一触即发的样子。“阿尔弗雷德知道吗?”他们对他吼。就好像，帕特平静地说，他会不通知父亲就这样干似的。阿尔弗雷德回来以后，他告诉帕特在母亲周末回来前，赶紧把办公室腾出来。

克瑙夫编辑艾薇·德弗托[②]（《掌握法式烹饪艺术》一书初期的编辑）给朱莉娅·柴尔德写信，说当“帕特·克瑙夫近期离开他父母的公司，自己组建了一个时”，他们“正经历一场人员变动上的地震”。很多年里，据弗朗西斯·林德利所言，布兰奇都会说自己儿子的坏话，“只有被真正伤害得够深的人才会的那样”。即便这样，哈丁·乐梅还是记得，“一旦图书馆出版社成功了，布兰奇还是很为帕特骄傲”。

克瑙夫3月23日出版的《兰斯顿·休斯诗选》暂时让布兰奇平静了下来，尤其是因为休斯同意了去掉一些激进的社会主义色彩诗句。大多数评论家都称赞了他作为抒情诗人的天才，带着“每个人都能感受到的时代的剧痛，发出痛楚和孤独的声音”，尽管他们也时常为“休斯在质量上的小失误”而感到遗憾。然而詹姆斯·鲍德温有些恶毒，这是他对当初被“冷漠地解散”所带来的委屈和嫉妒的报复。休斯被他此举所伤，他仿佛成为“恋母需求的受害者：要杀掉黑人诗歌领域里的王者形象”。多年以后，鲍德温为自己的评论感到后悔，承认他根本没读那本书。

进入盛夏前，为庆祝还清了帕切斯的30年按揭，阿尔弗雷德计划再去一趟西部，希望把注意力转向他的保护项目，可以帮他和布兰奇从帕特

---

① 《星期日泰晤士报》，英国一份于每周日出刊的报纸。《星期日泰晤士报》创刊于1821年，最初的名称是 The New Observer（《新观察家》），不过这家报纸和《观察家报》（Observer）没有任何关系，后更名为 The Independent Observer（《独立观察家》）。1822年再更改为现在的名字。

② 艾薇·德弗托，美国美食编辑、书评人、厨师。

的背叛中走出来，因此建议她陪他一起去。然而雷蒙德·钱德勒那年春天死了，他的死把布兰奇的用于克服阿尔弗雷德那些旅途上的艰苦的基本动力都给打消了。7月17日，她写信给珍妮："我含糊其词地答应了去怀俄明，待到9月4号。你知道我一直在试图想摆脱这件事。"当然这一次很容易开脱：她需要去照顾伊丽莎白·鲍恩，1952年守了寡，新近又由于破产而失掉了鲍恩庄园。接下来的五年里，鲍恩不得不在欧洲和美国做一些临时性的学术工作，尽管同时一直在进行小说创作。

* * *

最近，布兰奇在同作者们交流编辑建议时，不得不把自己的秘密交了出来：到1959年前，用放大镜来读文字也已经不再可行。为了回复读者的意见，布兰奇的助手必须得把那些单倍行距的来信，重新用打字机至少用双倍行距打出来。她的几近失明的状况正在越来越明显地重新定义她的生活——现在只能在附近吃午餐，即使这样，还得经常要人陪她去。五年前，《星期六文学评论》的创刊编辑及每月一书俱乐部的编辑艾米·罗夫曼①，有一次说动了布兰奇，让她去阿尔岗昆吃午餐。"那简直麻烦透了。"办公室里的人回忆说。布兰奇说她这辈子都没去过42街以下的地方，艾米跟她说阿尔岗昆不在42街以下，"可还是太近下城了。"布兰奇说了一句便没再争论。如今要走这么一趟是绝不可能的了。

一股文化能量正在曼哈顿涌动，让人想起20年代，不过这一次布兰奇感觉有些吃不消了。从罗伯特·劳森伯格②的从街边的物体抽象出来的

---

① 艾米·罗夫曼，美国很有影响力的编辑和评论家，最为人所知的成就是作为创刊编辑联合创办了《星期六文学评论》，以及她在每月一书俱乐部期间的工作。

② 罗伯特·劳森伯格，美国画家、图形艺术家，早期作品为波普运动的兴起做了准备。

画和雕塑（高级和低等的结合总是很对布兰奇的胃口），到迈尔斯·戴维斯的爵士乐专辑《就算蓝调吧》[①]，可以说跟格什温当年的《蓝色畅想曲》一样重要，一种变化带来的兴奋充盈在空气中。（然而跟格什温不一样，戴维斯在曼哈顿爵士俱乐部演出时，头部被警察用警棍击中。）就连“咆哮的20年代”所附带的傻气也跟着回来了：例如曼哈顿最新、最时髦的“事件”一度是街边戏院，最终舞台还是被移到了更传统的地方。在“戏剧”《燃烧的桥》演出当中，一些人穿着消防员的衣服在观众中跑来跑去，挥舞着纸壳做的斧头，一边尖叫着，一边向假窗户外跳。

* * *

收到来自耶鲁的回复，阿尔弗雷认为耶鲁对他们捐赠克瑙夫馆藏的反应不冷不热，于是他和布兰奇转而决定赠给得克萨斯大学奥斯汀分校新成立的哈里·兰塞姆中心[②]。校长哈里·亨特·兰塞姆博士[③]希望建立“一个一流的人文研究中心”，在非凡捐赠的支持下，巨大丰富的馆藏很快就建立了起来。在布兰奇去欧洲期间，阿尔弗雷德又去西部做了一次长途旅

---

① 迈尔斯·戴维斯，美国爵士乐演奏家、小号手、作曲家、指挥家，20世纪最有影响力的音乐人之一。二战以后的几乎每一次爵士乐发展运动，戴维斯都站在最前线。他是酷派爵士乐创始人，也是最早演奏咆勃爵士乐的音乐家之一。随着爵士乐逐渐被人们所接受，戴维斯的作品的影响力逐渐扩大。台上戴维斯衣冠楚楚，这与早期爵士乐家懒散的装束有着很大的不同。戴维斯的音乐绵软无力，旋律优美。但同时，他又是一个脾气暴躁的人。爵士乐不仅给戴维斯带来了不朽的声誉，同时也给他带来了滚滚财源，使他成功音乐人的典范。

《就算蓝调吧》，迈尔斯·戴维斯的一张录音室专辑，由哥伦比亚唱片发行于1959年8月17日，继续了他在前一张专辑 *Milestones*（1958）中尝试的莫达尔爵士乐，和他早期的硬博普乐风格截然不同。许多乐评人视其为戴维斯最好的作品、史上最伟大的爵士专辑。该专辑对爵士乐、摇滚乐和古典音乐的影响使它被承认为史上最有影响力的专辑之一。2002年，它被美国国会图书馆列入国家录音登记部的保护名单。2003年，它在《滚石》杂志的“史上最伟大的500张专辑”榜单上排名第12位。

② 哈里·兰塞姆中心，是一个集档案、图书和博物馆为一体的功能体，位于得州大学奥斯汀分校。其收藏专注于美国欧洲的文学、文化及艺术，目的在于推进艺术和人文领域的研究，共有3600万册文学书稿、100万册珍稀善本、500万张珍贵图片、逾10万件艺术品。

③ 哈里·亨特·兰塞姆博士，得克萨斯大学管理人员，1960年成为校长，主持创建了兰塞姆中心。

行，似乎对未来做出了很多考虑。当一场飓风摧毁了一株他从树苗养大的30—40英尺高的挪威云杉后，他在家待了两个月，这让他开始思索天气变化的规律和他自身的有限生命。与此同时，布兰奇还沉浸在失去儿子的事件中，并想着要怎样再次赢得他回心转意。然后，进入1960年不到一个星期，布兰奇办公室的电话响了。按常规，秘书接了起来，接着，长长的一段沉默之后，她把电话交到老板手上，轻轻地建议，这个电话最后由她自己来接听。布兰奇叹了口气，接过电话，有些不耐烦，她只想尽快补上她假期延误下的工作。“什么事?”她问。

电话那端的声音，对比通常情况下要挣扎着去听的跨大西洋电话，来得出奇地清晰。“加缪死了，”伽利玛的一个法国人直言不讳，“从勃艮第[①]过完寒假，回家途中在威尔布莱文的大福萨尔镇[②]遭遇一场车祸（距离巴黎65英里)。”伽利玛一家——米歇尔[③]，他太太，以及他们18岁的女儿——1月2日赶到乡下，跟加缪一家一起吃了午饭，并留宿。作家计划第二天乘火车回巴黎，连火车票都买好了，但米歇尔说服他搭他们一家的车同路回去。

犹豫不决地，作家在车站把弗朗茜茵和孩子们送走。他不喜欢开得很快的汽车，尤其不喜欢米歇尔开得那样快，不过他想，既然米歇尔的妻子和孩子也在，这位出版商一定会很小心地驾驶吧。他绝不可能想到修车店有记录显示，早已敦促伽利玛换胎，而出版商也答应了一回家就去换。据记者史蒂芬·贝利[④]的详细记载，1月4日驶向桑斯[⑤]的旅途中一直下着小

---

① 勃艮第，法国历史悠久的地区，罗马时代晚期，东部德国人已过莱茵河，在此扎根，以葡萄种植和葡萄酒酿制最为出名。

② 威尔布莱文的大福萨尔镇，法国中部城市，据维基介绍，1960年因加缪在此发生车祸身亡而出名。

③ 米歇尔，伽利玛出版社创始人加斯东·伽利玛的侄儿，“精神继承人”。

④ 史蒂芬·贝利，出生于1951年10月13日，英国设计评论家、文化评论家、记者、作家。

⑤ 桑斯，是法国勃艮第大区的约讷省的一座城市，约讷河和瓦讷河在此交汇。

雨，笔直的路面湿漉漉的，路上很安静，道旁是一排美丽，却有些阴森可怖的古老树林。米歇尔的妻子珍妮后来回忆，在事故发生前，她不记得有任何爆炸或尖响，但是米歇尔·伽利玛有可能喊了一声："操！"一个剧烈的颠簸后，车翻出了路面，她能记得的下一个场景是自己坐在泥泞中，大喊她那只以后再也没见过的狗。

按照贝利的记录，伽利玛的法希维加[①]强力撞了一棵树，紧接着又撞了第二棵，"可怕地缠绕在树上。从报纸上的相片看，这辆失控的汽车在潮湿的碎石柏油路上划破了150英尺长的一段，残骸飞溅出去的半径大约有500英尺……唯一的目击者……稍早一些时间经过这辆惹人注目的车……正以150公里的时速行进着，很显然——尽管诺贝尔奖获得者并不喜欢——他们在赶时间"。

米希尔的妻子和女儿没有受伤，然而加缪从车里被甩了出去，当场因颈部折断死亡。消防员花了两个小时把米歇尔的身体从汽车残骸中分离出来。一开始他还清醒着，问："我刚才在开车吗？"伽利玛5天后死于脑出血。加缪的包里放着那张准备用来跟弗朗茜茵一起回巴黎的火车票。

"这场车祸成为世界新闻。法国文化部长安德烈·马尔罗委派其幕僚长代表国家去了车祸现场。他被告知要尊重加缪的世界观，不允许过程中出现不当的宗教或者其他组织的干预。"贝利接着写道，"加缪的尸体停放在当地市政厅，一位前来威尔布莱文表达敬意的阿尔及利亚记者说：'在刺眼的灯泡光照下，他像一个带着倦意睡着了的人。'"那位伽利玛传人成为被谴责的对象，人们将加缪的死归罪于他。

被这消息所震惊，布兰奇起初一个字也说出来，随即一声尖叫，划破

---

① 法希维加，创建于1939年，为布龙扎维亚军用飞机生产配件。1945年开始为一些大厂商生产特殊车身、跑车以及敞篷轿车等。1953年起利用克莱斯勒、沃尔沃引擎，设计、生产自己的整车，在奢侈车领域有过短期成功。

整个大厅。克瑙夫员工匆忙涌进她的办公室，发现她沉浸在巨大的悲痛当中，语无伦次，浑身发抖。阿尔弗雷德把她揽进自己怀里，她这时才忽然“眼泪迸发，所有人都是第一次见到阿尔弗雷德碰到她”，彼迪·乐梅说。

* * *

尽管68岁的阿尔弗雷德想退休已经有好些年了——甚至还与贝内特·瑟夫在轻松的午餐气氛下讨论过未来可能的合并，然而却遭到了比他仅仅小两岁的布兰奇的抵制。她与伊丽莎白·鲍恩的谈话让作家放了心，虽然此刻的她“如此纤细，从锁孔里都可以吹过”，但作为出版商，她没有要削减鲍恩任何作品的意思。如果说她是一个闲散的灵魂，鲍恩写道，布兰奇“也可以是一个有摧毁力的女人”。虽然并不能让她及时受益，但布兰奇毫无疑问意识到了曾经不可能的正在变成现实。正如编辑兼出版人的阿尔·斯尔韦曼[①]在他曾经写到的一些关于出版界的女人时指出的，那些公司的头儿总是认为女人不会太拼命，所以很难赢。到了60年代，布兰奇可以看到她的努力正在得到回报，表现出来就是一个一个的障碍开始败退，至少在14位极其成功的女性面前是这样，其中包括南·塔利斯[②]，以及1960年前后从布兰奇手上接过了兰斯顿·休斯的朱迪思·琼斯。

就在加缪死后仅仅几个星期，阿尔弗雷德跟贝内特·瑟夫的业务午餐变得严肃起来。瑟夫全额答应了300万美元的要价收购克瑙夫，阿尔弗雷

① 阿尔·斯尔韦曼，体育作家，出版有10本书及众多发表于《花花公子》《故事杂志》《运动》等杂志上的文章。除写作外，他同时进行大量的编辑和出版工作。1951年至1963年，任《运动》杂志编辑；1972年至1988年，任每月一书俱乐部CEO及主席；1989年至1997年，任维京出版社编辑及出版人。

② 南·塔利斯，美国编辑、纽约出版界元老、道布尔戴高级副总裁。自1990年起，塔利斯担任自己的出版品牌“南·塔利斯/道布尔戴”的主编及出版人。

德和布兰奇也打算接受，从此加入兰登书屋。尽管菲利斯·瑟夫[①]反对这项合并，但她丈夫一直渴望能够在克瑙夫的卓越文学声望上分一杯羹。《出版人周刊》详述过"克瑙夫的成功"，在没有巨型畅销书帮助的情况下如何实现。克瑙夫终究只出过12本销量过10万的书，其中包括《先知》《死神来迎接大主教》《钟归阿达诺》《雪鹅》《柏林日记》《家有老爸》《墙》，以及达格·哈马舍尔德的精神跋涉[②]。但这家公司出版了许许多多销量超过5万册的图书——而兰登书屋想要得到的，是"克瑙夫的再版清单"，目前占据了公司整体销售的57%。

对于布兰奇和阿尔弗雷德来说，这是个出售克瑙夫的好时机。与他们1915年创办时类似的，现在当他们要关闭时，出版业都在改变。绅士出版人的年代基本上已经结束——要的只是一份强健的财务报表。阿尔弗雷德奖励了自己一辆劳斯莱斯，那年秋天并购完成后他亲自去英国提车。

1960年，克瑙夫，连同"古旧丛书"最终并入兰登书屋。在后来的这些年里，有多种不同版本的并购故事流传，但有一点没有争议，那就是每一步的决定都没有出现过剑拔弩张的紧张，这就是与一辈子的好友做生意的好处。据阿尔弗雷德回忆，1959年，"在史托克俱乐部（在东53街原址）的卡布包房[③]共享午餐时，我终于对贝内特说：'你为什么不出个价呢？'"贝内特于是要求看克瑙夫的账本，几个星期后，在阿尔弗雷德的办公室再碰面时，布兰奇和瑟夫的合伙人唐纳德·克洛普弗也来了，在这里达成了一致。这宗并购，克瑙夫保持了原有的一切，从编辑自主，到广告策略，阿尔弗雷德始终认为，算得上一桩完美的合并。诗人威特·宾纳，阿尔弗

① 菲利斯·瑟夫，兰登书屋创始人之一贝内特·瑟夫之妻，演员。

② 达格·哈马舍尔德，瑞典外交家和作家，从1953年4月到逝世前担任联合国秘书长。他于1954年起接替其父亲获选为瑞典学院成员第17席，并于1961年获追授诺贝尔和平奖。哈马舍尔德在前往停火谈判途中坠机身亡，是唯一一位在任内殉职的联合国秘书长。其飞机坠毁事件的起因后世有许多争议。

③ 卡布包房，纽约著名的史托克俱乐部的VIP房。

雷德曾经向他吐露过，他自己“从本质上没有能力欣赏好诗”，同时他也相信，自己是“活得最长”的克瑙夫作家，将在1月1日，并购之前出版他在克瑙夫的最后一部书。

从商业角度看，这桩并购对每个人而言无论有多好，但是兰登书屋的人员对不少事却是好一阵才习惯过来。唐纳德·克洛普弗和贝内特·瑟夫在第一次联合董事会上就被克瑙夫两口子的行为吓蒙了，布兰奇很显然想要控制谈话，而阿尔弗雷德处处刁难。克瑙夫的员工都对夫妻档合伙人来来往往的恶意以及公开对彼此的严厉指责见惯不惊，编辑们也都知道自己应该选边站队（当然是阿尔弗雷德这边），可这一切在兰登书屋，却把大家的下巴都惊掉了，因为瑟夫和克洛普弗所习惯主持的董事会或编委会充满了“笑声，没人大喊大叫”，也就没有附带的伤害。克洛普弗好多年以后还记得他当时有多震惊，“上帝，他跟她说话那态度”。这位兰登书屋的出版人觉得阿尔弗雷德冷酷无情，是“世界上最自私的男人”。而对于布兰奇，他觉得很恐怖的是，她居然没有站起来捍卫自己。

到这时，克瑙夫夫妻已经结婚40年。在公开场合，尤其是在办公室里，或者只有克瑙夫员工的派对上，两人依旧对彼此龇牙咧嘴地吼，就像拳击台上的对手一样缠斗不休，而几乎阿尔弗雷德总是胜利的一方。但正如英国记者、出版人罗伯特·勒斯蒂爵士在他的回忆录《终将被读到的事》[①]中所说：“他们激烈的口舌之争误导了一些人。事实上他们之间存在着一种非常感人的对彼此的奉献。”那些近距离接触过他们的人都坚持，阿尔弗雷德事实上深爱着布兰奇——这一结论最早是米尔德丽德·克瑙夫在她嫁给埃德温后不久就提出的。好像从没人暗示过这种深爱是双向的。而布兰奇不时迸发出来希望他们俩能够像正常夫妻一样相处的努力，也从未超出

① 罗伯特·勒斯蒂，英国记者、出版商。1927年起在《肯特信使报》做学徒记者，1928年开始进入出版领域。《终将被读到的事》，罗伯特·勒斯蒂自传。

过给阿尔弗雷德的那些信——两人似乎不能交谈——或者那些爆发性的努力都太短暂，太临时，而没有任何意义。阿尔弗雷德偶尔会在自己的档案中留下一些她写来的那些信，它们的存在也许是为了提醒他，还存在着的可能性。

* * *

3月底，阿尔弗雷德告诉布兰奇，她看上去“糟糕透顶”，而事实上她确实感觉不是很好。医生发现了一个由黏连引起的肠梗阻，而黏连来自30多年前的子宫切除。据阿尔弗雷德说，尽管医生认为她冒着极大的风险，布兰奇还是坚持做了个急诊手术。她挺过了手术，而阿尔弗雷德也终于回到了帕切斯家里，可手术医生凌晨4点打来电话。“她正在沉下去——没有血压，肾脏停止工作。我最好去见见她。”阿尔弗雷德在日记中写道。

> 还好，当我赶到那儿的时候，她已经差不多兴高采烈了，他们为她忙了一夜——血浆、葡萄糖以及静脉注射的什么东西来恢复血压。上午8点，她打电话给我……11点过去看她。她已经看上去好多了，也什么都知道。谈起伦敦、巴黎，以及这儿的一些约好的日期。我4点再回去。随着时间推进，她一点点在销蚀，他们几乎随时都围着她在忙，每30分钟做一次血压恢复的努力——但她的病情像奇迹。我开车回家，我彻头彻尾地筋疲力尽了。今早4点到5点之间那一个小时不是闹着玩的。

终于阿尔弗雷德意识到，她那至今已众所周知的缺少胃口，有多少是由于她有一次因腹部某种症状吃不下东西而导致的。

很快她又被授予法国荣誉军团“军官勋位”，高于骑士勋位的荣誉。4月13日，在她消瘦的躯体所允许的范围内，她最大限度地展示了自己的华美，在几乎无法站立的情况下，她接受了奖章，就像上一次一样，别在了她的胸前。跟往常所有时候一样，布兰奇倾倒了典礼上的所有人——她尽力做到了向四周转身以向来宾致意。

没有听从医生的劝告，那个秋天她在英国和欧洲度过了太长的时间，其间在巴黎丽兹她在浴室地板上滑倒，晕了过去。对伊丽莎白·鲍恩的这一段长时间探访同时宽慰了两个女人。然而到了1961年初，家里的同事和朋友都开始担心，布兰奇这是在自杀吗。过去跨过麦迪逊大道本身就很危险了，现在她竟然还穿一件白鼬鼠皮外套，差不多天天过街“去伦巴第大酒店[①]的一家法国餐厅吃午餐”。这让同事们都觉得她准会让汽车给撞死，尤其是下雪天。老朋友卡洛儿·勃兰特常常准备赶来她办公室陪她前去，布兰奇把手伸出去，仿佛是她在帮助卡洛儿。

不久布兰奇再次摔倒，这次是在电梯里。“她实在太勇敢了……在电梯（地板上），很显然非常痛苦，费了好长时间才站起来，而她对克瑙夫的一个职员说，比尔·考希兰德后来引述：‘别看……也别帮我。’”在勒诺克斯山医院，她被告知胯骨骨折，但正骨大夫手术后第二天就让她下了床，扶着助行器四处走，一周以后她带着一根三叉橡皮头手杖出院回家了。回到办公室，她娇纵先生任性，准许这狗随意跑——或瘸腿跑。她的女佣在一次停电时摔倒在先生身上，让它受伤瘸了一条腿，它昏迷了三个星期。现在她和它起码可以一起进入恢复期。

刚一可能，布兰奇就出发去开始她的春季探星之行了。不过一到巴黎

---

① 伦巴第大酒店，位于纽约曼哈顿中城，东56街111号，由报业大王威廉·蓝道夫·赫斯特为其情妇——默片女星玛丽翁·戴维斯修建于20世纪20年代。后来长期是电影明星如伊丽莎白·泰勒、理查·波顿等人的住所。

她就决定要转身回家。那场美国支持的灾难性的猪湾入侵[①]在1961年4月17日这天开始，旨在推翻菲德尔·卡斯特罗领导的古巴革命政府。布兰奇一刻也没耽误，立即联系了艾伦·杜勒斯，满以为她的朋友终于要交本书给她了，没想到他的反应却令她非常失望："亲爱的布兰奇，每次收到你的来信都很让人高兴，而我也没有忘记——并且为你一直建议我应该写一本书而深感荣幸……但这些都推迟了，直到我能有更多一点的自由时间，我尚未做任何打算何时可以开始写，如果真的会有时间的话。我只希望什么时候能够一聚，我相信，如果你来华盛顿的话会告诉我吧。"确实，杜勒斯手上有更多紧急事务要处理：猪湾事件的结果，是他于11月29日被迫离职，也就是肯尼迪总统在弗吉尼亚州兰利镇的CIA总部授予他国家安全奖章后的第二天。

布兰奇回信说，夏天她去华盛顿参加书展时也许能见到他。她对变化的预见性反应能力这么些年来毫发无损，她能够感觉得到戏剧性的文化变迁即将来临。那年夏末，G&C. 梅里亚姆[②]推出了《韦氏新国际词典》[③]第三版，其中收录了10万条新词是1934年第二版所没有的。"从原子弹、宇航员、比特尼克到忠诚誓言、静坐，到禅"，从多方面暗示了社会正在经历的变迁。

---

① 猪湾入侵，1961年4月17日，在中央情报局的协助下，逃亡美国的古巴人，在古巴西南海岸猪湾（吉隆滩，Playa Girón），向菲德尔·卡斯特罗领导的古巴革命政府发动的一次失败的入侵，标志着美国反古巴行动的第一个高峰。对美国来说这次未成功的进攻不但是一次军事上的失败，而且也是一次政治上的失误。国内外对这次进攻的批评非常强烈，刚刚上任90天的约翰·肯尼迪政府为此大失信誉；相反，卡斯特罗政权和古巴革命得到了巩固。由于古巴担心美国再次进攻，因此古巴开始与苏联靠近，最终导致了1962年的古巴导弹危机。

② G&C. 梅里亚姆，1828年由乔治·梅里亚姆和查尔斯·梅里亚姆创建于马萨诸塞州斯普林菲尔德的词典和参考书出版公司，尤其以词典闻名。1843年，著名的辞典编撰者、拼写改革倡导者诺亚·韦伯斯特去世后，他们买下了韦伯斯特的词典版权，其后所有的梅里亚姆-韦伯斯特词典均可追溯至此。

③ 《韦氏新国际词典》，为在美国被誉为"美国学术和教育之父"的辞典编纂者、拼写改革倡导者诺亚·韦伯斯特编写的一系列字典中的一本。韦伯斯特的名字在美国等同于"字典"，而他首版于1828年的现代《韦氏词典》尤为著名。

1961年6月，在华盛顿特区的史大特拉－希尔顿酒店举行了一个编辑及出版人研讨会。（一年以后，美国图书出版数量达到历史最高，其中平装书占总量的31%。）这个活动对很多人而言，比一年一度的法兰克福书展显得更有活力，文学代理德斯蒙德·富乐尔和妻子玛格丽特、卡斯·坎菲尔德[①]，加上克瑙夫夫妻俩聚在一起，整个活动前来参加的仿佛什么人都有。坎菲尔德是哈珀兄弟[②]出版社长期的总裁，当时正处于与“罗，彼得森及其公司”[③]的兼并过程中。有那么一会儿，文学圈的这一群人忽然感觉自己俨然是勇敢新世界的一部分。布兰奇甚至短暂地允许自己庆祝了一下朱迪思·琼斯的成就：她把朱莉娅·柴尔德的《掌握法式烹饪艺术》在美国变成了事实。其秋季发布成为美国烹饪圈最受关注和期待的活动，使这本书成为全国范围畅销书。

事实证明，布兰奇重新建立起的乐观没有存活多久：11月，从桌前站起来时，她又弄折了“好”的这一个胯骨，必须再次住院放入穿针固定，这进一步限制了她的活动能力。因为阿尔弗雷德不得不负责监督通常情况下属于布兰奇的编辑的进度，以保证进度，紧张空气在两位克瑙夫之间升级。编辑压力很显然刺激了阿尔弗雷德的各种冷酷言论。“您还认得出自己吗，克瑙夫太太?”当他发现憔悴的妻子正在照镜子时。彼迪·乐梅（新近刚升任副总裁）听到了这句话，他相信布兰奇太能忍耐，因此并没有回应。

---

① 卡斯·坎菲尔德，美国出版执行人，长期担任哈珀兄弟以及后来的哈珀与罗出版社总裁及董事会主席。

② 哈珀兄弟，詹姆斯·哈珀和弟弟约翰·哈珀于1817年创建出版公司 J. & J. Harper，另外两位兄弟约瑟夫和弗莱切尔于19世纪20年代中期加入后，1933年更名为哈珀兄弟，直至1962年与别家合并，更名为哈珀与罗。

③ 罗，彼得森及公司，由教师、教科书作者罗伯特·罗与有一定图书销售经验并愿意用自己的所有储蓄来冒险的艾萨克·彼得森联合创建的英文教科书出版社，1962年与哈珀兄弟出版社合并，组建哈珀与罗出版公司。

* * *

年底，克瑙夫夫妻俩去了南美，自从布兰奇1942年那一趟后，阿尔弗雷德就一直想去。布兰奇在当地的熟人之一——翻译哈里耶特·德·欧尼斯[①]劝她跟阿尔弗雷德同行，因为“他跟你在一起时他显然要高兴得多”。布兰奇答复说，她中途再去加入丈夫，因为她目前还太虚弱，跟不上他太高强度的行程。夫妻俩在巴西会合，他们在累西腓[②]参观了以布兰奇的名字命名的图书馆，然后与他们的作者吉尔贝托·弗雷雷一起度过了一个星期。即使是在自己如此虚弱的身体条件下，布兰奇仍然让作者们为之倾心，他们甚至爱屋及乌，把对自己的出版人的爱也泼洒到了阿尔弗雷德身上，因此，他也感受到了热情。当阿尔弗雷德动身去智利探索安第斯山时，布兰奇留在布宜诺斯艾利斯，这里有她几十年前认识的一些朋友招待她。

对于眼下已经变得可怕的12月假期，没有帕特，没有加缪，甚至连海菲兹也没有，布兰奇于是飞去伦敦跟珍妮一起，两个女人在法国蔚蓝海岸一直待到一月份。这一年没有蛋酒派对：疾病、香烟，加上几十年的节食药片的后果都开始一一呈现。到1962年来临前，68岁的布兰奇的外表吓坏了那些近来没有见过她的来访者：她看上去更像80岁。她待在医生那儿的时间越来越长。虽然大部分她这个年纪的妇女从来就没有在家以外的地方工作过，但她还是拒绝讨论退休的事——连阿尔弗雷德也迫切地盼望不再工作。

---

① 哈里耶特·德·欧尼斯，将西班牙语和葡萄牙语两种语言的拉美文学，主要通过克瑙夫出版社介绍到20世纪30年代至60年代期间的美国市场的重要翻译家及学者。

② 累西腓，是巴西第九大城市，位于大西洋沿岸。

2月初，阿尔弗雷德跟他几个月前在南美之行中认识的一些人去智利钓鱼。布兰奇写信给他，“我不能告诉你我是多么盼望2月19日”，那是他回家的日子。办公室“忙碌运转着”，她让他放心，还描述先生看上去有多么“优雅”，而且昨天还剪了发，这是有多虚荣。她又加上一句：“我还是不能提你的名字，不然他一听又要发疯。”布兰奇显然又处于一轮夫妻间的罗曼蒂克状态下，这一从婚姻的最初，她就时不时会焕发一次的情形，往往是她在期待，而不是正好同阿尔弗雷德在一起的时候。

阿尔弗雷德不在的时候，布兰奇的司机，如今她已经离不开的一个人，就用阿尔弗雷德的劳斯莱斯护送她。“有它在这儿，简直像天堂。”她告诉丈夫。她用朱莉娅·柴尔德的书的消息来结尾：从10月发布以来，一共售出12万册，如今已与《拉鲁斯美食百科》[①] 并排陈列在各法式餐馆。

“你也许能收到这封信，也许不会，但无论怎样它捎去我的爱，还有先生的舔，以及整个办公室对你的想念。请在最后一段行程中照顾好自己，安全完好地回来。忠诚的，[微笑]”信的末尾是一个重新被赋予生命的笑脸，范·韦克滕20年代时爱用，布兰奇在40年代时偶尔让他们重生过。

那年5月，布兰奇足够健壮，前去出席了在巴塞罗那举行的出版人研讨会，并及时赶回家去宾夕法尼亚州兰卡斯特接受了富兰克林与马歇尔学院[②] 授予她的荣誉文学博士学位——同时接受这一荣誉的是戏剧批评家布鲁克斯·阿特金森[③] 。与前些年她总是试图掩盖自己的身体状况不一样，布兰奇现在对自己的虚弱十分坦率，尤其是几个月前骨折的胯骨恢复得十

---

① 《拉鲁斯美食百科》，一部美食学百科全书。该书主要是关于法式烹饪，包括法国菜食谱、烹饪技巧等。出版由拉鲁斯出版社出版。

② 富兰克林与马歇尔学院，简称“F&M”，位于美国东北部宾夕法尼亚州的兰卡斯特的著名四年制私立文理学院。富兰克林与马歇尔学院以美国革命领导人本杰明·富兰克林和美国第四任首席大法官约翰·马歇尔的名字命名，是美国历史上建立的第25所高等教育机构，同时也是美国历史上第17所大学。

③ 布鲁克斯·阿特金森，美国戏剧评论家，自1925年至1960年为《纽约时报》工作，在其讣文中，《纽约时报》称他是“他那个时代最重要的评论家”。

分缓慢。庆典结束后，她写信给替她安排了此行的官员，说她不光对活动本身很喜欢，学院的员工所给予她的全面又周到的照顾也让她感激不已。按照惯例，她把关于整个书籍这一庞大话题用于信的结尾，回忆她与学院副院长讨论她即将要出版的萨特的《方法问题》[①]，又补充说，她将给院长——曾与其讨论阅读的重要性——寄去一系列相信他会喜欢的书：《训练你自己的狗》[②]《掌握法式烹饪艺术》、约翰·厄普代克的《兔子，快跑》[③]以及他的短故事集《鸽羽》[④]。虽然才刚30岁，但在布兰奇看来，厄普代克才华横溢。

夏末，布兰奇出发去欧洲前，她和阿尔弗雷德驱车去康涅狄格州的韦斯顿，同约翰·赫西及其第二任太太芭芭拉[⑤]一起午餐。赫西1958年与弗朗西斯·安离婚几个月后同芭芭拉结婚。芭芭拉是漫画家查尔斯·亚当斯[⑥]的前妻，据说是莫提西亚·亚当斯[⑦]的原型，甚至比弗朗西斯·安还要有趣。两位克瑙夫都被赫西家小儿的滑稽相给惊呆了，那孩子穿着芭芭拉的胸罩和内裤，正大摇大摆牵着保姆从楼梯上下来去餐厅。赫西后来回忆起这件

---

① 《方法问题》，让-保罗·萨特1957年写的论文，试图用存在主义与马克思主义进行和解。最初发表于波兰文学月刊“Twórczość”，修订版同年晚期发表于他自己主编的文学期刊《摩登时代》，后来成为其《辩证理性批判》一书的引言。

② 《训练你自己的狗》，由画家、设计师及社会学者哥顿·萨姆斯塔格及妻子纺织品设计师、画家安·萨姆斯特格合作的一本精美画册。1961年克瑙夫出版。

③ 《兔子，快跑》，约翰·厄普代克1960年发表的小说。故事描述了一位曾经是高中篮球运动员，在26岁这一年里的3个月间发生的事。他被困于一个无爱的婚姻，一份无聊的推销员工作，以及他想要逃离生活的限制所做出的尝试。故事后来衍生出一个“兔子”系列。

④ 《鸽羽》，约翰·厄普代克早期的短篇小说集，发表于1962年。

⑤ 芭芭拉，约翰·赫西第二任妻子，也是赫西在《纽约客》的同事漫画家查尔斯·亚当斯的前妻。

⑥ 查尔斯·亚当斯，美国漫画家，以黑色幽默并令人毛骨悚然的漫画形象闻名，其中一部分反复出现的角色组成了著名的《亚当斯一族》。

⑦ 莫提西亚·亚当斯，美国漫画家查尔斯·亚当斯首创的虚构故事《亚当斯一族》中的一个成员。这些角色是对美国典型家庭的倒置谐仿；一个古怪，恐怖又富有的家族，他们不介意别人对他们的看法。这一家人最初出现在《纽约客》从1938年连载到1988年亚当斯去世为止。此后借由电视，电影或电玩等媒介形式重新出现。莫提西亚是亚当斯一族的女主人，苍白的脸颊和阴森的黑色长发，外表是冰山美人，但实际上对家族非常温柔慈爱，是个好母亲与好妻子，娘家世代魔女，无论死去多少次都会复活。

事，他清楚地记得客人脸上震惊的表情，虽然他自己当时也在大笑。不过跟一看见有关性的笑话立即变得很卫道士的阿尔弗雷德不一样，布兰奇就仅仅是吃惊而已。

9月份在海外，布兰奇再一次展示出仍然在支撑他和阿尔弗雷德艰难婚姻的偶发激情。从伦敦写来的信，被她标注上“个人”，寄去了帕切斯而不是惯常地寄到办公室：“太荒唐了，到了这个年纪我们（或者说我？）早应该发现我们有多在意——也许我们都太骄傲了，或者不管以前是怎么回事吧，也许就是这样更好。但我真的深深地在意。很少有别的事，能比跟你在一起更令人享受，我一点也不喜欢收拾行李打包开包！对我而言，你过去，现在都是那么美好！……想死你了……给你我所有的爱，并为我们说一声谢谢。”

24. 再无交易

华盛顿，兰斯顿·休斯将参与第一个美国国家诗歌节，肯尼迪夫人还将在白宫专为此次诗歌节举行招待会，就在这之前，古巴导弹危机爆发。1962年10月15日，美国的情报侦察机证实了苏联正在古巴修建中程导弹基地。由肯尼迪总统组建的国家安全委员会执委会，决定执行海上封锁，直到确保所有导弹装置得到彻底撤除。接下来那9天，两个超级大国似乎处于核战边缘，美国军队的境界级别达到自二战以来最高。

当美国在入侵古巴的态度上显得严肃起来以后，苏联提出了一项看似可接受的提案——不过第二天赫鲁晓夫决定，提案中应该增加美国也须撤退的条款，包括撤除美国部署在土耳其的导弹基地。紧张升级，直到肯尼迪及其顾问们同意了废除导弹基地，尽管土耳其是北约的重要成员——不过为防止美国等盟国感到自己没有受到公正对待，撤除没有立即进行。待所有武器都撤走后，肯尼迪取消了封锁，1963年4月，土耳其剩余的美军导弹被彻底根除。

危机尚未解决，布兰奇已经在琢磨着请人就这个差一步就是灾难的事件写一本书了，不过没有什么结果。包括斯卡迪·雷斯顿在内的记者们，都在反复思考肯尼迪政府以及眼前的紧张政治局势，但是还没人觉得自己已经准备好可以动笔为此事下结论。约翰·赫西是她本来以为可以指望的，这些日子在写平权的事，宣称战争话题在自己这里已经完结了，虽然20世纪中期的文坛这始终是个主要写作对象。就连布兰奇想要的小说，缪里尔·斯帕克的《窈窕淑女》[1]也用到伦敦的V-E和V-J日[2]来作为主题之一。布兰奇给阿尔弗雷德写道：“我正在读一本可能是很多年来最好的书了，理查德·休斯的《阁楼上的狐狸》[3]，读了一半，等不及继续读下去。一个多余的字也没有，节奏平缓漂亮，大概是现有的关于一战后德国的最好描画了。”在英国问世后，由哈珀与罗在美国出版了这本书，这大概暗示着克瑙夫的伦敦星探慢了一步——要么就是哈珀与罗舍得花钱。她的出版社除了品质好之外，节俭也是出了名的，可即便这样，布兰奇还是不喜欢在签书时被其他出版商抢先一步而失手。

1962年11月，身体恢复得不错了，也确信战事已被制止了，布兰奇又登上她一贯的航班TWA 830向巴黎飞去。克瑙夫现在有了至少6个专门从美国以及海外签书的编辑，布兰奇在体力明显下降的情况下，依然是公司的海外书目主要的获得来源。她及时地赶回了纽约用她著名的蛋酒来迎接1963年的到来，这是她的婚姻生活又一次下行，原因不明。夫妻间的和平总是如此脆弱，还没被用到就已经疲惫不堪。毫不意外地，布兰奇转而投向工作去寻求安慰：至少她20年前在南美那项收购的第三卷也是最后一卷终于上市了。

1963年1月1日，经哈里耶特·德·欧尼斯精湛而美妙翻译后的吉尔贝托·弗雷雷的《华屋与棚户：现代巴西的产生》出版了。但布兰奇还在继续探求。她给斯卡迪·雷斯顿写信，说他在WQXR上的报纸广播节目“总是好过”其他的。“没人像你一样清晰简单地把最应该说的话说出来。”请

---

① 《窈窕淑女》，斯帕克1963年创作的中篇小说，被安东尼·伯吉列入其1984年出版的《99本小说：自1939年以来的最佳——个人选择》一书。

② V-E，欧洲胜利日。V-J，日本战败日。

③ 理查德·休斯，英国诗人、短篇小说作家、小说家、剧作家。《阁楼上的狐狸》，休斯1961年发表的小说。故事开始于1923年，主角是一名年轻的威尔士贵族，因发现一具年轻女尸而被怀疑与女孩的死有关。青年离开英国去拜访德国远亲，在纳粹崛起期间，与表妹陷入恋情，结局是表妹双目失明后进了修道院，主人公返回英国。

给我们写一本书吧，她恳求道。雷斯顿答复说，一旦华盛顿不再给自己惹麻烦，他会考虑这个建议的。

出版界最新的一次政变，是缪里尔·斯帕克决定投入克瑙夫。1月19日，布兰奇发现克瑙夫为《窈窕淑女》以及下一本小说《曼德尔鲍姆大门》[①]的竞价击败了利平科特[②]。自从斯帕克1961年在《纽约客》上发表了《琼·布罗迪小姐的青春》[③]时，布兰奇就开始通过伊丽莎白·鲍恩努力争取签下这位小说家。虽然克瑙夫的员工都很讨厌与这棘手的女人合作——比尔·考希兰德记得缪里尔是多么“可怕地恶毒”——但布兰奇与她走得很近，这两名个性极强的女子紧靠着彼此。她们的关系最后变得随意到，布兰奇开始劝说缪里尔减重，多关注自己的外表，她一再向她强调一个作家在公众面前把自己收拾整齐有多重要。最终，让所有克瑙夫员工大吃一惊的是，缪里尔听从了这些建议，“转变”了自己的外表。

与此同时，斯帕克对朋友的日渐衰退却震惊不已。在早午餐时，布兰奇时时会把咖啡倒在桌上，她的辨形能力一月不如一月。帕特回忆，在他离开克瑙夫之前，母亲已经不时会在办公室把信件倒着拿，“不过没人要说一个字。（通常）她拿起咖啡要倒，我会把壶抓过来，因为我知道那不会被倒进杯子里，她倒也没有意见”。如今布兰奇会错把她的狗——先生，当成时髦的白菜形状的手袋拿起来，等她意识到，再喃喃自语一句：“Mon

---

① 《曼德尔鲍姆大门》，苏格兰作家缪里尔·斯帕克发表于1965年的小说，书名指向耶路撒冷的曼德尔鲍姆大门，故事也发生在那一带。这本小说赢得1965年的詹姆斯·泰特·布莱克纪念奖。2012年入围“詹姆斯·泰特·布莱克纪念奖历届最佳”，并被安东尼·伯吉列入其1984年出版的《99本小说：自1939年以来的最佳——个人选择》一书。

② 利平科特，1836年由乔舒亚·巴林杰·利平科特在美国费城创办的出版公司。

③ 《琼·布罗迪小姐的青春》，系缪里尔·斯帕克小说中最出名的一部。最初刊登于《纽约客》，其后于1961年由麦克米伦出版。琼·布罗迪小姐这一角色为斯帕克带来国际声誉，进入当代苏格兰文学的一流作家之列。2005年，这部小说当选《时代》自1923年起的百大英文小说。1998年，当代图书馆将该小说列为20世纪百大英文小说的第76位。

petit chou."[①] 她的声音对她的视力欠缺是个弥补。她去世后20多年，克瑙夫编辑史丹利·考夫曼还记得布兰奇的声音："哦，听上去太怡人了，低沉甜美，比他的（阿尔弗雷德的）迷人多了。"

阿尔弗雷德的业余摄影爱好（这是另一项绅士标志，他告诉彼迪·乐梅，连同"一个酒窖，各种荣誉学位，以及音乐方面的自我修养，加上环境保护"一起），使得布兰奇生命的最后几年得到了很好的视觉保存。阿尔弗雷德对自己的摄影非常自豪，他"命令"彼迪让它们登上了国家级杂志。但是那篇《生活》上两页纸的报道却容许了一个"失误"溜进去。按照《生活》的说法，所有的克瑙夫作家都在阿尔弗雷德的羽翼之下。在一种"冰冷的愤怒"中，布兰奇把彼迪叫到了她的办公室。把杂志从房间这一头摔到另一头，然后明白无误地说，一半的作者不是"他的"，而是"她的"。从现在起，她统治他，在没有她的允许下，她丈夫的相机暂停对准她或者她的作者。

彼迪已经成为夫妇俩共同的好友，部分填补了因为门肯的去世和范·韦克滕的急速衰退而留下的空白。（也大约是在这一时期，摄影理查德·艾维顿[②] 拍了一张卡尔和兰斯顿·休斯的合影，卡尔用胳膊环绕着他的朋友，尽管两人都老了，但卡尔看上去却大致已经耗尽了。）阿尔弗雷德虽然很喜欢彼迪，却常常让他很难接受，他终于明白为什么多萝西·乐梅曾经说阿尔弗雷德是她所遇到过的最粗鲁的人。

相比之下，彼迪永远也忘不了，当他第一次把妻子介绍给布兰奇时，她表现出因为见到她的真诚的欢喜。乐梅夫妇俩购物时撞见了布兰奇正往商店橱窗里张望，笑眯眯地重复着多萝西的名字，布兰奇对她说："伊丽莎

---

① Mon petit chou，法语习语，亲昵的称呼，与英语中的蜜糖、甜派、小纽扣类似，可直译为"我的小白菜"，但此处与她的白菜造型的时髦手袋没有关系。

② 理查德·艾维顿，美国时尚及人像摄影师。《纽约时报》的讣闻称"他的时尚及人像摄影协助定义了过去半个世纪以来美国图片的风格、美和文化"。

白·鲍恩一向最烦孩子的，却告诉你有着她所见过的最迷人的一个男孩儿和一个女孩儿。”彼迪变得十分喜爱布兰奇，哪怕他清楚地知道“她那些不切实际，有时甚至荒唐的自我防御”。

* * *

1963年3月，布兰奇给缪里尔·斯帕克写信说她不久前在亚利桑那的一个“有年代的地方”待了几个星期，一趟她很讨厌但为了阿尔弗雷德去的旅行，9月份她见到自己的新作者时对她说过。她又以先生的名义单独写了一封，谢谢“斯帕克小姐”从英国伯明翰带来送给它的华丽的银质药片盒，这只狗天天都要用到的。在聊完了未来一百年的事时，布兰奇半开玩笑地说，也许到那时狗也会认字了。现在呢，先生尤其喜欢这件礼品，因为它不喜欢“妈妈”晚上老出门，缪里尔的礼物让它觉得自己还被爱着。先生在信的末尾写道“斯帕克小姐，我希望你很快会来看我们。我知道我妈妈很爱你，她觉得你很了不起，我也觉得，我想舔下你作为送给你的一个惊喜。”然后，盖上一个爪印后，签名是：“你的小朋友。”

布兰奇一直紧盯着斯帕克，以确保《窈窕淑女》能在初秋出版。5月份，她写信说很兴奋作家要来美国，到时候克瑙夫一定会在出版当天“好好玩一通”。几个星期后，员工会开一个会“讨论关于《窈窕淑女》的隆重发售”。布兰奇又强调，9月份无论她去哪里了，缪里尔请一定要待在纽约等她从海外回来。不过布兰奇住院了，初秋的旅行随即取消，再一次腹痛。

阿尔弗雷德9月20号给他弟弟埃德温更新布兰奇在勒诺克斯山医院的进展，她“挺好”——其实还有手术等着，要处理上一次手术的黏连。“布兰奇要占据很多精力，我还是只能见机行事了。到目前为止她的精神状态出奇地好，不过就像你说的，‘是有限的’。”她不久就能回家，她的迅速恢复可以让阿尔弗雷德按计划去加利福尼亚州看埃德温。不过，他接着说，谁知道呢。与此同时，布兰奇的所有精力都放在缪里尔的小说上。

《每周书评》[①]发表了第一篇关于《窈窕淑女》的美国书评，盛赞其“从隐语中解脱出来”，哀叹它太短了，书评人想要读到更多的出自“这样一位天才”的页面。这个由角色推动的故事，发生在欧洲战争结束后，太平洋战争开始前这一段时间，40个女孩被迫离家生活在一个条件很差的福利院。“太阴暗了！”对有些评论家而言，觉得作者虐待自己就像“一只玩弄小鸟的猫”，给予她们“片刻的希望，仅仅是为了下一刻将其粉碎”。记者弗吉莉娅·彼得森[②]（她对彼迪·乐梅说过：“在我结束了同斯托科夫斯基的关系后，至少我没有像布兰奇一样精神崩溃。”）宣称“斯帕克小姐上一部精彩小故事《琼·布罗迪小姐的青春》的崇拜者们，也许会觉得《窈窕淑女》太隐晦含糊”，但是结果却更令人折服。彼得森为斯帕克小说的尖锐锋芒而鼓掌，并引用她的原文：“很少有人活在比这些窈窕淑女所生活的时代更加令人兴奋，更加真实，更加动人地美好，也更加野蛮的了。”

在勒诺克斯山，布兰奇了解到自己的痛原来根本不是由黏连所引起：她的腹腔和肝脏有肿瘤。被告知她还有两年好活，除了几个知己，她不让阿尔弗雷德告诉任何人。虽然她并不认为一个本已遭受打击的人，需要为自己的病痛负责，但她终究还是属于那一代人，认为癌症是令人难堪的。阿尔弗雷德同意按她说的去做。

日后以斯卡丝黛尔瘦身食谱而闻名的赫尔曼·汤诺尔医生[③]，宣称是

---

① 《每周书评》，全称应该是《纽约先驱论坛报每周书评》。

② 弗吉莉娅·彼得森，美国作家、电视记者。

③ 赫尔曼·汤诺尔，美国心脏病学家，也是畅销减肥书《完全斯卡丝黛尔瘦身食谱》的作者之一。1980年3月10日，汤诺尔被吉恩·哈里斯枪击身亡。此案由于涉及情妇、精神疾病以及名人等多重因素，非常轰动，并被制作成电视剧。

他下的医嘱，要求对布兰奇进行活体组织检查并最先诊断出了她的腹腔肿瘤。汤诺尔是克瑙夫在帕切斯的隔壁邻居，最初拒绝把这一结果透露给布兰奇，他认为不应该让病人知道这种情形。可阿尔弗雷德说服了自己的朋友，告诉他如果他隐瞒真相，将破坏布兰奇对他的所有信任。在自己生命晚期的一次采访中，阿尔弗雷德还回忆说："她反正也知道。他们（医生们）都不了解她。"最终，是阿尔弗雷德，而不是汤诺尔，向她报告了这个消息，她说她已经猜到了。

汤诺尔通过手术尽可能彻底地移除了肿瘤，他跟布兰奇一起为放射治疗制定了时间表，几个月以后开始。他记得她完全听天由命，毫不抱怨的态度。她告诉阿尔弗雷德，她计划坚持工作到最后。公司里的中坚分子，例如埃莉诺·弗伦奇，不得不被告之以实情，这样他们能够帮她记录、安排治疗时间。

近年来的持续疼痛终于有了解释，这给予了布兰奇一份奇怪的平静。除正常的出版工作外，她还制定了一份17页长的生命结束文档，包括了遗嘱和她对葬礼的要求。在要求对方保证保守秘密后，她把这个消息告诉了乔·莱瑟，请他帮忙"使未来两年成为阿尔弗雷德生命中最好的时光"。她决定在曼哈顿的荷兰雪梨酒店买一套合作公寓，她和阿尔弗雷德可以一起住（她自己那套公寓也没有卖），并着手雇请建筑师开始做些必要的改建。

她丝毫没有减缓的工作进展，是为了努力想让生活显得"一切照常"——既是对自己也是对自己身边的人。每一步都有人协助，帮她打包，送她去机场，进酒店，替她点餐，或者当她与作者交谈时坐在她身边帮她记录。

布兰奇出院后，阿尔弗雷德给儿媳爱丽丝写了一封信，说虽然布兰奇可能感恩节不在，但是11月底他们夫妇应该和帕特一家在韦斯特波特一起庆祝圣诞。阿尔弗雷德也不敢肯定布兰奇那时是否已经从法国回来，但他们可以先这么希望。很显然，阿尔弗雷德在替布兰奇错过一个令人恐惧的家庭聚会做铺垫。

帕特很少被邀请去韦斯特波特，家庭内部的沟通仍然很僵。布兰奇依旧是那个骄傲的女人，觉得自己在儿子的生活中不受欢迎，她一定是拒绝了在他们之间的关系中投降。在11月22日肯尼迪总统于达拉斯遇刺后不久，她出发前往巴黎，将在那里与朋友们一起，而不是家人，经历这一悲剧。

她回来时，在机场见到阿尔弗雷德带着先生来接她令她很开心。布兰奇给珍妮·布莱德利写信时，不提见到自己的孙儿，而是见到她的狗，如同在说她的“孩子”：“阿尔弗雷德带着它一起来爱德怀德着实是个大大的惊喜。它（先生）是个迷人的孩子……真的非常让人开心，也很有乐子。”就如同他们夫妻俩上一次因为对可爱却注定无望的寻血犬的热情而紧紧联系在一起一样，这一次因为对这只七磅重的梗犬的爱，他们又一次被牢牢地捆在了一起。她从海外写了详细的养育指南寄回来，同样用爪印盖在签名上，就像那封写给缪里尔·斯帕克的感谢信一样。在巴黎时，因为担心先生的健康，布兰奇甚至给埃莉诺·弗伦奇发电报，建议她让另一位助理来观察它目前拉出的“雪茄”是什么形状。

布兰奇不肯定阿尔弗雷德能一直照顾她。他自己很少生病，所以他有可能很难面对身体上的折磨。记得他还是个小男孩的小时候，因为不愿听见母亲的痛苦呻吟而把自己藏在被子下面，所以对于他可能出现的退缩，布兰奇能够理解。

如果说她对自己和别人变得稍微宽容了一些的话，她尤其对于兰登书屋的贝内特·瑟夫及同事们给予她的明显的尊重感到欣慰。而且毫无疑问地，不管她从前多么地吝于赞美，现在她肯定对自己儿子的成就十分自豪：在短短不到一年的时间内，他将会在1965年1月出版西奥多·怀特的《1964

年总统的产生》[①]，这部书记述了肯尼迪遇刺。

接受了几轮放射之后，布兰奇飞去法国，准备和珍妮待一个月。就在她离开纽约前，她给缪里尔·斯帕克发了份电报，祝她复活节快乐："Joyeux Paques[②]，爱你的布兰奇。"然后，1964年7月，她和阿尔弗雷德又回到南美三个星期，按照布兰奇写给斯卡迪·雷斯顿的一封信中的描述，他们在那儿度过了一段"迷人的时光"。雷斯顿和他妻子莎莉如今已经是布兰奇的好友，她在信中祝贺他《纽约时报》副主编的新职位。战争期间，布兰奇就非常看好他当时那本书《胜利序幕》，之后斯卡迪接连拿下那个普利策奖。半开玩笑半催促地，她提醒雷斯顿，现在有了《时报》这份新工作——跟从前不一样的，一份坐办公室的安全工作——使他有机会完成那部写了很久的手稿。

那个秋天，克瑙夫推出了安妮·泰勒获得很高赞誉的第一部小说。奥维尔·普利斯科特在《纽约时报》上评论《如果早晨到来》[③]是"一本优秀的第一部小说……如此成熟，如此温和地理智，又如此智慧地令人发笑……如果不是明明白白印在书的封面上，可能很少有读者会想到泰勒太太才22岁。有些勤奋的小说家从来没有学会过怎么写一部好小说，而另外一些人却似乎天生就会，泰勒太太就是这其中一位……她的人物都令人欣喜地生动"。泰勒永远也忘不了第一次跟布兰奇吃晚餐时的怪异，她"整整一顿饭都在谈论她的小狗。她说她正在考虑让她的狗'结婚'。还在考虑什么样的'丈夫'最适合"。

9月底，布兰奇不知怎么又挤出时间去了趟巴黎。按照她写给当时留

---

① 《1964年总统的产生》，西奥多·怀特关于美国总统大选的系列书籍之一。

② 电报内容用法语发出，意为"复活节快乐"。

③ 《如果早晨到来》，美国作家安妮·泰勒的第一部小说，发表于1964年，当时作者年仅22岁。故事发生在北卡罗来纳州的桑德西尔，主人公本·乔·霍克斯发现自己在父亲投奔情人弃家而去，而后心脏病突发离世后，不得不担负起照顾母亲和六个妹妹的责任。

在纽约的缪里尔·斯帕克的信上所说，她在巴黎丽兹“被一个三级台阶最上面的地毯上的一个洞套住了脚后跟”，于是又一次伤了胯骨。一旦她“可以见人，也不再这么痛了”，她很盼望去看她。到11月时，她起码可以硬撑着去华盛顿特区参加巴西大使馆为她举行的仪式了，这次她获得了第二枚巴西政府授予她的荣誉勋章。

伤及时恢复了，她得以在12月初与阿尔弗雷德一起去了趟波多黎各，在那儿见到了帕布罗·卡萨尔斯①（很希望请他写一本书）。布兰奇尽量使自己在这个月的最后几天之前不待在家里，再一次给斯帕克写信讲述她在圣诞季节里的悲伤情绪，而这一年比以往任何一年更甚。据伦敦的格蕾丝·达德说，在布兰奇勇敢的外表下，她对癌症恐惧极了，达德相信这位出版人“从来没有人对任何人，或者对家里的埃莉诺·弗伦奇承认过”。乔·莱瑟认为她这是拒绝接受。即便她去世后，像那个年代的大多数人一样，阿尔弗雷德拒绝说出“C”这个词。相反，他告诉别人“机器坏了。好像她需要一再被提醒死亡一样，她从旅行中回来就赶上了一场对1964年12月21日去世的卡尔·范·韦克滕的哀悼。卡尔早已安排好了，将他84岁的躯体“火化，骨灰撒在中央公园的莎士比亚花园里”，悼念活动在圣诞节前两天举行。

* * *

1965年1月初，布兰奇终于得以与缪里尔·斯帕克在东52街3号的拉·格

① 帕布罗·卡萨尔斯，西班牙大提琴家、作曲家、指挥家。1888年12岁时考入巴塞罗那的Escuela Municipal de Música，学习大提琴、音乐理论和钢琴。他最重要的作品为于1936至1939年间灌录的巴哈大提琴无伴奏组曲。作为作曲家，他主要创作宗教音乐和管弦乐。最著名的作曲作品则为El Pessebre(1960)。1958年他曾被提名诺贝尔和平奖。

雷努耶[①]吃了一顿晚餐，这是当时的出版人频繁出没的一家餐厅。当时开张“大约有一年（事实上快3年）了，很不错的，我来过一次，每个人都说它好”，她向自己挑剔的朋友保证道，这时的布兰奇身心状态看起来都尚好，事实上她一直受着煎熬。接下来那个月，《出版人周刊》刊登了一篇对布兰奇的采访，就像从前的其他人一样，这位记者在文章中完全无法掩饰自己的热情:“那个法语词‘时髦’，简直就是被制造出来形容布兰奇·沃尔夫·克瑙夫的。（她）公寓里的墙和整套房间没有一点杂物……（展现的是主人）对干净的面料和抛光木质的喜爱。”

3月底前，斯帕克回了伦敦，布兰奇写信说同事们在读《曼德尔鲍姆大门》的校样，都“疯狂地喜欢”。诚然，布兰奇说，读者们知道这本书对出版商有多重要，然而她坚信，员工们认为它是一部“美丽而重要的作品”。一个发生在耶路撒冷介于巴勒斯坦人和犹太人中间的危险地段的爱情故事，在大多数书评人眼里，斯帕克这部政治小说展示了“力量写作”和大胆，只是小说家陶丽斯·葛仑巴克[②]认为它似一团淤泥，并且乏味。销量没有达到作家的希望，布兰奇鼓励自己的朋友，正如她之前所做的一样，缪里尔只需要给克瑙夫再多些时间。

下决心要把关于她健康状况的谣言压一压，5月底，挽着阿尔弗雷德和比尔·考希兰德的胳膊，布兰奇出席了在华盛顿举行的国际出版人大会开幕式。但几周之后，出乎所有人的意料，反倒是阿尔弗雷德成了那个需要被撑起来的人。他遭遇了一次严重的突发心脏病，致使他住了整整一个

---

① 拉·格雷努耶，1962年由吉赛尔·梅松和丈夫查尔斯·梅松创办的一间位于曼哈顿东52街3号的高档法式餐厅。于1962年12月19日开张，当天既有暴雪，又逢各报纸罢工。但自那天起，它就深受文学、艺术娱乐明星名人的宠爱。

② 陶丽斯·葛仑巴克，美国小说家、回忆录作家、传记作家、文学评论，以及散文家。曾在纽约州奥尔巴尼的生罗斯学院、爱荷华作家工作室等地教授文学和写作课程。担任过几年《新共和》的编辑。20年来她和伴侣赛比尔·派克一起在缅因州萨金特维尔经营一家书店，直到2009年他们进入宾夕法尼亚的一家养老院。

月医院，包括其中7天的重症监护。事发之前没有任何征兆，除了隐藏在《新闻周刊》几个星期前就纪念克瑙夫50周年这个话题的采访稿中一句不祥的话，阿尔弗雷德说，感觉自己已经很古老，而他曾经栖息其中的出版业阿卡狄亚已经远去，“在几乎一切都衰退了之前的那个黄金年代”。仅仅一次，在一篇长文中，阿尔弗雷德提及布兰奇，说她还在忙于为克瑙夫发掘图书，也是她在克瑙夫图书的末页标记了那只猎犬——“我们希望有一样东西能使我们有别于其他出版商。”这个“我们”，记者分析说，阿尔弗雷德是指他自己和太太布兰奇，“她一直紧密地与他合作，在整个他们的事业发展过程中”。

当他从这次心脏病发作中恢复过来后，只要对方愿意听，阿尔弗雷德逢人便讲布兰奇对他的悉心照料。她几乎每天都去白原医院——就像当年儿子阑尾发炎住院时一样。此外，正如她对自己的病情一样，她尽最大的可能对外界保密，让作者们放心阿尔弗雷德很好：“就是一个小小的心绞痛。”一开始，布兰奇甚至对帕特也瞒着他父亲的病——这使得他们儿子比以往任何时候都更加生气。相反，阿尔弗雷德从病房里给朋友们写信，说起他与心脏病学家赫·汤诺尔计划不久将进行的一次品酒旅行。相信阿尔弗雷德在好转了，布兰奇再一次遭遇了事业上的被轻视，往好了说，是由于丈夫的粗心，于是7月份去法国待了一个星期。1965年7月23日，一篇关于克瑙夫的文章中，出现了这些作者的相片：康拉德、曼、加缪、萨特、史蒂文斯、门肯、鲍恩、厄普代克，以及李希特。虽然事实上除了厄普代克是朱迪思·琼斯的而外，其余都是布兰奇的作者，却全部被说成是阿尔弗雷德的。

8月初，布兰奇与亚莎·海菲兹通了电话，他现在住在比佛利山，她给这位朋友说起了阿尔弗雷德的心脏病。事后她又写信给他，说那次通话给她带来了“很多快乐”。亚莎给她背诵了一长段他近期的成就，以及他录制新唱片的一些计划。虽然她也夸了他将要在洛杉矶展开的教学项目本身，不过让她真正感兴趣的是他将要把这些课程录制出来的唱片。“这太重要了，每次一定会有很多被漏掉的，需要你一听再听。”回到她自己的生活，她说，阿尔弗雷德很快就要出院回家，她整个9月都将不得不待在纽约照顾他，亚莎如果这期间或者晚些，比如10月底，来曼哈顿的话，一定要让她知道。“我盼望再次见到你。”她写道。

她很遗憾没有太多的书可以寄给他，除了描写发生在中东的故事的《曼德尔鲍姆大门》。“对那一部分世界……你了解得很多。这是我眼里的一本好书。”落款是：“很多的爱，暂此，布兰奇。”9月底在伦敦，她告诉格蕾丝·达德，她“有一份清单，上面列着所有她这一趟英伦之行感兴趣的书”，请达德念给她听。代理人生起一种感觉：“这将是布兰奇最后一次来了。”

目睹如此孱弱的一个妇人，在旅馆房间里一大早就开始工作，直到次日凌晨2点30分才上床，格蕾丝被深深地震动了。在伦敦期间，布兰奇猝不及防地告诉格蕾丝她“怕死”，格蕾丝小心翼翼地安抚她，这种害怕是正常的。在布兰奇去世后的一次采访中，达德回忆自己“一次走进克拉里奇的酒店房间，阿尔弗雷德也在——他在一旁凝神看着她——一个念头迅速在我脑子里闪过：‘我的天，这个男人还爱着她！’”

在布兰奇出发去欧洲前，专横的赫尔曼·汤诺尔对阿尔弗雷德宣布说：“那趟酒庄之旅我们反正是要去的——这个（心脏病）也阻拦不了。”最终，这位心脏病专家成了他的私人专职护理。是的，这时布兰奇已经在海外，阿尔弗雷德、汤诺尔，加上医生当时的“女性”朋友丽思·朵儿菲将一起去法国斯特拉斯堡①，在那儿与布兰奇会合。最后在一位法国女佣的照看下，她在欧洲又多待了一个半月，很多时候很不情愿地用上了轮椅。

再回到纽约，当克瑙夫庆祝自己半个世纪的出版事业时，布兰奇终于被平等地对待了。夫妻俩于1965年10月29日在阿斯托酒店②举办了招待酒会及晚宴。与他们一起就座于嘉宾席，席上是17位同事和亲密的朋友，有贝内特·瑟夫、约翰·赫西夫妇、伊丽莎白·鲍恩、兰斯顿·休斯，以及梵妮娅·玛丽诺夫——或者说卡尔·范·韦克滕夫人——卡尔这时已经去世10个月了。其他客人中包括普福尔茨海默夫妇、缪里尔·斯帕克、厄普代克夫妇，以及保罗和朱莉娅·柴尔德。

一位来自《旧金山纪事报》③的记者回忆，布兰奇"在刺眼的灯光下，像衰败中的电影明星葛萝丽亚·斯旺森④——看上去极其怪诞"。就像是在安慰自己，尽管有诊断摆着，但还有的是时间，布兰奇开始大肆设计改建她的新公寓。（到她去世时，还依旧住在西55街。）12月，阿尔弗雷德向埃德温报告说，他和帕特以及布兰奇三人之间的关系有"明显"好转，虽然布兰奇受伤的胯骨将她大部分时间限制在了床上，但爱丽丝和帕特以及两个女儿"会到帕切斯来跟我们一起午餐，一切都在变好"。

保证这样的善意也是因为阿尔弗雷德知道RCA⑤正以4000万美元的

---

① 斯特拉斯堡，法国大东部大区与下莱茵省的首府，位于法国国土的东端，与德国的巴登-符腾堡州隔莱茵河相望。历史上，此地的主权曾多次交替由德国和法国拥有，因而在语言和文化上兼有法国和德国的特点，是这两种不同文化的交汇之地。古登堡、加尔文、歌德、莫扎特、巴斯德等德意志和法兰西文化名人都曾在斯特拉斯堡居留。

② 阿斯托酒店，1904年至1967年间位于纽约曼哈顿时代广场地区的一座酒店，其原址如今是一座54层高的写字楼阿斯托1号广场（One Astor Plaza）。

③ 《旧金山纪事报》，又称《旧金山新闻》，加利福尼亚北部地区发行量最大的报纸，同时也是美国发行量最大的报纸之一，订户主要集中在旧金山湾区，但该报发售范围遍及加州北部和中部。该报于1865年由查尔斯·德·杨和迈克尔·H.德·杨兄弟创立，创刊名为《每日要闻纪事报》。

④ 葛萝丽亚·斯旺森，是一位美国电影演员，曾经入围过奥斯卡最佳女主角奖，也获得过金球奖的肯定。葛萝丽亚·史璜森也是默片时期最著名的女演员。

⑤ RCA，美国无线电公司（Radio Corporation of America），是一家在1919年至1986年间营运的美国电子设备生产商。

股票价格（无现金）收购兰登书屋/克瑙夫，1966年1月的这场收购发出了信息，一个新的出版企业并购时代正在到来。在兰塞姆中心的阿尔弗雷德个人文件中，有一份发给兰登书屋各股东的问卷调查，请他们就RCA收购发表自己的意见，上面陈述到“兰登书屋的股东所持有的每1份兰登普通股，将兑换为62份RCA普通股。董事们都认为这个兑换比例是公平公正的”。

与50多年前克瑙夫初创时的情形形成了戏剧性的对比，眼前发生的事当时可能实在难以想象。然而一向拥抱变化的布兰奇（虽然据彼迪·乐梅说她至今都没有看过电视），此刻身陷重病，已无力去想清楚这个全新的出版世界将会是个什么样。阿尔弗雷德发表了一份媒体声明，向公众读者明确保证了克瑙夫的完整不会受到任何影响：“对于兰登书屋并入美国广播唱片公司一事，我非常满意……在可见的未来将不会对阿尔弗雷德·克瑙夫公司的日常运作产生任何影响。”兰登书屋与克瑙夫将持续作为独立实体而存在，克瑙夫也将“继续保持完全的独立编辑权……现有的人员及管理也不会发生任何变化。”阿尔弗雷德还不知用什么方式迫使历史学家查尔斯·A·麦迪逊[①]在自己经由麦格劳－希尔[②]出版的《美国的图书出版》一书中进行了重大修改。幼稚的麦迪逊给阿尔弗雷德寄来草稿，立即被这位出版人宣布为不准确，尤其是关于帕特向麦迪逊讲述的创建图书馆出版那一部分。

2月中，很高兴又能脱开身，阿尔弗雷德的身体去年秋天基本上就已

---

① 查尔斯·A.麦迪逊，密歇根州底特律一位工厂工人的儿子，从密歇根大学直到哈佛大学研究生院毕业。他的兴趣从学术工作转变为在纽约担任编辑，最初在美国图书公司，随后在亨利·霍尔特出版公司工作了38年。《美国的图书出版》，是他的作品之一。

② 麦格劳-希尔，一家总部设于美国纽约市洛克菲勒中心的跨媒体上市公司。主要业务在教育、出版、广播及财经与商业等服务，是多种教科书和学术期刊的出版商，如《航空周刊》等；同时也是麦格劳-希尔教育集团、标准普尔和J.D. Power市场资讯的母公司。

完全恢复，他说服布兰奇跟他一起乘坐游轮在南美旅行一个月，这样她自然而然会有一张床。阿尔弗雷德在日记里记载："布兰奇一整天都待在头等客舱内（躺着）。布兰奇吃不下东西。"他在南美大陆观光期间，她大部分时间待在巴西。她对休息和舒适的需要，被尊敬她的作者们一一满足。见到她如此被人看重，就像当年她接受法国勋章时一样，她丈夫在这些人面前表现得十分可敬可亲。可不管怎么说，这在不少外人看来，两个人，一个刚刚生过大病，另一个正在病中，却离家这么远来旅行，确实是够奇怪的。

回到曼哈顿，走在大街上——一定有人陪伴——由于持续增加的放射性治疗，布兰奇现在戴着假发。尽管她早就想去伊丽莎白·雅顿了，但到了这个地步，纽约最著名的理发师之一——克拉克·"莱昂内尔"·尼尔森[①]只能天天上门来替她做头发。"那会儿她和我已经是朋友了，"莱昂内尔回忆说，"因为一次疯狂的巧合。那是2月里冷得令人讨厌的一天，大概是1961年吧，我在去54街和第五大道交会口的沙龙的路上，叫不到计程车，因为大雪和路面上的冰，车都走得极其缓慢，所以我拿定主意走路去8个街区外的沙龙上班。"走到一半，他看见"一位虚弱的女子，走在三寸厚的积雪当中，于是我帮她走上了几级台阶。她说：'啊哈，你是位绅士。'"他们俩都走进华尔道夫，然后分道扬镳。几个星期后，莱昂内尔被叫去给一位客户做头发，而"那位女士恰恰就是克瑙夫太太"。她的头发被烫发损伤了，而"非常讲究的"布兰奇一心指望莱昂内尔能帮她修复。从那以后，他就成了她的发型师。"我用了中度颜色的金发，加上挑染，效果很柔和，她非常满意。"他对她的回忆充满喜爱，而且满是细节，一直到今天都是。"她的衣服面料总是十分漂亮，衣襟上总是别着法国荣誉勋章，（外加）两

① 克拉克·"莱昂内尔"·尼尔森，1920年出生在伊利诺伊中部的一个农场，20世纪中期在纽约曼哈顿，成为第五大道最有名的美容美发师。

只很大的希曼·谢普斯嵌着宝石的金手链。”另外毫无疑问的，她的指甲总是“很长，几乎像禽爪，永远一丝不苟地涂着火红色的指甲油”。布兰奇一个星期要见上好几次美甲师，因为她的指甲特别脆，随时需要修补。她营养不良的饮食结构形成了如此特别的爪子，理所当然地让她和阿尔弗雷德想起《绿厦》里的鸟姑娘来。

* * *

在专门给包括洛克菲勒家族成员、肯尼迪家族成员在内的众多名人明星担任理发师的莱昂内尔眼里，他与布兰奇的联系是“我职业生涯中最大的荣耀之一”。克瑙夫太太对他的生活和工作都带着真正的兴趣。在布兰奇对他从一个中西部农场出身，最后取得这一成功的精彩经历做出评价后不久，她开始劝他写一本书。与此同时，他们摸索出一套与她的癌症治疗相配合的美发固定程序：莱昂内尔每天早晨9点在她公寓门口等她治疗后返回，帮她把假发梳理好。

这时虽然她已经看上去像个稻草人了，每次从计程车里出来的时候，仍然拒绝别人帮她，几步踉跄，直到莱昂内尔牢牢扶住她。“她从不涉及一个字关于她的病啊，治疗啊这些，总是鼓励我讲述自己给名人富翁做理发师的经历。更令我吃惊的是，她常常会带一箱子克瑙夫刚刚出版的，她认为我会感兴趣的书给我，总在建议我把上流社会那些女士的多姿多彩的故事写下来。”（最终他真的写了，2014年自费出版了《从农场到第五大道》[①]。）

---

① 《从农场到第五大道》，莱昂内尔·尼尔森自传，2014年10月28日通过亚马逊的“创作空间”独立出版平台出版。讲述了旋风一般的，闪闪发光的20世纪中期纽约名人明星世界。伊丽莎白·雅顿第五大道沙龙，红门是二十世纪五六十年代的主要美容场所，作为首席美容师的作者，讲述他所亲见的上流社会故事。

长年牢记她母亲很久以前关于自身形象重要性的教诲，布兰奇很幸运地没有意识到（或者不肯对自己承认）她的疾病已经对自身造成了怎样的伤害。一名克瑙夫助理留意到，这位出版人的双腿已经瘦得连长筒袜都皱出了沟壑，最后松松地垮在脚踝。比尔·考希兰德记得如何地“几乎能从她脚踝看穿过去。你能看见那里的骨头被一层皮肤裹着，皮肤下面别的什么也没有。是怎么撑起来的”？史丹利·考夫曼的回忆不像那么友善：“几乎浑浊的眼睛（青光眼的缘故），配上她皱纹密布的皮肤，给了她一丝蜥蜴一般的感觉。”另一位办公室助理，在第五大道看见她脸上有巨大一团没抹散的粉。“让我帮你擦擦脸吧，布兰奇？”她悄声说。“我知道它在那儿，”布兰奇骄傲地说，“我就是想让它看上去像那样。”

进入6月后没几天，布兰奇出人意料地请彼迪·乐梅和太太吃晚餐。“我现在想起来还很温暖，那之前几个星期，她问我，多萝西和我最愿意跟谁一起度过一个夜晚，我们告诉她，应该是威廉和艾米丽·麦克斯韦尔，这是我们很喜欢的两位朋友，同样也是布兰奇的。”他们几家是几年前相识的，相处得极其愉快。不过这一次，布兰奇最后却只得躺在客厅的沙发上轻声呻吟，挣扎着想要撑持起她身体所能经受的最后的仪式。麦克斯韦尔夫妇和彼迪都“知道她已经到头了”。彼迪意识到他们可能再也见不到她了，注意到她“脸色蜡黄，膝盖蜷缩着，卷向她凹着的胸前”。但“尽管这样，那仍然是一个甜蜜的夜晚”。客人们希望在记忆里留下一幅不一样的画面，一个可以让他们想起过去那个布兰奇的画面，他们得到的是她那天晚上讲的唯一一个故事：她父亲曾经带她去过法国的那个幻想。“她不断地说这件事，但她痛苦极了。”彼迪说。当他最后一次对她说再见时，他再一次想起自己心里一直默默坚持的一个信念：“克瑙夫的成就是布兰奇的——取得如此程度的影响力——伦敦1939年的弗洛伊德。以及所有这一切。”

去世前9天，她仍然叫秘书记录下她的口述，给科尼利厄斯·瑞恩写信，向他在西蒙与舒斯特刚出版的《最后一役》[①] 表示祝贺。在提到她1945年在那一带旅行过的经历以后，她说但是最近她因为背部出了点问题而躺下了。埃莉诺安排了与建筑师的见面，以完成那个非同寻常的，准备和阿尔弗雷德一起生活的公寓，但她不得不反复地取消这些见面。布兰奇给老朋友设计师梅英布彻尔写信，说生活正在“变得越来越复杂，也越来越艰难，比我所能理解的理由都要——我的感觉是，自己大概活得太长了”。她在事业上的成就显然非常高了：到那时为止，27名克瑙夫作者赢得了普利策奖，16名获得诺贝尔奖。

几个星期以来，阿尔弗雷德与布兰奇一度离职最近返回来照顾她的住家女佣塞西尔一道，也一直住在55街的公寓，几个小时几个小时地念书给他妻子听。就像小时候从家庭长途汽车旅行后解乏一样，他选择了多年前的最爱，《福尔摩斯探案》，一个故事接一个故事，直到她睡着。有时他甚至会写诗给她，而彼迪·乐梅记得她会嘟囔着回应说：“这太晚了。”当阿尔弗雷德不得不离开一两天去波士顿时，乔·莱瑟就来她公寓顶替他。“毫无疑问她会从这次病痛中恢复过来，”他这么告诉苏珊·希恩，“我们已经把她正在规划中的新公寓的建筑和设计各方面都过了一遍。那个星期五晚上，我就那么坐着，说着话，讨论设计方案和费用。”莱瑟让她放心，随便她想做什么，都有足够的钱。西塞尔暗示她该走了，于是告退去了地下室她的卧室，带着最新来的那只约克梗犬跟她一起。犹豫中，乔也走了，留下布兰奇一人。

这时，缪里尔·斯帕克从东汉普顿打来电话，她注意到一束“天光”，意识到自己的“酒店房间悬空临海，你都能听见波涛的咆哮……我对她说：

---

① 科尼利厄斯·瑞恩，爱尔兰记者、作家，以其通俗军事史写作而闻名，尤其是关于他二战的作品：《最长的一天：1944年6月6日的D日》《最后一役》，以及《遥远的桥》。

‘布兰奇，你能听见大海吗？’她说：‘不能，但我希望我能够。’于是我把电话话筒伸出窗外，这样她好听见海浪的声音，这时她说：‘是的，我现在听见了。’”

* * *

第二天早上，6月4日，布兰奇没有对典型的西塞尔轻轻的敲门声做出回应，女佣开始警觉。又大声一点敲了敲，还是没有回应，于是她打了电话给埃莉诺·弗伦奇，而不是自己进房间去。当埃莉诺赶到时，她发现自己多年的上司已经叫不答应了，意识到布兰奇死了。她前一天经历了“可怕的痛”，以至于发誓要给医生发最后通牒：他必须采取行动，不然她就会自己来处理了。但医生答复说他没有什么可做的。埃莉诺因此怀疑布兰奇是自杀——当她和阿尔弗雷德自己知道他不在场，这样他不会再次经历他母亲去世时所遭遇的痛苦。

缪里尔·斯帕克后来一直说，那些海浪的声音，是她的朋友所听到的最后的声音。

阿尔弗雷德和赫尔曼·汤诺尔那天上午较晚赶到，帕特和约瑟夫·莱瑟在他们之前。当帕特赶到时，莱瑟确保了他能单独和母亲待一会儿。大概有两个小时，帕特坐在她身边，抽泣。布兰奇一直最向往的，现在证明了，她儿子是爱她的，但他来晚了。当阿尔弗雷德走进来时，他忽略了帕特在那儿，直接开始进行葬礼的安排。由于床边那瓶空的止痛片暗示了布兰奇有可能加速了自己的结束，汤诺尔不想做死亡证明上的证人。阿尔弗雷德开始求他：要是他不肯，布兰奇就会被送去停尸间。并不情愿地，汤诺尔签了这份文件，遗体被送去了位于曼哈顿上东区的弗兰克·E.坎贝尔殡仪馆[1]，布兰奇30年前去过，那一次是向乔治·格什温告别。

接下来的星期二，6月7日，去葬礼的路上，彼迪·乐梅陪在阿尔弗雷德身边，他们乘坐的房车没有汽油了，司机加油时阿尔弗雷德“疯狂发作”。其余时间，这趟短短的路上出版人一直在看殡仪馆的业务文件，帕特一家在他们后面那辆车里。儿子给母亲挑选了两个月前她穿着去出席克瑙夫50周年庆典的巴黎世家晚装，作为母亲下葬时的着装。虽然布兰奇明确指出“我的遗体将被火化，骨灰撒掉，不要有宗教或者任何其他仪式”，但她忘了说明她最后的服装。

不顾她的指示，阿尔弗雷德主持了一个11点30分的仪式，只有他一人致辞，简短地说明了他妻子的勇敢和力量。他请了一个茱莉亚音乐学院的乐队，穿着黑白二色，演奏了20分钟的海顿弦乐四重奏。杰森·艾普斯坦记得“台上摆满了山茶花”。可帕特坚持那些是白色康乃馨，并且他父亲还对他耳语：“那些花花了我500美元。”

彼迪到现在回忆起贝内特和菲利斯·瑟夫怎样在坎贝尔的半个小时仪式进行过程中交谈时，还会因此而难过——“声音还不小”——与此同时，佩吉·卡尔曼抱怨一个死了的女人强迫他们在这大热的天坐在那儿30分钟（其实那天报纸上的天气预报说，当天天气宜人）。一家人（和彼迪）随后驱车去了火葬场。20年后与乐梅谈起，帕特说：“穿着那样的裙子被火化简直糟透了。那裙子很美，红黑两色的塔夫绸。”

帕特后来告诉彼得·普利斯科特，他很生气，也抗议了，他父亲就布兰奇的死发表颂词：阿尔弗雷德从来“没有在她活着的时候给予她承认”。

---

① 弗兰克·E.坎贝尔殡仪馆，现位于纽约曼哈顿麦迪逊大道与81街交会处。1898年创建时名为坎贝尔丧葬及火化公司，创建后至今，因为众多名人举办了葬礼而闻名，其中包括杰奎琳·肯尼迪、鲁道夫·华伦天奴、朱迪·加兰德，等等。

几百条悼念和致意从世界各地雪片般涌来，用伊丽莎白·鲍恩那平静的一句来总结这一切：“我无法接受布兰奇已经不在这个世界了。”几年前在其他场合，鲍恩赞扬她的朋友，是“最杰出的一个人，甚至对一个仅仅存在于想象中的人，她也从来没有问过任何可能会造成伤害或者不得体的问题”。她接着还谈及布兰奇所具有的，总可以让一位小说家相信她，却从不“侵犯”的能力。她“总是给人以绝对的，缄默的理解”。

就连巴黎丽兹的员工也用信件寄来了个人的哀思。约翰·赫西写道：

> 芭芭拉和我每天都谈到布兰奇——总是记得小事，更不会忘记最大的一件事，她惊人的勇气。我想我很早就知道，她在承受着痛，但我从来没有听她说起过一个字，从她嘴里从来听不见一声叹息。她一向喜欢谈论最近发生的事，不管是什么，也喜欢谈论我关心的事。每次见到她我都会为此而感动，此刻我又一次被感动。

克瑙夫的西德尼·雅各布斯，产品部的头儿，也是自1928年起就在克瑙夫的老员工，强调了她的善良：“我永远也不会忘记，1945年6月阴森的一天，布兰奇忽然出现在慕尼黑——在美国公民被允许进入之前很久。她用魅力征服了两名年轻的空军上校，把她从巴黎飞过来，这样她可以跟我说‘嗨，杰克’以驱散我的孤独，让我相信家真的还在。”“她给出版业，给生活，都带来了这么多的优雅和格调，她的离去让我们都变得贫瘠。”

小阿瑟·施莱辛格[①]这样写道。埃里克·赛佛莱德[②]发来电报："这是我们很多人的噩耗。它让我再一次意识到布兰奇给予了我和我的很多写作的朋友多少帮助。"威廉·夏伊勒说："是布兰奇用预付金买下了《柏林日记》，这震动了克瑙夫出版社，也促成了我离开新闻业，开始写书。我永远也不会忘记她从一开始就给予我的信任，这开始了我的新生活。"杰森·艾普斯坦总结道："从某种意义上说，失去她无异于一场灾难……布兰奇代表了某种我们将再也无法见到的出版精神。"

---

① 小阿瑟·施莱辛格，美国历史学家及社会评论家，致力于讨论美国政治人物例如小罗斯福、约翰·肯尼迪与罗伯特·弗朗西斯·肯尼迪的自由主义政策。施莱辛格于 1961 年至 1963 年间担任肯尼迪总统的特别助理及御用历史学者，他详细地记录了肯尼迪任职期间所发生的事。

② 埃里克·赛佛莱德，美国作家，1939 年至 1977 年间为 CBS 广播新闻记者，"默罗男孩"之一。二战中第一个报道巴黎沦陷的记者。在缅甸期间，乘坐的飞机被击落，后被搜索营救队发现而得救。他在后来的 CBS 晚间新闻中，跟随默罗的足迹报道 12 年，为此被授予艾美奖和皮博迪奖。

后 记

布兰奇去世后九个月，阿尔弗雷德与海伦·亨德里克结婚，她的小说《血的记忆》1941年在克瑙夫出版。这位友好的西北部女子，按每个人的话来说，比任何人都更与布兰奇不一样。“海伦懂得怎样管我，”阿尔弗雷德对别人解释说，“布兰奇从来不会。”但是阿尔弗雷德的朋友，W.H. “平”· 费里（他很高兴穿着比那位出版人更加俗艳的粉色衬衣和波点领带），却被阿尔弗雷德怎样跟海伦说话而震住了。尽管平自认为是一个“斯威夫特式的智识挑战者”，他发现阿尔弗雷德对妻子的态度完全令人不能忍受。“他粗鲁而蔑视……我们在客厅里谈话时让她走开。他总是在言辞上伤害海伦。”他回忆道。

海伦寄给帕特和孩子们的信都很温暖。然而克瑙夫的儿子，多年以后，还是带着怨憎地对彼迪·乐梅抱怨，就像他母亲一样，他的继母“在她嫁给阿尔弗雷德以后，也忽视了他的孩子”。阿尔弗雷德葬礼之后，他的第二任妻子“立刻离开，回到了西部，阿尔弗雷德全部财产归她，她就连停下来告别一声也没有”，很显然急不可待地要回到她自己的4个已经成人的孩子和11个孙辈那里去。“Qu’est-ce que tu veux? C’est la vie.”[①] 布兰奇会用她所钟爱的语言说道。生活并不公平，人人都知道。2015年10月1日，克瑙夫公司在纽约市立图书馆庆祝了它100岁生日。

---

① 此处为法语，意为：“你想要什么？这就是生活。”

鸣 谢

出生于镀金年代尾声的布兰奇·克瑙夫，从我还是一个研习英国浪漫主义的学生时，就已经是我生活中的一部分。然而事隔几十年，我才真正意识到这一点。等我自己做了教授，在自身的阅读或者教学中用到克瑙夫1940年出版的《珀西·比希·雪莱》时，我发现，当时布兰奇与作者纽曼·艾维·怀特成了好友。克瑙夫1957年又出版了伟大的莱斯利·A. 马向的三卷《拜伦传》。不光如此，布兰奇的另一位作者，诗人埃莉诺·怀利还写过一本关于雪莱的天马行空的小说，故事里诗人得以超越他在现实中所遭遇的溺亡。

我依稀对怀利的生平有些兴趣，对她短暂而奇妙的一生也有所耳闻。直到十年前，我终于跟随一些线索，注意到了那位她曾经热情书写过的出版人。可当我试图搜索布兰奇·克瑙夫时，却发现，能够找得到的她的信息微乎其微，只在很少的一些地方模糊地提到了她在文学领域的重要性。这，便是这本传记诞生的由来：她的故事还没有被讲述过。她联合创建的公司刚刚庆祝了它的百岁生日，那么哪里还有比这更好的时机用来纪念她呢？

我尤其需要感激的，是我的两位先行者，普利策奖获得者苏珊·希恩以及已故的《新闻周刊》评论员彼得·普利斯科特。他们三十年来轮流跟踪、报道克瑙夫出版社，包括它1915年的成立。希恩于70年代初开始这个项目，当时阿尔弗雷德·克瑙夫和他们夫妇唯一的孩子，小阿尔弗雷德·“帕特”·克瑙夫尚健在。后来希恩决定转到另外的写作项目，彼得·普利斯科特接手。当他2004年去世时，才刚刚梳理好他的所有调研结果，着手规划写作。彼得的妻子安妮·普利斯科特，是一位巴纳德学院英国文艺复兴领域的教授和学者。彼得去世后，她开始将彼得手里的资料向得克萨斯大学奥斯汀分校的哈里·兰塞姆中心克瑙夫文献馆移交。安妮非常友好地将兰塞姆无法查到，仍然还留在她丈夫办公室的希恩和普利斯科特的档案文献分享与我。

是苏珊·希恩和彼得·普利斯科特的辛苦奔波使得此书成为可能。他们甚至被帕特·克瑙夫指责为掠夺公司档案：“那些书信或因其文学价值，或因其中的亲密信息，或者因其可证实某人的过错而被偷盗——有时就是被随手扔掉。”有一次，1973年，阿尔弗雷德意识到哥伦比亚大学拥有关于他私人生活的一些“不恰当的”文件，便将这一发现告知希恩，他说：“我在1974年5月31日给你的信中曾经说过，我不知道——那时的我该有多蠢——那些早期文件的存在……所以我郑重地希望你能够给我一个完整的报告，说明那些文件里都包括了什么内容，尤其是那些可能会暴露布兰奇或者我欠检点一面的东西，请你在使用它们前，先提交给我。”尽管没有任何证据显示苏珊配合了这样的要求，但考虑到这些限制，大概也促使她放弃了这一写作计划。

自20世纪50年代晚期开始，到他1984年去世时，阿尔弗雷德一共写过五部未完成的回忆录，他称之为“不连贯的，部分经过编辑的1000页”，“那些见鬼的回忆”。主要归因于时间的流逝，每个版本都与前一版不同，毕竟记忆越来越淡，而新的变化又不断地覆盖在旧事之上。我猜想（同时也希望），“我的”布兰奇将会在未来有一天，某一位其他作家眼里呈现出不同的形象，他或她也许会有我所不曾得见的资料。不可避免的，我从希恩和普利斯科特处接手过来的记录有时会有重复，一些出处或评论的时间可能在两人的记录中有出入，彼此有重叠。作家往往会坚持，他们仅仅会将自己亲眼所见进行记录，因而对这些记录的命名和参考标记通常都带有个人特质，例如档案页面的编号，都是他们自创的独特编码。最终，苏珊的这套系统又被彼得的所吸纳，他的观察常常建构在她的评论、采访，以及信件之上。他有些时候只是把自己的思考与她的结合起来，这些材料便没有命名，给出的标记也是五花八门。有时，他们俩各自使用自己的编码或者缩写代号，他们之间对同一份文档，可能出现好几种称呼。

兰塞姆中心的图书馆员理查德·沃克曼和理查德·奥兰姆负责克瑙夫藏品的编目，他们二位都慷慨地贡献了时间和知识。艾米·茹特·克莱门茨在得克萨斯大学所做的关于克瑙夫公司早年研究的论文《声望的艺术》①，如今由马萨诸塞大学安姆斯特分校出版。一位纽约作家兼出版人约翰·汤普森，在关于克瑙夫的财务历史上做了大量的工作，这也替我扫清了一些障碍。

尽管布兰奇本人早已远去，是如下这许多与她事业和生活相关的人让我得以认识她。苏珊·希恩、朱迪思·琼斯、哈丁·乐梅、布鲁斯·凯尔纳、阿诺德·拉姆帕赛德，以及布鲁斯·弗莱明都热情地回答了我无休止的问题。三位出色的研究助理，埃文·斯科特·爱德华兹、安妮特·马蒂尼兹和阿莱格拉·黑斯廷斯－马蒂尼兹，他们每一位都不可或缺。英国加缪协会的理事西蒙·李面对我渴望“深度了解”的要求，始终十分耐心。此外还有迪尔德丽·贝尔、贝蒂·巴兰坦、斯蒂芬·贝利、艾米丽·伯纳德、沃伦·柏罗森、斯科蒂·鲍尔斯、艾丽娅·邦朵思、布鲁斯·克雷顿、查尔斯·德尔海姆、苏珊妮和帕特克·福特、斯蒂芬·福斯特、罗伯特·盖诺尔、伊丽莎白·豪斯、鲍里斯·卡奇卡、霍华德·卡敏斯基、爱丽丝·克瑙夫、苏珊·克

---

① 《声望的艺术》，2014 年出版。

瑙夫、麦克·科达、梅根·马歇尔、米丽娅姆·梅迪纳、莱昂内尔·尼尔森、克雷格·诺兰、布莱恩·弗雷莫、芭芭拉·波克拉斯、诺拉·博斯特、埃里克·雷曼、阿兹拉·拉兹阿、萨哈拉·拉兹阿、丹尼尔·雷利、朱莉·辛莫洛克·娄兰德、弗兰克·罗马诺、杰·鲁宾斯坦、克雷格·索特尔、马丁·斯坦纳、保罗·休格尔曼、朱迪思·瑟尔曼、迪克·托德、阿曼达·维尔、曼达·韦恩特劳博，以及弗兰·亚瑞弗。

来自机构的支持很难估量，尤其是对这样一本关于书的书而言。特别的感谢送给不知疲倦地付出努力的他们：巴尔的摩伊诺克·普拉特免费图书馆的门肯藏书策展人文森特·菲茨帕特克、纽约州肯辛顿图书馆的 L. J. 科米尔及其员工、纽约州梅欧帕克图书馆的凯蒂·张和玛丽·戴贝尔斯、纽约公立图书馆的大卫·史密斯（已退休）、艾德菲大学图书馆的黛比·史密斯、古彻学院特殊收藏部的梅丽萨·斯特诺、耶鲁大学斯特林纪念图书馆的南希·立昂，以及兰塞姆中心的理查德·奥兰姆。

同样，无论我的要求有多荒唐，也尽力配合贡献的：《高等教育编年史》的丹·贝内特、纽约州皮克斯基尔的迈克尔·鲍里斯金、波士顿交响乐团档案馆布丽吉特·P. 卡尔、莫宏克山庄凯蒂·马特洛和尼尔·布希尔、俄亥俄州欧柏林学院威尔斯图书馆安妮·库珀·奥尔布赖特、爱荷华州锡达拉皮兹蔻伊图书馆的罗伯特·德思攀和朱莉亚·埃尔哈特、华盛顿特区肯尼迪中心国家交响乐团主图书馆玛琪娅·法拉比、印第安纳大学莉莉图书馆大卫·弗雷泽、阿勒格尼学院历史系凯奥·海伍德、伊利诺伊大学档案馆阿曼达·劳伦斯、纽约公立图书馆玛利亚·丽芮阿诺、杜克大学档案馆艾米·麦克唐诺、佐治亚大学政治学系约翰·A. 马蒂斯、北卡罗来纳州班康县图书馆佐伊·莱恩、耶鲁大学拜内克古籍善本图书馆艾德丽安·利·夏浦、哈佛大学拉德克利夫研究院、施莱辛格美国妇女历史图书馆艾伦·M. 谢、北卡阿什维尔丛林公园酒店林恩·思威姆斯、阿什维尔及班康县自然保护协会执行总监杰克·W.L.汤森、北卡罗来纳州立大学教堂山分校善本藏馆马修·图尼、纽约希曼·谢普斯珠宝安东尼·霍本海姆和凯拉·麦吉尔、联合学院帕蒂·索罗斯基、爱丁堡苏格兰国家图书馆、华盛顿特区国会图书馆艾比·尤切尔森、普林斯顿大学燧石图书馆几位匿名馆员、芝加哥纽波利图书馆、加州大学圣塔芭芭拉分校朱迪思·安德森的特别收藏。

此外，我所在的哈德逊河谷作家群为这个项目注入了能量。郝丽·乔治－沃伦无情地剔去了一些重复，并建议了使用更加清晰的过渡；理查德·霍夫曼，一位擅长语调和口气的大师，他迫使我"放弃立场"，而把重点放在给予每个角色公正的对待；而约翰·米尔沃德，他就像狗在追一只跳蚤似的，将哪怕一丁点装模作样的措辞都用红线标记了出来。

玛丽昂·埃特林格则用她非凡的人像技巧，帮助我更好地理解了卡尔·范·韦克藤后来对于摄影的热情。我的编辑伊丽恩·史密斯，在她出版生涯的初期，曾经与帕特·克瑙夫共过事。她鼓励我斟酌每一个词，验证每一个推测——她几乎是一瞬间就懂得了布兰奇，我的文学代理卡洛儿·曼也是，这两位女子都很快就掌握了这位出版人的重要性，说服她们无需多言。伊丽恩的助理约翰·赖特，在繁重的书稿（及其作者）所带来的各种苛刻要求下从来没有表现过一丝的不耐烦。那将近800条的注释，只有当一个人能够理解一本关于书的书时，才会认为这是可以理喻的。"一本关于书的书"——是我常常对这本《带猎犬的女子》的称呼。这里我把最深的谢意送给约翰。杰夫·瑟罗伊以及史蒂芬·普夫确保了该书获得受众，斯考特·奥尔巴赫承担了繁重而精细的产品编辑工作。在法勒·斯特劳斯·吉罗公司这些堪称楷模的员工之外，我还想感谢FSG的总裁、出版人乔纳森·加拉西，感谢他将《带猎犬的女子》纳入他卓越不凡的出版社。2010年1月3日这天，嘉拉瑟在《纽约时报》勾勒出了"一位出版人，如何远不只是印刷和销售一本书。（一位出版人）是在挑选、培育、定位、推广这位作家的作品”。

就像发生在布兰奇身上的故事一样，出版人在洗牌轮换中常常被历史遗忘。不过在她去世五十多年后的今天，我们总算能够将她重新安放到出版史，这一她所归属的位置上。